民國清流

——那些遠去的大師們

汪兆騫 著

評跋清流著錦篇

曾永義（中央研究院院士）

序　汪兆騫先生《民國清流》

板蕩民初鼎革年，鷄鳴不已競高宣。誰人倜儻為國士，那個卑污成漢奸。
可嘆士夫爭側淺，仰瞻胡蔡識英賢。汪公巧運春秋筆，評跋清流著錦篇。

這首七律是讀了北京汪兆騫先生，將在大旗出版社出版的《民國清流——那些遠去的大師們》後，順手寫下的。其中「奸」字借用鄰韻，民初指民國肇建至本書的斷限民國十六年。所謂「清流」，《三國志·魏書·桓二陳徐衞盧傳評》，有「陳群動仗名義，有清流雅望」之語，後人因用之以稱呼負有時望，不肯與權貴妥協而同流合污的古之士大夫、今之讀書人。因為這樣的士大夫與讀書人，其品格有如不混沾污泥的清澈水流一般。

我們知道，民國初年，洪憲竊國，軍閥爭戰，其亂象如同漢末群雄割據、晚唐藩鎮跋扈那樣的擾攘不休，但卻也因此產生許多志士仁人，他們無不懷抱滿腔熱血和赤誠，要為祖國「洗心革面」，要為祖國尋找和開啟可以向上而邁進的康莊大道，好能從抱殘守缺中「脫胎換骨」；使之無論在文學、科學、民主、自由、文化上，能與先進國家並駕齊驅。他們「各彈各的調，各吹各的號」，但也成社結黨，黑白同異，堅持己見，毫不相讓的、幾無底止的爭辯得口沫橫飛。其如火如荼，絕不下於先秦諸子，百家爭鳴。

被汪先生稱之以「清流」並譽之為「大師們」而登上這民初舞台的有：蔡元培、陳獨秀、胡適、李大釗、錢玄同、周樹人（魯迅）、周作人、劉半農、沈尹默、鄭振鐸、茅盾、瞿秋白、邵飄萍、成舍我、朱自清、林語堂、徐志摩、陳寅恪、俞平伯、王雲五、郭沫若、郁達夫等等，另有康有為、梁啟超、辜鴻銘、章太炎、劉師培、黃侃等非白話文學派的名師。那時影響力較大的刊物，有《新青年》、《湘江評論》、《每周評論》、《新潮》、《小說月刊》、《創造》、《晨報副刊》、《現代評論》等等；為民喉舌的報紙，更有《京報》、《時報》、《世界日報》、《民生報》、《立報》、《社會日報》、《公理日報》、《熱血日報》、《商報》、《大江報》等等如雨後春筍。

以上登上民初舞台之人物、雜誌、報刊，不過舉其犖犖大者，但即此再加上其時代之政治、社會與國際背景，若欲將之著為篇章，則其相關之人事時地，紛至沓來，繁雜無端，真不知要教人如何執筆切入，如何鋪敘，如何拓展，如何轉折，如何別開生面；更不知如何將之鬚眉畢張的，如猛虎出谷、蛟龍騰雲，生鮮活現的重現昔年光華、當時場景。然而這些顧慮，在汪先生的如椽之筆下是如行雲流水的，一一隨著其筆觸所至，處處輕易的蹴開其朵朵之蓮花。而那種自然雅致，也如同水滸之表彰群豪，如同紅樓之艷寫眾芳，是教人興會淋漓、無法釋懷的。而更有進於此者，著名的作家王耀文先生說：

汪兆騫老師深諳《左傳》筆法，其《民國清流》依照編年剪裁民國歷史，將人物置於雲詭波譎的大事件大衝突中摹形刻畫，以史家手眼鉤沈實錄，以文學筆墨傳神寫照，於人物書寫中別嫌疑，於敘事中寓褒貶，明是非，定猶豫，善善惡惡，援史明志，其為士人清流招魂之深情苦心，令人感佩。

就因為汪先生此書，既具史筆而出之以文筆，所以能將恰似帝制寒冬過後之民國，其時英才輩出，逞智鬥奇之林林總總，寫得有如大地乍逢春暖，雜花滿樹，群鶯亂飛那樣，教人眼花撩亂，如過陰山之道，目不暇接。而也由於汪先生既具臧否是非的史識，更具洞燭人性的眼識；所以能「定猶疑，寓褒貶。」能勇於擺脫政治立場的是非偏頗，能「善善惡惡，援史明志」，從而看出誰人是倜儻的國士，那個是卑污的漢奸，而在其字裏行間，天衣無縫的流露出來。我想所謂「春秋之筆」也不過如此。但其中令我惆悵的是：民初耀如繁星的文學、文化界清流，能夠不私心自用，思想不偏執、見解不淺陋，而用此與人爭長論短者已屬鳳毛麟角；更何況其宅心仁厚，博大均衡，兼容並蓄，提攜後進，公義私誼皆得其宜者，則除蔡、胡二公外，似難覓其餘。因此使得民國清流，或各立山頭，對立紛爭；或黨同伐異，形同戰國；甚至不可化解，等同陌路而分道揚鑣，即如周氏兄弟，亦不能免。於是其所行所事，多半無益於己、無利於民，而於社會於國家卻每有所害。所幸其所倡導之白話文學運動，至今成績斐然；可是其對文化之過分刨根剗柢，恐怕萬劫難復。

若此，則汪先生此書又可使我們知古鑒今；而毫無疑問的，此書是文學與史學相得益彰的綜合體，是宜觀宜賞，宜於增廣見聞，宜於陶冶身心的好書。

二〇一八年十一月三日　於台北森觀寓所

目錄

第一章 民國六年（1917） 006

陳獨秀、胡適應北京大學校長蔡元培之邀，分別出任該校文科學長和教授。二人先後在《新青年》發表《文學改良芻議》、《文學革命論》……

第二章 民國七年（1918） 076

就在辛亥革命步履艱難之時，北京的新文化運動，卻有一抹春色。《新青年》改組為同人刊物，由陳獨秀、胡適、李大釗、錢玄同、沈尹默、高一涵六人輪流編輯，請撰稿人周氏兄弟、劉半農等人協助辦刊。周樹人以魯迅筆名發表《狂人日記》……

第三章 民國八年（1919） 110

民國八年（一九一九年），中國依然是獨裁者橫行的屠場和煉獄。新文化運動合乎邏輯地催生了五四愛國學生運動。那些從黑暗中突圍出來的……

第四章 民國九年（1920） 160

民國九年（一九二〇年），比起波瀾壯闊的民國八年（一九一九年），少了些紅火，但並不沉寂，「五四」餘波仍在蕩漾。各種政治派別博弈的同時，知識分子關於新舊之爭，也日趨激烈。陳獨秀、李大釗等傾向政治革命，宣傳馬克思主義……

第五章 民國十年（1921） 194

民國十年（一九二一年），是中國社會劇烈震動的一年，也是民國清流激蕩分化的歲月。大多數知識分子繼續高舉「個性解放與自由」的旗幟，而部分人放棄「五四」個性主義，走向無產階級戰鬥集體主義，創立了中國共產黨……

第六章 民國十一年（1922） 216

民國十一年（一九二二年），是個天災兵禍頻仍的年頭。一月十九日，武漢酷寒，天降大雪，凍死很多人。四月，直奉戰爭爆發，在這場血戰中，百姓生命慘遭屠戮……

第七章　民國十二年（1923）　250
民國十二年（一九二三年）的第一天，孫中山發表《中國國民黨宣言》，發國民黨改組之先聲。二十六天後，蘇俄表示傾力支持孫中山。孫中山與蘇俄代表聯合會發表聲明表示：共產組織及蘇維埃制度均不能引用於中國……

第八章　民國十三年（1924）　286
民國十三年（一九二四年），大小軍閥為繼續分割山河而使得烽煙四起——齊盧之戰，直奉火拚……百姓飽受戰亂之苦。民國的締造者孫中山，終於改組了國民黨，並在年初順利地召開國民黨的一大……

第九章　民國十四年（1925）　308
一九二四年十二月三十一日，孫中山扶病入京，受到包括李大釗在內的北京十萬各界群眾的熱烈歡迎。其入京後發表《入京宣言》，稱「乃為救國」，但並沒給段祺瑞控制下的北京帶來變化……

第十章　民國十五年（1926）　340
民國十五年（一九二六年）依然是北洋軍閥橫行肆虐、充滿肅殺之氣的一年，慘案繼續不斷發生。三月十八日，段祺瑞悍然槍殺四十七名、傷二百多名和平請願的學生和民眾。「三一八慘案」發生後，邵飄萍、成舍我主辦的《京報》……

第十一章　民國十六年（1927）　372
一九二七年，從北京到南方，中華大地瀰漫著血腥猙獰和死亡的氣息。義士喋血，大師殞命在軍閥張作霖統治下的北京，共產黨人李大釗被推上絞刑架，英勇就義……

跋　396

第一章

民國六年

1917

陳獨秀、胡適應北京大學校長蔡元培之邀，分別出任該校文科學長和教授。二人先後在《新青年》發表《文學改良芻議》、《文學革命論》，率先舉起文學革命的大旗，一個嶄新的《新青年》時代呼之欲出。暮氣沉沉的北大逐漸成為新文化運動的精神高地。李大釗、錢玄同、劉半農、周氏兄弟等一代新型知識精英，也開始登上了歷史舞臺，開創以現代文明為核心的新文化運動。

1

民國五年（一九一六年）歲尾，有幾件大事發生：十月三十一日，辛亥革命元勛黃興在上海病逝，終年四十二歲。八天之後，護國軍之父蔡鍔病逝日本，年僅三十四歲。十一月十二日，百名參、眾兩院議員，要求定「孔教」為「國教」。康有為在報上公開發表致總統、總理書，要求「以孔教為大教，編入憲法，復祀孔子拜跪」。國會憲法審議會開會審議憲法草案條文時，「孔教」能否定為「國教」成為激烈爭論的問題。

十二月二十一日，《中華新報》北京專電：「蔡子民先生於（十二月）二十一日抵北京，大風雪中，來此學界泰斗，如晦霧之時，忽睹一顆明星也。先生現暫居觀萊園陳宅。」

二十六日，被北洋軍閥玩弄於股掌之中的黎元洪，剛在東廠胡同官邸宣布就職大總統後，正式任命單槍匹馬隻身北上的蔡元培為北京大學校長，這就是說，蔡元培將要主政由大清朝京師大學堂演變過來的全國最高學府。

其實，三個月前，蔡元培在旅法時，就接到駐法國公使轉來教育總長的電報，是他辭去教育總長後的繼任者范源濂發來的。這位肝膽相照的老朋友，在電文中充滿了敬仰之情：

> 國事漸平，教育宜急。現以首都最高學府尤賴大賢主宰，師表群倫。海內人士咸深景仰。用特專電敦請我公擔任北京大學校長一席，務祈鑒允，早日回國，以慰瞻慮。君行在即，先祈電告。

蔡元培接到電報，乘法國郵輪，於十一月八日抵達上海，翌日趕到福開路黃興靈堂弔祭。後又接到蔡鍔去世的噩耗，他與上海的革命黨人，都沉浸在一片悲痛之中。

蔡元培與孫中山、唐紹儀、胡漢民等國民黨元老，是以主喪友人的名義，主持黃興悼念活動的。辛亥革命後，大總統寶座拱手相讓，又痛失宋教仁、黃興這兩位文武主將，孫中山悲痛至極，神情黯然，面容憔悴。蔡元培見之，自然也心情沉重。但孫中山能以「毀黨造黨」的氣魄解散同盟會，重建國民黨，那麼以他屢敗屢戰、攝人魂魄的浩然之氣，再造共和偉業，亦充滿希望。

望著面前這位身材不高，留兩撇威嚴口髭的偉人，蔡元培決心與他幹一番宏圖大業。

在蔡元培離開上海前夕，上海的《民國日報》發表了一篇昔日舊友為他北上就職北京大學校長的鼓勵詩：

> 居官三月掉頭去，更挈書囊駕海行。
> 坐惜斯人挾悲憫，不應長作老書生。

火車在冬季空曠的原野上，不快不慢地行駛，蔡元培憑窗遠眺。他赴京就北大校長職，多數朋友不贊同，廣西馬君武就勸他不要去蹚這池渾水。那北京大學的腐敗人盡皆知，民國以來，走馬燈般不知換過幾任校長，又有何人全身而退？那胡仁源實在當不下去，連忙告饒抽身，算是聰明之擇。而蔡元培是前清翰林，若整頓不好，就會敗壞一世清名。

然而，孫中山先生支持他辦教育的話，卻聲如洪鐘，在耳際迴響。在那個夜雨蕭瑟的晚上，在中山先生的寓所，先生用慣有的平和語氣，精闢地分析起時局，談到教育時說：「中國自古有時勢造英雄的說法。依我之見，現在倒是相對平靜的時候，黎元洪為了得天下，還得借用各種政治力量，正是你辦教育、我們趁勢發展力量的最好時機。你幾次出國，考察西方教育體系，對如何辦學自有一番宏圖大業想擇機施展。你應該去北大，我支持你。」

想到這裡，中山先生那略顯威儀的臉龐，特別是清澄得如一泓秋水般的雙眸清晰地浮現在眼前。不知為什麼，在自己人生困頓、徬徨，乃至灰心的時候，想起影響二十世紀中國命運走向的偉人清澈又堅毅的眼睛，就激奮自信起來。

2

蔡元培從火車站前門走出，驚喜地看到，一場北方彌天大雪，覆蓋了凝聚千年燕雲皇氣，卻已蕭瑟落寞的帝京。

十二月二十五日清晨，幾縷晨陽穿透濃重的陰雲，投射到景山西側一片寬綽的宮殿式建築群上，高大殿脊上的積雪，映出耀眼的紅光。這裡就是由和嘉公主府舊府改建成的北京大學校址。當年，一心要變法的光緒皇帝，在康有為等人的推動下，於一八九八年「百日維新」時，下詔撥和嘉公主府做中國第一所皇家大學「京師大學堂」校址。

和嘉公主生於乾隆十年（一七四五年），是乾隆與純惠皇貴妃蘇佳氏的四女兒，十六歲花齡下嫁給大學士傅恒之子福隆安。賜地明御馬監馬神的舊祠馬神廟路北，建皇家和嘉公主府。可憐公主紅顏薄命，二十三歲便香消玉殞，這處堂皇的公主府也日漸荒蕪。

一八九八年，歷史在此選擇這座瀰漫著「乾隆氣」的和嘉公主府做中國第一座國立大學，並在一年之後，使之成為新文化運動的策源地和五四運動的精神高地。

冒著零星的小雪，蔡元培獨自一人，久久徜徉在馬神廟，心情複雜地凝視著暮氣沉沉的北大，然後悄然走進昔日的皇家「京師大學堂」。身為前清的翰林和民國教育總長，他對這裡非常熟悉。

辛亥革命後，蔡元培曾一度主持教育部，將京師大學堂正式改稱國立北京大學，並推薦嚴復為第一任校長。在蔡元培的主持下，制定了廢除忠君、尊孔，合併經科、文科之《大學令》。但袁世凱千方百計破壞北大的建設，曾兩次以經費不足為由，提出要停辦北京大學。同時又玩弄伎倆，要封校長和教授為「中大夫」及「下大夫」的把戲，遭到嚴正拒絕。相對的，當袁世凱準備舉行「登基」大典醜劇時，北大、師大群起反對，文科教授馬敘倫憤然掛冠而去，為京城朝野稱頌。

北京大學在動盪的政局下，一片烏煙瘴氣，聲名狼藉。教師中不少人靠印發舊講義糊弄學生。學生中有不少人整天吃花酒、捧戲子、打麻將，不上課，不讀書，只想混日子。北京大學所處的馬神廟、沙灘一帶，成了市井鬧肆、酒樓群聚之地，暗娼招搖過市，與文化聖地形成絕妙的諷刺。

如今，蔡元培以北大校長的身分，再次走進軍閥盤踞下，日漸頹敗的衙門式舊大學堂，眉宇間還是泛出凝重的憂慮。

校門坐北朝南，有兩隻蒼老卻威猛的石獅，蹲守在大門兩側，門頭上依舊高懸「大學堂」三字匾額。進門，雖然大雪遮蓋了小院，但那不小的荷塘、前立的日晷、刻有篆文的石柱、不遠處那棵蒼古的老槐，卻清晰可辨。往北，有五間高大殿宇，乃公主府正殿。上方的藻井與殿柱，雖油漆早已斑駁，但依然一派皇家氣象。

走過組組建築群，來到後院，有座兩層磚木樓房，原是公主樓，改為京師大學堂後，已成為藏書樓。往西，有幾進寬敞大屋，昔日公主在此起居，現改成學校辦公的地方。

和嘉公主府改成京師大學堂後，幾經擴展，至北京大學建立，已將周邊的漢花園、松公府劃為校址。今年九月，校方又向比利時儀品公司貸款二十萬，準備在校門處建後來成為北大象徵的「紅樓」。想到這裡，蔡元培臉上似又浮起欣慰的微笑。

蔡元培重新回到校門口時，突然發現一排校役整齊地列隊在大門兩側，脫帽向他鞠躬行禮。他們得知校長在東方未曙時已進校，便自動提前上班，聚在校門口。蔡元培見狀，也忙脫帽向他們一一鞠躬還禮。從此，每次蔡校長遇到校役或師生向他致敬，他都會鄭重地對他們鞠躬回禮。從這件小事，人們欣喜地看到，校長給封建習氣濃重的舊北京大學帶進一縷平等、民主之風。隨著新文化運動的蓬勃發展，平等、民主、自由之風不僅鼓蕩在北大校園，還強勁地滌蕩整個舊中國……

3

翌日，黃包車跑過雪後明麗陽光下的前門城樓，碧瓦上積雪灼灼閃光，刺得蔡元培睜不開眼。不一會兒，黃包車就停在前門外一家旅舍門前。陳獨秀早在那裡等候多時。於是，就有了一位前清名翰林，一個光緒二十二年的秀才，在分別一個年輪後具有歷史意義的重逢。

陳獨秀見到蔡元培，向前跨了一步，「蔡先生，多年不見，風采依舊啊！」

蔡元培兩眼閃光，「啊，仲甫先生，亂世重逢，幸哉幸哉！」

二人手把手走進旅舍客房，兩手燙人，面色潮紅。坐定後，彼此微笑相視，極富語言天賦的老朋友，一時竟激動得不知說什麼是好。但十多年的往事，卻瞬間湧上心頭。

一九○四年秋，一批從日本留學歸國，志在推翻清廷的文人，在上海法租界余慶里、愛國女校破舊的木樓裡，成立了暗殺團。蔡元培、陳獨秀這對愛國學社的師生自然參加了。

加入暗殺團，像會黨結社般「歃血盟誓」。那天，他們一夥文人，跪在供奉黃帝的牌位前，由何海樵領著眾人宣讀誓詞。然後殺雞滴血於酒中，再各自用刀劃破無名指，將血和血酒攪在一起。每人痛飲三口，豪情萬丈，義無反顧。

他們早已在日本橫濱祕密建立炸藥製造所，研製炸藥。歸國後，蔡元培發展上海愛國女校化學老師鍾觀光和俞子夷，製出威力很大的毒藥，但考慮使用不便，轉向研製炸藥。當時加入的有劉師培、章士釗，章士釗又拉來陳獨秀。有了炸藥，擬訂刺殺慈禧，於是北下京城，在西直門和頤和園一帶，潛伏了近五個月。可最終，因防備森嚴，經費耗盡，不得不返回上海。

其實，蔡元培早就心儀陳獨秀，陳獨秀在上海辦《俄事警聞》時，他就多次聽劉師培說過這個人。後陳獨秀在蕪湖辦《安徽俗話報》，蔡元培聽聞後來出資人因危險和困苦先後離去，全憑陳獨秀獨木苦撐幾個月，對其敬業精神十分欽佩。

談到這裡，陳獨秀忙從裡屋拉出汪孟鄒，向蔡元培介紹：「講起辦報，全憑孟鄒兄撐腰。」

蔡元培知道汪乃上海灘的報界聞人，與陳獨秀既是同鄉，又是密友。

一九〇三年夏，章士釗辦的《蘇報》被查封後，幾經奔波，又籌辦了《民國日報》。當時，蔡元培也在上海。章士釗對蔡元培說，他和陳獨秀蟄居昌壽裡的一間小閣樓上。陳獨秀足不出戶，又撰稿又搞編務，經常徹夜工作。一日，他忽聞異味，竟是自蓬頭垢面、從不換洗衣服的陳獨秀身上飄來。他忙走近老友，才發現陳獨秀骯髒汙黑的衣領上居然爬滿蝨子。

汪孟鄒在安徽蕪湖辦《安徽俗話報》時，陳獨秀更是夙興夜寐，是報社最為繁忙辛苦的一位。汪與陳的相識也頗有趣。一日，汪孟鄒正在科學圖書社辦公，忽有一位剪了辮子、披著半長頭髮的青年，背著包袱，手執雨傘闖進來，說是要來辦報。汪一怔，見面前這位二十出頭的年輕人中等身材，面色黝黑，兩唇寬而紅潤，雙目炯然放光，自報陳獨秀。汪告訴他，這裡一日兩粥，清苦得很。他卻無所謂地說有粥就好。

當時蕪湖尚無印刷廠，稿子編好後須到上海印刷，印畢再寄回。報紙一到蕪湖，陳獨秀包攬了分發、打包、郵寄，麻利而盡職。

一次，因有事，汪曾到他的小屋找他。見牆上掛著他寫的一副對聯：

推倒一時豪傑，擴拓萬古心胸。

汪孟鄒從此對他刮目相看。有如此闊大心胸的年輕人，目前雖破衣爛衫，但前程無限。

汪孟鄒的東亞圖書社後來得以發展，與陳獨秀的智慧點撥有關。自柏文蔚任安徽都督後，曾與柏文蔚有交誼的陳獨秀頗被人看好。朋友都勸他出來做官，陳獨秀卻極為冷靜地勸誡朋友這時局不會長久，且頗有眼光地看好辦報、開書店，勸朋友湊股去辦。

陳獨秀日夜都夢想著革新大業，這幾年他苦苦思索中國的出路。要救中國，首先要進行思想革命，要革中國人封建思想的命。他趁著酒力，找到汪孟鄒，說：「讓我辦份期刊吧，我讓它名揚天下！」

當時，汪孟鄒的亞東圖書社生意很清淡，章士釗主辦的《甲寅雜誌》由他承擔，財力已拮据，無力再辦期刊。但他相信陳獨秀的眼光和能力，就去找同業好友益群書社的老闆陳子沛和陳子壽兄弟。兩人很感興趣，於是承辦了陳獨秀主辦的《青年雜誌》。後因陳子壽覺得刊物名稱與上海的《上海青年》雷同，和陳獨秀商量之下，改《青年雜誌》為《新青年》。

因陳獨秀而有《新青年》，因《新青年》而陳獨秀名滿天下。

蔡元培到前門陳獨秀下榻的旅舍拜見他，並不只是為了敘舊，而是以北京大學校長的身分，求賢若渴地聘陳獨秀為北大文科學長。他說：「前幾天，與湯爾和、沈尹默研究文科學長人選，湯、沈二位拿出幾本《新青年》，向我推薦，說仲甫乃青年導師，擔此要職最為合適。《新青年》每期我都拜讀，仲甫先生有見識才學，是叱吒風雲的文化主將，堪當學長之職，懇請先生襄助鄙人，屈就此職吧。」

陳獨秀聽此，倉促無備，忙委婉推辭：「辦刊物雜事纏身，無法分身。」

蔡元培忙表示，那就把《新青年》搬到北大校園，辦刊、教學兩不誤。

陳獨秀被老友鏡片後執著和慈愛的目光感動了，那目光裡有領袖群倫、寬厚長者的情懷，但此事太過突然，真讓他為難。於是他說：「我向蔡先生推薦胡適博士，此人比我強，適合擔任文科學長。」

蔡元培自然也喜歡胡適。他在《新青年》上讀過胡適的《寄陳獨秀》長信，對其間提出的「文學革命」口號十分讚賞。尤其對胡適在海外提出的「一個國家有海陸空，不如有大學」的主張，讚歎不已。蔡元培知道，他到北大主政，與舊勢力必將有一場苦鬥，他需要陳獨秀這樣的青年領袖，也要求胡適這樣的文化革命急先鋒。

想到此，身材短小，留著兩撇細髫子的「桃園漁夫」，氣度儒雅地微微一笑，「仲甫，我還會來請你的。」

4

蔡元培就任北京大學校長，是中國現代文化教育史上一件十分重大的事情。要徹底改造北大，使之成為中國新文化運動的策源地和中心，他很清楚邀請陳獨秀的重要性。

北大建校一百多年來，一直是中國無可爭議的最著名的大學，但其前身京師大學堂，本是為培養封建官僚而創辦的官校。進士學館深造，也是舉人進士出身之各京曹官吏獲取官職的臺階。後來又有專門為新進士肄業設立的進士館，學生個個是官吏老爺，舊貴族的沒落腐朽習氣瀰漫學校。

民國後，學生仍以官僚、巨富、名流子弟為主，前清遺少不在少數。前代理校長胡仁源也是前清進士，後留學英倫學工業，一九一三年擔任北大預科學長，後代理校長。他所聘教員多是前清遺老與封建士大夫名流，如文科教授辜鴻銘、劉師培、黃侃諸人。學生中不少身著長袍馬褂、手捧水菸袋的公子哥。即便優秀者，也不過在二流小報寫寫花邊文章，或以香豔之文捧捧女伶；下等者，整日打麻將，提籠架鳥，逛八大胡同，校風極差。

在嚴重缺乏學術氣息的環境下，優秀人才寥若晨星。蔡元培要厲行改革，當務之急便是延攬人才，這才能出現後來清流雲集、群賢畢至的局面。

一九一七年一月九日，天津《大公報》刊出號外：

> 蔡孑民先生上午九時，慷慨向全校作「就任北京大學校長之演說」。並以拳拳之心勉勵職教員，必須具備兩種特性，即堅忍心和責任心。其演講如動地驚雷，震醒沉悶之校園。

會後，蔡先生向記者透露初步改革大學計劃：「一曰延聘人才，清除積習；二曰改革講義，購置圖書；三曰縮短預科修業年限，專辦文理兩科……北京大學的校史，將揭開嶄新的一頁。」

蔡元培演講後的第四天，校門口貼出一則告示：「本校文科學長夏錫祺已辭職，茲奉教育部令派前安徽師範學校校長陳仲甫任本校文科學長。」

此消息一出，校園裡立即掀起不小的風波。

巧得很，這天上午由上海運來的該年第一期《新青年》雜誌，悄無聲息地在北大傳播開來，胡適的《文學改良芻議》赫然刊在重要位置。《文學改良芻議》提出了文學改良八事：「一曰須言之有物；二曰不模仿古人；三曰須講求文法；四曰不作無病之呻吟；五曰務去濫調套話；六曰不用典；七曰不講對仗；八曰不避俗字俗語。」這八事的核心便是文學必須採用革命性的文體——白話文。文章同時強調文學必須有感情、有思想。

此文一出，便被文學史家鄭振鐸稱為「文學革命發難的信號」，可謂是新文學運動的第一聲春雷。陳獨秀則稱之為「今日中國文界之雷音」。

不久，陳獨秀在《新青年》發表《文學革命論》以聲援胡適。文章說：「文學革命之氣運，醞釀已非一日。其首舉義旗之急先鋒則為吾友胡適。余甘冒全國學究之敵，高張『文學革命軍』大旗，以為吾友之聲援。」

文章聲勢為陳獨秀任北大文科學長濺起的風浪，更助了一把神力。師生驚呼，天子腳下，清流雲集的北京大學，又聚集眾多怪才、傲才，和如陳獨秀、胡適般的奇才，北京大學真的要改朝換代了！

錢玄同對陳獨秀攜《新青年》到北大，甚是支持。他認為，從辛亥革命到今天，中國思想文化界毫無生機，末代皇帝還在紫禁城裡，袁世凱大總統就急著黃袍加身。如不用新文化作思想武器，如何掃除八股舊習、選學妖孽和桐城謬種？

章太炎的弟子多主張復古，推翻清朝後恢復漢家傳統、晉宋文風。但錢玄同不然，他同意陳獨秀發起一場聲討舊勢力的思想革命。陳獨秀和胡適，是想借白話文做鍾馗，打封建思想餘孽這個惡鬼。他同意陳獨秀之談文論人要看趨勢、為人處世要講大義的主張。他讀了陳獨秀《字義類別》等著作，知其在訓詁音韻上的造詣極深，不然打起舊物，何以招招斃命？

與錢玄同有同樣文化背景和學術思想的同門黃侃，對陳獨秀卻大不以為然。他依稀記得，在上海時，前清秀才陳仲甫，曾倚老賣老地調侃過他們這幫後學，儘管那時陳仲甫喝了太多的酒。

人說章門多狂狷之士，他黃侃不僅狂，而且瘋。這位被蔡元培延請到北大的教授黃侃，過去運氣不錯，是先入師章太炎之門的幸運者。這位湖北佬曾是一位意氣風發的革命黨人，因受到清政府的通緝，才亡命日本的。他有詩曰：「此日窮途士，當年遊俠人。」

章太炎對錢玄同和黃侃的評價不錯。宣統二年，章太炎在《太炎先生自定年譜》中說：「弟子成就者，蘄春黃侃季剛、歸安錢夏季中……皆明小學，季剛尤善音韻文辭。」

黃侃是逐漸變得迂腐，以致將陳獨秀視為洪水猛獸的。陳獨秀與黃侃的政治見解之不同，實質上是因為白話文與文言文之爭背後新舊思想的差異性。

正當北大校園議論紛紛之時，庶務長將陳獨秀的一份電報送到校長蔡元培那裡。斯時，他正在讀剛到的《新青年》。陳獨秀的電報寫著「北京大學蔡孑民先生大鑒：仲甫於一月十三日抵京後即去箭杆胡同寓所，不必接站」一句。

蔡元培懸著的心終於落了下來，新文化運動的主將陳獨秀就要鳴鑼登場了。蔡元培對他先讓《新青年》在北大投石問路、先聲奪人之舉，也深表嘆服。

5

箭杆胡同在東安門九號陳宅門前，有對石獅子，雖然不斷被歲月剝蝕，依然威嚴生動。小院方正，陳獨秀租住的是三間北房。兩扇精美的雕花木隔斷，將房子隔成三間，兩邊作臥室，堂屋則成了客廳和寫作間。

陳獨秀與現在的妻子高君曼同來北京。關於陳獨秀和他昔日多情的小姨子高君曼的緋聞很多，他們是七年前在杭州先同居而後才結婚的。

聽到敲門聲，高君曼去開門。兩張陌生卻笑得燦爛的臉，讓她有點兒驚疑，但還是客氣地將他們請進客廳。

客廳裡，陳獨秀正埋頭在書桌上揮毫疾書，抬頭見是蔡校長和錢玄同，忙起身拱手向老友致意。他那張棱角分明的臉和如炬的目光，平添了幾分感激。

三九隆冬，客廳卻沒有爐火，冷得像冰窖，三人搓著手交談。高君曼送來熱氣嫋嫋的茶，陳獨秀將她介紹給客人。高君曼面色蒼白，卻很清麗。高君曼退下後，陳獨秀說她正在咯血，然後話題又轉到北大的現狀。

錢玄同說胡適的《文學改良芻議》如同一把火，把北大燒得通紅。蔡元培也說陳老弟從美國引來的這把火，推動了北大的變革。陳獨秀快活大笑幾聲，突然打住，對蔡元培說：「兄弟來放火，不願給你添亂，如若你猶豫了，我會立刻回到上海。北大舊派人物雲集，而我又是個準備將他們一個個掀翻的狂人。我剛寫了一篇關於『文學革命』的文章，給胡適點起的火，再加把薪柴，正式亮出『文學革命』的旗號。」說著，他順手從書桌上將文稿交給兩位老友先睹為快——光是題目「文學革命論」，就讓兩人怦然心動。

對陳獨秀凌厲而富有戰鬥性的文風，蔡元培和錢玄同是都領教過的。陳獨秀十八歲時便以《揚子江形勢論略》給沉悶的學界甩出一記響雷。他因鄉試，從安徽乘舟去南京，一路對長江水文地貌細心觀察，進而提出長江江防問題，見解獨到，令人驚異。一九一六年，他在《新青年》發表的《吾人最後之覺悟》，指出服務於「綱常階級制」的孔子封建思想，是與近代「獨立平等自由」的原則絕不相容的，文章已從世界發展總趨向的角度來考慮中國的改革了。

現在，兩人交換閱讀文稿。文章開宗明義，縱橫中點出發動文學革命的初衷要義，其文風更加霸氣、磅礴，顯現出這位有領袖慾的人的氣魄和才情。

文章開端曰：

今日莊嚴燦爛之歐洲，何自來乎？曰，革命之賜也。歐語所謂革命者，為革新更新之義，與中土所謂朝代鼎革，絕不相類。故自文藝復興以來，政治界有革命，宗教界有革命，倫理道德亦有革命，文學藝術，亦莫不有革命，莫不因革命而新興而進化……然我國政治界雖經三次革命，而黑暗未嘗稍減，大半原因是盤踞吾人精神界根深蒂固之倫理道德、文學藝術諸端，莫不黑幕層張，垢汙深積。今欲革新政治，勢不得不革新文學……

蔡、錢二位在冰窖似的小屋讀得熱血沸騰，小屋裡生氣勃勃。

見錢玄同心悅誠服地交口稱讚《文學革命論》，陳獨秀有些快意。說實話，他和胡適發起文學革命，又把《新青年》搬到北京，他是有些擔心的——北大是章門弟子雲集的地方，國學深厚的劉師培、黃侃、錢玄同都是極有社會影響力的學者。章太炎乃古文經學大家，弟子眾多。他在辛亥革命前，曾就《新學偽經考》痛批康有為，章門弟子對「文學革命」自然也不會贊同。但眼前的錢玄同似可以爭取過來，助「文學革命」之力。

錢玄同對桐城派的歸有光、方苞等人很不以為然，曾大罵「桐城謬種、選學妖孽」。六年前，錢玄同又拜同鄉前輩崔適為師，研究起今文經學來。更讓人瞠目的是，錢玄同竟在為康有為寫的序文中，說了不少好話，與恩師章太炎唱對臺戲。

陳獨秀試探性地向這位狂且多變的錢玄同約稿，助「文學革命」一臂之力。錢玄同爽快答應，然後挾槍帶棒地表示：「要搞文學革命，舊瓶裝新酒不行。你和胡適都尚用腐儒腔，之乎者也。我提議，今後《新青年》應一律用白話文。」

陳獨秀很高興，「當今玄同的思想最激進。玄同乃國學大家，古文寫得不讓桐城派，卻要改用白話，實在是有氣魄。」

錢玄同來了精神，他聽老鄉沈尹默說過，陳獨秀一九〇九年在杭州任陸軍小學教員時，正逢青春年少，頗有詩酒豪情，曾有詩曰：

垂柳飛花村路香，酒旗風暖少年狂。
橋頭日系青驄馬，惆悵當年蕭九娘。

陳獨秀工宋詩，常以香草美人自況，有時也敢以屈子自吟，他的「湘娥鼓瑟靈均泫，才子佳人共一魂」及「坎坷復踽踽，慷慨懷汨羅」便是。但如今陳獨秀要開始文學革命了，文章雖寫得狂飆突進、文字激揚，詩卻稍嫌落後，錢玄同對此不免有些惋惜。錢玄同記得陳獨秀在杭州曾為沈尹默寫過《杭州酷暑寄懷劉三沈二》，真是意境絕高，特別是《夜雨狂歌答沈二》，更是瑰麗奇詭：

黑雲壓地地裂口，飛龍倒海勢蚴蟉。
喝日退避雷師吼，兩腳踏破九州九。
九州囂隘聚群醜，靈瑣高扃立玉狗。
燭龍老死夜深黝，伯強拍手滿地走。
竹斑未泯帝骨朽，來此浮山去已久。
雪峰東奔朝峋嶁，江上狂夫碎白首。
筆底寒潮撼星斗，感君意氣進君酒。
滴血寫詩報良友，天雨金粟泣鬼母。
黑風吹海絕地紐，羿與康回笑握手。

錢玄同覺得此詩抒高蹈憤世之情，非時人士流所能及也。

這沈尹默早年一度遊學日本，一九〇九年二十五歲時，在杭州高等學校代課。那時也在杭州的陳獨秀在友人家裡見到沈尹默的詩和字，就去造訪他，一見面即說：「昨天在劉三處曾見你寫的一詩，詩很好，但字則其俗在骨。」

沈尹默雖覺刺耳，一想卻頗有道理。回去後，始認真研讀包世臣的《藝舟雙楫》，照此事件，日取一刀尺八紙，臨寫漢碑，兩三年後改臨寫六朝碑版，兼臨各大家精品，凡十數年探毫不輟，遂其字脫盡俗氣。又多與陳獨秀、柳亞子、章士釗交流，眼界不凡，書風、書格漸入化境，成為書界英俊。

陳獨秀對書法的造詣極深，辛亥革命前後，他對書法的研習頗下苦功。一九一一年，他與妻妹高君曼私奔至杭州結婚後，同杭州的沈尹默、沈士遠、馬一浮相識，幾乎整日談詩論書。陳獨秀「總要每天寫幾張《說文》上的篆字，始終如一，比我們哪一個人都有恒心些。」馬一浮說。

陳獨秀的書法不僅古厚蒼拙，有文化底蘊，審美的境界也高。這從陳獨秀《題劉海粟古松圖》一詩，就見其見識。其詩曰：「黃山孤山，不孤而孤，孤而不孤。孤與不孤，各有其境，各有其圖。」此詩之所以在文人中廣為流傳，就在於詩中有辯證法，有大境界，「不孤」即俗，「孤」則不俗，即「氣骨挺立」。從中還可以看出陳獨秀的書法美學觀與他的人生信仰、人格構建。

不管陳獨秀在中國歷史上有怎樣的功過長短，人生是怎樣的沉瓜浮李，但他深厚的學養、氣骨挺立的人格風骨，永不會被湮滅。

從沈尹默一九一七年發表在《新青年》上的詩《月夜》來看，他是較早主張「獨立人格」的學者。詩中說：「霜風呼呼地吹著，月光明明地照著。我和一株頂高的樹並排立著，卻沒有靠著。」

沈尹默這代年輕知識分子對獨立人格的執著追求及實踐與陳獨秀《警告青年》希望熱血青年「是自由而非奴隸的」，「獨立自主之人格」的精神是一致的。人格者，即個人存在的狀態，獨立的人格才是健全的。可惜，中國舊知識分子往往只有「依附人格」。

沈尹默是一九一四年被破格聘為北京大學教授的，一九一六年又被蔡元培納入北京大學書法研究會，自此，成為書法大家。沈尹默因此對陳獨秀直率而中肯的批評感激不盡。

陳獨秀正是被他批為「字則其俗在骨」的沈尹默推薦給蔡元培，才到北京大學任文科學長的。

6

陳獨秀上任文科學長那天，校長蔡元培和錢玄同、沈尹默陪他走進教師休息室，與等候在那裡的文科教授員工見了面，眾教授礙於校長的面子，還算客氣。但未等蔡元培介紹完陳獨秀，突然有一人破門而入，此人身穿藍緞子團花長棉袍，頭戴黑色短絨瓜皮夾帽，眾人一看，是章門眾弟子的大師兄黃侃。

他見滿屋子人在歡迎新上任的文科學長陳獨秀，便不屑地怪笑道：「好熱鬧，區區一桐城秀才，何需如此勞師動眾。」話音未落，即轉身拂袖，狂笑而去。

黃侃與陳獨秀早有積怨。光緒末年，眾門徒隨師章太炎在日本東京求學。一日，章太炎辦的《民報》館，來了一位年輕人，報名陳仲甫，聽說此人也在研究漢學，兼修隸書。當時，黃侃與錢玄同正好在屋裡閒聊，聞有客人到訪，便避進裡屋，繼續鬥嘴扯淡，但章太炎與陳獨秀的對話，卻清晰地傳入二人耳朵，於是好奇地靜聽，原來章、陳二人在談清朝漢學的狀況。

說到戴、段、王諸人，多出自安徽和江蘇。陳獨秀不知怎麼就說到湖北。他說：「湖北就沒有出現大學者。」

章太炎表示同意：「說的是，好像沒有出過什麼像樣的人才。」

在裡屋的「湖北佬」黃侃聞此，跳將起來，對外屋主客吼道：「好個湖北沒人才！湖北雖無大學者，然而這不就是區區？安徽固然出了不少學者，然而這未必就是足下！」

陳獨秀聽出這是黃侃的聲音，覺得索然，便起身告辭。未承想，此事已過去多年，這「湖北佬」黃侃竟還耿耿於懷。

黃侃的狷介，士林無人不曉。一九〇八年，在日本求學的黃侃得知母病危，便買舟歸國侍母，客居蘄州高等官學堂旁的黃氏公屋。斯時，正逢光緒與慈禧前後亡故，大清正舉行「國喪」。高等官學堂學生田桓，在「哭臨」時表示不滿。堂長楊子緒於翌日清晨，高懸虎頭牌，宣布開除田桓學籍。黃侃得知，衝進學堂，砸了虎頭牌，在眾師生面前昂首而去。後經多方調解，田桓保住學籍。

沒幾日，田桓帶頭剪辮，怒不可遏的楊子緒又將虎頭牌懸起，不趕走田桓誓不甘休。黃侃手持木棒憤憤而至，不僅將虎頭牌砸爛，還要痛打楊子緒。楊子緒落荒而逃，躲入工友床下，方免遭棍棒之苦。於是湖北都督陳夔龍派人緝拿黃侃，逼得他再度亡命日本。

黃侃之狂，常令人忍俊不禁。陳獨秀早就聽說，一次黃侃去拜訪名流王闓運。此公曾為曾國藩軍幕，辭歸後主講於成都尊經書院、衡州船山書院等，宣統年間特授翰林院檢討。民國二年（一九一三年）任清史館館長，直至復辟論起，乃辭官歸臥故里湖南湘潭。其為人洽談灑脫，言行警拔，門生滿天下，好治經學，詩文有漢魏六朝遺風，為晚清擬古派所推崇，仰為泰斗。

王闓運對黃侃的詩極為讚賞，見黃侃來訪，便說：「你年方弱冠就已文采斐然，犬子雖與你年紀相當，卻還一竅不通。」

黃侃受到如此美譽，應表示感激才盡情理，孰料他反而口出狂言：「您老先生尚且不通，更何況您的兒子。」

陳獨秀還聽錢玄同說，同為章太炎門生，黃侃總以大師兄自稱，而戲稱錢玄同為「錢二」。一次在章太炎住處，黃侃見錢玄同也在，就大呼「錢二瘋」，也不管錢玄同面色已有不悅，依然說：「二瘋，你好可憐哪！近來你怎麼不把音韻學的書好好地讀？竟玩什麼注音字母，什麼白話文。」

錢玄同一直很尊敬黃侃，聞此言，忍無可忍，拍案大怒，「我就要弄注音字母，就要弄白話文！你這混帳管得著嗎？」

黃侃桀驁不馴，卻才華橫溢，思維敏捷過人，國學功底深厚，為一大家。有一次有人求他代寫一篇碑文，約好六日以後來取，等人家取時，他卻早已將此事忘得乾乾淨淨。他忙讓其就座，接著研墨鋪紙，凝思片刻，揮毫一蹴而就，連上下款帶正文剛好到最後一格，觀者莫不嘆服。

陳獨秀腦際閃過黃侃的趣聞逸事，不禁臉上露出笑容，不再計較黃侃剛才那番話和鄙夷的怪笑，忙追上去在藍色緞子團花長袍背後嚷道：「季剛兄，請留步！」

黃侃回轉身，見陳獨秀滿面誠懇的笑容，怔住了。他知道，這個陳仲甫也是個叱吒政壇、文壇的狂人，卻能在眾目睽睽之下如此給自己面子，令他有些感動。

只見陳獨秀向他拱手道：「季剛兄，當年仲甫有所冒犯，實無惡意，但還容我向兄道歉。」同時，又向錢玄同使眼色。

此刻，錢玄同早已領會陳獨秀的意思，站出來，扯住黃侃，笑道：「師兄，要不讓我講講當年咱倆偷聽章師與仲甫的『湖北無能人論』，給諸位教授聽聽？」

黃侃也樂了，「二瘋，不可造次！」

之後，滿屋子的沉悶之氣漸漸活躍起來。

陳獨秀隨後向諸位同人講了黃侃「八部書外皆狗屁」的口頭禪。所謂八部書者，是黃侃平生信奉推崇的八部經典，即《毛詩》、《左傳》、《周禮》、《說文解字》、《廣韻》、《史記》、《漢書》、《文選》，其餘皆不可論，遑論白話文。

黃侃聽陳獨秀介紹能傳達自己精神的口頭禪，自然有些得意，但他能聽出弦外之音，於是打斷陳獨秀，「還是聽聽你的『毀孔子廟罷其祀』吧！」

眾人心裡明白，二人的較量，才要開始。

7

陳獨秀到北京大學上任之後，即給遠在重洋的胡適寫信，信中說：「蔡孑民先生已接北大校長之任，力約弟為文科學長，弟薦足下以代，此時無人，弟暫充乏。孑民先生盼足下早日回國，即不願任學長，校中哲學、文學教授俱乏上選，足下來此，亦可擔任。學長月薪三百元，重要教授亦有此數……」

掌燈時分，陳獨秀將信拿給蔡元培校長看。蔡校長看罷，點頭笑曰：「寫得好！」遂拉起陳獨秀去見老朋友。

他們走上北大不遠處飯莊的木樓梯，進入一間包廂。陳獨秀先是一怔，然後迎上前，拉起兩位器宇軒昂的老朋友的手驚呼：「原來是行嚴兄、守常兄啊，快哉，快哉！」

行嚴者，名士章士釗也，其字行嚴，湖南長沙人。錢鍾書之父錢基博在《現代中國文學史》中這麼評價章士釗：「自衡政操論者習為梁啟超排比堆砌之新民體，讀者既稍稍厭之矣；於斯時也，有異軍突起，而痛刮磨湔洗，不與啟超為同者，長沙章士釗也。大抵啟超之文，辭氣滂沛，而豐於情感；而士釗之文，則文理密察，而衷以邏輯。」並說「導前路於嚴復」。

章士釗（1881-1973），少年時即好文章，一九一〇年求學於武昌兩湖學院，與黃興結識。次年，赴南京，入陸師學堂，得到學堂總辦俞明霞的賞識。又一年，拒俄運動興起，章士釗率同學三十餘人赴上海，加入愛國學社，與章太炎相識，受其器重。後章太炎、章士釗、張繼和鄒容義結兄弟，互換蘭譜。一日，年歲最小的鄒容問章士釗：「大哥著《駁康有為論革命書》，二哥（張繼）寫《無政府主義》，小弟我著《革命軍》，你有何作？」

章士釗大窘，於是根據日本人的《三十三年落花夢》為藍本，寫了一本《孫逸仙》，自己在序中說：「孫逸仙，近今談革命者之初祖，實行革命者之北辰……有孫逸仙而中國始可為，則孫逸仙者，實為中國過渡虛懸無薄之隱針。」

此書一問世，影響極大。當時國內尚不甚知曉孫中山，自有此書，孫中山名聲大揚。

此期間，章士釗還編著《黃帝魂》、《沈藎》等，唱響革命勁歌。一九〇三年六月至七月，由章太炎推薦，章士釗主持《蘇報》一個多月，宣傳「吾將大索天下之所謂健將者，相與鏖戰公敵，以放一線光明於昏天黑地之中」。六月九日，他親自寫《讀〈革命軍〉》，並在「新書介紹」欄刊出鄒容的《革命軍》廣告。次日，他又編發章太炎的《〈革命軍〉序》。一個多月來，《蘇報》發表四十多篇革命言論，在上海輿論界大放異彩，令《申報》等黯然失色。

六月二十四日，兩江總督魏光燾與湖廣總督端方命令有關部門查禁《蘇報》。六月二十九日《蘇報》仍刊出章太炎之《康有為與覺羅君之關係》（節選自《駁康有為論革命書》），熱讚革命，力抨光緒為「小丑」。清政府發出對章太炎、鄒容等人的拘票，釀成轟動一時的「蘇報案」，而輿論震驚。連在革命與改良問題與《蘇報》有尖銳分歧的《中外日報》都發表社論《近事慨言》，抗議當局「與言者為難」。

面對迫害，章士釗主持《蘇報》仍繼續出版七天，刊出《密拿新黨連志》的消息，還發表章太炎「相延入獄，志在流血」的文章。七月七日，《蘇報》被封。從七月到十二月，由於租界當局與清廷的分歧，直至年底，「蘇報案」仍未了結。章士釗寫《蘇報案紀實》，擴大革命影響。一九〇四年初，章士釗回長沙，與黃興、陳天華組建華興會，準備武裝起義，因事洩乃流亡日本。

到日本後，「頓悟黨人無學，妄言革命，禍發且不可收拾，功罪必不相償。漸謝孫文、黃興，不欲交往，則發憤自力於學」（《現代中國文學史》）。

同盟會成立時，章太炎強逼婉勸，邀其參加，章士釗堅拒不從。於一九〇八年留學英國，入倫敦大學，攻讀政治、邏輯。

武昌起義不久，章士釗從英歸國，黃興、宋教仁、張繼邀其加入同盟會和國民黨，再遭拒絕。于右任請他主編《民主報》，但他因與黨人議論不合而遭排擠，憤然離去。南北議和後，他出任北京大學校長。袁世凱為復辟，以優厚條件語之，章士釗宵遁上海，與黃興等革命黨人聯繫，參加「二次革命」。「二次革命」失敗後，他再次去日本，辦《甲寅雜誌》，抨擊袁世凱專制獨裁。同辦《甲寅雜誌》者，就有陳獨秀和李守常。

陳獨秀認為章士釗不是純粹書生，而是一位懂得政治謀略的人。當洪憲帝制鬧起來時，章士釗以極大熱情赴雲南協助岑春煊參加討袁。就在最近，段祺瑞在「府院之爭」中，曾極力拉攏章士釗，不過章對應聘北大興趣不大。

而守常則是李大釗。章士釗此次拉李大釗與蔡元培和陳獨秀會面，自有他的打算。是年年初，《甲寅雜誌》改為月刊後，由李大釗和高一涵協助他主編。他覺得今後與《新青年》的許多事情，李大釗都可多幫他分擔一些。

陳獨秀特立獨行，舉止霸悍，但又有柔情，見到老友章士釗和李大釗，想起與他們亡命日本的種種情景。就在兩三個月前，章士釗在東京辦《甲寅雜誌》，幾次來信邀他去協助辦刊……陳獨秀的眼睛濕潤了。

他站起來高舉杯，很動情地對章士釗說：「行嚴老弟呀，你辦《甲寅雜誌》，收留為兄，使我們找到思想革命救國之路，後來才有《新青年》哪。」

章士釗笑言：「仲甫兄一到《甲寅雜誌》，這裡便成徽籍士人的清談館了，硬是把我和守常弄成局外人。」

見李大釗憨憨地笑著，陳獨秀又站起來給他敬酒，「守常啊，兄要感激你的宏文《青春》哪。去年《青年雜誌》改名那期，登了你的《青春》一文，洋洋灑灑七千餘字，充斥著浩然正氣，給《新青年》增添不少光彩。我至今還記得文章結尾之妙哇，弟高呼『以青春之我，創建青春之家庭，青春之國家，青春之民族，青春之人類，青春之地球，青春之宇宙』，何等磅礡的青春之氣，青春之氣氣衝霄漢哪！」

這番話也把李大釗的思緒帶到日本東京的「月印精舍」，那雖是一座簡陋的民宅，他和幾位學友合住在那裡。舍外萋萋荒草掩住假山、古剎，他和學友邊賞櫻花邊論救國之道。當時他已讀過一些日譯馬克思主義的書和《共產黨宣言》，便把一些這方面的書寄給陳獨秀。恰巧那時陳獨秀正苦苦尋找救國之路，有些消沉……

蔡元培也端起酒杯，走向李大釗發出邀請，「守常啊，真希望你也能到北大，跟我們一同建設新北大呀！」

他瞭解李大釗。河北樂亭人，一九一三年留學日本，曾參與反袁運動，協助章士釗辦《甲寅雜誌》，一九一六年回國，歷任北京《晨鐘報》總編輯。蔡元培此刻心中已有安排，讓李大釗到北大任圖書館主任，兼經濟學教授。

8

初春的北京，風沙瀰漫，乍暖還寒。北京城裡圍繞著對德宣戰之事，鬧得沸反盈天，親美派和親日派的「府院之爭」已白熱化。

對此，陳獨秀等人看得很明白，無非是列強想借中國參戰之機，多瓜分一點德國在華利益而已。日本人為此，已祕密與段內閣簽訂《中國軍械借款》，先下手多分幾杯羹。

陳獨秀主辦的《新青年》主張中國參加協約國對德宣戰。有讀者不解，便致函《新青年》問：「為什麼你們主張中國向德宣戰？」

陳獨秀著文答曰：

一、對德宣戰不是想獲得賠款，也不是報舊怨，與主張公理更無關，而是要為中國爭得一點弱者的生存空間。既然已與德國斷交，已非中立，與其騎牆，莫若宣戰。

二、不喜歡戰爭，是中國人的舊疾。幾千年來，只配當奴隸，圖一時之苟安。所以要以民意決定外交方針，我們是絕對不敢贊同的。如果什麼事都由多數決定，您就看吧，留辮子、裹小腳、復科舉、辟帝制，難保不會都有多數人贊成。

三、誰說本雜誌代表輿論？本雜誌的宗旨，就是要反抗輿論。

一日，親美外交總長伍老博士伍廷芳，到新婚的蔡元培家拜訪，以求其新夫人黃仲玉的畫為名，實際上是拉社會名流支持親美派的對德方略。一位清末顯宦名流，低聲下氣地到士子群裡尋求支持，讓蔡元培不勝感傷——想不到文人一有權慾，竟會變得如此下作。相較之下，北大真是一塊乾淨的地方。不走仕途的學者再愚蠢、癲狂，文人的操守、道義還在，也有真學問在。

一九一七年五月二十三日，黎元洪終於免去段祺瑞的職務，「府院之爭」暫告結束，段祺瑞帶隨員移師天津。就在這一天，蔡元培在吳玉章等人的陪同下，也登上了去天津的火車。蔡元培此行，一是應南開中學邀請去演講，二是應陳獨秀之請去見一個人。

到天津車站，老朋友嚴修和張伯苓如今是南開中學的校董和校長，早已在月臺等候多時。中午老友設宴，席間自然談南開趣事。

蔡元培在南開中學禮堂演講令他名聞天下的《思想自由》，博得莘莘學子的陣陣喝彩。會後，張伯苓特別向他介紹了南開的高才生——後來成為共和國總理的周恩來。周恩來眉宇存英豪之氣，談吐不凡。他向蔡元培深鞠一躬，說自己速記了一份先生的講稿，想在南開校刊上發表。

蔡元培看到周恩來的記錄，一下子被這位少年郎飄逸而有魏碑風骨的小字吸引，所記似無差錯，給他留下深刻印象。

趁吳玉章與南開敬業樂群會座談之際，蔡元培決定去請自袁世凱死後一直隱居天津的劉師培。蔡元培此次來津之前，陳獨秀去廣濟寺聽人講學，無意中見到窮困潦倒、一身是病的劉師培。老友偶遇，驚喜中又添些傷感。分手後，陳獨秀去見蔡元培校長，希望給這位與章太炎（枚叔）並稱「海內二叔」的申叔在北大謀一教職。於是，蔡元培決定借去南開演講之便，親自邀請他出山。

往事如煙。路上，他想的都是劉師培。

劉師培，字申叔，改名光漢，號左盦，一八八四年六月二十四日生於江蘇儀證一個書香門第，其家三世傳經，曾祖、祖父、父親皆為清代乾隆和嘉慶時的經學家，通經史家學，淵源甚深。

劉師培雖是年少而負盛名的國學名流，個性卻極為複雜，其操守也被詬病。從弱冠算起，由熱心科舉的士子，到提倡「光復」的志士，再到出賣革命友朋，甘當清廷密探，甚至躋身擁戴袁世凱恢復帝制的「籌安會六君子」。其多變、背叛行徑被學人所詬病。

愛其才者，皆以「外恨黨人，內懼豔妻」為其開脫。可到了一九〇七年，劉師培自家「輸誠」的《致端方書》中，解說自己誤入「排滿」歧途，把自己的背叛醜行說成是受人教唆，一股腦兒推給蔡元培、黃興諸人，就有些無恥了。

劉師培八歲學《周易》，十二歲可將四書五經倒背如流，稟賦極高。有載：「為人雖短視口吃，而敏捷過諸父，一目輒十行下，記誦久而弗渝。」

其一九〇一年十七歲中秀才，次年中舉人，於是意氣風發地於一九〇三年赴開封會試，不料落第，懊喪不已。在回儀征的歸途中，常飲酒買醉，對會試屢有微詞，癲狂時，把科舉偽弊罵得體無完膚。官府聞之，欲拿問治罪，故有「由揚州以政嫌遁滬」之語。

幾乎與此同時，陳獨秀因在日本東京與鄒容等人聯手剪掉清朝學監姚煜的長辮，被日本遣送回安徽老家安慶。他的革命熱情依然高漲，在安慶藏書樓舉行愛國演講，令聽眾熱血沸騰。兩江總督聞之，電飭安徽省督韓大武，將「陳仲甫等一體緝獲」。陳獨秀逃到上海，於是有了與劉師培修好的機緣。

陳獨秀與劉師培先後參與了《國民日報》和《警鐘日報》的創辦，並且都在報社做編輯工作。相同的經歷、共有的志趣，使他們成為「同是天涯淪落人」的知音朋友。劉師培筆鋒勁健，其文《論激烈之好處》發表在《中國白話報》，為他博得「激烈第一人」的榮譽，遂名聲大振。不僅革命黨人對他另眼相看，崇拜英雄才子的美人，也紛紛投懷送抱。

劉師培與陳獨秀年輕氣盛，為文也狂飆激烈，在報社多受限制。思想自由的陳獨秀不願受人限制，於一九〇三年冬，回蕪湖創辦《安徽俗話報》。告別章士釗和劉師培時，賦詩言志：

勤王革命皆形跡，有逆吾心罔不鳴。
直尺不遺身後恨，枉尋徒屈自由身。
馳驅甘入荊棘地，顧盼莫非羊豕群。
男子立身唯一劍，不知事敗與功成。

陳獨秀將此詩抄於宣紙之上，書法氣度恢宏。

章士釗兩眼放光，對劉師培說：「詩標其人，仲甫就是一匹不羈之駿馬！」

劉師培也為陳獨秀的詩所打動，揮筆在詩下題曰：「由己，由己，由一己之所欲。」

有長江相繫，陳獨秀與劉師培常互寄稿件和報紙，牢牢佔領輿論陣地。一九〇四年，江南草長、群鶯亂飛的春季，陳獨秀卻從章士釗和劉師培那裡得知友人何梅士病逝的消息。雖疾病纏身，還是寫了《哭何梅士》詩。劉師培、章士釗讀之，愴然而涕下，即刻發在《警鐘日報》。不久，陳獨秀又寄《夜夢亡友何梅士覺而賦此》詩給劉師培。劉編發後，在詩稿上寫道：「由己乎？不由己已。不由己已耳，不由己已耳矣！」

是年秋，蔡元培等組建「暗殺團」，劉師培易名「光漢」，參與謀略。劉師培與章士釗向蔡推薦「江淮志士」陳獨秀，他們介紹陳入盟的理由是：「此君志大心雄，有一種不峻之坡弗上的鬥志，而且人格甚美，忠於人、忠於事，不乏俠士之風。」

劉師培則力薦曰：「陳君還是吾報的作者，他重友情，講信用」云云。蔡元培當即拍案相邀。

十一月十九日，暗殺團在滬行刺前廣西巡撫失敗，劉師培蟄居不出，而早就不願「做人尾驥」、在安徽辦報的陳獨秀，已做了「岳王會」的首領，成為舉足輕重的人物，故寫信催劉師培至蕪湖任教。

劉師培化名為金少甫，偷偷來到蕪湖，但劉師培到蕪湖後，以欽差大臣自居，與「不願依人成事」的陳獨秀發生齟齬。正在兩個極具個性的狂人各執一端、相持不讓之際，蕪湖候補道汪雲浦告密江督端方，下令捕拿陳、劉。二人於一九〇七年雙雙亡命日本，再度成為「前路知己」。

在日本，劉師培受到日本社會黨影響，始信奉無政府主義社會思潮，與妻子何震發起「女子復權會」，並創辦《天義報》，對普魯東、巴枯寧等無政府主義的代表人物悉數介紹，甚至為《共產黨宣言》作序。

想到這裡，蔡元培已走進失意政客們藏身的天津英租界。清滅之後，清朝貴胄、官僚政要走馬燈似的在這裡出出進進。但如今，昔日無限風光的石庫門前，已顯得萬分落寞和破舊，一股中藥的氣味瀰漫在四周。

蔡元培徑直走進大門，見劉師培咳嗽得氣喘吁吁，一張蒼白而清秀的臉上布滿皺紋，兩鬢已染上了霜。他突然憶起一九〇三年在上海，他正和章士釗、陳獨秀等友人在梅福田閒聊，忽聽大門一聲響，見一短襟敞開、頭髮蓬亂的少年郎倉促推門而入。這就是年方十九，卻目睹了震驚海內外的《蘇報》案的劉師培。那時，劉師培的《攘書》發表之後，如同重磅炸彈，在社會上產生很大的影響。劉師培的《攘書》最具革命性的政見，是力主仿西周紀年之舊制，以黃帝降生為紀年，反對傳統以帝王生卒為紀年的舊制。

對此文，同盟會的宋教仁極為讚賞，《民報》發表評論支持，劉師培也自稱是天下「激烈派第一人」。十七歲的錢玄同讀《攘書》後，更是毫不猶豫地剪掉辮子。那時的劉師培是何等青春年少、意氣風發！

蔡元培見如今已老氣橫秋的劉師培，頓時一陣酸楚湧上心頭，忙伸出手拉住他冰涼而纖細的手，喊了聲：「申叔！」

劉師培想說什麼，卻又咳嗽起來，半日才說：「蔡先生，我是戴罪之身，又何苦勞你來看我。」

蔡元培見此，心情也很沉重，「申叔，朋友們都沒有忘記你，仲甫力薦你到北京大學任教。錢玄同、季剛也都想請你到北大呢！」

劉師培羞愧地抬起頭，蒼白的臉上有兩行清淚。

9

北京有新民謠曰：西洋人稱，到北京可以不看三大殿，不可不看辜鴻銘。

燈市東口北，有個椿樹胡同，西臨紫禁城，一繁華之地。該胡同十七號，住著生在南洋，學在西洋，仕在北洋，一輩子不背叛忠君保皇立場，而又名揚海內外的怪才辜鴻銘。

辜鴻銘，又名湯生，以字行，號漢濱讀易者，福建廈門人，曾任清政府外務部主事。青年時，留學英國，又遍遊德、法、義諸國，考察政治文藝，歸國後精研四書五經，其後，張之洞邀入幕府，主辦外交。各國文學皆通，被視為異才。辛亥革命後，任教於北京大學。一輩子不剪髮辮，卻用洋文譯我國古籍，向西方世界推介，著有《讀易堂文集》。

椿樹胡同十七號辜宅，是一座小四合院。進門最先看到的是花園，一棵古老的千頭椿樹高高傲立，濃密的嫩葉，給小花園遮出一片陰涼。一棵棗樹，細細的枝條倔強地刺向藍天，如同它主人腦後的細細髮辮。

三間正房，擺滿書籍，這是辜鴻銘的書城，他每天在書海裡探尋他的理想世界。一條細細的長辮和厚厚的西洋書、一摞摞線裝書，再加上他那根長長的菸袋，構成一個和諧而又芬芳的世界。這裡也堆集著東西方的文明和關於文化的溫馨故事。他浸漫其間，總感到東西先哲的召喚、龍袍和天乾的恩澤，他必須承擔起士的責任。但是，每當他看到花園裡的花木不斷榮枯時，總有些失落。民國後，他斷斷續續到北京大學去講過課，後來就賦閒在家，與僕人度過寂寞時光。

終於有一天，他家那兩個古舊的銅門環被敲響，范文瀾和羅家倫代表校長蔡元培，將大紅的聘書交到辜鴻銘的手裡。范文瀾即將畢業，已被校長留下做秘書，開始處理一些公務。

剛剛睡完午覺的辜鴻銘，正在院裡坐著喝茶，他那與紅絲線合編起的長辮，在春陽裡格外光彩奪目。已過六旬的他，保養得不錯，面白而紅潤，神清而氣爽，如常言所說「腹有詩書氣自華」，頗有名流風采。

辜鴻銘客氣地讓兩位年輕人落座，然後看了眼聘書，面含微笑。

范文瀾和羅家倫，都聽過辜先生的課，對他的「金臉罩、鐵嘴皮」和博學多才，佩服得五體投地。他們還記得不少辜鴻銘的趣事。前些日子，辜鴻銘到東交民巷外國使館區的六國飯店用英文講演《春秋大義》，開演講售票先河。令世人瞠目的是，票價竟比聽梅蘭芳的戲還貴，聽梅蘭芳的戲，是一元二角大洋，聽辜鴻銘講演卻要兩塊大洋。即使如此，外國人依舊趨之若鶩，一票難求。

袁世凱籌備「參政院」，以為辜鴻銘是位帝制派，特請他擔任議員。這位留著長辮的保皇派，到會場領了出席費三百大洋，便學先朝名士、歷代風流，跑到煙花柳巷八大胡同去放浪形骸。這風流才子，行走風塵之中，每見一妓女，就捨錢一元，連逛了數家青樓，直至將銀圓花光，才放聲大笑，將那與紅絲線編在一起的長辮往身後一甩，唱著《馬賽曲》，揚長而去。

袁世凱殁命，政府下令舉哀三天，可辜鴻銘卻在椿樹胡同十八號小院弄了個堂會，硬是把鼓樂奏得喧天，二黃西皮在胡同婉轉。

員警循聲而至，推開大門，見院裡搭著戲臺，臺上花花綠綠的生旦淨末正唱得熱熱鬧鬧，台下，辜鴻銘與洋人、各界名流聽得搖頭晃腦。見此狀，員警只好悻悻而退。

其中一個不識時務的楞頭青員警忠於職守，幾步上前，大喝一聲：「好大膽子，你們竟公開鬧法，該當何罪！」

辜鴻銘走過來，拍拍小員警稚嫩的臉蛋兒，笑道：「去回稟你們主子，不就死了個總統嗎？怎敢影響我辜某與洋人朋友在此賞戲。」

辜鴻銘的十八號小院，一連唱了三天戲，三天禁令過去，這裡才偃旗息鼓。

范文瀾知道校長大紅聘書一下，辜鴻銘就是北大正式教授了。在決定聘辜鴻銘之前，蔡校長曾與陳獨秀商量。陳獨秀說：「蔡先生的決定是對的，為保留身懷絕學的讀書種子，先生聘『漢濱讀易者』，極有眼光。」接著講了不少辜鴻銘的趣事。

辜鴻銘隨義父布朗（英國人）夫婦前往英國留學，在布朗的栽培下，他不僅對語言、文史、哲學產生濃厚興趣，還極有語言天賦，通曉英、德、法、義等國語言，他先入愛丁堡大學，師從卡萊爾，專攻西方文學，後又入萊比錫大學，得工科文憑。

在英國讀書時，租房而居，每年冬季，辜鴻銘都不忘備酒饌，行跪拜大禮，遙祭祖先。一開始，房東太太不解，等他祭畢，問他：「你的祖先何時來吃祭品呢？」

他不假思索地回答：「就在貴國的祖先嗅到你們所奉獻的鮮花之香的時候。」

陳獨秀評道：「機敏至極，詼諧雋永，令人會心解頤。」

西洋人一直看不起中國人，英國人尤其在華人面前趾高氣揚。辜鴻銘乘公共汽車，故意將英文《泰晤士報》倒著讀。英國人一看，又找到羞辱華人的機會，便嘿嘿大笑，「看這位拖著長辮的中國鄉巴佬，不懂英文，卻偏偏裝有學問的樣子讀報，可把報紙拿倒了！哈哈！」於是滿車廂都放肆地譏笑辜鴻銘。

辜鴻銘不慌不忙等笑聲平息後，用純正而流利的英語回答：「英文這玩意兒太過簡單。」然後又用同樣道地的法語說：「先生們，女士們，你們說，不倒著看報還有什麼意思？」

整個車廂鴉雀無聲。

一次盛大宴會上，名流權貴和洋人買辦聚在一起，邊喝酒邊高談闊論，縱論時局。只有辜鴻銘，專注佳餚，大快朵頤，大口飲酒。這時一位洋記者過來向他討教如何看待中國政局，又該如何治理。他眼顧四周，大聲說：「把在座的洋人和官僚政客統統拉出去槍斃，中國政局一定會安定些。」

某日，他去真光影院看電影，見前排有一蘇格蘭人，他遂用長菸袋敲蘇格蘭人的禿頂，讓他點菸。那禿頂點了幾次才點著，辜鴻銘這才說聲「謝謝」。

陳獨秀不獨推崇辜鴻銘為了民族尊嚴戲弄狂妄的洋人，更讚賞他不事權貴的人格力量。一九〇七年，張之洞與袁世凱由封疆大吏入軍機處。一次宴會上，袁世凱對德國駐華公使說：「張中堂是講學問的，我是講辦事的。」

袁世凱一幕僚將此話傳給辜鴻銘。辜說：「誠然，那袁世凱是辦事的，但要看辦什麼事，老媽子倒馬桶，固用不著學問。除了倒馬桶外，我不知天下有何等事是無學問之人可以辦好的。」

幕僚自然聽得出，這是譏諷袁氏沒有給國家和朝廷辦過什麼好事，其鄙視憎惡皆在言語中。

辜鴻銘於一八八五年到廣東之後，進入兩廣總督張之洞幕府，擔任洋文案，處理翻譯、邦交事宜。一八九三年，兼任武昌自強學堂講習。一九〇五年，任外務部侍郎，並出任上海黃浦浚治督辦。一九一〇年，被清廷列為「遊學專門」一等，賞給文科進士，位列第二，排在嚴復之後。辜鴻銘政治態度保守，反軍閥而不反朝廷，與他多年得到清廷的眷顧有關，那條拖了一輩子的辮子，就是證明。

范文瀾和羅家倫恭維辜鴻銘一陣子後，準備告辭。臨行前，范文瀾轉述蔡校長對他們二人說的話：「我到德國考察時，辜先生已是德國學界名流了，德國許多大學教材都選用辜先生的文章，還有許多俱樂部以辜先生命名，辜先生是很值得敬重的名流學者。請辜先生到北大任教，是北大之幸。」

聽罷范文瀾的轉述，辜鴻銘有些感動，說道：「蔡先生點了翰林，卻辭官革命，老朽跟了張中堂，做了前清的官，至今仍保皇，慚愧呀。」

說罷，拿出一本發黃的英文雜誌，用毛筆在上寫「孑民方家清賞，學兄辜鴻銘」幾字，說：「這是十年前俄國列夫・托爾斯泰寫給我的長信，煩二位交孑民一閱。」

10

六月十四日，北大校園裡的行行槐樹，正吐著一串串白色的花朵。香氣瀰漫在會議室裡。一群應蔡校長之請來北大的國內一流學者章士釗等，和本校各學科的學長，如陳獨秀、夏元瑮、王建祖及教授代表，商議有關學校的教學事宜，特別是有關成立北大評議會之事。

與會者一個個心事重重地沉默著，就在這一天，頭戴瓜皮黑帽，身著長袍馬褂，腳蹬黑緞粉底布鞋，腦後拖著一根細細花白長辮的張勛大帥，率著三千辮子軍開進了北京城。

陳獨秀深深地吸了幾口菸，然後將菸扔在地上，狠狠踹了幾腳，抬頭怒瞪雙眼，打破沉默，數落起張勛的種種劣跡。

一九一三年，隆裕太后剛死，張勛就勾結溥偉等人，陰謀奪取濟南，宣告復辟。後因聯絡馮國璋不成，又策動兗州鎮守使田中玉「反正」。田中玉表面「反正」，卻密告主子袁世凱，同時破壞鐵路，斷了辮子軍北上的交通。張勛不死心，趁去年七月與軍閥聯手鎮壓「二次革命」之際，再次拉馮國璋入夥，脅迫袁世凱復辟。袁世凱另有圖謀，設計將這位辮帥流放到南京去對付革命黨。

陳獨秀看了眼章士釗，說：「這一醜行，嚴行兄最清楚。」然後又講起張勛在南京犯下的累累罪行。

那年九月，南京被張勛攻破，仇恨辛亥革命的辮帥，下令軍隊「三天不點名」。慫恿部下隨意燒殺淫掠。可憐六朝金粉的春明城被從沒見過這等繁榮的「辮子軍」糟蹋得面目全非，連日本人開的店鋪也被洗劫，並打傷了三個日本浪人，結果釀成「南京交涉案」。日本人把軍艦開到南京示威，英美也為各自利益，逼張勛離開金陵古城，這正中袁世凱下懷，借機要張勛讓出帥位。

張勛不服，叫罵：「老子不能讓出用腦袋換來的印把子！」結果向袁世凱要了一百多萬兩銀子，又討了個長江巡閱使的空頭銜，這才率辮子軍開拔走人。

陳獨秀說：「這回黎元洪也引狼入室，諸位只看熱鬧就是。」

章士釗從政多年，消息頗為靈通，只見他臉上浮著愁雲，「袁賊死後，張勛在徐州召開四次『徐州會議』，以盟主自居，策劃復辟清室。此次張勛入京，一定與復辟有關。」

話剛說完，沈尹默突然闖進會議室，叫嚷道：「大街上遺老遺少們，已在高呼皇帝萬萬歲！」

主持會議的蔡元培聽罷，冷峻地看了看沈尹默，氣度凜然地說：「不必慌張。天命難違，這群倒行逆施的醜類不會得逞，我蔡某一天也不停止整治北大的工作。」接著請在座的學者們對取消預科，撤銷其學長徐崇欽及庶務室舒主任，任命庶務室新主任等事發表意見。

撤銷徐崇欽預科學長之職，陳獨秀極為贊同，自他到北大工作，就一直受到徐崇欽等北大舊人的包圍，他們幾乎用盡一切卑鄙手段，對其進行誣陷和攻擊。

陳獨秀記得，第一次開各科學長會議的時候，就是徐崇欽首先向他發難。當時，蔡校長希望陳獨秀多抓文科的建設和教材選置，不必親自給學生上課。以陳獨秀的才學和見識，以及超群的口才，登上講臺給學生講課，定大受歡迎。

然而徐崇欽卻抓住陳獨秀不上課一事，給他來了個下馬威，「身為文科學長，居然不給學生上課，真是天下奇聞。開不出課乎？不敢開課乎？」說罷陰陽怪氣一笑。

想到這些，陳獨秀不屑地說：「徐崇欽應當開除。」

理科學長夏元瑮卻不同意陳獨秀的意見。他原是蔡元培在中國教育會和南洋公學的同事，又是一起留學德國的密友，曾追隨愛因斯坦研究相對論，是當時中國物理學界的領軍人物。他對陳獨秀說：「仲甫先生，這徐崇欽在教學上是有能力的，雖脾氣不好，為人卻正派。當年姓舒的主任，曾拉他參加『倒蔡運動』，反遭到他的痛罵。兄弟以為，徐崇欽還是留任為好。」

其實，陳獨秀知道，徐崇欽在北河沿預科學長室裡，將前來說項的舒某當場轟出，並大罵：「我徐某人歷來光明磊落，最看不起背後搞陰謀！」

然而陳獨秀還是不滿地瞪了老資格的夏元瑮一眼，幾乎用教訓的口氣譏諷道：「夏先生究竟是搞相對論的還是搞中庸論的？怎麼總是偏袒北大舊人。」

教授們聽罷，臉色多有不悅，紛紛發言支持夏元瑮。連沈尹默都被陳獨秀目空一切的霸悍所震驚，他與馬敘倫表達不滿，會議室的空氣有些凝固。

蔡元培頓了頓，說話了：「徐崇欽還是要用的，我們不能以一己私見對待學者、專家。徐先生反對過我，但說句公道話，他治理預科，比北大各科都嚴。不論是誰，無論他持何政見，只要對北大有過貢獻，我們都要把他的大名寫入北大校史。諸位意下如何？」

教授們立即報以熱烈掌聲。

蔡元培又將新的庶務主任人選向大家介紹，此人就是陳獨秀親自向蔡元培推薦的安徽同鄉、留學過日本辦過《安徽白話報》的李辛白。蔡元培怕有人非議，說是他自己推薦的。

陳獨秀聽罷，方才的怨氣消散了，對自己的狹隘心胸頗有自責。他的眼神與夏元瑮再度相遇時，表示了歉意和愧疚，夏元瑮也以微笑回應。

蔡元培向教授們又彙報了成立各科評議會，說明一切交給教授管理，希望大家舉賢薦能。

只見陳獨秀站起來，向蔡元培推薦劉半農，說此公雖只有高中水準，卻寫得一手好文章，如能進北大宣傳新文化運動，當是一員驍將。

話音未落，馬敘倫就插了話：「足下給你《新青年》寫東西，或可馬馬虎虎。可這等腳穿魚皮鞋的浮誇文人進北大任教，就未免根基太淺了吧？」

陳獨秀瞪了馬敘倫一眼，不再多說，跟隨眾人離開會場。看得出來，剛才的會開得不錯，但這群書生，見復辟的鑼鼓一陣緊似一陣地在北京敲打，個個心亂如麻，默然離去。

七月一日凌晨，新華門上的五色旗，在辮子兵的槍聲中跌落下來，然後換上了一面黃龍旗。殊不知，就在此刻，天津段祺瑞的公館裡，各省的軍督們進進出出，如過江之鯽，帶走了一道道倒辮子軍的密令。連梁啟超都走出「飲冰室」宅第，如約走進熱鬧非凡的段公館，將一份替段起草的討伐復辟通電稿，交給段祺瑞。段讀後大讚梁啟超是大手筆。更令段祺瑞感動的是，梁啟超還向天津交通銀行籌措了六十萬大洋的軍餉，供他差遣。

不久，段祺瑞在河北青田馬廠誓師討伐張勛，總共只有三千人馬的辮子軍已軍心動搖。成了孤家寡人的張勛戰必敗，和不成，只好求東交民巷的列強使館幫忙，卻十分不順。鼓動這次復辟的康有為見狀，逃進美國公館，躲了起來。

七月十二日，討逆軍出動兩架飛機，於隆宗門外、御花園水池、西長安街隆福門分別扔下一枚炸彈後，在故宮小皇帝的哭聲中，張勛乘車逃至荷蘭公使館。折騰了十二天的復辟醜劇就草草落幕了。

11

北京恢復了平靜，老百姓照常過日子，北京大學也到了放暑假的時候。

一天，陳獨秀、錢玄同、劉半農到沙灘附近的一家酒店吃飯。劉半農笑曰：「近日各家飯店酒樓都有『總統魚』賣，咱就來道『紅燒總統魚』品嘗品嘗如何？」

陳獨秀和錢玄同不解，問：「什麼是『總統魚』，莫非是總統養的魚？」

「非也，容我道來。」劉半農就說了關於馮國璋與「總統魚」的段子，「馮國璋代總統後，遲遲不來京赴任，段祺瑞幾次致電催促。彼時，馮國璋正忙著勾結江蘇的張謇，合夥做一筆上千箱的鴉片生意。段祺瑞聽說後，不急不惱地說『我素知此君愛財，就做個順水人情吧』。後那馮代總統住進中南海，發現中海、南海養有很多歷代珍貴之魚。老袁執政時，從河南弄了不少黃河紅鯉，放在中南海裡養，據說其中有五六百年的金鯉。馮代總統聞之，令手下張網捕魚，果然網網不虛。有人說，不少是康乾時的魚呢，便高價出售，銀子流入代總統的腰包，美食家也大快朵頤，享了口福。」

陳獨秀聽罷，放聲大笑，「此乃張勛復辟，殃及池魚呀！我可不吃『總統魚』，怕髒了我的腸胃。」

席間，三人談到正題——給《新青年》組稿之事。作為《新青年》的編輯，錢玄同自然很關注作者，他想起自己正在北大讀書的德清小同鄉俞平伯，詩文皆好，是俞曲園的玄孫輩。錢玄同對陳、劉介紹，俞曲園是道光進士，任翰林院編修，精於古文字學，曾與曾國藩、李鴻章有交往。主講於蘇州、上海諸書院，授徒多人，章太炎便是出其門下。

接著又談了周啟明和周樹人兄弟，說啟明文筆不錯，其兄文風老辣，類龔自珍。兄弟倆在日本時還譯過一本《域外小說集》，儘管發行不過幾本，但有勇氣嘗試，也值得敬重。錢玄同表示試試去，拿幾篇稿子。

幾杯老酒入肚，又談起周氏兄相扶相攙、親密無間，錢玄同竟聯想起自家兄弟。

錢玄同父親錢振常，中年擢進士，湛深經學，精於考據，乃飽學之士。錢玄同三歲時，就由父親親授《爾雅》，每日站立書架前，一條條誦讀，直站到兩腿僵直，掌燈時，才由僕人抱回臥室。後來他每思「庭訓」，常感慨「由今思之，不肖放蕩數年，至今日猶能稍歸正路，何莫非幼時先子義方之教耶」。錢玄同對父親的「愛之深，責之切」十分感恩。

錢玄同原名師黃，字德潛，都寄託了其父的一片苦心。他對此解釋：「因先子晚年處境多逆，欲使勉為詩人。黃，黃庭堅也；德潛，沉德潛也。」足見父親對幼子的喜愛和期許。

錢玄同十二歲時，父親去世，又四年，母也辭世。此後，其兄錢恂撐起這個家。錢恂長錢玄同三十二歲。在幼承庭訓中，成為博學之士。他一生不以學問名世，卻把大量西方文化介紹到中國。早年入薛福成、張之洞幕下，一九〇七年，任出使荷蘭、義大利大臣，為晚清著名外交家，與維新派、革命派多有聯繫。自父母亡故後，長兄如父，對錢玄同悉心照顧，疼愛有加。錢玄同留學日本，直至入北大教書，都得到兄長的提攜幫助。

值得一提的是嫂嫂單士厘，乃奇人也。在父母之命，媒妁之言下，與錢恂結為秦晉之後，二人相濡以沫，撫養照顧錢玄同更是盡心盡力。錢玄同在日留學時生病，嫂子親自為他煎藥餵食，陪他去醫院治療。凡小叔子索錢，她都一一滿足，所謂長嫂如母。更為世人所津津樂道的是，單士厘以三寸金蓮，隨夫錢恂走遍世界，且有《癸卯旅行記》和《歸潛記》兩書問世，使其揚名，流傳至今。

毛澤東的老師、錢玄同的老友語言學家黎錦熙，這樣描寫錢玄同與兄嫂的關係：「提倡『新文化』，打破『舊禮教』以後，他對於哥哥，還是依舊恭順，總怕他哥哥看見《新青年》。雖然他哥哥後來還是看見了，對他也沒有說什麼。他極端反對陰曆，絕不再行跪拜禮，但他哥哥逝世前幾年，他還是依陰曆，年底帶妻子到家裡去跟著拜祖先……」

兄友弟恭，是儒家倫理中家庭內標準的長幼關係，新文化運動的幹將，在破「舊禮教」與「新文化」之間，骨子裡常常選擇前者。茅盾曾是錢玄同的學生，當年在湖州府中學讀書時，他親眼見到街頭一番別樣光景：炎炎夏日，錢恂衣著單長衫，手持蒲扇，悠悠地走著，其子錢稻孫高撐洋布傘跟在他身後，錢玄同與侄子並排，跟著長兄漫步。

長兄錢恂替錢玄同包辦了婚姻大事，主張「新文化」的錢玄同，無奈地接受了這樁婚姻。長兄為他找的夫人名徐婠貞，大家閨秀，其祖父徐樹蘭是光緒二年舉人，曾任兵部郎中，在紹興建「古越藏書樓」。蔡元培曾在徐家校書多年。徐婠貞的父親徐元釗與錢振常同為龍門書院門生，兩家交誼甚深。觀錢玄同一九〇六年五月日記，對新婚之夜他這樣描述：「是夜難過，真平生罕受者。」

錢玄同和魯迅的婚姻一樣，一個是長兄安排，一個是母親所定，個中苦楚，他們只能在夜深人靜中默默品嘗了。但他們的結果卻各有不同——魯迅最後衝破封建樊籬，收穫了許廣平的愛情；而錢玄同卻執徐婠貞之手，一直走到終老。

12

民國六年（一九一七年）九月四日，大約是張勛復辟鬧劇過去不到兩個月，與其兄周樹人同住宣武門外南半截胡同山會邑館補樹書屋的周作人，收到了北京大學的聘書，上用楷書寫有「聘周作人先生為文科教授，兼國史編纂處纂輯員」字樣。

這之前，北大方面已與周作人談妥，讓他擔任歐洲文學史與羅馬文學史教授，每週各三學時，月薪二百四十大洋。

周作人到北京大學任教，與校長蔡元培不無關係。蔡元培與周氏兄弟同住一城，有同鄉之誼。蔡住城內筆飛弄，身為前清翰林，幾乎家喻戶曉。周作人年少時，曾無意中在家的書堆裡，發現蔡元培的一冊朱卷。文皆為短章，非八股體，只覺新鮮。

光緒末年，紹興人請蔡翰林辦學務公所。蔡元培想請周作人幫忙，因周作人正讀書不願輟學，故回絕蔡元培之邀。後蔡元培被朝廷排擠，到德國遊學去了，周作人與蔡元培失去了一次合作機會。

轉眼到了一九一一年九月，周作人偕夫人羽太信子從日本回到紹興。然而，昔日清幽古雅、充滿詩意的小城，已變得敗落不堪，讓他極為失落。

他寫道：

> 居東京六年，今夏返越，雖歸故土，彌益寂寥；追念昔遊，時有棖觸。宗邦為疏，而異地為親，豈人情乎？心有不能自假，欲記其殘缺以自慰焉，而文情不副，感興已隔。用知懷舊之美，如虹霓色，不可以名。一己且爾，若示他人，更何能感……

從文中，可讀出周作人面對家鄉疏離，他人不解的那種難耐孤獨。

幾天後，他又作詩道：

> 遠遊不思歸，久客戀異鄉。
> 寂寂三田道，衰柳徒蒼黃。
> 舊夢不可道，但令心暗傷。

周作人的心境又添了悲涼。這悲涼讓他對辛亥革命，特別是王金發光復了紹興，一切又歸於沉寂之後，心懷疑慮而冷漠。因此，當浙江省軍政府教育司長沈鈞儒委任周作人為本省視學後，他的態度仍不積極。到了一九一三年春，中華民國雖立，但大權旁落袁世凱，宋教仁被暗殺。不久，周作人應聘到浙江省立第五中學教英語。但周作人的真正興趣，是讀古書、抄古書，有時也譯些關於兒童教育的理論文章和有關兒童文學的東西，從中讓後人意外發現他強烈的民族主義和愛國主義情緒。

周作人還繼續著在日本即已開始的介紹俄國及其他民族文學的工作。一九一四年，周作人出版了在日本就翻譯的波蘭作家軒克維奇的《炭畫》，並經常系統性地在雜誌上介紹拜倫、舍甫琴科、裴多菲等詩人，同時，他還研究和翻譯希臘文學。一九一五年十月，周作人將他在這段時間的譯著精選編成《異域文談》出版。

周作人在此期間，除幫其兄周樹人翻看古書，抄錄《古小說鉤沉》外，還自己搜集山陰、會稽籍的同鄉著作及輯錄有關越中古文獻，以《讀書雜錄》為總題，在《紹興教育雜誌》連載。他還對紹興古蹟頗感興趣，不僅著文介紹，還撰文《論保存古蹟》，呼籲珍愛文化遺產。周作人受其兄影響，也熱衷於金石拓本的收集，所收集者多珍品，價值很高。

周作人就是在賞玩古玩、追懷先賢，秉燭夜談，寫作翻譯的悠閒和孤寂中，經歷了辛亥革命的潮起潮落。直到有一天，已就任北京大學校長的蔡元培回紹興省親，再次與周作人不期而遇，才改變了周作人的命運。

周作人到京的第三天，雇了輛洋車，從山會邑館前往沙灘北京大學，訪問校長蔡元培，因車夫聽錯浙江口音，拉錯地方，因而錯過。第六次再去，校長外出，仍未能謀面。蔡元培得知，翌日親自登山會邑館見周作人，告之，學期中間，難設新課，建議他先到預科任教。周作人猶豫中，蔡元培另有建議，讓他到北京大學附設的國史編纂處擔任編纂之職，月薪一百二十元。周作人就這樣留在了北京。

張勛復辟前後，周作人剛剛到國史編纂處工作一個月，一日突發高燒不退，疑為猩紅熱，最後確診為麻疹，虛驚一場。經歷全過程的兄長周樹人，以此素材寫成小說《兄弟》。

周作人到北大後，與陳獨秀、胡適保持一定距離，只在文學改革的某些觀念上彼此相互支持。用周作人後來的話說，這是「交淺」，而不妨「言深」。

他最投合者，當屬劉半農。他們第一次謀面，是在劉半農暫居的與教員休息室相連的一間房子裡。劉半農後來在《記硯兄之稱》中描述了當時見面的情景：「余已二十七，豈明已三十三。時余穿魚皮鞋，獨存上海少年滑頭氣。豈明則蓄濃髯，戴大絨帽，披馬夫式大衣，儼然一俄國英雄也。」

劉半農文筆極好，寥寥幾句，便將二人的形神活脫脫寫出。不過「上海少年」與「俄國英雄」一見傾心，卻很有趣。當然，兩位江南才子早就互慕彼此的灼灼文才，才有惺惺相惜。

周作人筆下「頭大，眼有芒角」的奇才劉半農，十一歲在家鄉江陰翰墨林小學讀書。一九〇七年以第一名就讀常州府中學堂，後因與同學瞿秋白等參與學潮被開除。辛亥革命爆發，劉半農與二弟劉天華參加本地革命團體，後又赴清江參加革命軍，任文書與英文翻譯。一九一二年初與二弟劉天華到上海，入開明劇社，任編劇兼演員，為生存，劉半農成為鴛鴦蝴蝶派的代表作家。經陳獨秀引導，改變了他的人生道路，一九一六年十月，《新青年》二卷二號發表以劉半農署名的《靈霞館筆記》。

周作人正是讀到《靈霞館筆記》，方瞭解劉半農的。他原本以為極普通的東西，經劉半農之妙手安排組織，卻成精妙的散文，讓他相當佩服劉半農的才智。在與劉半農接觸中，周作人感到他雖有革新之志，卻在談吐間流露出文人的幽默靈性，以至玩笑的一面。周作人正是由此認識了劉半農靈魂「真」的一面，即──「他不裝假，肯說話，不投機，不怕罵，一方面卻是天真爛漫，對什麼都無惡意。」

除劉半農外，周作人與錢玄同也是終生不渝的文友。這三人，錢玄同偏激，劉半農活潑，周作人平和。周作人評價錢玄同時說：「若是和他商量現實問題，卻又是最普通人性世故，瞭解事情的中道的人。」（周作人《錢玄同的復古與反復古》）。

錢玄同與劉半農見面就抬杠。劉半農說：「我們兩個寶貝是一見面就要抬杠的，真是有生之年，即抬杠之日。」曾為此作打油詩：「聞說杠堪抬，無人不抬杠。有杠必須抬，不抬何用杠？抬自由他抬，杠還是我扛。請看抬杠人，人亦抬其杠。」

每當錢、劉大抬其杠，鬧得面紅耳赤之時，周作人總是在旁微笑傾聽。文人間的鬥嘴，常常妙語連珠，趣味無窮，其學養和性情盡在其中，對聽者何嘗不是一種享受呢？

劉半農的惡作劇，也常讓周作人忍俊不禁。一次周作人向劉半農借俄國小說集《爭自由的波浪》及一本瑞典戲劇作品。劉半農回信竟無箋牘，而將二紙黏合如帳冊，封面簽曰「昭代名伶院本殘卷」。

內文是：「（生）咳，方六（周作人）爺呀，（唱西皮慢板）你所要，借的書，我今奉上。這其間，一本是，俄國文章。那一本，瑞典國，小曲灘簧。只恨我，有了他，一年以上。都未曾，打開來，看個端詳。（白）如今你提到了他，（唱）不由得，小半農，眼淚汪汪。（白）咳，半農呀，半農呀，你真不用功也，（唱）但願你，將他去，莫辜負他。拜一拜，手兒啊，你就借去了罷。」

三位友人在新文化運動大潮即將湧濤而來之前，在閒逸中，抒寫性靈的不悖於風雅，或是民國初文人的拂衣而高蹈，不囿流俗的一種人生姿態。

13

一九一七年九月十日，也就是英、法、日、俄等協約國公使照會北京政府，承認中國對德宣戰所提的參戰條件的第二天。在初秋溫暖的下午，一位烏黑短髮，戴著金絲眼鏡的年輕人，風度翩翩地走進瀰漫著皇家氣派的北京大學。經人指點，他敲開了陳獨秀辦公室的門。雖從未謀面，陳獨秀卻斷定這個二十六七歲的斯文學者就是他苦苦等待的人，便兩眼放光，高聲嚷道：「定是適之，我們北大的第一位洋博士！」

聽到「博士」二字，讓胡適有些窘態。

這年五月二十三日，他在美國哥倫比亞大學接受博士學位答辯口試，上年已通過了哲學與哲學史初試的筆試和口試，獲博士候選人資格，這次答辯口試，博士論文通過，但須修改後上交一百冊附本備檔，才可參加博士頭銜授予儀式。可胡適既未按需求修論文，也沒交百本樣冊，因此博士論文雖然通過了，授銜儀式卻會一直拖到一九二七年，最後還是在胡適的導師杜威本人的請求勸說和主持下，在近乎賠禮道歉的情景中補辦的。不過他這次回國時，報界就提前公布他的博士頭銜，讓他提前享受到博士的榮耀。

陳獨秀是一九一五年通過上海亞東圖書館經理汪孟鄒知道胡適的。汪孟鄒請胡適為《青年雜誌》寫稿，並訴胡適《青年雜誌》的主撰為皖人陳獨秀。不久，汪又致信胡適催稿，稱：「陳君望吾兄來文甚於望歲，見面時即問吾兄有文來否。」

胡適於次年九月，以白話文譯俄小說《決鬥》，發《新青年》，十一月作《文學改良芻議》寄陳獨秀。一九一七年一月，經陳獨秀力薦，答應到北大任教。

從汪孟鄒處，陳獨秀得知，胡適是安徽績溪上莊人，是自己的小老鄉。胡適生於光緒十七年（一八九一年），父親胡傳是服膺宋學的秀才，做過州縣級的地方小官。上莊山水環抱，景色秀麗，古風猶存。胡適在家鄉受九年私塾教育，一九〇四年到上海求學，兩年後考入中國公學。一九〇八年轉入中國新公學，兼英文教員。十九歲考取留美官費生，就讀康奈爾大學農學院，後又轉入文學院讀哲學、經濟、文學諸課程。一九一四年獲文學學士，同年九月發起創立「中國科學社」。次年，入哥倫比亞大學研究院，師從美國哲學家杜威，學習哲學。

胡適十三歲到上海，進梅溪學堂讀書，尚不懂上海話，也不曾開筆作文，被編入最低的一班。有位國文老師講課時，把「傳曰『二人同心，其利斷金』」中的「傳」解釋成《左傳》。胡適課後，捧書到老師前，低聲且恭敬地說：「先生，這個『傳』字是《易經》的《繫辭傳》，不是《左傳》。」

先生先是一驚，又將信將疑問胡適：「儂讀過《易經》？」見胡適點頭，就又問還讀過什麼書。胡適回答讀過《詩經》、《書經》、《禮記》。先生更加吃驚，就以《孝悌說》為題，讓胡適作文。從未開過筆作文的胡適當場寫了百字文，先生看罷，稱讚不已，便拉著胡適轉到第二班，連升三級。

當時陳獨秀聽了，大為讚歎胡適的聰穎過人。汪孟鄒笑曰：「若是你仲甫遇到這樣謬解『傳』字的老師，還不將他轟將出去！性格使然。」

汪孟鄒又講，胡適早在一九一五年，即開始提倡白話文，朋友任鴻雋、梅光迪、唐鉞都不苟同，尤其對他主張用白話作詩極力反對，於是雙方發生筆戰。胡適便曾給反對最激烈者梅光迪，作了一首白話長詩：

文字沒有古今，卻有死活可道。
古人叫作「欲」，今人叫作「要」。
古人叫作「至」，今人叫作「到」。
古人叫作「溺」，今人叫作「尿」。
本來同是一字，聲音少許變了，
並無雅俗可言，何必紛紛胡鬧？
至於古人叫字，今人叫號。
古人懸樑，今人上吊。
古名雖未必不佳，今名又何嘗不妙？
至於古人乘輿，今人坐轎。
古人加冠束髻，今人但知戴帽。
若必叫帽作巾，叫轎作輿，
豈非張冠李戴，認虎作豹。

陳獨秀知道次年四月，胡適又寫詞《沁園春・誓詩》表達自己的主張，有句：「文學革命何疑！且準備搴旗作健兒。要前空千古，下開百世，收他臭腐，還我神奇，為大中華，造新文學。此業吾曹欲讓誰？」這之後，才有翻開中國新文化運動第一頁的《文學改良芻議》。

陳獨秀和胡適共同向新世紀跨出驚世駭俗的第一步時，陳獨秀的主張要革命得多，態度上也堅決、徹底得多。比如，他在《文學革命論》中說：

余甘冒全國學究之敵，高張「文學革命軍」之大旗……旗上大書特書吾革命三大主張，曰：推倒雕琢的、阿諛的貴族文學；建設平易的、抒情的國民文學。曰：推倒陳腐的、鋪張的古典文學，建設新鮮的、立誠的寫實文學。曰：推倒迂晦的、艱澀的山林文學，建設明瞭的、通俗的社會文學。

對此文，胡適於一九一七年四月九日，以學者謙遜的、探討的態度，致一長信給狂飆激進的陳獨秀：「此事之是非，非一朝一夕所能定，亦非二人所定。甚願國中人士能平心靜氣與吾輩同力研究此問題。討論既熟，是非自明。吾輩主張革命之旗，雖不容退縮，然亦絕不敢以吾輩所主張為必是，而不容他人之匡正也。」

陳獨秀的回答是：「鄙意容納異議，自由討論，固為學術發達之原則，獨至改良中國文學當以白話為正宗之說，其是非甚明，必不容反對者有討論之餘地，必以吾輩所主張者為絕對之是，而不容他人之匡正也。」

胡適為這位「老革命黨」的口氣與武斷的態度感到驚訝。他在《答汪懋祖》的「通訊」中說：「輿論家的手段，全在用明白的文字、充足的理由、誠懇的精神，要使那些反對我們的人不能不取消他們的『天經地義』，來信仰我們的『天經地義』。所以本報將來的政策、主張儘管趨於極端，議論定須平心靜氣。一切有理由的反對，本報將一定歡迎，絕不致『不容人以議論』。」

這就是說，胡、陳高舉「文學革命」大旗的同時，革命黨人和自由主義者便有分歧。必須強調的是，文學革命的氣運，正是由於像陳獨秀這樣有廣泛社會影響的堅強老革命家做宣傳，大力推行，文學革命才能很快會合成一個聲勢浩大的運動。

談到對胡適「首舉義旗」之初，最堅定地支持胡適白話文運動的，除陳獨秀外，便是更武斷、更激進的章太炎門徒錢玄同。錢玄同在陳獨秀《文學革命論》中，將時代提倡復古的前後七子以及清代方苞等喻為「十八妖魔」後，他在一九一九年七月二日致胡適的信中（發表於《新青年》），又杜撰出「桐城謬種，選學妖孽」的名句。錢氏將古文斥責為文化暴政的工具，後又在《中國今後之文學問題》中，稱古文為「記載孔門學說及道教妖言之記號，此種文字斷不能適用於二十世紀之新時代」。

在陳、錢看來，三千年來所有古文宗師，三教巨頭都應推下地獄。此調雖無科學性，但激烈的態度，也為文學革命推波助瀾。

與陳獨秀愉快地見面並愉快地交談後，陳獨秀把胡適引到北大一個古色古香的庭院裡，到校長室見蔡元培。一位老革命家、一位提倡文學革命的新思想領袖，與名震當代中國的宿儒，具有歷史意義地相會了。這三隻「三個年輪的兔子」（蔡元培生於丁卯年，陳獨秀生於己卯年，胡適生於辛卯年），正是二十世紀一〇年代後期中國思想文化界的三個巨人，他們的風雲際會，不僅改造、繁榮北大，而且為改造、繁榮中國思想文化奠下了沉厚的基石。

蔡校長一見胡適，先微笑，然後仰天長吁一聲，「總算等到胡博士了！」

胡適感動地向校長鞠躬，「感謝先生的知遇之恩。」

蔡元培握住胡適秀氣的手。他知道，隨著胡適的到來，北大的整頓改革正式拉開了序幕。

14

蔡元培校長在校長室會見胡適之後，拉著胡適，由陳獨秀和錢玄同作陪，在飯店給胡適接風，席間，自然少不了談到北大的校風。錢玄同快人快語，說不少學生不好好學習，逛妓院、打麻將、捧戲子；教師也因循守舊、抱殘守缺。過程中特意提到辜鴻銘，既非批評，也非表彰，只講現象，說他上課時，還讓僕人給他點菸倒茶。上第一節課時，同學們見他腦後拖著長長的辮子，就忍不住哄堂大笑，但見過大世面的辜鴻銘不動聲色地打量了學生一番，然後說：「你們因我有辮子而笑我。我的辮子是有形的，可以輕易剪掉，然而諸位長在腦袋裡面無形的辮子，就沒那麼好剪了。」

又說辜鴻銘精通多種外語，在北大無人可望其項背，但中國字卻馬馬虎虎。一次他講《晏子春秋》，不小心把「晏」誤寫成「宴」字。學生向他指出，他邊改邊發牢騷說：「漢字之晏與宴，不過是日字上下調換一下而已，卻字義大不相同，英文就少了如此麻煩。」

學生不服，站起說英語也有將「god」（上帝）倒過來寫成「dog」（狗）的。老先生竟只有聳肩無語的份兒。

錢玄同舉此例，實際上在誇校長相容並蓄、冰火同爐，「道並行而不相悖」。當然他的骨子裡，是向著新潮的。

陳獨秀是贊同相容並包的，他推薦劉師培到北大任教，便是明證。他對胡適說：「北大學生的舊學根基很深，有不少人才。」接著向胡適介紹了李鴻章嫡孫的事。

某次討論中，學生周谷城提出成立「雄辯會」之事，一位個頭細挑、器宇軒昂的理科學生，昂步走進會議室，發表了很精彩的演說。

> 這些年來，兄弟一直研究洋務運動和中國前途。為什麼中國洋務派與日本同時起步學習西方，日本的明治維新成功了，中國的洋務之夢卻破滅？還有，要救中國，「中體西用」究竟靈不靈？
>
> 我以前認為中國有三個偉人。一位自然是先祖父李鴻章。甲午海戰、北洋水師全軍覆沒，祖父成了千人唾罵的民族罪人。可是你們知道嗎？當他以七十四歲之高齡，帶著「以夷制夷」的使命，率龐大使團遊說歐美各國時，卻意想不到地受到盛大歡迎。在參加沙皇尼古拉二世的生日慶典時，他被排在七十多個國家使團的前列……當船抵日本橫濱時，儘管日本多次邀請，這位自尊而固執的老人，堅決不肯上

岸。他自《馬關條約》簽訂後，曾發誓永不踏上日本國土。他多次告誡我們，永不要相信日本人，那是世界上最下流無恥的民族。

在他彌留之際，曾老淚縱橫地對家人說：「我是大清的功狗哇！記住，弱國無外交！」

我尊敬的第二位偉人是梁任公，他敢於和那位老朽康南海決裂，提出「新民」說，真令人耳目一新哪！第三位偉人則是屢戰屢敗的孫文，但我佩服他的精神，那種為再造共和，如印度國父甘地般的堅韌和氣度。愚昧而孱弱的中國需要新的「孔子」來造就中國式的劍橋和哈佛……

當時，蔡元培也在場，自然忘不了那位北大高才生的演講。

胡適聽後，動情地透過窗子，望向深邃而高遠的星空。

臨近散席時，胡適從皮包裡拿出一份三年前在美國發行的報紙，上面有他寫的《非留學篇》，交給蔡元培。蔡元培回家讀後，發現胡適和自己的教育思想有很多相似之處。

九月十七日，在北京大學新學年開學典禮上，蔡元培特地安排胡適給全校師生做了一場《大學與中國高等學問之關係》的演講。

大禮堂場面很大，台下坐滿渴望一睹中國首位博士、文學革命領袖風采的師生和各報記者。留任和新來的手捧大紅聘書的學界宿儒、名流，也面帶微笑或心存疑惑地恭候胡適。

胡適很從容地微笑著走上講臺，重點闡述了大學保留儲積國家高等知識、高級人才，精研、開拓最新科學，及發展國家文化的重要地位，鼓勵要用西方現代的大學概念和管理觀念來改造、經管中國的大學，尤其是北京大學，為北大的整頓改革，提供了充足的理論依據，並建立了具體依傍模式。

最後，他激昂地說：「記得還在一九一五年一月，我和竺可楨談過創辦國內著名大學的強烈願望，之後又和英文教師亞舟談到過中國無著名大學的恥辱。我在當天的日記中，大發感歎地寫道『吾他日能見中國有一國家大學，可比此邦的哈佛，英國之劍橋、牛津，德國之柏林，法國之巴黎，吾死瞑目矣』。

第二天，我仍覺意猶未盡，又在日記上寫道『國無海軍，不足恥也；國無陸軍，不足恥也；國無大學，無公共藏書樓，無博物館，無美術館，乃可恥耳』。今天，我終於回來了！我胡適之今天鄭重宣布，回國後別無奢望，但求以一張苦口、一支禿筆，獻身於北大邁向世界著名大學的進程！」

台下掌聲熱烈。正襟危坐的辜鴻銘、劉師培、黃侃、章士釗、崔適、黃節諸人，發現胡適果然是位「舊學邃密，新知渾沉」的博士，也都報以掌聲。

胡適在北大講授英文學問、英文修辭學和中國古代哲學三門科目，每週十二課時，月薪大洋二百八十塊。年底，創辦北京大學哲學研究所，自任主任，是年又擔任了新成立的校評議會評議員和新創辦的《北京大學月刊》編輯。

胡適到北大，無疑是給北京大學吹進一股東風，那些具有新思想的教授們，已經感到胡適帶來的新風將吹綠北大，乃至中國文化界，他們也必將要跟著胡適，幹一番大事業。

蔡元培體會最直接也最深，他確認胡適是他改造北大最得力的助手。胡適思想新穎，文章絕妙，堪當大任。

當時，美國學者傑羅姆．格里德在《胡適與中國的文藝復興》中就說過：「二十六歲的胡適是其中最年輕的人物，但是他那無可懷疑的受西方教育的歸國學者身分、他在北大的地位，以及他與《新青年》的聯繫，都標示著他是這個雖然規模較小，但條理分明、影響巨大的先鋒派的天然領袖。」

事實果真如此，蔡元培、陳獨秀、胡適這三隻「三個年輪的兔子」，正是二十世紀初中國思想文化界的三位巨人。自然，後來的周樹人兄弟等一批文化精英的風雲際會，不僅改造了北大、繁榮了北大，還為改造中國思想文化、繁榮中國文化奠基下堅實沉厚的基石。後來，因意識形態原因把這一切都歸功於周樹人，而肆意貶損胡適和陳獨秀，顯然是違背歷史真實的。

15

白牆黑瓦的山會邑館，原是山陰、會稽兩縣來京應考的舉子和候補京官們的落腳公寓。前院為藤花館，設有紀念晚明哲學家劉宗周的仰蕺堂，因其曾講學於紹興蕺山，弟子如雲，故弟子設紀念堂於此。繞過仰蕺堂南牆，穿一月亮小門，是補樹書屋，院內有一株老槐。

深秋的冷風，吹落片片槐葉時，錢玄同輕車熟路地走進山會邑館，推開小院朝南的木門。屋裡有位穿灰布長衫的人，正在抄碑帖，聽有人來，他抬起頭。身材瘦小，臉色蒼白，鼻下留有濃黑的口髭，眼睛明亮，透出一股冷峻之氣。見來客是身材矮胖，衣著白綢大褂的錢玄同，便放下手中的筆。

錢玄同進了屋，隨手把皮包放在破桌上，叫道：「貓頭鷹啊，又在抄你的古碑！」

被叫作「貓頭鷹」的，是錢玄同當年在日本留學時師從章太炎的同門師兄，現在的教育部僉事周樹人。在日本時，周樹人常挑燈夜讀，又不修邊幅，蓬頭垢面，錢玄同便給他取一綽號「貓頭鷹」，於是朋友間便都如此稱周樹人。錢玄同秉性愛熱鬧，易激動。當年聽章先生講課，他每到衝動時，便在榻榻米上爬來爬去地發表議論。黃侃稱他「錢瘋」，而周樹人賜名「爬翁」，算是對「貓頭鷹」的回敬。

錢玄同與周樹人是一九〇八年在日本相識的，都為章門弟子，雖經常見面，但話語不多。後錢玄同讀了周樹人、周作人兄弟翻譯的《域外小說集》，評價「他們的思想超卓，文章淵懿，取材謹嚴，翻譯忠實，故造句選詞，十分矜慎」，並認為比當時在中國頗為流行的林紓所譯《茶花女》等著作，要文筆雅訓得多。

前幾天，在《新青年》研究徵稿時，錢玄同舉薦周樹人兄弟，遂有今日自告奮勇登門到周樹人處約稿之舉。

周樹人得知錢玄同是來組稿的，表現得很淡然。他說：「這中國好比一間鐵屋子，絕無窗戶而萬難破毀，裡面的人們從昏睡入死滅，並不感到臨死的悲哀。而如果驚起了較為清醒的幾個人，反倒使他們感到無可挽救的臨終的苦楚。」

錢玄同推了推鼻上深度的自由鏡，然後瞪著周樹人說：「然而，幾個人既然起來了，你不能說絕沒有毀壞這鐵屋的希望！」

周樹人沉默了。

錢玄同瞭解他的師兄。一九一一年辛亥革命爆發時，他曾在故鄉紹興積極參加宣傳活動，且在這段時間裡，用文言文寫了一篇小說《懷舊》，描寫小鎮封建餘孽在革命風聲中的種種情態。小說寄到《小說月報》，當時的主編惲鐵樵認為小說有獨有的生動尖銳和入木三分的諷刺筆墨在其中，就發表於《小說月報》第四卷第一號（一九一三年四月）上。主編惲鐵樵在「附志」中做了讚揚，認為《懷舊》對那些「才解握管，便講詞章，卒致滿紙餖飣，無有是處」的文學青年說來，「亟宜以此等文字藥之」。捷克漢學家普實克評價道：此文雖以文言文寫成，但由於「用現代的眼光觀察世界，對現實某些方面有與眾不同的興趣」，應是「中國現代文學的先聲」。以錢玄同的眼力，自然看好周樹人。

錢玄同多次來拜訪這位五年前隨自己從南京遷北京的同門師兄。見他到教育部後，一直單身蝸居補樹書屋整整五年，埋頭於從書肆買來的一摞摞古書裡，全然不管窗外表演著「二次革命」和袁世凱登基、張勛辮子軍進京等鬧劇。令他感興趣的是在青燈古卷中，以尖刻而又充滿疑惑的目光，審視國人那多病的靈魂。

在這種瀰漫著沉悶的壓抑中，周樹人更加離群索居、更加孤獨，他埋頭《嵇康集》的校勘，還輯校了《志林》、《後漢書》，之後又準備寫《會稽禹廟窆石考》。再後來他又沉湎於佛教，玩起了古董，人也漸漸頹唐，甚至變得蒼老。

錢玄同與周樹人談話時，極像其兄的周作人從隔壁房間踱出，忙與錢玄同打招呼。周作人最近剛被蔡元培聘為教授，講授歐洲文學史和羅馬文學史，月薪只少胡適四十銀圓，心情頗為不錯。

錢玄同從皮包取出兩本《新青年》遞給周氏兄弟。對於《新青年》，周氏兄弟並不陌生，他們是每期必讀的。

錢玄同說：「仲甫託我向二位問好，歡迎你們賜稿，助文學革命之陣哪。」

周樹人表示：「既然新文化運動的主將有令，我甘當一名過河卒子，就為《新青年》吶喊幾聲吧。」

錢玄同大喜過望，感激地向二位老弟拱手。

周樹人稱錢玄同是「我的朋友」，錢玄同也說是周樹人的「老朋友之一」。他們師兄弟交往長達二十九年。後來錢玄同對這段漫長的交往，歸納為這樣三個階段：尚疏、最密和極疏。錢玄同與周樹人如此多年近距離地接觸，使他太瞭解其人，又能在最後「極疏」的十年裡，以超然的心境認識和對待周樹人，讓我們看到錢玄同的高尚人格。

不管錢玄同與周樹人的交際發生了怎樣的變化，魯迅寫於一九二三年八月二十三日的《吶喊·序》中如實記錄了此次晤面。不過，錢玄同被改成「金心異」，此名，原本是復古派林紓小說《荊生》中影射錢玄同的人物。

16

說錢玄同與魯迅都是章太炎的弟子不假，章太炎僅及門弟子就多達百人，而最得意的弟子，其實只有五人，即當時人戲稱的「章門五王」——天王黃季剛、東王汪東、西王朱希祖、南王錢玄同、北王吳承仕。五位最大弟子，各繼承一端，自成系流，各成學派。其中，與章太炎關係最為親近者，當屬錢玄同、朱希祖和吳承仕，而周氏兄弟僅是從師求學而已。

從魯迅寫的《關於太炎先生二三事》和《因太炎先生而想起的二三事》中，我們能看到魯迅對章太炎頗為尊重，更多表現的是他們師生間思想上的親密。

讀《錢玄同日記》，我們會發現，其間保存著章太炎東京講學及一九三二年北上講學的完整記載，而章太炎寫給錢玄同的五十九封信函，讓我們看到章太炎與錢玄同師生間求學若渴、誨人不倦的治學精神和身後的師生之誼。

從時間上看，一般都誤以為錢玄同與魯迅兄弟等八人是一九〇八年在《民報》社從師章太炎的。其實，早在錢玄同就讀大成中學時，就聽章太炎講《說文解字》了，並記錄十六冊筆記。一九〇六年十月，章太炎覆信錢玄同，有「得書知君為好學研精之士」，「期欲握手」之語可證。從這年起，師生關係一直維持到一九三六年章太炎逝世，凡三十年整。

章太炎（1868-1936）名炳麟，字枚叔，浙江余杭人。自幼痛憤滿人統治中華，好讀書，受顧炎武等人愛國思想影響，在西湖邊的「詁經精舍」師從俞樾，對經學、小學、諸子、佛學悉精心攻讀，不應科舉。其在學術上代表國粹主義文學論，從「愛國保種」和「國民主義」出發，主張「文學復古」，恢復漢文學的傳統和地位。

章太炎從追隨康有為、梁啟超，到與維新派決裂，與保皇派鬥爭而成為革命者，對當時一代人轉向革命，特別是對他的百名弟子投身革命，產生過重大影響。但他的革命思想中雖有民主主義成分，占主導的還是排滿反清的漢民族主義。這種「光復中華」的思想，影響了他的文化和文學思想。

一八九八年，戊戌變法失敗，章太炎逃往臺灣，任臺灣最大的報紙《臺灣日月新報》的記者，主要擔任中文版的撰述。期間，與同人李書私交甚深，常秉燭夜談。

一日，談到少時讀書的情境，章太炎告訴二十歲才延師啟蒙的李書，自己六七歲已開始拜師求學，至二十歲已精通經學與小學了。李書驚訝，「那麼早就讀書，能記住嗎？」

章太炎笑曰：「十之八九尚能背誦。」

李書便以自己所學經書相問。只聽章太炎如流水般一一背誦，並能指出所背在哪部書、第幾頁。李書這才明白，這位剛到報社的章炳麟為什麼文章文華高超，議論有魏晉之風，對其更加敬重。

當然，章太炎的文章「雅而不核」，「廉而不節」，有時顯得過雅，用典生僻，一般讀者頗費思量，於是反映到報館。主筆委婉問章太炎：「先生所撰論說，是解而自讀呢，還是要讓讀者共讀而俱解呢？」

章太炎看一眼主筆，未作答，而鋪紙提筆，寫道：「世人之知不知，解不解，我管不著。吾只患吾文之善，苟文善，會尚有人知之者。請勿問！」

次年，章太炎從臺灣至日本觀光，特地拜訪梁啟超，對其曰：「在從臺灣來日本的船上，偶作一上聯『今古三更生，中壘、北江、南海』，久而未對出下聯。」

今古三更生，說的一個是漢朝劉向，本名更生，官中壘校尉；一個是清代洪亮吉，著有《北江全集》，稱北江先生，因上書得罪嘉慶帝，充軍新疆，獲釋後自號更生居士；一個是康有為，戊戌政變，友人相助倖免於難，改名更生。

當時在梁啟超處做客的有六七位鴻儒，都沉思良久，無人能對出下聯。直至二十五年後的一九二四年，曾在梁啟超處做客的符鼎升在北京任教時，因錢玄同偶爾提到老師這個上聯，符鼎升費了些思索，才對出下聯：「世間一長物，孔兄、墨哥、佛郎。」

「長物」，就是孔方兄，錢之別稱。墨西哥銀圓與法國的佛郎（法郎）。孔、墨、佛是宗教思想，兄、哥、郎均屬人倫關係。對得也算不錯。但遠不如上聯的善運巧思、匠心獨運。

一九〇〇年，章太炎在蘇州東吳大學教書。那時章太炎已將辮子剪掉，但怕行動不便，在帽子裡裝了一條假辮子。有時上街，假辮子搖搖擺擺，甚至常掉到地上。說起剪辮子，尚有一段章太炎「長槍大戟」的經歷。

這年七月，嚴復、容閎等在上海發起「中國國會」，創立自立會。就在這次會上，章太炎不滿「一面排滿、一面勤王」的立場，當場剪辮易服，憤然退會。隨後，他寫下《解辮髮》一文，直斥「滿清政府不道」，又寫《請嚴拒滿家人入國會狀》，也是措辭激烈。二文均發在當年八月的《中國旬報》增刊第十九期上。此報是受孫中山委託，陳少白在香港辦的《中國日報》中的旬刊。編者在《中國旬報》第十九期的編者按語中稱，發表章太炎的文章，「霹靂半天，壯者失色，長槍大戟，一往無前，有清以來，士氣之壯，文字之痛，當推此次為第一」。從此，章太炎便以「反滿驍將」的姿態，出現在晚清的言論史上。

也是在章太炎任教東吳大學期間，他去看望了自己曾師從七年的老師俞樾。此時「詁經精舍」的國學大師已是八十高齡。孰料，闊別多年，一向溫文爾雅的恩師，甫一見面，竟然大發雷霆之怒，將自己的高足罵得狗血噴頭，罵他「背父母陵墓」，遠遊為「不孝」，揭露清廷「指斥乘輿」為「不忠」，「不忠不孝非人類也」。章太炎遭到老師沒道理的痛罵，心中不服，不僅當面反唇相譏，回去後，即刻寫《謝本師》，公開與老師俞樾斷絕師生關係。歷史常有驚人的重複，後來章太炎的弟子周作人也有謝本師之舉，再後又有沈啟無謝本師周作人的熱鬧。

一九〇三年五月，章太炎在《蘇報》發表《〈革命軍〉序》，一個月後章太炎又在該報頭版發表《康有為與覺羅君之關係》（節選自《駁康有為論革命書》），讚美革命，直呼光緒之名「載湉小丑，未辨菽麥」。上海租界工部局在清廷的重壓下，發出對章太炎、鄒容等人的拘票，除陳範外，名列拘票者五人全部被捕，「被監禁於上海的西牢」（魯迅《關於太炎先生二三事》）。《蘇報》被查禁，這就是轟動一時的「蘇報案」。

「蘇報案」發，輿論震驚。連與《蘇報》在革命還是改良問題存在分歧的《中外日報》都發表社論

《近事慨言》，抗議當局「與言者為難」。在章士釗主持下，《蘇報》仍繼續出版了一週，刊出《密拿新黨連志》的消息，發表章太炎「相延入獄，志在流血」的文章。

在上海租界會審公廨審判時，原告律師指控章太炎「詆毀今上聖諱，呼為『小丑』，立意犯上」。章太炎駁曰：「所指文件中『載湉小丑』四字觸犯清帝聖諱一語，我只知清帝及滿人，不知『聖諱』。」隨後又從漢文字學角度作了辯解：「『小丑』本作『類』字或作『小孩子』解，並無存心侮辱之意。」

呆頭呆腦的法官，只知章太炎是當時海內外知名的大學者，以為他一定是科舉出身，就問：「得自何科？」

十六歲時即拒絕科考的章太炎，故意戲弄道：「我本滿天飛，何窠之有？」否定了科舉又嘲諷了法官，最終被判坐牢三年。

據魯迅的《關於太炎先生二三事》記載，那時留學日本的浙籍學生，正辦雜誌《浙江潮》，其中即載有先生獄中所作詩，卻並不難懂。這使他甚為感動，至今也沒有忘記。

下面為其中兩首。

獄中贈鄒容

鄒容吾小弟，被發下瀛洲。
快剪刀除辮，乾牛肉作餱。
英雄一入獄，天地亦悲秋。
臨命須摻手，乾坤只兩頭。

獄中聞沈禹希見殺

不見沈生久，江湖知隱淪。
蕭蕭悲壯士，今在易京門。
魑魅羞爭焰，文章總斷魂。
中陰當待我，南北幾新墳。

17

沈禹希（1872-1903），名藎，字禹希，湖北善化（今長沙）人，清末維新人士。戊戌變法失敗後，留學日本。一九〇〇年春返回上海，參加反清組織自立會。一九〇三年七月十九日，「蘇報案」發生前，沈禹希在報界披露《中俄密約》內幕，被清廷祕密逮捕。按清律，正逢慈禧太后「萬壽月」，例不殺人，由「斬立決」奉旨改為「立斃杖下」。是時，當是中國言論史上最黑暗的日子之一。

沈禹希是七月三十一日被行刑的。刑部特製了大而厚的木杖，沈禹希被打得「血肉飛裂」，「骨已如粉」，但他始終「未出一聲」。劊子手都以為其早已杖斃，誰料沈禹希以微弱之聲道：「何以還不死？速用繩絞我。」最後用繩勒死，成為中國新聞史上第一位被殺戮的新聞記者。

沈禹希慘死，中外震驚，「西人聞之膽寒」。北京西交民巷一公使夫人，曾向慈禧表示不滿，全國報界紛紛對慘案予以報導和評論。一個月後，《大公報》發表沈禹希的絕命詩四首，九月十六日，該報又發表沈禹希被害的詳細報導。

章太炎在獄中得知沈禹希遇害，寫了這首《獄中聞沈禹希見殺》詩，發表在八月十四日由章士釗和陳獨秀主辦的《國民日報》上。八月二十三日，上海各界在愚園為沈禹希開追悼會，章太炎悲憤不已，為之作祭文。不久，章士釗編寫的《沈藎》一書出版，章太炎為該書作序。

據魯迅《關於太炎先生二三事》載，章太炎「一九〇六年六月出獄，即日東渡，到了東京，不久就主持《民報》。我愛看這《民報》，但並非為了先生的文筆古奧，索解為難，或說佛法，談『俱分進化』，是為了他和主張保皇的梁啟超鬥爭，和『××』（疑為「獻策」）的×××（指吳稚暉）鬥爭，和『以《紅樓夢》為成佛之要道』的×××（指藍公武）鬥爭，真是所向披靡，令人神往。前去聽講也在這時候，但又並非因為他是學者，卻為了他是有學問的革命家，所以直到現在，先生的音容笑貌，還在目前，而所講的《說文解字》卻一句也不記得了」。

錢玄同看中章太炎的人格和學問，魯迅選擇的是章太炎的革命和思想。《錢玄同日記》一書，是章太炎講學的實錄，從中可以看到，章太炎對小學的研究超越了傳統乾嘉樸學的藩籬，不僅將小學從經學中解放出來，而且將其提升到一個新的高度。根據錢玄同所記，《說文解字》正是章太炎應魯迅兄弟、許壽裳之請，利用暑假期間開講的。

不少弟子憶及當時講課情景，記憶猶新。暑假時正值酷熱時節，章太炎常光著膀子，只穿一件背心，在涼蓆上盤膝而坐，講課時笑容可掬，氣氛活躍。他講《說文解字》時，逐字解析，或沿舊說，或賦新意，談天說地，隨意發揮，妙語解頤，幽默詼諧，生動活潑。學生也無所拘束，爭相發言，師生間相互探討切磋，授課常常超過四個小時。

魯迅謂章太炎「所講的《說文解字》卻一句也不記得了」，強調革命軍章太炎未嘗不可，但對其傳承的國學如此輕慢，就有些讓人匪夷所思了。

一九三二年五月，章太炎避戰禍到北平講學，是文苑一件很轟動的事。據錢穆描述：「太炎上講臺，舊門人在各大學任教者五六人隨侍，駢立臺側，一人在旁作翻譯，一人在後寫黑板，翻譯者似為錢玄同，寫黑板者為劉半農。玄同在北方，早已改採今文家言，而對太炎守弟子禮猶謹如此。半農盡力提倡白話文，太炎居滬時，是否曾及太炎門，則不知。要之，在當世北平新文化運動盛極風行之際，而此諸大師猶亦拘守舊禮貌」（《八十憶雙親．師友雜憶》）。

曾聽過章太炎演講的當時北大高才生張中行，在其《負暄瑣話．章太炎》中的記述，印證了錢穆的所記，曰章太炎「滿口浙江余杭話，估計大多數人聽不懂，由劉半農任翻譯，常引經據典，由錢玄同用粉筆寫在背後的黑板上。」只是錢、劉的角色易位。

讀錢玄同四月十八日日記，有「午後一時半至馬家，移時半農乘汽車來，偕往迓師。蓋（北大）中國文學系及研究所國學門請他（章太炎）講『廣論語駢枝』也。我翻譯，建功寫黑板。三時到，先看明清史料，四時講，講了一個多鐘頭畢」等句，證明錢穆和張中行所記寫黑板者皆有誤。但周氏兄弟未隨侍，是不會錯的。

錢玄同日記還記有自己偶感風寒或身體不適，並不去醫院，而由老師章太炎診治。一九〇九年六月二十七日日記，「患咳嗆甚劇，午後至師處診察，是晚即宿其家」。又載七月二日記有「因嗆甚前日，請師開方服之，今日吃藥」。錢玄同的日記，糾正了關於出身三代世醫之家的章太炎缺乏臨床醫學經驗的偏見，同時證明錢玄同與章太炎親密的師生關係，無人能出其右。

在日本流亡期間，有一個特別人物也與章太炎惺惺相惜，甚為友好。那人就是曾經的革命黨人兼經學大師劉師培。劉師培背叛革命，投靠清廷兩江總督端方幕府之後，章太炎與之斷絕往來。

政治風雲變幻無常，辛亥革命爆發，端方死於非命，劉師培也下落不明。同為章太炎、劉師培弟子的劉文典擔心劉師培的安危，找到章太炎，求他伸出援手。不料，章太炎早已把給四川都督尹昌衡求助的電報稿擬好，言：「姚廣孝勸明成祖：殿下入京，勿殺方孝孺，殺方孝孺則讀書人絕矣……申叔若死，我豈能獨生？」

姚廣孝，明朝僧人，通儒術，工詩畫，他曾與朱棣定策起兵，成祖即位，功為第一。方孝孺，明朝官吏，朱棣入南京，即將繼位，召他草即位詔書，他卻拒不草詔，朱棣欲殺之。姚廣孝勸朱棣，不要殺他，可後來他還是被誅殺九族。

劉文典讀後，十分感動。

發了電報，章太炎還不放心，又與蔡元培聯繫在上海報紙登廣告。劉師培見之，忙趕到上海。由此可見，章太炎是傳統文人，不念舊惡，急人之難。

民國元年（一九一二年）一月四日，章太炎在上海創辦《大共和日報》，是當時最重要的報紙之一。孫中山的南京臨時政府宣布廢除「大清報律」，兩天後，內務部又公布《民國暫行報律》三條。章太炎的《大共和日報》和章士釗主筆的《民主報》，聯合《申報》、《新聞報》等各大報紙聯名致電孫中山，聲稱《民國暫行報律》「是欲襲滿清專制之故智，箝制輿論，報界全體萬難承認」。這場軒然大波，以孫中山令內務部取消《民國暫行報律》而結束。

說起章太炎與孫中山的關係，頗耐人尋味。一九〇九年，孫中山在日本東京宣導革命，當時日本政府接受清廷的要求，同意將孫中山等革命黨人驅逐出境。有意思的是，驅逐孫中山等人前，日本政府為孫中山一行舉行宴會餞行，且贈銀五千元。消息傳到社會，章太炎誤以為孫中山被日本政府收買，一氣之下，撕毀《民報》報社高掛的孫中山像，並寫「賣《民報》之孫文應即撕去」等話，遂將照片和批語一道寄往香港。如此羞辱孫中山，令黃興大罵章太炎。

更讓人捧腹的是，章太炎罵孫中山時，不許別人附和著他罵。有人一時失態，跟著他罵孫中山，他馬上搧對方一記耳光，「總理是中國第一偉人，除我之外，誰敢罵他！」

章太炎愛罵人，罵過啟蒙老師俞樾，罵過劉師培，罵過孫中山，但他真正要罵的是那些倒行逆施的醜類，比如「竊國大盜」袁世凱。一九一三年，袁世凱以議事為由騙章太炎進京，然後將其軟禁於前門內共和黨總部，並派憲兵「保護」。章太炎勃然大怒，舞動手杖，追擊憲兵。憲兵如狼似虎，卻因未得命令，不敢造次，只得四處逃竄。章太炎見狀，擊杖大笑。

被軟禁期間，有美酒佳餚伺候，章太炎常常豪飲，然後乘興揮筆大書「袁賊」二字，再用火焚之，並痛罵：「燒死袁賊！」

袁世凱軟禁章太炎，意在軟化收買他。一次，袁世凱差人送來五百大洋，差役剛將「袁大頭」銀圓置於桌上，章太炎突然抓起銀圓砸向來者，吼道：「袁奴快滾！」

袁世凱又變著法兒軟化章太炎，或移居條件更好的龍泉寺，或派兒子袁克定來送錦緞被褥，章太炎還是怒目而斥。只有弟子錢玄同、吳承仕前來探視時，他才恢復常態，把酒言歡。

一九一四年一月七日晨，北京寒氣襲人。章太炎到總統府，點名要見袁世凱，門衛趕緊向袁世凱通報，並云章太炎足蹬破靴，手持羽扇，將袁世凱授予他的勛章作扇墜。袁世凱聽罷，不想自討沒趣，便以有事推託，不敢出面，派了幕僚梁士詒出面應酬。

誰料梁士詒尚未來得及開口，便被章太炎罵了回去：「我要見袁世凱，誰要見你！」

就這樣，從清晨到夕陽西下，袁世凱不見，章太炎不走，一直在招待室坐著大罵袁賊，還把招待室的名貴器物砸得稀巴爛。如此這般，袁世凱只好派人通知章太炎，謊稱要見他，扶他上車，拉到石虎胡同陸軍教練處監禁起來，後又轉到東四錢糧胡同。

一九一七年，護法運動起，書生章太炎任廣東護法軍政府秘書長，奉孫中山之命去西南，督促軍閥唐繼堯接受廣東護法軍政府節度指揮，令其發兵東下，與廣東護法軍會合，壯大北伐護法聲威。但章太炎到昆明一看，唐繼堯並無出兵護法的誠意，其所管轄的地方，混亂不堪。一氣之下，他大白天提著燈籠在街上行走，燈籠上用朱筆寫著「大元帥府秘書長章」，引來很多好奇的市民圍觀。有人問：「大白天，為何提燈而行？」

他說：「此地鴉片種得太多，漆黑一片，不用燈照，何以舉步？」

一九二五年三月，孫中山病逝，靈柩運到南京。在日本時，章太炎、黃興與孫中山關係甚密，人稱

「孫、黃、章」。在中山陵舉行奉安大典時，章太炎前去弔唁，其時，革命黨人多已腐化變質，引得章太炎心中憤慨。

這些昔日的戰友、如今的達官顯貴，自然要為章太炎接風洗塵、大擺宴席。有人請民國元老章太炎題字，於是他借題發揮，立刻寫了一副對聯：「諸君鼠竊狗跳，斯君痛哭；此地龍盤虎踞，古之虛言。」眾人愕然。

章太炎另寫有挽聯：「孫郎使天下三分，當魏德初萌，江表豈能忘襲許；南國是吾家舊物，怨靈修浩蕩，武關無故入盟秦。」借三國與屈原故事，批評孫文。

傳說章氏還曾寫過「舉國盡蘇俄，赤化不如陳獨秀；滿朝皆義子，碧雲應繼魏忠賢」挽聯，純屬杜撰，不足信。

章太炎一生弟子上百，不少成為民國時期思想界、學術界、教育界執牛耳者，如前面所說的黃侃諸人。知生莫如師，章太炎對自己的弟子也有他自己的評價。他在自訂年譜中說：

弟子成就者，蘄春黃侃季剛，歸安錢夏季中，海鹽朱希祖逖光。季剛、季中皆明小學，季剛尤善音韻文辭；逖先博覽，能知條理；其他修士甚眾，不備書也。

黃侃是章門大弟子，入門最早，最為聰慧，也深得章太炎學問的真傳，特別是在音韻學方面，已青出於藍而勝於藍。黃侃先於老師而逝，章太炎曾評曰：「大國手門下，只能出二國手。而二國手門下，卻能出大國手。」他解釋：「大國手的門生，往往恪遵師意，不敢獨立思考，學術怎會發展？二國手的門生，在老師的基礎上，不斷前進，故往往青出於藍，後來居上。所以一代大師顧炎武的門下，高者也不過潘耒之輩，而江永門下，竟能出現一代大師。」

在國學方面，黃侃與章太炎並稱「章黃」；在文字學、訓詁學上，他們師生被稱為「章黃學派」。

另外，在章門弟子中有「四大金剛」，即黃侃、汪東、錢玄同和吳承仕。後人又將黃侃、汪東稱為「章門二妙」。

章太炎和他的弟子是經歷過家難國恥的，都有過「眥裂血沸、悲憤難宣」之痛，喜以淋漓痛快之罵宣洩心中不平。中國文人多有放誕傳統，放誕即是真性情流露，更是對抗專制制度的一種無奈姿態。

就群體而論，晚清和民國時期的文人最為放誕，最為淋漓盡致，表現了有操守文人的崇高人格。章太炎將袁世凱授的勛章作扇墜，辜鴻銘拖長辮教訓毛姆，金岳霖與雞共舞，錢玄同「人到四十就該死」……一個個鮮活的靈魂，躍然青史。另外性格與章太炎相似的弟子，不少皆英年早逝，黃侃五十歲、錢玄同五十二歲、吳承仕五十五歲、魯迅五十五歲，顯是勞碌憂憤使其短命。

章太炎在近代哲學、文學、歷史學和語言學上都有很大貢獻，其著作有《章氏叢書》、《章氏叢書續編》等。

章太炎弟子中，在音韻學、訓詁學及經學研究上，黃侃、吳承仕最為傑出，時有「南黃北吳」美譽。說起來，吳承仕本是章門弟子中的傳奇人物，只因研究者太關注錢玄同、黃侃和周氏兄弟，冷落了吳承仕，殊為可惜。

據《辭海》載：吳承仕（1884-1939），中國學者。字檢齋（也作齋），安徽歙縣人，清光緒舉人，章太炎弟子。歷任北京大學、北京師範大學、中國大學教授，精研音韻訓詁及古代各物制度，較有成績。一九三三年以後，在北平創辦進步的學術刊物，在黨的領導下參加了一二·九運動，對於抗日民主運動有一定影響。抗日以後，堅持在天津的地下活動，支持兩個進步刊物，傳播民主革命的吼聲。著有《經籍舊音辯證》、《經典釋文序承疏證》、《三名禮物》、《禮服釋例》、《釋東》、《六書條例》、《淮南舊注校理》等。

《辭海》對吳承仕的介紹，過於簡約且有遺漏。清末舉人又是共產黨員，吳承仕在全國恐怕是唯一者。一九四〇年，延安各界為吳承仕舉行有毛澤東、周恩來參加的追悼會，是章門弟子中繼魯迅後第二人。一九八四年三月二十七日，蔣南翔在《人民日報》上發表了《紀念吳承仕同志誕生一百週年》一文，高度評價這位章門弟子：「他不僅是一位著名經學家、古文字學家和教育家，更主要的，他是由一位碩學鴻儒轉變為馬克思主義的革命者，光榮的中國共產黨員。」

吳承仕於光緒十年（一八八四年）生於歙縣一個士大夫家庭，五歲即入倉山源私塾讀書，十八歲與父親吳恩綬一起參加科考，同中秀才，次年，吳承仕赴南京參加鄉試而中舉人，年僅十九歲。五年後，又以舉人身分，進北京紫禁城保和殿參加殿試，在朝考中獲一等第一名，即中狀元，不過那時已改稱「朝元」。欽點大理院主事時，吳承仕年僅二十四歲，為清王朝最年輕的狀元。

大理院主事，官階不低，但權勢不大，是個清閒的差事。吳承仕淡泊名利，把精力用於研究中國歷代典章制度及三禮名物上，但他並非超然物外，沉湎於學術研究，對國運、民生，他也早有思考。在參加舉人考試時，吳承仕在試卷上就寫過「水可以載舟，亦可以覆舟，堅冰作於覆霜，尋木起於蘖栽」，他早早預感到腐朽的清王朝離傾覆已為時不遠了。因此，辛亥革命終結清統治，他並不感到意外。退出政壇後，吳承仕拜章太炎為師，專心研究學問。

章太炎不僅是學者，還是資產階級民主革命家，梁啟超在《清代學術概論》中稱章太炎為清學正統派的「殿軍」。學者金文兵在《「末路」章氏王朝》中甚至說：「抗戰前的民國學術史基本上就是一部『祛章門學術之魅』的歷史。」

當然，晚年的章太炎思想漸趨保守，「既離民眾，漸入頹唐」。章門弟子們忍無可忍，連對章太炎最崇拜的錢玄同都表達了對他的不滿。盧毅在他的《章太炎和他的弟子們》中，提到錢玄同曾致信胡適，公開批評章太炎：「『敝老師』的思想，的的確確搆得上稱為昏亂思想了。我以為他這種思想，其荒謬之程度遠過於梁任公之《歐遊心影錄》。吾儕為世道人心計，不可不辨而辟之也。」

接著，周氏兄弟也披掛上陣，撰文批評章太炎。一貫溫文爾雅的周作人一反常態，先是在《思想界的傾向》一文中，批評章太炎在上海的講學，說講學是好事呀，但他講學對整理國故並沒什麼幫助，「只落得培養多少復古的種子，未免是很可惜的」。不久，周作人又仿效當年章太炎對老師俞樾所為，也發表《謝本師》，稱：「我相信我的師不當這樣，這樣的也就不是我的師。先生昔日曾作《謝本師》一文，對於俞曲園（俞樾）表示脫離，不意我現今亦不得不謝先生，殆非始料所及。」

魯迅則批評章太炎：「原是拉車前進的好身手」，「這回還是請他拉，拉還是拉，然而是拉車屁股向後，這裡只好用古文，『嗚呼哀哉，尚饗』了。」用語甚是尖酸刻薄。

身為章太炎的得意弟子，吳承仕對其師與錢玄同、周氏兄弟的態度截然不同。從拜師起，終其一生，他都對章太炎尊重崇敬，為章門弟子中尊師的楷模，師生的情意也最為深厚。章太炎與弟子書信，寫給錢玄同五十九封，而給吳承仕則多達八十九封，為章門百人弟子中最多。

從《章太炎書信集》看，章太炎與吳承仕的交往很早，可追溯到清末。吳承仕為清廷大理院主事時，他曾兩次致章太炎書信，請教典章制度等學術問題。須知，那時的章太炎可是清廷寧拿滬寧鐵路主權換取其腦袋的欽犯，吳承仕的眼光和勇氣著實令人欽佩。

吳承仕正式拜章太炎為師，已是辛亥革命之後了。那時，章太炎因反對袁世凱被軟禁於東四錢糧胡同，憤而絕食七天抗爭，並寫下「我死之後，華夏文化亡矣」的遺言。錢玄同，與當時為民國政府司法部僉事的吳承仕攜酒食去探望。

吳承仕勸曰：「劉表要殺禰衡，自己不願戴殺士之名，故假黃祖之手。如今袁世凱比劉表高明，他不必勞駕什麼黃祖，而讓先生自己殺自己。」

章太炎聞後，即停止絕食。

在那之後，吳承仕以司法官身分，經常到章太炎幽禁處探望並送衣奉飯。長達三年的囚禁，也是他們師生教與學、相互切磋學問的日子。每次探討學問，吳承仕回去都認真梳理，整理成文。章太炎出獄後，《薊漢微言》也緊跟著問世。

章太炎不畏權勢，敢於伸張正義，一生多蹇。先遭清政府通緝，後又被竊國大盜袁世凱幽禁三年。一九二七年後，他因批評蔣介石摧殘救國運動等罪行，再遭當局兩次通緝，不得已隱居三年。吳承仕不畏迫害，堅定站在老師這邊，經常與章太炎通信，還在自己創辦的《盍旦》雜誌上，發表自己撰寫的《特別再提出章太炎的救國路線》。文中說：「他的民族意識，是最敏感、最堅固、最徹底的，同時他那不屈不撓的節操，經過坐牢三年，軟禁一年，絕食七日種種艱苦，到現在仍保持不變。」

文章還舉章太炎曾致電當局，「學生請願，事出公誠，縱有加入共產黨者，但問今之主張如何，何論其平素……對此務宜坦懷」，來證明章太炎「救亡主張和對當局的態度，是一貫的，而非枝節的，是必要的，而非偶發的」。

此文的發表，消除了人們對章太炎冠以「復古」的偏見，為章太炎正名。這其間，也是對章門弟子中錢玄同、周氏兄弟等人對章太炎誤解的一種反駁吧。

前文曾提到，一九三二年，章太炎北上北平講學之事。據當年中國大學學生王西彥回憶，是「一九三一年，吳承仕先生邀請太炎先生來講學」的。「老先生端坐講臺，弟子檢齋（即吳承仕）、玄同、逖先、幼漁、兼士等垂手分立左右，太炎先生口操浙語，口若懸河講述，玄同先生以國語翻譯，檢齋先生幫助板書」。至此，為章太炎板書者，或曰半農、或曰玄同，此又曰吳承仕，足見史料的混亂。但章門弟子，尊師如事親，在後來成為作家的王西彥的文中，有清楚的記敘。表示對於章太炎，「我們青年眼中的權威名教授，卻始終畢恭畢敬，站著不敢有怠。足見當時師之尊、弟之敬的程度，至今傳為美談。」

18

這年歲尾，十二月十三日，已在北京大學幹得風生水起的胡適，在凜冽寒風中，登上開往天津的火車，啟程回秀麗的故鄉績溪。在他到北京大學赴任前的七月二十九日，曾回到績溪上莊，與相別十年的母親團聚。因當地的風俗，他未能與他十四歲時母親給他包辦的媳婦江冬秀見面，卻約定冬季歸娶。

十二月三十日，「重洋學子已成名」，當上了國內最高學府北京大學的名教授，並成為中國思想文化界風雲人物的兒子。再三思考後，認可了母親為之包辦的這樁婚姻大事，當著她的面舉行了大婚，這使胡適的母親馮順弟感到十分滿足和欣慰。正是因胡適深知母親博大的愛和她痛苦不幸而最終有大幸的命運，才遵從母意，接受了這樁婚姻。在母親四十六年的生涯中，與丈夫共同生活不足六年四個月，與兒子共同生活不足十二年八個月，一生行事，大德大義，胡適正是在母親至情至愛的巨大母愛裡成長起來的。在他留美時，家裡經濟困窘異常，母親靠典當度日，但她還是借了八十塊大洋，給兒子買下一部《古今圖書集成》。

胡適對母親的敬畏與尊仰，是隨著年齡而俱增的，翻閱胡適的《留學日記》，深摯思念母親的文字讓人感動。胡適與江冬秀的婚事，是胡適的本家叔叔，也是江冬秀的塾師作的媒。而胡適母親的姑姑，又是江冬秀的舅母，因此算是親上加親的一門婚姻。江冬秀的父系、母系皆是書香門第，外祖父呂佩芳更曾經是個翰林。胡適考證，「江家考取高第的很多」。江冬秀大胡適一歲，故胡適一直以姐相稱。訂婚後的一九一一年，胡適曾寫信給江冬秀，要求她多讀、多上進，希望她「勿恤人言」，毅然放腳，「宜為一鄉首倡」。一九一四年七月四日信：「前得家母來信知賢姐已肯將雙腳放大，聞之甚喜……」

胡適母親對這樁洋學生與村姑的婚姻也有擔憂，曾多次致函給兒子：「人情變態，不可端倪，況在重洋異國。此後於社會交際上種種謹慎為妙，餘如男女之際，尤當留心。」

為使母親放心，胡適一而再，再而三地表示絕無背信棄義之心。如一九一五年五月十九日給母親的信：「今之少年往往提倡自由結婚之說，有時竟破壞已訂之婚約，致家庭之中齟齬不睦。有時其影響所及，害及數家。此兒所不取。」信誓旦旦地表明自己對婚約的嚴肅態度。

胡適在美康奈爾讀書時，應學生會之邀，演講《中國婚姻制度》。彼時，西方人對中國的封建包辦婚姻多有批評，認為中國式婚姻是「盲婚」。對此，演講時胡適有一番妙論：「貴國人結婚，男女事先戀愛，戀愛熱度達至極點乃共締姻緣。敝國人結婚，從前多由父母之命，媒妁之言，男女素未謀面，結為夫妻後，始乃戀愛，熱度逐漸增加。是故貴國人之婚姻是愛情之終也，敝國人之婚姻則愛情之始也。」這不僅是胡適的機智幽默，也是他對自己婚姻的美妙憧憬。從中，我們沒有理由懷疑胡適對婚約有什麼缺憾或抗拒。

不過有一次，他對婚約有過動搖。一九一七年，胡適從美歸國回家鄉省親，興沖沖去看江冬秀，可惜囿於鄉俗，江冬秀不好與他相見。

胡適在日記上說：「那天晚上，我若一任性，必然鬧翻……那時確是危機一發之時。」事後還作了兩闋《如夢令》：

她把門兒深掩，不肯出來相見，難道不關情？怕是因情生怨。休怨！休怨！他日憑君發遣。

幾次曾看小像，幾次傳書來往，見見又何妨？休作女孩子兒相。凝想，凝想，想是這般模樣。

結婚後的一九一八年八月，江冬秀到北京，胡適與之再憶這樁舊事，又寫《如夢令》：

天上風吹雲破，月照我們兩個。問妳去年時，為甚閉門深躲？誰躲？誰躲？那是去年的我！

詞寫得妙趣橫生，其閨房之樂絕非強裝出來。

後來，不識相的陳獨秀，拍桌子罵胡適不敢反抗舊式婚姻，讓他與江冬秀離婚，胡適以笑對之。

一九一八年五月，新婚五月的胡適在寫給摯友胡近仁的信中說：

我之就此婚事，全為吾母起見，故從不曾挑剔為難。（吾不為此，吾絕不就此婚，此意但可為足下道，不足為外人言也。）今既婚矣，吾力求遷就，以博吾母歡心。吾之所以極力表示閨房之愛者，亦正欲令吾母歡喜耳。

從這封信中，我們可以看出，胡適接受這樁不和諧的婚姻、接受江冬秀，並非因為愛情，更多的是對母親至純的孝道。而胡適對江冬秀人格的尊重，讓他們婚後超過三十年的共同生活時間裡，一直緊緊牽住這根紅線，表現出他的崇高人格。

「胡適大名垂宇宙，小腳太太亦隨之」，胡適的婚姻被列為民國史上七大奇事之一。一直以來，這樁「奇事」始終受到懷疑或否定。不少文字寫胡適與江冬秀結婚之後，多次向別的女性示愛。

懷疑是正常的，胡適雖貌不如潘安，但才似子建，卻甘與一鄉下小腳女人相守一生，似確悖常理。但猜度文字，多語焉不詳，很無說服力。

對胡適單相思的女性是真真切切有的，對胡適做出種種追求的女性也不乏其人。比如江冬秀就看到陳西瀅（陳源）的妹妹喜歡胡適，曾大大方方地對胡適說：「我死之後，你可續娶這位陳小姐為妻。」胡適應該感激江冬秀，這位太太是個無神論者，一個從不要胡適做官，一個全心全意相夫教子的好女人。胡適的事業成功及名聲顯赫，背後皆有江冬秀的心血和智慧。

周樹人與胡適的婚姻一樣，也是父母包辦，不得不奉母之命與朱安結婚拜堂。但這樁婚姻對朱安來講，是一輩子的有名無實，她只是周家的一個使女而已。後來一貫貫徹個性主義的周樹人個性解放了，與許廣平自由戀愛。但朱安呢？

個性解放與人道主義的矛盾，造成了朱安這個可憐女人的悲劇，這個陰影也一直籠罩著周樹人。

第二章

民國七年

1918

就在辛亥革命步履艱難之時，北京的新文化運動，卻有一抹春色。《新青年》改組為同人刊物，由陳獨秀、胡適、李大釗、錢玄同、沈尹默、高一涵六人輪流編輯，請撰稿人周氏兄弟、劉半農等人協助辦刊。周樹人以魯迅筆名發表《狂人日記》等小說，我們民族文學的面貌、氣象、精神、靈魂，煥然一新。胡適、魯迅成為中國現代思想史、文學史上並峙的雙峰。

毛澤東創辦《湘江評論》，寫《民眾大聯合》，胡適對此高度評價：「一篇大文章，眼光很遠大，議論也很痛快，確是現今重要文字。」

李大釗與胡適開展「問題與主義」的學術討論，陳獨秀、毛澤東、魯迅旗幟鮮明地站在胡適這邊。

陳獨秀、李大釗辦《每週評論》，有良知和正義感的報人章士釗、邵飄萍等，辦《京報》、《時報》等，掀起輿論波瀾，給中國言論史留下一筆豐厚的遺產。

1

民國七年（一九一八年）伊始，北京少雪，極嚴寒。在南方，因粵督莫榮新拘捕大元帥衛隊六十餘人，一月三日晚，孫中山下令駛入廣州大沙頭的「永豐」、「水翔」、「楚豫」三艘軍艦，猛烈向觀音山廣東督軍署開炮。廣東督軍莫榮新沒有下令還擊。

次日，孫中山召莫榮新至大元帥府，指責他執政無方，將廣東弄得經濟蕭條，民不聊生。莫恭敬認錯，並答應孫中山撥財政收入給軍政府使用的要求。但與此同時，莫暗派刺客，不料被孫中山親軍偵破緝拿，局勢頗為混亂。

就在辛亥革命步履艱難之時，北京的新文化運動，卻有一抹春色。一月間《新青年》開會，改組為同人刊物，並成立了編委會，由陳獨秀、胡適、李大釗、錢玄同、沈尹默、高一涵六人，輪流主持編輯工作。

一九一七年九月，劉半農與胡適幾乎是前後腳進入北京大學，然後又同時投入到幾乎已經陷入停頓的《新青年》雜誌的復刊工作中。是年十月十六日，劉半農曾致信錢玄同：「文學改良的話，我們已鑼鼓喧天地鬧了一鬧。若從此陰乾，恐怕不但人家要說我們是程咬金的三大斧，便是自己問問自己，也有些說不過去吧……比如作戲，你、我、獨秀、適之四人，當自認為『台柱』，另外再多請名角幫忙，方能『壓得住座』。『當仁不讓』，是毀是譽，也不管它，你說對不對呢？」

應該說，這是有案可稽的關於組建《新青年》編輯部及同人團隊的最早動議。正是因為有陳獨秀、胡適、錢玄同和劉半農四大「台柱」的共同努力，由陳獨秀一人主編的《新青年》，從一九一八年一月出版的第四卷一號開始，轉為由六位北大教授輪流編輯的同人刊物。

那天，會議由陳獨秀主持。除了六位編委，尚請撰稿人周樹人、周作人、劉半農、王拱星、陶孟和等人參加。陳獨秀見與會者陣容齊整，人才濟濟，就多了幾分興奮。為此，他先為與會者泡了一壺茶，親自端給大家，在熱茶嫋嫋飄香之時，他表示，《新青年》去年發行一萬多冊，上海的群益書社雖嫌發行量少，但在全國，《新青年》仍是最有號召力的刊物。並告訴諸位，接受錢玄同的建議，自今年始，《新青年》改豎排為橫排，每期十五日發行。

錢玄同大聲說：「《新青年》既然提倡白話文，建議以後所有文章應都用白話文體。」

陳獨秀笑道：「同意你的意見，卻不應太絕對。」他見一貫慷慨激昂的錢玄同並不堅持己見，就點將身邊的沈尹默，「沈二，你也發表一下宏論。」

沈尹默推了推鼻上的深度眼鏡，一向不善辭令的他，今天卻拿多年前陳獨秀評價他的字的話幽默了一下，「不敢、不敢，『其俗在骨』也。」

眾人會意地大笑後，沈尹默看看周樹人，「還是聽聽編委之外的豫才兄的高見吧。」

沈尹默小周樹人兩歲。沈尹默生於吳興，周樹人生於紹興，算是同鄉。早在一九〇九年秋，沈尹默經其弟沈兼士介紹，在杭州與周樹人相識。那時，周樹人在杭州浙江兩級師範學堂教化學，沈尹默在杭州陸軍小學任教。對於沈尹默與江南名士馬一浮常飲酒吟詩，周樹人印象十分深刻。一九一三年，沈尹默應北京大學之聘，到預科任教，周樹人則經蔡元培（一說許壽裳）推薦，已在北京教育部任職。自此時始，兩人交往密切。

錢玄同又插話，「豫才兄已答應給《新青年》作小說。」

周樹人不在北大教書，又不是《新青年》的編委，自然是抱著聽聽的態度來的。他手裡捏著菸，用濃重的鄉音說：「玄同幾次登門索稿，我就作篇白話小說試試。」

陳獨秀高興地對周樹人說：「太好了，《新青年》的白話文學有了新詩，就差新小說了。另外，下次開會，還望多發高見。既然來了，就不是局外人嘛。」

李大釗很樸實謙和，一直靜靜地聽大家議論。他與周樹人雖不熟，卻知道周樹人也曾在日本留過學。祖父罹罪，家道中落，其父早喪。十六歲時，即背囊外出求學，二十六歲時，由寡母為他娶一房媳婦。妻子既無文化，且裹小腳，周樹人無奈地接受了這樁婚事。

而李大釗自己從小父母雙亡，全靠祖父撫養。老人怕日後無人照顧，在他十一歲時，為他迎娶了大他九歲的妻子。與周樹人表面接受、心裡抗拒不同，他既接受了祖父的安排，又與賢良的妻子好好過日子。他知道舊時代知識分子個性解放與人道主義之間，是很難調和的，你自己可以抗拒婚姻，個性解放，但另外一個人卻會慘遭遺棄。

直到陳獨秀請新來的北大圖書館主任李大釗談談辦刊的意見時，他才忙收回思緒，說：「既然是同人刊物，我想最好實行輪流編輯，發揮個人所長，面貌當為之一新。當然，為保證《新青年》的品質和風格的一貫性，建議對稿件建立集體討論制度。」

陳獨秀頻頻點頭，他很喜歡敦厚的李大釗，便高聲道：「守常的建議極好，就照此辦理，諸位仁兄以為如何？」

眾人表示支持。

接著，劉半農就新詩創作重申了兩條意見，一曰改用新韻，二曰增多詩體。

劉半農在胡適發表《文學改良芻議》後有感而發，在當年五月的《新青年》上，即著《我之文學改良觀》。胡適在美國讀後很讚賞，遂在日記中表示支持。錢玄同後來以《新青年》的編輯身分在給劉半農的信中說：「本志三卷所登先生對於文學革新的大作兩篇，我看了非常佩服，以為同適之先生的《文學改良芻議》，正如車之兩輪，鳥之雙翼，相輔而行，廢一不可。文學革新事業，有你們兩位先生這樣積極提倡，必可預卜其成績之佳良，我真歡喜無量。」

在會上，發給大家的《新青年》（一月十五日第四卷第一號）上，不僅刊登此信，還附有劉半農去年十一月二十八日的答信。其時劉半農到北大預科任教正好半年。

巧的是，沈尹默與胡適的同題詩《鴿子》、《人力車夫》也發表在這期《新青年》上。儘管兩詩意境和手法各有千秋，但都抒發了對勞苦車夫的人道主義同情。胡適用對話體，寫坐車者不忍心坐年輕車夫的車，但又要讓車夫賺到錢，不得不坐。

沈尹默則用對比寫實手法：「人力車上，個個穿棉衣，個個袖手坐，還覺風吹來，身上冷不過」，「而車夫單衣已破，他卻汗珠兒顆顆往下墮」。胡、沈之詩都反映了作家對勞苦大眾命運的關注，為到會者所稱讚。

坐在沈尹默身邊留著濃髯的周作人，就捧著《新青年》，溫和欣喜地對沈尹默說：「好詩，好詩！尹默兄善用舊詩音節，雙聲疊韻，音調抑揚頓挫，意境別緻，耐人尋味。」

沈尹默抱拳回敬。

快散會時，錢玄同從他永不離身的皮包中，取出一封胡適一月十二日寫給他，並問候尹默、仲甫、幼漁、叔雅、半農諸位先生的信，念了其中的一些內容：

此次新婚，曾作了幾首雜詩，大都記述家事，不足以示外人。只有一首是切本題的。寫出來請先生和尹默、仲甫諸位先生指教指教吧！詩如下。

十三年沒見面的相思，如今完結。
把一樁樁傷心舊事，從頭細說。
你莫說你對不住我，我也不說我對不住你——
且牢牢記取這「三十夜」的中天明月！

錢玄同剛剛讀罷，還要說些什麼，沈尹默卻搶了話頭，搖頭晃腦，有些口吃地說：「兩情相悅，琴瑟相得呀，適之好快活。」

眾人跟著笑起來。

陳獨秀若有所思地看了看周樹人和李大釗，然後叫道：「適之回來，喝他的喜酒！」

胡適回績溪與江冬秀完婚，尚未趕回北大，沒能參加《新青年》改組同人會議，但改成同人刊物，是他與陳獨秀經認真探討後作出的決定。應該說，《新青年》團體在意識精神上，是以胡適和陳獨秀為核心的，著眼在開創思想自由、人性解放的新局面。

陳獨秀與李大釗辦《每週評論》，開始討論政治與時局前，《新青年》是胡適主導的一個非政治的學術期刊，以「迎合新時代的自由批判風氣」。胡適參與《新青年》那一兩年裡，取得的最大成就，是在思想文化工程上，把文學從「死」變「活」，把「神」、「鬼」變成人。在文學的國語、國語的文學口號下，誕生一批嶄新的白話文學作品，把被稱為俗文學的白話文學變成為正宗「國語文學」，還大量介紹世界新文學、新學術、新思潮。歷史證明，《新青年》為文學的解放和人的覺醒作了開創性輿論準備，功不可沒。

2

北京女子高等師範學校附近有條絨線胡同，胡同中有座四合院，裡面就住著大名鼎鼎的「布衣驕人」林紓。林紓字琴南，乃古文家、翻譯家，為光緒八年舉人，今任京師大學堂教習。自稱「清處士」，矢忠於光緒。

此公並沒受到前清的多少恩寵，卻在清亡之後，數十次遠赴河北易縣的清陵伏地磕頭，失聲痛哭，往往弄得守陵人也跟著垂淚。這有點像明末清初的顧炎武，奔波數千里，十多次往南京明孝陵和北京十三陵哭陵的情景。

末代皇帝溥儀為褒獎林紓民前對清的忠心，曾賜題字「煙雲供養」和「貞不絕俗」。得此，林紓九頓伏地，淚如雨下，過後還寫詩抒懷：「從來無語不輕賜，自問布衣無此榮。」

林紓對前清的孤忠，並非做做樣子，以求名揚士林。兩年前，段祺瑞出任北洋政府國務院總理的第四天，親自到絨線胡同林宅，請林紓出任顧問。但林紓以前清遺民自居，拒絕應聘。

林紓為人熱情，好急人之難，性淡榮利。能詩善文，從事小說戲劇創作。文章崇尚韓柳，擅敘事抒情，婉媚動人。他又是我國近代第一個著名的小說翻譯家，因翻譯了小仲馬《茶花女遺事》、《迦茵小傳》等一百七十餘篇歐美小說而風靡文壇。有趣的是，他並不懂外語，而是靠朋友口述，用一手漂亮的桐城古文為之。

他著作頗豐，有《畏廬文集》、《畏廬詩存》、《官場新現形記》多種。早年參加過資產階級改良主義的政治運動，晚年則日趨保守，反對新文化運動，成為守舊派的代表人物。

北京的三月，寒風凜冽，絨線胡同的林紓看到《新青年》四卷三月號上「文學革命的反響」的總標題下，有一篇王敬軒致《新青年》的信，作者自稱是留學日本，學過政法，堅持「中體西用」的人。文章頑固維持封建倫理，羅織種種罪狀，惡毒攻擊白話文學。

林紓讀罷，覺得王敬軒有股古道熱腸，再看記者寫的《覆王敬軒書》，就覺得有些刺眼。記者酣暢淋漓地逐條批駁了王敬軒的謬論，竭盡冷嘲熱諷之能，將矛頭對準封建文化的神位。

此信的開頭寫道：

敬軒先生：

來信「大放厥詞」，把記者等狠狠地教訓了一頓。照先生的口氣來看，幸而記者等不與先生見面，萬一見了面，先生定要揮起巨靈之掌，把記者等一個嘴巴打得不敢開口，兩個嘴巴打得牙縫裡出血。然而記者等在逐段答覆來信之前，應先向先生說聲「謝謝」，這因為人類相見，照例要有一句表示敬意的話。而記者等自從提倡新文學以來，頗以不能聽見反抗言論為憾，現在居然有你老先生「出馬」，這也是極應歡迎，極應感謝的……

記者的《覆王敬軒書》，矛頭直指林紓，將之批得體無完膚，最後，把「不學無術、頑固胡鬧」八字送給「王敬軒們」。

林紓乍讀《覆王敬軒書》時頗為氣憤，但當他冷靜下來，發現「王敬軒」致編輯部的信中的口氣、文字，有些像自己獨步海內的古文造詣，而記者的批駁又絲絲入扣，漸漸從中看出了些端倪。他於是一笑，心中罵道：「竟用這等下三爛手段羞辱老夫！」

與此同時，《新青年》的同人們還有周氏兄弟在編輯部，也正在高高興興地議論王敬軒與記者的這場辯論。

沈尹默不知就裡，問陳獨秀：「這位頑固的王敬軒是何許人氏？記者又是哪位？」

陳獨秀詭異一笑，「遠在天邊，近在眼前嘛。」

沈尹默見一旁的錢玄同與劉半農得意地笑，頓時明白，「啊，原來是二位演的一齣『雙簧戲』呀，妙，妙！」

錢玄同道：「那林琴南在上海《民國日報》發表《論古文不當廢》，攻擊仲甫、適之兼新文學運動，囂張得很，於是我與半農就這般羞臊他。」

陳獨秀表示：「玄同與半農借此造些氣氛，打殺一下老頑們的氣焰。鬥爭之所需，要得，要得。」

胡適想了想，一本正經地說：「玩這種文字遊戲，未嘗不可，但既為嚴肅論戰，這麼做有悖正人君子的磊落。《新青年》靠的是大氣和正氣。」

陳獨秀看了一眼胡適的學究氣，對大家說：「適之反對走極端，有君子『芻議』之風。」

胡適聽後，笑了。

就在去年，北大有一出身官僚家庭的學生，行為多有不端，就有人寫了「征伐」其人的告示，貼在西齋的牆上。傅斯年也憎此君，遂寫匿名揭帖參與「征伐」。此舉引來眾人觀看，不少人還在上面進行圈點，語言也多出奇。

校長蔡元培對此頗有微詞：

諸位在牆壁上攻擊同硯，不合做人的道理。諸君若對他不滿意，出之同硯之誼應當勸誡，這樣的做法才是耿直的。至於匿名揭帖，看著博彩，大肆撻伐，受之者縱然有過，也不易悔過，而施之者則為吃虧品性之開端。凡做此事者，今後都要洗心革面，否則這種行為必致品性沉淪。

雖然校長沒有指名道姓，但這番用心良苦的批評，讓傅斯年大徹大悟。於是胡適對錢玄同和劉半農說：「尊重對手，有理有據。與人辯論，不要達到頂點和爭吵的地步，縱使你認為或覺得自己是正確的，但發表意見總得謙遜一點、冷靜一點（語出自英國著名外交官吉斯特菲爾）。」

周氏兄弟一直在認真地聽，周樹人捏著菸，不時會意一笑。

後來，周樹人對陳獨秀和胡適有一段獨特的見解：

假如將韜略比作一座倉庫，獨秀先生的外面會豎一面大旗，大書道「內皆武器，來者小心」八字。但那門是敞開著的，裡面有幾支槍、幾把刀，一目了然，用不著提防。適之先生的是緊緊地關著門，門上貼著一小字條道「內無武器，請勿疑慮」。這自然可以是真的，但有些人——至少是我這樣的人——有時總不免要側著頭想一想。而半農則是個令人不覺得有「武庫」的人。所以我佩服陳、胡，卻更親近半農。

論得是否精闢，仁智互見，但從中可以看出周樹人對陳、胡是存有戒心的，尤其對胡適，所謂「有時總不免要側著頭想一想」，無非是「陰險」的另一種表述，在文壇影響甚壞。

而恰是周樹人「更親近的半農」，挺身而出，大批所謂胡適「陰險論」。那是周樹人發表了上述有關陳胡的高論之後的一九三四年三月八日，劉半農在日記中專門寫下為胡適辯護：

上午續編中小字典，下午到北大上課。去冬為研究所事，逵羽來談，曾言及適之為人陰險，余與適之相交在十五年以上，知其人倔強，自用則有之，指為陰險，當是逵羽挑撥之言。曾以語孟真，孟真告之孟鄰，今日孟鄰面詰逵羽，不應如是胡說。逵羽大窘，來向余責問。余笑慰之。

「笑慰之」三字，直陳劉半農之坦蕩。

孟真者，乃胡適的學生，北大教授傅斯年。孟鄰者，北大校長蔣夢麟，皆真君子。逵羽，是當時北大教務主任樊際昌。在劉半農的勸說下，樊際昌消除受外界影響而產生的對胡適的誤會，與胡適成為好友。他後半生一直追隨蔣夢麟，後到臺灣任農復會秘書長兼總務處長。

周作人至晚年，還以當事人的身分著文，造謠劉半農與胡適一直不睦，攻擊胡適的人品，致使《新青年》團隊的面貌混亂不堪。

但不管怎麼說，錢玄同與劉半農聯手演的這齣「雙簧」，確實成功引起社會的廣泛關注。

3

北京的四月，春風吹綠了北河沿河畔的兩行垂柳。

《新青年》第四卷第四號上發表了胡適的《建設的文學革命論》，將文學改良八事概括為四句話：

一、要有話說，方才說話。
二、有什麼話，說什麼話；話怎麼說，就怎麼說。
三、要說我自己的話，別說別人的話。
四、是什麼時代的人，說什麼時代的話。

接著又提出建設的新文學論唯一的宗旨，只有十個大字：「國語的文學，文學的國語。」意圖在於將文學革命與國語運動結合起來，以擴大文學革命的影響。

胡適的《建設的文學革命論》對後來的文學創作影響頗深。「有什麼話，說什麼話」，意味著只遵從心靈的呼喚，就很可能說出真話、新話、驚世駭俗的話。任何文學、任何文體都在「質文互變」中，走過自己的路程。以「新質」衝破「舊文」，建設新的質文平衡，揭示文學創作的某些規律。

胡適的《建設的文學革命論》發表後三天，在湖南長沙嶽麓山下的蔡和森家，召開成立「新民學會」大會，毛澤東、蔡和森、何叔衡、羅章龍等十三人參加會議。一九一五年秋，毛澤東寫了一則徵友啟事，發給長沙各校，很快便有二十多位志同道合者聚集在一起，決定成立「新民學會」。本次成立大會，通過了毛澤東起草的會章，規定學會以革新學術，砥礪品行，改良人心、風俗為宗旨，要求會員不虛偽、不懶惰，不浪費、不賭博，不狎妓。

「新民學會」成立之前，蔡元培在北京大學組織建立了「進德會」，旨在改造社會風氣，徹底清除不良現象。早在蔡元培任教育總長前，他就與同盟會元老吳稚暉、張靜江、李石曾一起，建立過無強制約束力的進德會。還議定八條會約：一為不狎妓，二為不賭博，三為不置妾，四為不做管理，五為不做議員，六為不吸菸，七為不飲酒，八為不食肉。

後來蔡元培在孫中山的苦苦勸說下，決定出任南京臨時政府的教育總長時，李石曾、章太炎等進德會會員認定他官癮太重，做人有失道義。但後來看清袁世凱的野心後，蔡元培與同盟會四總長集體辭職，人們才認識蔡元培為人的清正。

北大「進德會」建立後，胡適、李大釗等教授積極擁護並主動加入「進德會」，到「進德會」正式成立前，已有四百六十八位師生報名參加。

不過陳獨秀有些尷尬，他與高君曼最近鬧得很厲害。高君曼得知陳獨秀到北京後常拈花惹草，還逛八大胡同，罵他是無恥之徒，陳獨秀第二次婚姻又出現了裂痕。以陳獨秀的性格，自然不會低頭認錯，與妻子修好，他的《丁巳除夕歌》，真實反映了他當時的心緒。

人生是夢，
日月如梭。
我有千言萬語說不出，
十年不做除夕歌。
世界之大大如斗，
裝滿悲歡裝不了他。
萬人如海北京城，
誰知道有人愁似我？

蔡元培從沈尹默處知道陳獨秀夫妻失和，也聽不少人說陳獨秀有狎妓緋聞，私德不端，作為朋友，他有責任勸誡仲甫。於是，他利用「進德會」來約束他，在入會條件上寫道：

本會不咎既往。傳曰：「人誰無過，過而能改，善莫大焉。」凡本會會員，入會以前之行為，本會均不過問（如已娶之妾，亦聽之）。唯入會以後，於認定之戒律有犯者，罰之。

陳獨秀自願入了會，後又犯了戒律，果然被罰，那是後話。

湖南「新民學會」與北大「進德會」互為犄角。提倡新文化，就要反對舊文化；提倡新道德，就要反對舊道德。提倡新文化，新道德的知識分子，就要以身作則，垂範世人。用胡適的話說，提倡新文化、新道德，一可以律己，二可以謝人，三可以止謗，止謗莫如自修、自重。

4

胡適與魯迅，是中國現代思想史和文學史上並峙的雙峰。有了這雙峰相輝映，有了新文化運動的「急先鋒」胡適和「乘勢英雄」魯迅，才有了中國現代史和文學史的輝煌。談新文化運動，談中國現代思想史和文學史，必然要談胡適和魯迅，否定誰，都違背歷史真實。胡適比較理性，主要是從思想史的角度來反思，魯迅則比較感性，主要是從文學的管道批判傳統。胡適的反思更直接，魯迅的批判則較隱晦。

可惜的是，從二十世紀二〇年代始，因意識形態的原因，人為地把胡適與魯迅對立起來，由此開啟了對胡適只有批判，對魯迅只能歌頌的既無根據又無研究的格局。直到今天，這種格局也沒有發生多大的改變。

話有些說遠了，暫時打住。

一九一八年清明節當晚，錢玄同與劉半農沐浴著仲春溶溶月色，走進補樹書屋。周樹人正吸著菸，喝著茶，油燈下，眼裡閃爍著喜悅，桌上除了放有幾塊小點心外，還有他剛剛完成的小說《狂人日記》。在錢玄同、劉半農走進屋前，他剛剛用蘸了墨的毛筆，寫下最後兩行字，完成了他的第一部白話小說：

沒有吃過人的孩子，或者還有？

救救孩子……

用什麼筆名呢？他在日本讀書時，曾用過「迅行」這個別號，迅字保留了他青年時代的反抗精神。再冠以母親的姓，就署名「魯迅」吧。

錢玄同與劉半農在不甚明亮的油燈下，速速翻閱一下。錢玄同忍不住大聲讀道：

我翻開歷史一查，這歷史沒有年代，歪歪斜斜的每頁上都寫著「仁義道德」幾個字。我橫豎睡不著，仔細看了半夜，才從字縫裡看出字來。

滿本都寫著兩個字是「吃人」……

錢玄同很激動，說：「豫才，好小說呀！」

第二天，錢玄同一大早就將《狂人日記》交給陳獨秀。陳獨秀把門關好，用整整一個上午，一口氣讀完，先拍案叫絕，復暢懷大笑。

錢玄同進屋拉陳獨秀到外面吃飯，陳獨秀卻一把反拉住他的手，「玄同，豫才的《狂人日記》寫得好哇！『禮教吃人』揭露得深刻。你有功勞，走，我請你到學士居吃飯。」

《新青年》第四卷第五號（一九一八年五月）發表了《狂人日記》之後，引起社會的廣泛關注，特別是在青年讀者間產生不小的影響。

這篇和果戈理短篇小說同名的《狂人日記》，寫的是一個迫害狂症患者的精神狀態和心理活動。狂人出身自封建士大夫家庭，因長期受封建禮教的壓迫，產生了對社會的恐懼心理。他認定現實是個吃人的世界，而自己就有可能被吃掉。狂人每句話都是瘋話，卻又飽含著許多深刻的哲理。小說藉此，批判封建社會就是一個吃人的社會。

《狂人日記》甫誕生，就被人評為「在文學史上具有劃時代意義」。從小說文本上說，是準確的，

《狂人日記》的誕生，使我們民族文學的面貌、氣象為之一新。但從其精神上看，與胡適、陳獨秀提倡的新文化運動是一致的，並非有多大超越，何來「劃時代意義」？

研究胡適與魯迅的人，很少注意《狂人日記》發表後，《新青年》第四卷第六號，「易卜生專號」上，有胡適的《易卜生主義》一文。胡適抽譯出易卜生的三句名言：一，你要想有益於社會，最好的法子莫如把你自己這塊材料鑄造成器。二，社會最大的罪名莫過於摧折個人的個性，不使他自由發展。三，世界上最強而有力的人，就是那最孤立的人。

胡適認為健全的個人主義的核心精神，就是由這三句話發生的。這個健全的個人主義人生觀，一面教我們學《玩偶之家》主角娜拉，要努力把自己鑄造成一個人；一面教我們學習《人民公敵》主人公斯鐸曼醫生要特立獨行，敢說老實話，敢向惡勢力作戰。要為社會造出無數愛自由勝過愛麵包、愛真理勝過於愛生命的特立獨行之士，為今日的文明世界奠立基礎。

在人道主義旗幟下，魯迅的《狂人日記》意在批判，胡適的《易卜生主義》重在建設。

胡適的《易卜生主義》是對魯迅《狂人日記》的肯定和補充。可惜的是，很多論者賦予《狂人日記》太多的政治內容。

胡適與魯迅在《狂人日記》和《易卜生主義》合作之後一個月，兩人又在兩性道德的問題上再度相互支持。

兩性道德觀與婦女問題的提出，緣於周作人發表在《新青年》第四卷第四號（一九一八年五月十五日）的譯作《貞操論》。周作人在《譯者前言》中，高度讚揚原作者與謝野晶子「是現今第一流女批評家」，文章中「純是健全的思想」，是現今正需要的「治病的藥」。這篇《貞操論》在中國的輿論界、思想界、文化界引起不小的震動。

胡適最先響應，在《新青年》第五卷第一號（一九一八年七月十五日）上，發表了《貞操問題》一文，讚揚了《貞操論》的發表，「是東方文明史上一件可賀的事」。

胡適看出它在婚姻關係這樣一個有關「人」的生命及人生的重大問題上具有革命意思，突破這個缺口，可望導致整個封建理論體系的崩潰。且敏感地抓住北洋軍閥政府剛公布的所謂《中華民國褒揚條例》這一契機，不失時機地提出：「貞操問題中，第一個無道理的，便是這個替夫守節和殉葬的風俗。」

魯迅立刻聲援胡適，他在下期的《新青年》（第五卷第二號）上，發表《我之節烈觀》，明確提出「自他兩利」的新道德準則，呼籲：「要除去於人生毫無意義的苦痛，要除去製造並賞玩別人痛苦的昏迷和強暴」，「要人類都受正當的幸福」。

胡適與魯迅在新文化運動發軔之時，兩次非常默契地聯合作戰，產生了深遠的影響。

需要指出的是，周作人發表在《新青年》第五卷第四號（一九一八年九月十五日）上的《隨感錄・三十四》一文，就婦女解放問題進行了更深入的思索，提出婦女解放「必須以女子經濟獨立為基礎」的較先進的觀點。

5

一九一八年秋，正是金風送爽的時節，二十四歲的布衣青年毛澤東，在前湖南第一師範老師，後到北大當教授的楊昌濟引薦下，走進北京大學。那時北大中西合璧的紅樓剛剛落成，毛澤東手持哲學教授楊昌濟的親筆信函，敲開了紅樓一層東南角圖書館主任李大釗的辦公室門，遞上恩師楊昌濟的推薦信。看了信，李大釗打量起這位身穿藍布長衫、高大的青年——他面如朗月，眉宇間有一股勃勃英氣。

楊昌濟的信，說毛澤東在湖南師範是他的學生，是已讀過五年半的師範高才生。此次來京，專為二十幾位湖南學生辦理赴法勤工儉學事宜。他本人無意赴法，想到北京大學找一份工作，借機「旁聽」

一些課。

談話中，李大釗得知眼前這位眉目俊朗的毛澤東因身無分文，暫借宿楊昌濟教授家，便有些同情，詢問他想謀什麼工作。

這位一直有些侷促的年輕人，告訴李大釗：「幹什麼粗活兒都行，既可得工資，又可抽空聽些課。」

李大釗聽罷，笑了，「堂堂師範高才生，幹粗活兒，大材小用了。」

他旋即帶毛澤東走進校園裡一座有校警站崗的明清時的大院落，告訴毛澤東，他們現在要去見蔡元培校長。毛澤東自然知道蔡元培的大名，更加緊張不安了。

李大釗讓毛澤東在客廳稍等，自己推門進了校長室。不多時，他笑著出來，對毛澤東說可以見蔡校長了，並表示自己還有個會，不能陪同進去，揚揚手走了。

毛澤東推開門，見名揚海內的蔡校長正伏案批閱文件，聽見開門聲，抬起眼微笑地目視他。那目光是寬厚、仁慈、睿智的。毛澤東走向前，深深地向校長行了大禮，那一刻，他的心中充滿敬畏。

蔡元培讓他落座，一邊起身為他沏茶，一邊溫和地讓他談談自己的情況。

毛澤東想了想，告訴蔡元培，幾個月前的四月十四日，他與蔡和森、何叔衡等年輕人，在長沙創立了以「改造中國和世界」為宗旨的革命團體新民學會。新民學會成立不久，一些有抱負的年輕會員，懷著向西方尋找真理的願望，回應蔡校長、吳玉章在北京發起的號召，積極組織到法國勤工儉學。

蔡元培認真耐心地傾聽毛澤東那口湖南腔，漸漸眼中流瀉出欣賞讚歎的神色。他插話問：「那為什麼你不去法國勤工儉學呢？」

毛澤東是這樣解釋的，有人到外國去，看些新東西、學些新道理、研究些有用的新學問，拿回來改造我們的國家，是極為必要的。而同時，也要有人留在國內，研究本國問題。他覺得關於自己的國家，他知之甚少，假若把時間花費在國內研究問題，可能對本國更為有利。

蔡元培不住點頭，記住了這位高大的布衣青年。他抻出一張八行箋，寫下對這位年輕人的安排：

守常先生大鑒：

毛澤東欲在本校謀一半工半讀工作，請設法在圖書館安置一個書記的職位，負責整理圖書和清掃房間，月薪八元。

蔡元培即日

毛澤東接過來看時，眼淚突然湧出眼眶……

上面的敘述，是主流媒體的統一敘述。但胡適以親身經歷，顛覆了這個重要歷史細節。

一九五九年，大陸正經歷餓殍遍野的大饑饉。十二月二十六日，毛澤東在中南海度過自己冷清的壽誕時刻。在臺灣臺北胡適的家中，留秘書胡頌平吃飯時，談到毛澤東的岳父楊昌濟，自然也連帶談到了毛澤東。

胡頌平問：「毛澤東到北大圖書館工作，是他老泰山楊昌濟舉薦的嗎？」

胡適回答：「不是。毛澤東湖南師範畢業後到了北平，他和五位青年上書與我，這封信，我是交給竹淼生的弟弟竹生保管的。在抗戰期間，放在上海。竹生怕生事，把它燒了。當時的北京有個工讀輔助會，毛澤東先在輔助會工讀，很苦。」

胡頌平就問，是否是先生介紹他入圖書館的？

胡適搖搖頭，「不，當時章行嚴（章士釗）當北大圖書館館長，李大釗當主任。章士釗是湖南人，大概是他們兩人把毛澤東介紹進去的。」

不過，毛澤東自己說，是楊昌濟介紹他到圖書館工作的。鑒於此，我們只好存疑了。

毛澤東回到鼓樓後面的豆腐池九號楊昌濟家時，太陽已偏西。長方小院裡的那株棗樹上，尖尖的馬牙棗，已染上淡淡的紅色。老師尚未回家，楊昌濟荳蔻年華的女兒楊開慧給他開了門。毛澤東將不久前發生的事情一五一十地說了，她那深邃明亮的眸子裡，蕩漾著喜悅。那時，這對年輕人已經相愛……

到北京大學圖書館工作的毛澤東，每天坐在一張書桌前，登記前來看報刊的人員名單。閱覽室很寬敞，他總是把那裡的桌椅清理得乾乾淨淨、整整齊齊。到這裡來閱覽的，有不少名流和學者，他們都是在登記簿上簽了自己的姓名後，靜靜地走進閱覽室，埋首於浩瀚的書報之間。漸漸地，他認識了他們。

一個星期天下午，傅斯年、羅家倫、毛子水、俞平伯、汪敬熙等一批年輕有為的北大學生，簽下名字後魚貫而入。他們利用星期天閱覽者少的機會，圍坐在一起。毛澤東很感興趣地注視著這群和他年齡差不多，卻已蜚聲文壇的年輕學者，從他們清晰的談話聲中，知道他們是在商量辦《新潮》雜誌的諸多事宜，討論辦刊宗旨，研究創刊的稿件。

在豆腐池九號楊昌濟家，毛澤東已聽自己的老師說，傅斯年、俞平伯等向校長報告，希望組建「新潮」的計劃。蔡校長很支持這些意氣風發、心懷大志的大學生，親自為《新潮》題寫了刊名，還批准每月撥兩千元大洋辦刊經費。對此，毛澤東越加欽佩開明的蔡元培校長。

傅斯年似心中早有成竹，提出三點辦《新潮》的宗旨：一是批評的精神，二是科學的主義，三是革新的文辭。俞平伯等人支持傅斯年的意見，說《新潮》當是《新青年》的同盟軍，一起向即將出籠的北大舊勢力的大堡壘《國故月刊》開火。《新潮》刊名的英文，便有「文藝復興」之意。

他們的討論，引起毛澤東極大的興趣，他聯想起今年四月創辦新民學會時自己提出的「革新學術、砥礪品行，改良人心風俗」主張，遂不由自主地插入討論。

眾人一齊打量這位操著湖南土話的管理員，眼神裡泛著冰冷。倒是傅斯年與毛澤東先打了個招呼，又向眾人介紹說，毛澤東這位工友在《新青年》發表過文章，也是有為青年，眾人才禮貌地點點頭。

說到《新潮》，不能不提周作人。那時的周作人，是社會上公認的文化運動先驅者，一反他溫和的個性，總是鋒芒畢露，咄咄逼人，在人們心目中樹立起新文化運動戰士的形象，於青年中享有遠比周樹人高的威望。

學生領袖傅斯年、康白情、俞平伯等在一九一六年級文學系裡讀書時，周作人的《歐洲文學史》，將他們吸引在一起。他們發起組織「新潮社」，周作人有影響力的《人的文學》在《新青年》發表之後，傅斯年立刻在《新潮》上著文，將其與胡適的《易卜生主義》、《建設的文學革命論》，及陳獨秀的《文學革命論》同列為「文學革命的宣言書」。

在《新青年》發表《人的文學》之前，已在新文化陣營裡衝鋒陷陣、充當「先鋒」的周作人，又以這篇轟動當時文壇的文章，確立了他在新文化運動中的歷史地位。

一九三五年，胡適在《中國新文學大系．建設理論集．導言》裡，高度評價了周作人的《人的文學》是「當時關於改革文學內容的一篇最重要的宣言」。

在胡適看來，中國新文學運動有兩個中心思想，「一個是我們要建立一個『活的文學』，一個是我們要建立一種『人的文學』。」胡適熱情地讚道：「周作人的《人的文學》是『最平實偉大的宣言』。他的詳細節目，至今還值得細讀」。

是的，即便是以當今的文學價值觀和美學觀來看，周作人的《人的文學》以及後來發表的《平民文學》、《思想革命》（載於一九一九年三月二日《每週評論》）、《新文學的要求》（載於一九二〇年一月八日《晨報副刊》）、《聖書與中國文學》（載於一九二一年一月十日《小說月報》）等重要文章，構成了周作人思想特色和完整的文學觀體系，成為新文學運動與思想革命的重要理論成就，具有極高的歷史性文獻價值。

「人的文學」觀念，是周作人借鑑當時日本文壇流行的「白樺派」人道主義理論，而其歷史淵源則出自歐洲文藝復興的人道主義思潮。

《新潮》一卷五號特將周作人發表在《每週評論》上的詩《背槍的人》等轉載，並特別推薦。次年《新潮》二卷五號，以「本刊特別啟事」宣布周作人為「新加入本社社會」，後周作人又被推為《新潮》主編，成為師生合作的典範。

《新潮》還得到了胡適的熱情支持與幫助，他把《新潮》視為《新青年》最重要的姊妹刊物。《新潮》的主將們傅斯年、羅家倫、毛子水、俞平伯等與胡適的交情都很深，他們從一開始就把胡適當成顧問和導師，深受其自由主義哲學的影響，和《新潮》在政治見解與學術思想上，都緊跟胡適，並成為胡適的終身知己。

一九二〇年，傅斯年在英國留學時，曾以「學生」名義致信胡適，「願先生終成（我的）老師，造一種學術上之大風氣，不盼望先生現在就於中國偶像界中備一席。」（《胡適來往書信選》上冊）這番元氣淋漓、肝膽可見的規諫，足以看出「他們師生間的神交之投契，友倫之純正」（《胡適傳》）。

毛澤東比胡適小兩歲。早在毛澤東就讀湖南師範學校時，胡適因積極投身新文化運動，開創文學革命而聲名鵲起，就成為毛澤東欽佩的楷模。此次到北大圖書館工作，毛澤東曾多次去旁聽胡適的課。後來，毛澤東與蕭三等人經楊昌濟先生介紹，專程拜訪過胡適，一同討論新思潮、新文化運動等問題，並且以新民學會在京會友的名義，請胡適做報告，解答新文化運動的問題，這也是後來毛澤東一度稱自己是胡適學生的由來。可惜，後來人們把這一重要歷史細節有意地隱匿了。

一九二〇年一月十五日，在胡適的日記中有這樣的記載：「毛澤東來談湖南事。」

當時毛澤東在北京醞釀籌備湖南「工友互助團」，為得到社會名流的支持，他去找胡適，就辦學的目的與計劃請教他。胡適在後來的日記中，追憶了此事：「毛澤東依據我在一九二〇年的『一個自修大學』的講演，擬成湖南第一自修大學章程，拿到我家來，要我審定改正。他說，他要回長沙去，用船山學社作為『自修大學』的地址。過了幾天，他來家取章程改稿，不久他就回去了。」

毛澤東在給周世釗的信中，證實了胡適日記的真實性。一九二〇年三月十四日，毛澤東離開北京後，在給周世釗的一封信中，提及過他請教胡適的事實，儘管口氣不再那麼謙恭：

我覺得求學實在沒有「必須在什麼地方」的理，「出洋」兩字，在一些人只是一種「謎」。中國出過洋的總不下幾萬乃至幾十萬，好的實在很好。多數呢？仍舊是「糊塗」，仍舊是「莫名其妙」，這便是一個具體的證據。我曾以此問過胡適和黎邵西（黎錦熙）兩位，他們都以我的意見為然。胡適之並且做過一篇《非留學篇》。

毛澤東去胡適處取請胡適修改的「湖南自修大學章程」時，見胡適在上面提出不少具體的意見和辦法，很是感動，決定採納這些極具真知灼見的建議。由此，我們可以看到胡適支持毛澤東的革命活動，毛澤東也很重視和尊敬胡適對他的幫助。

更值得一提的是，一九一九年六月，陳獨秀因散發反對北洋軍閥的《北京市民宣言》傳單，而被捕入獄。胡適積極營救陳獨秀的同時臨危受命，接辦了《每週評論》。當初陳獨秀、李大釗意圖將《新青年》辦成談政治的刊物，可惜遭到同人的抵制，遂在一九一八年歲尾另辦《每週評論》，開始討論政治與時局。

儘管胡適從前很少著文參與政治與時局的討論，並說「二十年不談政治，二十年不幹政治」，但他還是在《每週評論》上，發表連夜創作的一首抗議軍閥的詩歌《威權》，唱頌「奴隸們」造反的正義吼聲。他還在《研究室與監獄》一文中，對陳獨秀的人格大唱讚歌，為陳獨秀的「愛國愛公理」的革命思想與革命行為大力稱揚。既表現了「五四」兩個巨人間的真摯友誼，又說明胡適思想是與革命同步的，人格是磊落的。

當然，他與別人的不同，在於他不是一個熱衷空談政治的人。自他接辦《每週評論》這一談政治為主的刊物後，便不能全然迴避政治了。在他後來的《口述自傳》中說：「既然無法避免談政治，我就決定談點較基本的問題。」

但極具諷刺意味的是，胡適不談政治，政治卻將他推向了政治的漩渦。他的《多研究些問題，少談些主義》（《每週評論》第三十一號），原本旨在改變當時輿論界「空談主義」的風尚。那時所謂的「主義」，更多的是無政府主義、過激主義、民生主義。而所謂社會主義，便有基爾特的社會主義、王揖唐的社會主義，皇室中心的社會主義、基督教社會主義和馬克思的社會主義等。對此，胡適在文章中說：「為什麼談主義的人那麼多，研究問題的人那麼少呢？」這是因為研究問題是極困難的事，高談主義是極容易的事。

作為群眾言論之輿論，總會有爭論。首先質疑胡適《問題與主義》一文的，是與胡適有過幾次通信的藍志先。他指出「問題與主義並不是相反而不能並立的東西」，而「主義的研究和鼓吹是解決問題時最重要、最切實的第一步」。這篇文章，胡適將之轉載在《每週評論》第三十三號上。

第二篇是李大釗的《再論問題與主義》。這原是李大釗從河北昌黎五峰山寫給胡適的一封私人信，故而無題目，是胡適加了個題目，發表在《每週評論》上的。

胡適在這篇文章末尾，加了這樣一段文字：「我要做的《再論問題與主義》，現在有守常先生搶去做了，我只好等到將來做《三論問題與主義》吧。」

李大釗給胡適的私人信函中，認為「問題」與「主義」不能絕對分離，指出「社會運動一方面固然要研究實際的問題，一方面也要宣傳理想的主義。這是交相為用的，是並行不悖的」。

特別需要提及的是，在信中，李大釗直言不諱地點到他與陳獨秀、胡適為代表的《新青年》同人與他的某些看法有重大分歧：

《新青年》和《每週評論》的同人，談俄國布爾扎維主義的議論很好……我可以自白：我就是喜歡談談布爾扎維主義的。

李大釗沒有指責胡適反對馬克思主義，因即便是他本人，也只是個受到過龐雜思想影響的早期的馬克思主義者，思想上還有民主主義思想、空想社會主義、克魯泡特金的觀點。他正處在從激進的民主主義者向共產主義者轉變的過程。

而作為哲學家的胡適本人，也並非沒有研究過馬克思主義。我們可以從他針對藍志先、李大釗兩文的批評而寫的《三論問題與主義》、《四論問題與主義》等文相當清楚的表述中，看到這一點。胡適研究馬克思主義之後，似乎並不認為馬克思用暴力革命帶來「主義」勝利，能真正「根本解決」一切社會問題。他說「藍、李兩軍所辯護的主義，其實乃是抽象名詞所代表的種種具體主張」，「如此所說的主義，我並不曾輕視」。

在李大釗與胡適開展「問題與主義」的學術討論時，對政治極為敏感的陳獨秀並沒有太多的興趣介入。而毛澤東的態度卻是鮮明的，他贊成胡適「多研究些問題」的正確主張。正是在「問題與主義」的爭論中，他旗幟鮮明地在長沙組織了一個「問題研究會」，且親自為這個研究會擬訂了章程和首批要研究的「問題」，如「東西文明匯合問題」、「國際聯盟問題」、「經濟自由問題」等，共七十一大類，合計一百四十四個亟待研究的問題。

我們有理由認為，李大釗與胡適的「問題與主義」之爭，並非尖銳對立、壁壘分明、互為仇敵，而是朋友間開展的正常的學問學術之爭，根本扯不上什麼「堅持馬克思主義之爭」。另外，我們從胡適與李大釗深厚的友誼並沒因這次學術爭論而受到絲毫的影響上，也可得到印證。

所謂胡適與李大釗關於「問題與主義」的爭論，上升到堅持馬克思主義與反對馬克思主義的政治高度，是一些人在一九四九年後，共產黨開展一場批判胡適政治思想運動時，臆造出來，作為一顆炸彈轟擊胡適的。但這些人萬萬沒想到，這顆炸彈轟翻了胡適的同時，也把當時支持胡適的毛澤東擱進去了，於是只能掩蓋歷史真相。

那時胡適對毛澤東的支持是無私和一貫的。一九一九年七月十四日，毛澤東在長沙創辦《湘江評論》並發表《民眾大聯合》。胡適閱後，立即轉載在八月二十四日的《每週評論》第三十六號上，並在《新書》評價一欄中親自撰文，熱情洋溢地肯定了《湘江評論》與《民眾大聯合》：

> 現在我們特別介紹我們新添的兩個小兄弟，一個是長沙的《湘江評論》，一個是成都的《星期日》……《湘江評論》的長處是在議論的一方面。《湘江評論》第二、三、四期的《民眾大聯合》一篇大文章，眼光很遠大，議論也很痛快，確是現今的重要文字。還有「湘江大事述評」一欄，記載湖南的新運動，使我們發生無限樂觀。武人統治之下能產出我們這樣的一個好兄弟，真是我們意外的歡喜。

有了胡適的熱情支持，毛澤東早期的革命活動才能開展得如此有聲有色。

一九二〇年四月，毛澤東領導的「驅張」（驅逐湖南督軍張敬堯）運動，最終取得勝利。毛澤東立即將這一消息告訴胡適，信中寫道：

> 適之先生：
>
> 在滬上一信，達到了嗎？我前天返湘。湘自張去，氣象一新，教育界頗有蓬勃之象，將來湖南有多點須借重先生，俟時機到，當詳細奉商。暫不多贅。

信中用「借重先生」四字，足見年輕的毛澤東是把胡適視為他開展革命活動所倚重和尊重的重要人物。直到一九三六年，毛澤東在延安時還對斯諾說：「我非常欽佩胡適和陳獨秀的文章。他們代替了已經被我拋棄的梁啟超和康有為，一時成為我的楷模。」

但是，十八年後的一九五四年十月十六日，因毛澤東發表他那封著名的《關於〈紅樓夢〉研究問題的信》，毛澤東與胡適昔日師生和睦的關係，徹底改變了。信中說：「看樣子，這反對在古典文學領域毒害青年三十餘年的胡適派資產階級唯心論的鬥爭，也許可以開展起來了。」

十二月一日，毛澤東命周揚搞一個批判胡適的計劃；二日，周揚奉命將計劃呈毛澤東；三日，毛澤東批示：照此辦理。於是全黨，到整個文化界，開展了一場聲勢浩大、波瀾壯闊的批胡適資產階級唯心論的政治鬥爭。郭沫若、茅盾、陳垣等聞風而動，批判文章鋪天蓋地。但茅盾和陳垣等人的批判文章，只有批判，沒有研究的批判，並無新意，也毫無戰鬥力。從中，不僅可以看到為了自保而違心批判胡適的言不由衷，也可看到全國知識分子經歷了一場怎樣深刻的心理革命，那是一個文人需出賣靈魂方能自保的特殊年代。

正當毛澤東親自指揮，批判「資產階級唯心論」總代表、蔣介石的御用文人胡適時，在臺灣的蔣介石，也把胡適作為公敵來攻擊，他在日記中說：「以今日一般政客如胡適等，無道義、無人格，只賣其『自由』、『民主』的假名，以提高其地位，期達其私慾，對國家前途與實施概置不顧，令人悲歎。」

海峽兩岸，兩種對立的社會制度，敵對的意識形態，冤家對頭的毛澤東和蔣介石，對一個不識相且不為時所用的文化人胡適，卻同仇敵愾，相互策應，大動干戈，實為歷史所罕見，不僅充滿悖論，又意味深長。或正因如此，方顯承受誤會和扭曲的胡適的思想、文化價值。

舞榭歌台，風流總被雨打風吹去，但作為中國現代思想史上巨擘的胡適，將是歷史永恆的話題。

到了一九五七年三月一日，毛澤東在最高國務會議上，做了關於「百花齊放、百家爭鳴」的報告後，有了三件驚人之舉：贊成出版蔣介石全集，內部發行；有人提出全面評價胡適，毛澤東說二十年後再考慮（《文壇風雲錄》）；出版《金瓶梅》，由人民文學出版社出版，內部發行。

但不久，百花尚未綻放，百家也未爭鳴，一場殘酷的、被毛澤東譽為「陽謀」引蛇出洞的「反右」鬥爭，將知識分子打入了萬劫不復的地獄，從此代表民族良知和理性的知識分子，集體失聲。

毛澤東關於二十年後重新全面評價胡適的許諾，至一九七四年非但沒有兌現，更發動了越加瘋狂的革文化之命的「文革」風暴，將國家推向危險的邊緣，知識分子遭受了更深重的苦難。

6

一九一八年歲尾，以德國戰敗，協約國勝利的結局，結束了第一次世界大戰。辭去《申報》駐京記者之職的邵飄萍，在自己創辦的《京報》上，以顯著的位置刊登了這條震驚世界的特大喜訊。第一次世界大戰結束，令千瘡百孔的中國得以吁口長氣。

在各派政治勢力進行新的角力的同時，北京知識界首先激動起來。

十一月十四日，一個叫歐戰協濟會的團體，組織了一場聲勢浩大的集會遊行，北京六十多所大、中、小學校的近三萬師生，浩浩蕩蕩湧向東交民巷，然後折返至天安門遠沒有後來廣闊的廣場集會。北京各界公推北大校長蔡元培擔任大會主席，主持集會演講，協約國之美、英、法等國公使，都在發言中表達了喜悅之情。

集會接連兩天，演講繼續兩日，市民傾城而至，場面節日般熱鬧。毛澤東、蔡和森、鄧中夏，跟著《京報》主筆、北大新聞學研究會導師邵飄萍，擠進人群採訪。當日，蔡元培、李大釗等社會名流，也分別在中央（中山）公園等地，向民眾發表演講。

就看蔡元培身著灰布長衫，微笑著演講《黑暗與光明之消長》，而邵飄萍和毛澤東等人在人流中快速地記錄。

在另一處，李大釗演講《庶民的勝利》，他圍著毛線圍巾，操著濃重的樂亭鄉音，朗朗地陳述俄國十月革命的意義。邵飄萍、毛澤東等來得稍晚了一些，但李大釗充滿激情地肯定俄國人所選擇的道路的宣講，還是給他們留下深刻的印象。當時年輕的毛澤東思想頗為龐雜，腦子裡還充斥著追求民主平等的平權思想及克魯泡特金的無政府主義。

邵飄萍當時是個有正義感的自由主義的報人，遵循無黨無派，不以任何特殊勢力集團為後臺的政治原則辦報。他在《京報》創刊時寫的《本報因何而出世乎》中明確指出：「必須政府聽命於正當民意之前，是即本報之所作為也。」主張新聞自由和真實，「凡事必力求實際真相，以『探求事實不欺閱者』為第一信條」。將《京報》定位為民眾發表意見的媒介，於是得到讀者的信任和喜愛而異軍突起。

後來，邵飄萍在《京報三年來之回顧》一文中說：「《京報》每順世界進步之潮流，為和平中正之指導。崇拜真理，反對武力，乃《京報》持論之精神。出版不數日，頗蒙內外各界讚許，在言論上已占相當之地位。」

章士釗曾讚許《京報》：「良家子女，累累伺振青之聲音顏色以行。」足見《京報》言論影響之大。相形之下，當時的上海《申報》、《時報》，則因在政治上趨於保守，和《京報》形成鮮明對照。著名報人狄楚青膽子小，認定邵飄萍是個冒險人物，常常不敢刊發他的文章。而史量才，有才無量，硬說邵飄萍辦《京報》勢頭勁健，「要壟斷上海新聞」。

當然，平心而論，史量才和狄楚青等老報人在幽暗的歷史長夜裡，對中國新聞業的建設發展有過卓越貢獻，他們又分別在不同年代慘遭殺戮，讓百年言論史籠罩著一種悲愴的氣氛。但這些有良知和正義感的老報人，前仆後繼，從未放下手中的筆，低下有報國理想的知識分子的頭顱，一次次秉筆直書，掀起輿論的波瀾，給中國言論史留下一筆豐厚的遺產。

一九一六年三月二十二日，袁世凱在一片聲討中宣布撤銷帝制，取消洪憲年號。早在因為揭露「籌安會」陰謀而遭到查禁的《時事新報》伊始，邵飄萍連續發表《蕪湖袁世凱》等一百三十四篇時評、三十六篇社論。同時，他還以阿平的筆名，為《申報》、《時報》等發行一萬份以上有影響力的報刊撰文，如《預吊登極》等評論，筆鋒犀利，膾炙人口，「阿平」暴得大名。

一九一八年初秋，北京大學決定開設校役夜校。具有敏銳新聞嗅覺的邵飄萍，認定這是新鮮事物，接受蔡元培的邀請，參加了下午校役夜校的開學典禮。也就是從那天起，邵飄萍被蔡元培聘為正在籌辦的北大新聞學研究會導師，並兼職講課。

邵飄萍，浙江東陽人，清末秀才，青年時曾刻意學習梁啟超文章。辛亥革命後，抱著新聞救國理想，到杭州與友人創辦《漢民日報》，因在報上發表抨擊袁世凱而三次被抓入獄，一九一四年亡命日本求學。兩年後歸國，繼續輿論救國之志，任《申報》、《時事新報》、《時報》主筆。他思維敏銳、詞鋒犀利，才情過人，富有愛國之心，很快成為報界聞人。一九一八年十月，他獨自在京創辦《京報》，自任社長，以「鐵肩擔道義，辣手著文章」十字，勉勵報社同人。李大釗先生曾在後來改成「鐵肩擔道義，妙手著文章」，第一句被作為警句，寫在《晨鐘報》第六號社論前面的古鐘圖案上。「辣」、「妙」一字之差，各得風流，「辣」用於新聞極貼切，「妙」之於文章也貼切。

邵飄萍的《京報》是北方進步輿論的真諦，文學革命、五四運動、「三一八慘案」等大事件，《京報》或大力推動，或無情抨擊。邵飄萍支持馮玉祥的國民軍傾向國民革命，欣然接受馮玉祥聘為高級顧問之職。《京報》大膽揭露張作霖的罪狀，遭到奉系軍閥的忌恨。張作霖進京後，殺邵飄萍，封《京報》，一代愛國新聞達人殉國。

邵飄萍得知蔡元培辦北大工友夜校，認為此事極具新聞價值。他覺得在武夫當道、征伐不斷的世道裡，一介書生的蔡元培居然為平民辦夜校，實在是北大，乃至中國教育的奇蹟，決定做一篇大文章。

下午一時整，漢花園裡丁香開著團團紫色的花朵，淡淡的幽香瀰漫在微風裡。二百三十多位北大校役，深衣長衫，胸戴紅花，排著整齊的長隊，經過一簇簇丁香，走進文科第一大教堂。在那裡，早有負責夜校的徐寶璜導師，以及來賓胡適、陳獨秀、李大釗等各人，人人笑容可掬。

開學典禮由徐寶璜主持。先是蔡元培校長率眾人向國旗三鞠躬，再是全體校役向蔡校長鞠躬，又向來賓和全體教師鞠躬。然後，是活躍的學生領袖，與夜校教師傅斯年、羅家倫、張國燾、康白情等，神采飛揚地報告課程安排。最後由蔡元培發表演說，博得師生熱烈的掌聲。

開學典禮甫一結束，邵飄萍即採訪了蔡元培校長。

事後，邵飄萍將洋洋灑灑的訪談錄放上印量有一萬三千多份的《申報》發表，廣泛傳播，引起轟動，給死寂的教育界，乃至全國，帶來一股新的氣息。

訪談錄最精彩的部分，題為《蔡元培的大學理學》：「我很高興北大能出現這種自由競爭的新局面」，「至於說《新青年》亂罵政客，那是因為政治實在太黑暗了。教育部想捲入政治，可政治總想控制教育，這就是民國以來的現實……」

如果說陳獨秀、胡適等人辦的《新青年》，掀起了新文化運動的狂飆而獨領風騷的話，那麼邵飄萍創辦的《京報》，則開啟了知識分子獨立辦報的道路，成為文人佔領輿論陣地的楷模。

一九一九年，「五四」前夕，《新青年》、《每週評論》、《晨報》、《京報》、《新潮》等進步報刊，大量介紹新文化、新思想，與舊文化、舊思想展開一輪輪論戰。湧動著新思潮的同時，也是新文化運動內部群體分化、演變的前夜。中國的文化界、思想界的領袖們，開始根據各自選擇的價值觀，以及對中國社會革命的不同理解，即將分道揚鑣，開啟新的歷史局面。五四運動是新文化運動的巔峰，它由文學革命開始，向改造社會之路轉化。由文化精英發起，漸漸變成既無政黨領導又無主義指引的由愛國學生參與的愛國運動。

一九一八年年底，陳獨秀、李大釗在《新青年》之外，又創辦了《每週評論》，以發表政論性的文章為主。陳獨秀在《發刊詞》中開宗明義：「我們發行這《每週評論》的宗旨，也就是『主張公理，反對強權』八個大字。」表明陳獨秀、李大釗從文化層面向現實政治層面轉化。

二十世紀初是變革的時代，也是激進的時代。知識分子發起的救亡啟蒙運動不斷受挫、中斷，於是知識分子急於求成，整個民族也都想走捷徑，導致偏激、激進更加容易被認同。比如陳獨秀就主張平等比自由更重要，而李大釗則在論主義時，忽視對社會問題的深入研究。

胡適是位相對清醒的自由主義知識分子，他是最早洞悉強調平等、忽視自由會帶來危險的人，也是認定只熱衷主義而不研究問題會給中國造成災難的人。後來我們對胡適只有批評、沒有研究的格局，便是這種惡果。

二十世紀七〇年代，鄧小平和胡耀邦主持「實踐是檢驗真理的唯一標準」大討論，將中國推向改革開放的康莊大道，終結了這段近三十年的夢魘。殊不知，胡適在此六十年前，就曾提出「實驗是檢驗真理的唯一試金石」（《光焰不息，胡適的思想與現代中國》），二者在主旨上何等相似乃爾！

當《每週評論》、《京報》等報刊「主張公理，反對強權」，積極干預現實政局，「探求事實，不欺閱者」的同時，反動當局也從未停止過對報刊和進步知識分子的迫害。一九一六年六月二十三日，廣東的《民主報》發表了《財政廳之更動》的當天，主筆陳耿夫被捕，次日遭槍殺。三個月後，北京新聞交通通訊社因一篇《嗚呼三大借款》通訊，觸怒段祺瑞政府，負責人被拘，通訊社以「擾亂治安、顛覆政府」罪被查禁。同一天，刊登此條通訊之《中華新報》、《晨鐘報》等十數家報紙被封。《中華新報》總編輯張季鸞被捕入獄。是年十月，北洋軍閥頒布《報紙條例》，加大對新聞和輿論的管制。

一九一九年七月十四日，毛澤東在湖南創辦《湘江評論》，宣導「呼聲革命」、「無血革命」。發表毛澤東之《民主大聯合》，不久被湖南軍閥張敬堯查封，八月，《每週評論》三十七號也遭查封。

八月二十二日，邵飄萍辦的《京報》因發表抨擊北洋軍閥對日借款是「禍國陰謀，借債愚策」的文章，被安福系政府查封，邵飄萍再度流亡日本避難。報社的編輯潘公弼被抓，在監獄中關押兩個月。

對這一事件，後來邵飄萍跟報界聞人包笑天說：「這些軍閥鬼鬼祟祟，搗亂世界，設計害民，我偏要撕破他們的祕密。」表現了報人的正義和血性。

時間到了一九一九年四月三日晚，邵飄萍在北京大學法科禮堂，給集會的北大、中國大學、北京高等師範學生做報告，講山東問題。邵飄萍呼籲：

現在民眾存亡繫於一髮，如果我們再緘默等待，民族就無從挽救，只有淪亡了！北大是全國最高等學府，應當挺身而出，把各校同學發動起來，救亡圖存，奮起抗爭。

於是，才有學生宣言，才有聯合各界抗爭，才有通電巴黎和會專使拒絕簽字，才有通電全國定五月七日為「國恥日」，才有「五四」大示威。

我們的歷史，往往忽視真正的仁人志士。

在黑暗如磐的年代，有良知的知識分子，為了捍衛人權和輿論自由，口誅筆伐，赴湯蹈火。比如，陳獨秀因散發《北京市民宣言》被捕，《北京日報》、《晨報》等率先報導這一消息，舉國輿論譁然，全國各地媒體紛紛報導和發表文章聲討軍閥政府。

特別值得提及的是，在全國一片聲討軍閥的浪潮中，一貫堅決反對陳獨秀推動新文化運動，反對白話文的桐城派古文家馬通伯、姚叔節等，將文化的新舊之爭暫放一邊，也紛紛站將出來，為陳獨秀鳴不平，並具名保他出獄。可見，中國知識分子的道義和良知是一脈相承的。

多年以後，胡適在寫給陳獨秀的信中，仍念念不忘這動人的、洋溢著無比溫暖的文化情懷的一幕：

在那反對白話文學最激烈的空氣裡，居然有幾個古文老輩肯出名保你，這個社會還勉強搆得上是一個「人的社會」，還有一點人味兒（耿雲志，歐陽哲生《胡適書信集》上冊）。

第三章

民國八年

1919

民國八年（一九一九年），中國依然是獨裁者橫行的屠場和煉獄。新文化運動合乎邏輯地催生了五四愛國學生運動。那些從黑暗中突圍出來的知識分子，集體亮相，以啟蒙者和革命家的膽魄，繼續奮力開啟新時代的閘門，一路高歌猛進，為二十世紀的中國歷史譜寫了新的序言。

1

民國八年（一九一九年），中國依然是獨裁者橫行的屠場和煉獄。同時，那些從黑暗中突圍出來的知識分子，集體亮相，以啟蒙者和革命家的膽魄，繼續奮力開啟新時代的閘門，一路高歌猛進，為二十世紀的中國歷史譜寫了嶄新的序言。

是年元旦，天降細雪。陳獨秀在這年第一期《新青年》上，發表了氣勢磅礴的《本志罪案之答辯書》，給剛來的一年點燃了一簇烈火。

《本志罪案之答辯書》，大力鼓吹「德先生」（民主）與「賽先生」（科學）。指出擁護「德先生」，就必須反孔教、禮法、貞節、舊倫理、舊政治。擁護「賽先生」，必須反對舊藝術、舊宗教。強調只有擁護「德先生」跟「賽先生」，才能徹底救中國：

> 我們現在認定只有這兩位先生，可以救中國政治上、道德上、學術上、思想上的一切黑暗。若因為擁護這兩位先生，一切政府的壓迫、社會的攻擊笑罵，就是斷頭流血，都不推辭。

不久，陳獨秀應邀出席了《新潮》編輯部的座談會，聽到羅家倫高聲朗讀這篇文章。他很重視與《新青年》、《每週評論》聯合作戰的《新潮》雜誌。在會上，看到一張張洋溢銳氣的年輕人的面龐，聽著他們有獨立見解的發言，聯繫過去讀過的他們的文章，陳獨秀激動起來。他清了清嗓子說，《新潮》創刊號辦得比預料得要好，一是有銳氣，與《新青年》一起鼓吹「文學革命」和「倫理革命」，提倡個性解放和婦女解放；二是文章都以白話體為主，又用了新式標點。

受到霸氣十足的文學革命導師的肯定，辦《新潮》的這些學生界風雲人物，青春勃發的臉上各個充滿喜悅。

陳獨秀和新潮社催生了《每週評論》、《新潮》而歡欣鼓舞地跨進民國八年的同時，在劉師培家裡，黃侃和劉師培等也在緊鑼密鼓地醞釀《國故》月刊的創辦。

自蔡元培去年親赴天津，聘劉師培來北大任教以來，劉師培的肺病未見好轉，豐厚的薪水都送到醫院，他家仍如在天津般清貧。

今天，劉師培鮮見地換了一身嶄新的藍布長衫，端端正正地坐在客廳，臉上泛著肺癆特有的紅潤。一會兒，學界的黃侃，將在這裡舉行拜師儀式。

其實，黃侃僅小劉師培一歲，皆為章太炎的得意門生，他們師生經常在一起切磋學問。有意思的是，每當談到經學，只要黃侃在，劉師培都三緘其口。聰明的黃侃早就猜透了劉師培的心思。

一次劉師培談到他久病纏身，劉家四世傳經，眼看就要斷送在他身上了。

黃侃立刻說：「你看師弟來拜你大師兄為師如何？」

劉師培面露喜色，卻說：「你我同出章門，豈能相屈。」

黃侃很認真，一撣衣袖，當場就欲執弟子之禮，「只要你不認為我有辱門牆，我這就拜師了。」

一日，黃侃果然用紅紙封了十塊大洋，恭恭敬敬地欲行磕頭之禮。劉師培忙站起身，扶住「老子天下第一」的黃侃，「季剛，承蒙抬舉，你轉換門庭，太炎師處讓我如何交代？況我這兩度失節的壞名聲，對你也未必有好處……」

黃侃自然清楚，晚清時，劉師培與其妻投靠端方，幫清廷誘捕浙江革命黨人陶成章，未能如願。一九〇九年，劉師培又告發同盟會領袖陳其美、王金發、張恭等密謀起義，張恭被捕。王金發找到劉師培復仇，劉下跪求饒，表示願以身家性命救出張恭，之後果真救出張恭，才得免於一死。不久，章太炎致書給他，勸其迷途知返，他卻置之不理。

辛亥革命爆發，隨端方到成都鎮壓民變的劉師培見風雲突變，深感生死難卜。有其詩《悲秋詞》為證：「悲風兮蕭條，嚴霜淒兮草凋。怊悵兮永思，軫於懷兮郁陶」，可見其悲觀之情。一個月後，端方及其弟端錦被資州革命軍殺掉，劉師培被捕，還是章太炎、蔡元培力保，方得以開釋。

一九一三年夏，劉師培離開任教的四川國學院，投奔閻錫山，當上了都督府顧問。次年春，由閻錫山保薦，劉師培赴京，經袁世凱長子引覲其父。袁世凱欣賞他的才學，授予公府諮議之職。一九一五年八月十四日，劉師培與楊度、嚴復等籌安會六君子，聯名發表《籌安會宣言》，大力鼓吹君主制，為竊國大盜袁世凱復辟作輿論準備。

袁世凱讚賞劉師培撰寫的《國情論》、《共和解》等，甚符合他的心意，而劉師培也慶幸自己的家傳經學有了用武之地。一次，劉師培為鼓吹帝制，特請北京學界名流開會，不料因黃侃針鋒相對地反對，不歡而散。同時，早年與章炳麟在上海創設國學保存會，後任北大教授的黃節，兩次致信給劉師培，勸他「深察得失，速為罷止」逆潮流之行徑。劉置若罔聞。

又不久，袁世凱命劉師培為參政院參政。出身經學之家卻一直貧寒的劉師培，忽然聲名顯赫，又得「國師」和「莽大夫」之光環。其公館極奢華壯麗，加之有數十兵勇持槍守衛，劉家汽車一至，便有士兵舉槍高呼「劉參政回府啦」，「聲相接，婦何震乃憑欄逆之，日以為常」。文人劉成禺有詩記下此景：「千枝燈帽白如霜，郎照歸朝妾倚廊。叫起守關銀甲隊，令人夫婿有輝光。」

是年底，準備「登基」的袁世凱又授劉師培為上大夫。官運亨通的劉師培於一九一六年元月創辦《中國學報》，並發表《君政復古論》，鼓吹帝制。

誰知命運弄人，三月二十二日，袁世凱在舉國反對下，不得不宣布取消帝制，六月六日鬱悶而死。失去主子的劉師培倉皇逃入天津租界。黎元洪大總統下令懲辦鼓吹帝制的劉師培、嚴復，有人「愛惜人才」，得到黎元洪同意，讓劉、嚴二人有幸被列入「寬免之列」。後來，就出現蔡元培到津去看望一貧如洗、一身病屙的劉師培那幕。

黃侃也不會忘記，劉師培被封為「上大夫」時，想拉攏自己，欲授嘉禾勛章。據說當時一枚勛章值二十金，他曾寫詩嘲弄劉師培，詩曰：「二十餅金真可惜，且招雙妓醉春風……」因剛才劉師培那番話，引出這位仁兄椿椿不光彩的往事，黃侃心中先暗自笑了，往事早已被雨打風吹去了，他更看重劉師培令他服膺的國學功底。

在黃侃看來，只有章、劉在自己之上。自打劉師培到北大，許多參考典籍不在身邊，他竟能憑著超人的記憶力，準確地說出某話在某典籍的哪一卷、哪一頁。藏在他家鄉江蘇儀征的書籍，他也清楚地記得某書在何櫥何格子、何排何冊。寫信命家人查時，從無誤記。提筆著文，什麼深奧的學問都能下筆千言，疏注引證，條理清晰，頭頭是道。這實在令向來狂傲的黃侃也不得不由衷讚歎臣服，遂有今天拜師之舉。

拜師儀式經黃侃和劉師培商議之後，定下今日，在劉師培家裡雖不隆重，卻也在充滿莊嚴和喜慶的氛圍中舉行了。

這日，黃侃也換了一身嶄新的衣服，在一群學生的簇擁下，走進劉師培家，就見劉師培正微笑地坐在木椅上。黃侃捧上一對紅蠟燭，由學生呈給師母何震一包禮品，然後走到劉師培面前，扶老師坐定，旋即退後兩步，撲通跪下磕頭。

劉師培忙站起拉黃侃起身，「磕不得頭，折壽喲！」但黃侃還是一本正經地磕了三個頭。

大禮之後，黃侃對學生們說：「你們看到了，拜師是要磕頭的，不磕頭，老師不會教真本領。在日本時，一談經學，有我在，劉師就不開口。想了多年，原來劉師是讓我磕頭拜師，再傳經學。你們要學真本事，不給我磕頭，我也是不傳真經的。」

其實，劉師培收黃侃為徒，黃侃拜劉師培為師，並不完全是為了做學問，更有攜手捍衛國學的深意在其間。自從他們讀了《新潮》後，認為其宗旨緊跟《新青年》，鼓吹「文學革命」，且理論過於偏激，而當時已過了照搬西學、否定一切傳統的時期，於是學生中有志於國學者，便產生不滿。

在劉師培辦的《中國學報》解體以後，學界已有辦一份國學刊物的打算。巧得很，學生中正有人醞釀辦《國故》月刊，曾找到劉師培和黃侃這兩位國學大師徵求意見。這次隨黃侃拜師的學生裡，有個黃侃的崇拜者叫張煊，正是創辦《國故》的發起人之一。劉師培在其請求下，欣然出任《國故》主編之職，黃侃、馬敘倫、梁漱溟、黃節等也欣然擔任了特別編輯，於是有國粹派的誕生。

對黃侃來說，他昔日得意弟子傅斯年突然反水，成了《新潮》的骨幹，真讓他顏面丟盡，如今要辦《國故》與之對抗，自然特別賣力。

在審看《國故》創刊號的稿件後，黃侃誇口：「全是痛快文章！」

劉師培卻沉默多時。他一直對陳獨秀、錢玄同有些偏激的言論不以為然，對他們習慣把對待新文化運動的態度，作為評判時人進步與反動的唯一標準，尤不敢苟同。劉師培認為，陳獨秀跟錢玄同等那種順我者昌、逆我者亡的歷史觀，非但解決不了複雜的文化問題，更有可能誤導國人誤讀歷史，只要西學，摒棄傳統。對於命運跌宕、曾經滄海的劉師培而言，他已經對國運世事不再熱衷了，渾身病痾，來日無多，他更關心自己的滿腹經綸如何傳授下去，為民族留下這份文化瑰寶。

因此與黃侃的力主針鋒相對、一爭高下的態度不同，劉師培說服同人，定《國故》的宗旨為埋首國學研究，提倡學理討論，不涉現實，也與復古無關。可有文論、有文字訓詁、有中國文學研究。他呼籲，不反對必要的爭論，但他更希望看到真正的學術論文。

是年三月，林紓在攻擊陳獨秀等新文化運動風雲人物時，曾欲拉劉師培等人為之聲援。劉旋即發表聲明曰：

鄙人雖主大學講席，然抱疾歲餘，閉關謝客，於敝校教員素鮮接洽，安有結合之事？又《國故》月刊由文科學員發起，雖以保存國粹為宗旨，亦非與《新潮》諸雜誌互相爭辯也。

劉師培的聲明，再次表明他對新舊文化各美其美、並行不悖的文化主張。讀一九四九年後寫的中國文學史，無不熱情肯定新文化運動的先驅者們，特別是魯迅，懷著救國的思想、啟蒙的企望，對舊文化展開的徹底批判，讚揚他們強烈的歷史主動性，卻很少清醒地反思先驅者簡單、偏激，只講批判而毫不顧及繼承等問題。在不認真研究《國故》的真正宗旨前提下，便將之視為與《新潮》對立的反動期刊，並加以討伐，更將劉師培定位成與新文化運動分庭抗禮的後臺老闆，施之攻擊。

《國故》和《國粹學報》醞釀之初，陳獨秀、蔡元培、錢玄同等並無惡感，但因《狂人日記》而出名的魯迅，對劉師培和《國故》等，表現出異乎尋常的仇視，甚或讓人發現了這位沒落世家子弟的尖酸和刻薄。

他在一九一八年七月五日致錢玄同的信中寫道：

中國國粹雖然等於放屁，而一群壞種要刊叢編，卻也毫不足怪。該壞種等，不過還想吃人，而竟奉賣過人肉的偵心探龍做祭酒（即指劉師培在一九〇九年投靠兩江總督端方，出賣革命黨人的事），大有自覺之意。即此一層，已足令敝人刮目相看，而猗歟羞哉，尚在其次也。

……該壞種等之創刊屁志，系專對《新青年》而發。則略以為異，初不料《新青年》之於他們，竟如此其難過也。然既將刊之、則聽其刊之、且看其刊之、看如何國法、如何粹法、如何發昏、如何放屁、如何作夢、如何探龍，亦一大快事也。國粹叢編萬歲！老小昏蟲萬歲！

尚未看其刊、見其文，便反映得如此激烈，語言如此充滿火藥味，讓一貫偏激的錢玄同都看得目瞪口呆。僅僅一年前，還叫周樹人的魯迅，尚孤獨地蟄伏在補樹書屋，與世無爭地抄古碑、輯金石消磨長夜。他若不鍾情國粹，何以一直在輯古書、校勘古籍？他鑽進故紙堆，幾乎消耗他一生精力的《嵇康集》、《志林》、《後漢書》的校勘，以及打算寫作《會稽禹廟窆石考》等，豈不完全是國粹嗎？他傾其一生，花掉鉅資收集的古書、拓片、字畫，有哪件不是國故？

「五四」前後，文化的激進派如陳獨秀、錢玄同等，及文化保守派如林紓、黃侃等，都未能避免偏激。兩軍對壘，捉對廝殺，針鋒相對，勢不兩立。各自都有狠話，錢玄同之「選學妖孽，桐城謬種」說，黃侃之「八部書外皆狗屁」說，皆為非理性的極端之語。

值得深思的是，所有激進派和保守派，在一定歷史作用下，常會相互轉換。北洋軍閥統治中國時，軍閥們留給國人的印象幾乎都是作惡多端、猙獰可怖的面孔，殊不知他們退出政壇後，面對日本人的誘惑和收買，卻顯示出錚錚傲骨，堅決抗日。

段祺瑞作為北洋軍閥的實際執政者時，曾打出親日招牌，一九二六年下野後，在天津做寓公，生活很艱難。日本關東軍特務機關長土肥原賢二，曾多次親訪段祺瑞，請他出任偽華政府，均被斷然拒絕。九一八事變後，日本人再次找到他，以優厚的待遇請他出山，段仍堅拒，並躲到上海，在《申報》發表聲明：「日本暴橫行為，已到情不能感，理不可喻之地步。我國唯有上下一心一德，努力自求。語云，求人不如求己。全國積極準備，合力應付，則雖有十日本，何足畏哉！」

在這之後，日本仍不死心，又多次延請，都被段祺瑞一一拒絕。

曹錕在臺上時，曾幹了不少令國人深惡痛絕的勾當，比如賄選總統醜聞。但當日本以武力侵略中國之後，日方曾派曹錕昔日部下，請他擔冀察政務委員會要職，被曹錕罵出家門：「我就是每天喝粥，也不會為日本人做事！」

吳佩孚是曹錕之後，直系軍閥的掌門人，後兵敗下野。日本人為收買吳佩孚，竟在北平、漢口分別設立了專門策反他的大伯機關和竹機關兩個特務機關，表示願奉送步槍十萬支、機槍兩千挺、大炮五百門、子彈若干，並助款百萬，以幫他東山再起，卻遭吳佩孚斷然拒絕。因其生活困難，少帥張學良以侄子身分，接他到北平居住。豈料二人在前門火車站甫一見面，吳佩孚就大罵張學良為何在九一八事變中不抵抗日寇？偽滿洲國成立，吳佩孚通電全國，揭露日本人「偽稱滿洲獨立國，實際為日本附庸，陽辭佔領之名，陰行掠奪之實」。得知日寇南京大屠殺的消息，吳佩孚絕食一天，以示抗議。

三個作惡多端的北洋軍閥，在民族危亡之際，卻表現出凜然的民族大義，錚錚鐵骨。他們的愛國行為，贏得了人們的廣泛讚譽。

我們再回過頭來，看看「保守派」劉師培生命最後的表現。

一九一九年六月，陳獨秀因傳發《北京市民宣言》，被段祺瑞逮捕。

陳獨秀入獄第二天，病魔纏身的劉師培由夫人何震陪同，強撐著病體，串聯北京大學、民國大學、中國大學等有社會影響的大學中的教授和社會學界名流，聯名致函京師員警廳，請求保釋陳獨秀。致員警廳之保釋函，由劉師培執筆，其文風竟與當年陳獨秀上書大總統，義保劉師培極為相似。歷史，往往不斷重複著前行。

九月十六日，陳獨秀出獄，劉師培幾次欲起身相迎，終因力不從心而作罷。二人「執手相看淚眼，竟無語凝噎」。那是劉師培生命盡頭最後一次感傷，為了友人，也為了自己。

十一月十日，凜冽的寒風吹動著房上的衰草，劉師培在極為複雜的情緒中，告別了這個世界。那年，他只有三十六歲。

不巧的是，他的弟子黃侃正在長江畔的武昌處理私事。那夜，劉師培對前來看望他的錢玄同慘笑著道：「玄同，看來我就要走了，謝謝你和蔡先生、仲甫對我的關懷與照顧。人之將死，其言也善。我是過來人，在中國，研究社會主義和無政府主義，我是最早的人。仲甫的《文學革命論》和你的文化觀點，遠比胡適的《文學改良芻議》激進多了。仲甫和你幾乎否定了漢賦、唐詩、宋詞在內的全部古代文學……誰若提倡研究和整理國故，你們就不分青紅皂白，一律打成復辟派，加以攻擊。我以為，這種偏激如不糾正，只會造成民族虛無主義和傳統文化的斷頁……你們的問題在於，只提倡了從全域上引進西方先進文化，而忽視了引進西方文化必須進行的消化，必須符合中國的實情。你們太情緒化了，連營壘中有不同的意見也不允許。在這方面，胡適是對的。我死後，相信二〇年代，必將興起一個國學研究的高潮……」

錢玄同緊緊拉著劉師培漸涼的手，這番話，恍如炸雷轟耳，醍醐灌頂，讓他極為震驚，不得不重新審視自己的文學主張。後來錢玄同編輯了《劉申叔遺書》，並且最終用他一貫反對的文言文撰寫了五千字的序言。這不是倒退，而是他的文化思想趨於理性與和平，讓人們看到新文化運動的一員驍將，曾以思想激進、言論偏激著稱的錢玄同的另一面，對故友的深情，對學術持有的大視野以及知人論世的客觀與公平。

是的，即便現在讀劉師培的臨終善言，依然會發現它具有極高的思想價值和文化價值，可惜的是，直到改革開放的二十一世紀，它的價值才被實踐、證明。

新文化運動，太過強調引進和吸收西方文化，而忽視對傳統文化的繼承，註定先天不足。蔡元培的「相容並包」、胡適的「輸入學理」、陳獨秀的「以歐化為是」、魯迅的「拿來主義」，儘管有溫和與激進之分，但都對西方文化和世界潮流充滿熱情。介紹過來的馬克思主義、康得主義、尼采超人哲學、托爾斯泰泛勞動主義等思潮理論，為批判中國的舊文化提供了各式各樣的武器。他們對西方文化徑直急取，企圖以此取代、摒棄中國傳統文化。這種全盤歐化的思潮，表現了新文化運動的片面性和危害性，至今，仍是中國文化復興的羈絆。劉師培的價值，恰恰體現在他對繼承傳統文化的清醒。

劉師培的中年早逝，令在京的很多學人歎惋嘆息。他沒有留下子嗣，卻留下了七十四部國學專著，留下了繼承傳統文化的良苦用心，和擲地有聲的評言。

陳獨秀負責主持劉師培的喪事，他用康有為的詩作了悼文：「曲徑危橋都歷遍，出來依舊一吟身。」極為恰切。

劉師培生前好友，時任晉北代理鎮守使和閻錫山公署參謀長的南桂馨，出資為劉師培置了一口好棺木，並支付了喪事的一切費用，使喪事辦得相當體面。

黃侃搭乘北馳的列車，兩天不吃不喝，呆癡癡地趕回北京，即披麻戴孝前往弔唁。他跪在老師的靈柩前，放聲痛哭，令眾人莫不垂淚。

黃侃當即吟詩曰：

夫子挺異質，運窮才則優。
名都富文藻，華宗紹儒修。

吟罷，又呼天搶地，其淒切之聲，久久迴盪在一九一九年的歲尾。

2

去年，劉半農與錢玄同在《新青年》演了一齣「雙簧戲」，讓光緒舉人、自稱「清處士」的林琴南蒙受了奇恥大辱。

平心而論，林琴南乃清末一有成就的學者，不僅譯了《茶花女遺事》等大量歐洲小說，暢銷一時，還善畫山水，好講學，不分門戶，主張義理考據，合而為一，其《論文》、《論畫》也頗有影響力。

近日，暖暖的斜陽照著他在絨線胡同的老宅，院裡的西府海棠開得如雲似霞，他心情極好地坐在院裡喝著上好的明前龍井。他的一篇題為「荊生」的小說，在春天裡如期完成了。

小說是用漂亮的桐城文言文寫的，說的是某一天，皖人田必美、浙人金心異，夥同剛剛從美國回來的哲學教授，同至陶然亭遊玩。他們在一間屋內閒聊，抨擊孔子綱常倫理，主張白話文，反對古文。

談興正濃，酒已溫好，菜也上齊之際，突然一聲巨響，板壁破裂，但見荊生手提十八斤銅鐧跳將進來，圓睜怒目，手指三人斥道：「你們剛才說些什麼鳥話？泱泱華夏四千年，以倫紀立國，以禮儀安邦，爾等身為文人，為何偏要毀滅它？又竟敢以禽獸之言，擾我耳根清靜。」

田必美剛欲爭辯，荊生已舉二指按其額頭，他便腦痛如錐刺般叫起來。荊生又一腳踩住狄莫，令其腰痛欲斷，苦苦求饒。金心異乃近視眼，荊生狂笑一聲，摘下他的眼鏡扔到窗外。金心異怕死，連聲叩頭請罪。

荊生大笑，「爾等貌似李贄的狂徒，簡直是人間怪物。今天我本不該接觸你們的禽獸軀幹，回去當用香湯洗洗手腳。我不想玷汙了我這柄神聖的銅鐧，還不快滾下山去，讓餓鬼收拾你們吧！」

三人抱頭鼠竄，一溜煙地逃下山去。回首見危闌之上，荊生正高舉銅鐧，做獰笑狀。

明眼人一看便知，那皖人田必美指陳獨秀，浙人金心異指錢玄同，從美洲回來的、懂哲學又戴眼鏡的指胡適。

《荊生》作為一篇小說極為一般，至於所謂春秋筆法，也過於粗俗，但小說內容簡單，目的也明確，故並不惡毒下作。有人說，那荊生大概指的是安福系的徐樹錚，揣測而已。

最先看到《荊生》的，是北京大學法科政治系學生林琴南的崇拜者張厚載，也是他將《荊生》交上海《申報》的，又以通信形式在上海《神州日報》開闢專欄，與林琴南遙相呼應。

張厚載曾在《新青年》上發表過《我的中國舊劇觀》，那是胡適力主發表的。胡適還曾將張厚載的《生活獨立》一文推薦給《新潮》。對此，錢玄同在一次《新青年》編前會上，還表達了對胡適的不滿。

其實，胡適對張厚載並無惡感，或有些心不在焉，因為這年開始，他著實花費不少心思弄他的《中國哲學史大綱》上冊。二月，上海商務印書館出版了此書。這是胡適在新文化運動中推陳出新、開創風氣的又一大動作。

此書去年七月就已由蔡元培作序並推薦給商務印書館。蔡元培非常看重這部書，認為這是胡適在中國文化學術壇坫站穩腳跟，進而成佛作祖、呼風喚雨的基石。

歷史非常公正地證明，該書是一部劃時代的書，胡適是劃時代的人物，《中國哲學史大綱》確實在中國思想文化史上佔有重要地位。

在評價魯迅與胡適時，常見的一種論調是，魯迅的文學作品開創了中國文學的新局面、新氣象，而胡適只不過是開啟白話文的一位旗手而已。

不錯，僅靠宣導一個白話文運動是不能真正創造新文化運動生動局面的。胡適是靠國學上的出色表現，在中國正統學術壇坫取得真正地位和領導權，讓各色新舊人物刮目相看的。《中國哲學史大綱》在思想史上巨大的開創性意義與內容形式的諸多特長，引起中國學術思想界的大震驚，兩個月後就再版，兩年之間已再版七次，出現「購者爭先，瞬息即罄」的盛況（《胡適來往書信選》）。

胡適如果僅僅是以宣導白話文而轟動一時，他的影響或許只停留在通俗文化層面。他之所以能突破乾嘉學者的成就，是他提供了方法論武器、科學精神和「批判的態度」。可以說，《中國哲學史大綱》是胡適在中國學術文化界「整理國故」的重大工程。胡適的文化繼承和建設的口號是：「研究問題，輸入學理，整理國故，再造文明。」

他沒有太多糾纏於「林蔡大戰」。一九一九年，胡適像個掘墓人，在努力親自動手埋葬一個文化意義上的舊時代同時，又為新的文明塗上一抹明麗的曙光。

林琴南萬萬沒有料到，他的那篇遊戲之作《荊生》發表之後，在文壇會遭到強大的反擊。《每週評論》連續兩期闢《對於新舊思潮的輿論》專欄，轉載各地報刊批評林琴南的文章。有的文章將他斥為「學術界之大敵，思想界之蟊賊」。最讓他七竅生煙的是署名二古的《評林畏廬最近所撰〈荊生〉短篇小說》一文。二古乃一中學教師，他像批改學生作文般，對《荊生》逐句逐段予以點評，亦莊亦諧地批《荊生》結構平直，文法舛駁：

此篇小說其文之惡劣可謂極矣。批不勝批，改不勝改。設吾校諸生作文盡屬如此，則我雖日食補腦汁一瓶，亦不足濟吾腦力以供改文之用。然吾讀林先生所譯之《茶花女遺事》及他種小說，尚不如是，豈年衰才盡，抑為他人贗作耶？

上海的和尚蘇曼殊也來湊趣，寫了篇長文，盡揭林琴南老底。說看了二古的文章，不禁啞然失笑，二古先生真是師者，誨人不倦，批改這等臭文還不如在春光明媚之際，栽花種草或遊山玩水。蘇曼殊還特意揭林琴南前後文章大不相同的老底，云林琴南譯《茶花女遺事》，是因剛死了老婆，悲痛之際，友人勸他譯《茶花女遺事》以移情，心境與小說氛圍相似，情緒相近，故有神來之筆。小說印出之後，風行全國，雪花銀子滾滾流進腰包，才有「吾性但欲得金耳」之夫子自道。為錢而著文，江郎才盡，才寫出如此拙劣的《荊生》。

蘇曼殊，字子谷，廣東山縣人，生於日本，一九〇三年赴日本留學，曾參加愛國活動，回國後任教蘇州吳中公學，曾任《民國日報》編輯。後去香港，不久到惠古寺削髮為僧，法號曼殊。參加過南社，其詩秀雅，多寫傷情別緒，亦有傷時憂國之作，也善小說，《斷鴻零雁記》最為有名，寫男女愛情生活。入佛門卻表現世俗之情，別有情趣。其書畫也甚工，在文壇享有盛譽，與陳獨秀有深厚友誼。

這等社會名流撰文對《荊生》冷嘲熱諷，年事已高卻滿腹經綸的林琴南反而被激發了鬥志，在幽靜的小院踱步多時，然後急急鑽進書房，研墨潤筆，一揮而就，用文言文寫了小說《妖夢》。

《妖夢》寫的是陝西人鄭思康作了一個夢，夢見一個大鬍子邀他同遊陰曹地府，說陰曹發生大災難，一群活時作惡，死後入陰曹仍不悔改的人，把陰曹地府折騰得天翻地覆。

他們二人來到一所「白話學堂」，見有一副對聯：

白話通神，紅樓夢，水滸，真不可思議；
古文討厭，歐陽修，韓愈，是什麼東西。

進入「白話學堂」，至第二門，有匾額曰「斃孔堂」，也有一聯：

禽獸真自由，要這倫常何用？
仁義太壞事，須從根本打消。

見此，鄭思康大怒，對大鬍子吼道：「人們都說陰曹地府有閻羅，那閻羅在何處？」大鬍子說：「陽間沒有政府，陰間哪來的閻羅？」

正說話間，見有三個「鬼中之豪傑」來接見。校長叫元緒（《論語》注中有「蔡，大龜也」之句，元緒為龜的別名，指蔡元培），教務長叫田恒（指陳獨秀），副教務長叫秦二世（指胡適）。他們滿口詆毀倫常，大讚白話文。鄭思康聽罷大怒，拂袖而出。

正在這當兒，突有一神直撲「白話學堂」，見人抓來即食，然後便排泄。積糞如丘，臭氣熏天……

最後作者站出來評道：吃了這些五倫之禽獸，化之為糞，宜矣！

林琴南並未將《妖夢》拿去發表，而是先禮而後兵地給他攻擊的對象蔡元培寫了封「勸降信」，後發制人。

正當巴黎和會進入幕後外交拉鋸戰，國人焦急地等待結果之時，三月十八日的《公言報》上，不合時宜地拋出《致蔡鶴卿太史書》一文，從而導致北京學界爆發一場「林蔡大戰」。

《公言報》是由安福系政客操縱的報紙，在刊發《致蔡鶴卿太史書》的同時，又加刊一篇《請看北京大學思潮變遷之現狀》的報導，可見它們是有目的、有準備地向新文化運動發起的一場輿論之戰。

林琴南畢竟是一文人，他與蔡、陳、胡之矛盾，無非是古文和白話文的學術之爭。而安福系則是衝著新文化運動而來，有其政治目的。這篇報導，說蔡主政北大，陳獨秀以新派首領自居，胡適、錢玄同、沈尹默、劉半農與之沆瀣一氣，主張廢國語而以西方文學代之，矛頭對準新文化運動。

歷史無法迴避地展開了一場論戰。

蔡元培很平靜，他早就料到這場論戰遲早會到來。這天傍晚，他一人來到北大附近的一個小酒館，叫了幾樣小菜，溫了一壺酒，獨自斟酌。今天自早晨開始，即有不少人到校長室聲援他。錢玄同就闖進來云：「這等文痞，先生當痛斥！」

陳獨秀也憤然道：「何須先生動手，交我便是！」

蔡元培卻擺擺手，「謝謝諸公，各有各的戰法，對林畏廬不能辱罵，諷刺也不適宜呀。既然由我而發，那就由我作答吧。」

當蔡元培從酒館披星戴月返回家，夫人已然落帳睡去。他洗了把臉，沏了壺冰片，坐在案前，喝茶沉思，然後提筆疾書，一氣呵成，便有了《致〈公言報〉函並答林琴南君函》一文的凜然出世。他回答了林琴南對他和北大改革的攻擊，且以婉轉謙和的文字，巧妙地以子之矛攻子之盾，重申了他將一如既往地堅持思想自由，相容並包，推動新文化運動的主張。

四月一日，《公言報》、《北京大學日刊》、《每週評論》等報刊發表了蔡元培這封犀利卻有君子之風的信，社會上廣為流傳，評價甚高。尤其在北大文科教師休息室裡，教授們更是議論紛紛，認為蔡校長論戰時以理服人，大有君子之風，這等宏文，當選為範文，編入北大文科的教材，流芳百世，以正人心。

沈尹默前幾天還勸蔡校長要用殺威棒打殺一下林琴南的囂張氣焰，待讀了這封信後，對蔡先生的平和與雄辯深深折服，看著看著就讀出了聲：

北京大學教員中，善作白話文者，為胡適之、錢玄同、周啟明諸君。公何以證知為非博極群書、非能作古文，而僅以白話文藏拙者？

胡君家世漢學，即所做《中國哲學史大綱》言之，其瞭解古書之眼光，不讓於清代乾嘉學者。錢君所作文字學講義、學術文通論，皆大雅之閫言。周君所譯之《域外小說》，則文筆之古奧，非淺學者所能解。然則公寬於水滸、紅樓之作者，而苛於同時之胡、錢、周諸君耶……

正在教授們高談闊論蔡校長覆信時，辜鴻銘拖著長辮踱步進來，朗聲道：「林琴南乃一亂倫者，有何資格教訓蔡公？區區一舉人，竟敢對堂堂進士大不敬，這世道還有王法嗎？我也乃大清最後冊封的進士。蔡公在信中幫我說了不少好話，我豈能不著文助蔡公！」

果然，幾天後，辜鴻銘身著簇新黑色團花馬褂，走進蔡元培辦公室，然後從袖中取出一份宣紙文稿《北京大學校文字風潮解惑論》，署名為冬烘先生。他很正經地對蔡校長說：「我本想到絨線胡同林宅去痛斥林琴南，卻怕失了身分。此文交校長，由你隨便處置。」

辜鴻銘走後，蔡元培展開辜的文稿認真閱讀起來。其中說，在國學岌岌可危之際，蔡孑民表面支持新派刊物，實際上用心良苦，不得已採用以毒攻毒之法云云。對此，蔡元培真是哭笑不得。

林琴南看完蔡元培的覆信，久久沉默，然後長歎一聲。他畢竟是一介書生，見蔡元培以公相稱，曉之以理，謙謙有聖賢之風，尤其在自己連罵帶諷人家之後，蔡元培竟仍致函於他，邀他和梁啟超、章太炎一起為明代遺老劉應秋文集作序。他心裡喟嘆，蔡公乃仁義之人也。

儘管他已為自己的行為感到後悔，但還是受到了懲罰。全國各報紛紛發表批判他的文章，譴責他墮落到學拖鼻涕的野孩子在人家大門上畫烏龜的行徑了。林琴南為此到處寫文章，承認自己無端罵人的錯誤，倒也有幾分坦蕩。陳獨秀在《每週評論》上寫了一篇《林琴南很可佩服》的隨感錄，「佩服」林琴南知錯認錯。

就這樣，在武人統治的北京，「林蔡大戰」新思潮戰勝了舊思想，實在是奇蹟。

倒楣的是那個叫張載厚的學生，因造謠生事，引起北大師生公憤，終於被校方勒令退學。

寫到這裡，筆者不免要為張載厚說幾句公道話。「林蔡大戰」行將落幕時，這位有才華的年輕人敢作敢為，致信蔡校長，承認「一切都是我幹的，與琴師無關」。蔡元培遂有語重心長的覆信，其中有「林君詈僕，僕將哀矜之不暇，而又何憾焉。唯兄反諸愛本師之心，安乎，否乎？往者不可追，望此後注意」一句。

蔡元培有句名言：「沒有壞的學生，壞的學生都是教壞的。」教其壞者林琴南被原諒了，而挺身為老師擔責任的學生卻被趕出北大校園，公平乎？

3

一九一九年，當「林蔡大戰」打得如火如荼之時，舊派人物辜鴻銘站到了蔡元培校長一邊，還以冬烘筆名寫了篇《北京大學校文字風潮解惑論》。文中，對自己被視為孔孟罪人深感不服，說自己實為孔孟舊學之功臣，「在這國學岌岌可危之際，蔡氏表面上支持新派刊物，實際上用心良苦，是不得已出此倒行逆施，以毒攻毒之法」。辜文還打比方，這如同打蛔蟲，「如飲以殺蟲之藥，又恐傷病者元氣。不如以極臭穢之物，使病者飽進，則病者胸中之蟲，群起而爭食，如此，勢必至病者五內作惡，盡積穢而哇之，其病從此霍然而癒」。

此文當面交給蔡元培時，辜鴻銘拖著那條又長又細的花白辮子，身穿一件簇新的馬褂，一臉的凜然之氣，令蔡元培莞爾。

在這之前，一次在文科教師休息室，陳獨秀、劉半農、沈尹默等眾教授正議論蔡元培那篇回敬林紓挑戰的文章《致〈公言報〉函並答林琴南君函》之時，辜鴻銘挾著書走了進來，並不落座，慷慨而談道：「林琴南這個亂倫者，有何資格教訓蔡校長？說他亂倫，我是有據的。他譯的《茶花女遺事》、《迦茵小傳》等，公開宣揚狎妓、通姦、爭有夫之婦。誨盜誨淫。再說一區區舉人，竟敢教訓堂堂進士翰林，這還有王法嗎？我要治治他，我也是大清朝最後冊封的文科進士呀！」

說罷，他一甩辮子就往屋外走，突然又轉回身，見眾人竊笑，他一本正經地說：「我老辜說到做到，回去就作文章。蔡校長在批林琴南那封長信中，是幫我說了不少話的。」

辜鴻銘對蔡元培是心存感激的。蔡元培接管北京大學後，奉行「學術自由，兼收並包」的辦校方針，不僅大量延請陳獨秀、胡適、李大釗等新文化運動的鼓吹者，對北大原先聘用的有保守思想，但確有學問的舊派專家教授仍加以聘用。

蔡元培曾聲明：「我聘用教員以其個人的學問、造詣為原則，在校授課以無悖於思想自由為界限……即使本教員中有腦曳長辮而持復辟論者，如果他所講授的在英國文學的領域之內而無涉及政治，本校亦沒有排斥干涉的理由。」此句自是指辜鴻銘。

辜也深感蔡元培持論公正，因此在新文化運動大潮襲來，甚至五四運動爆發之際，他雖是保皇黨，但畢竟在英國、歐洲沐浴過自由文化之風，最後選擇與蔡元培共進退，也是可以理解的。他個人的解釋則是，「蔡元培和我，是現在中國僅有的兩個好人，也是可以理解的。我不跟他共進退，中國的好人不就要各自陷入孤掌難鳴的絕境嗎？」

他對「好人」也有獨特的解釋：「好人就是有原則。蔡先生點了翰林之後，不肯做官而跑去革命，到現在還是革命。我呢，自從跟張之洞做了前清的官，到現在還是保皇，這種人什麼地方有第三個？」

想忠於自己的政治信仰，又為之恪盡職守，對辜鴻銘來說並不容易做到。一九一七年七月，辜鴻銘在「張勛復辟」中的表演便是一例。張勛復辟醜劇一開鑼，就擔心南方軍政兩界不予贊同，便決定派人先到南方各省去說項，最後看中了早前身為外務部侍郎的辜鴻銘。辜奉命剛到天津，段祺瑞已在馬廠誓師，開始討伐張勛的辮子兵，辜鴻銘聞訊，慌忙躲進英租界。討逆軍得知張勛所派「力任調停江浙之責」的辜鴻銘正在天津英領事館避難，擬派人緝拿。辜得到消息，趕緊換裝，乘火車逃回北京。

回京後，到張大帥府覆命，卻遭張大怒斥曰：「你有負委託，何面目來見我？」

書生參政，像辜鴻銘「有負委託」者，當屬不少，而能縱橫於官場，左右朝政者不多。不過辜鴻銘混跡官場時，確也屬於另類。

他在兩廣總督張之洞幕府當洋文案（翻譯）時，竟看不起同僚外國顧問。一日洋顧問起草檔時，向辜請教一英文句子的文法，辜冷笑一聲，拿起一部英文字典，摔在洋顧問的桌子上。洋顧問查字典時，他早已流利地用英文回答了洋顧問，弄得對方很是尷尬。

早年，俄國皇儲與希臘王子一行訪問廣州，張之洞在晴川閣設宴招待。辜鴻銘的法語派上了用場，如魚得水地周旋於賓主之間。宴會進行中，俄皇儲與希臘王子用俄語小聲交談，其意是當晚還有一處邀宴，飲酒要節制。不料在一旁的辜鴻銘接過話茬，告訴二位貴賓，他們將要赴約的飯店不如這裡，還是在此盡興為好。二人頗為驚異。

張之洞喜吸鼻菸，常從精緻的鼻菸壺裡倒出菸粉，抹入鼻中。希臘王子頗為好奇，便用希臘語問俄王儲此為何物。一旁的辜鴻銘聽到後，即起身去張之洞座位處，將此話轉告他。張之洞將鼻菸壺交辜鴻銘，由他遞給希臘王子。二位賓客見鼻菸壺玲瓏精巧，是件極具藝術價值的物件，甚為欣賞，對留辮的辜鴻銘能通歐洲諸國語言，也大為驚歎。俄國王儲鄭重表示，若辜鴻銘能到俄國遊歷，他將隆重款待，說罷，取出一塊刻有皇冠的精美金懷錶贈予辜鴻銘。俄國王儲到上海後，逢人便誇辜鴻銘的外語才華。俄王儲對後來大文豪列夫．托爾斯泰還寫長信給奇才辜鴻銘，一定不會感到奇怪。

一次張之洞在府上做壽，幕僚文人都來道賀。辜鴻銘恃才傲物，在席上大談西方文化，別人都表現出聽得很熱情，唯有同僚沈植一臉不屑。辜鴻銘很不服，問他為何一言不發。沈植淡淡一笑，答道：「我說了怕你只有再讀二十年書後才能聽得懂。」

事後辜向張之洞請教，張之洞告訴他，英文他雖學得不錯，但論國學，與沈植可差得十萬八千里了。從此辜鴻銘刻苦讀古文，四書五經無所不覽，且皆有心得。二十年後，機緣巧合，再見沈植。辜鴻銘不動聲色，讓人將《大學》、《中庸》、《論語》、《孟子》，及易、書、詩、禮、《春秋》等儒家經書搬來。沈植不解，笑問何故，辜鴻銘忙向前拱手施禮，「沈老前輩隨便點任何一部書，晚生皆能倒背如流。」

對國學入門之後，辜鴻銘不斷將中國古代文化經典譯成外文。日本政客伊藤博文訪華時，辜鴻銘的英文版《論語》剛出版。二人見面時，辜鴻銘將英文版《論語》贈給伊藤博文。伊藤博文對辜鴻銘說，君精通西學，當知道孔孟之道，在中國行數千年，卻不能行二十世紀之今日。

辜鴻銘駁曰，孔子教人的方法，譬如數學家之加減乘除，數千年前，其法三三得九，至今二十世紀，不能三三得八。令伊藤博文啞然。

還有一次，辜鴻銘應邀，到一外國友人家赴宴，他舉目一望皆洋人，唯自己是華人。眾人物以稀為貴，請他坐首席。席間，主人素聞辜鴻銘精通西學又推崇儒學，便問他：「辜先生，請談談孔孟之道好在哪裡？」

辜鴻銘呷了口酒，悠悠道：「剛才諸位你推我讓，不肯坐首席，即是孔孟之教，『不學禮，無以立』。若照競爭原則，以優勝劣汰為主，勢必爭到勝敗後，才能落座舉箸。若如此，今天這頓美餐，怕誰也別想吃到嘴裡了。」

洋人點頭以為是。

辜鴻銘對日本文化並不感興趣，當時國人紛紛東渡日本留學，他頗不以為然。對從東瀛傳來的「改良」二字厭惡至極，認為「改良」一詞不合漢語的構詞規律。清末，他從英倫歸國後，見有「女子改良學堂」之稱，大為驚奇，視為糟踐女性的名稱。對「改良」一詞一直耿耿於懷。

剛到北大任教之開學典禮上，他借題發揮，說：「現在的人作文章都不通，他們所用的名詞就更不通。譬如說『改良』吧，以前的人都說『從良』，不說『改良』。你既然已經是『良』了，還改什麼？你要改『良』為娼嗎？」

台下聽者，莫不前仰後合。但在場的胡適聽出了弦外之音，辜鴻銘分明在批評他那篇引起轟動和開啟新文學運動大幕的《文學改良芻議》。胡適對辜鴻銘的深厚學養和襟懷坦白的性格心存敬意，對辜鴻銘多次對自己的挑釁和攻擊也不介意，但對他蔑視和攻擊新文學運動的言行絕不姑息。

一九二〇年，在一次宴會上，胡適與辜鴻銘同時出席。辜鴻銘向胡適提及不久前，張勛過生日，辜鴻銘送了副壽聯：「荷盡已無擎雨蓋，菊殘猶有傲霜枝。」這原本是宋代蘇軾送給好友劉景文的詩句，希望朋友不要悲觀，要珍惜餘下的歲月。

然而辜鴻銘將此詩句送給辮帥，實另有新意。他問胡適是否知道其中的含義？

胡適說：「『傲霜枝』自然是你們二位的辮子，『擎雨蓋』我悟不出來。」

辜鴻銘得意道：「那是清朝的大帽子！」

胡適剛到北大上臺講演時，不時用英語。當胡適在掌聲中走下講臺時，正襟危坐在台下的辜鴻銘竟當著眾人的面，對胡適說：「胡先生留學七年，可剛才的英語說得實在不道地。記住，在英國，那是下等人的發音。」

對胡適寫的新詩，辜鴻銘也冷嘲熱諷：「你那首『黃蝴蝶』寫得實在好，以後就尊稱你為『黃蝴蝶』了。」

有一次辜鴻銘對胡適說：「按白話文，你不該叫胡適之，該叫『往哪裡走』。還有，今天我當著你的面，為文言文說一句好話——如果家裡來電報，說你父親死了，叫你趕快回家奔喪，白話文多囉唆呀，可換成文言文只需四個字，『父亡速歸』。」

胡適有紳士之風，每逢這種場面，只是微微一笑了之。但辜鴻銘這回的「改良」之說讓胡適大為不悅。在一九一九年的八月三日《每週評論》第三十三號和八月二十四日《每週評論》第三十六號上，分別發表《辜鴻銘》（一）和（二）兩篇文章。

《辜鴻銘》（一）中先說辜鴻銘的辮子，大講「尊王大義」，殊不知他曾剪過辮子，「後來人家談革命了，他才把辮子留起來。辛亥革命時，他的辮子還不曾養全，只得戴著假辮子坐車亂跑，很出風頭」。說他這種心理，開始「立異以為高」，如今是「久假而不歸」。

《辜鴻銘》（二），說辜鴻銘罵胡適提倡文學革命，後有人又寫文罵他，他急了，作了一篇長文痛罵留學生與文學革命。他說：「中國十人有九人不識字，正是我們應該感謝上帝的事。要是四萬萬人都能讀書識字，那還了得嗎？要是北京的苦力、馬夫、汽車夫、剃頭匠、小夥計……都認得字，都要像北京大學那樣去干預政治，那還成個什麼世界？」

胡適還在文中寫道：「我看了這篇妙文，心靈很感動。辜鴻銘真肯說老實話，他真是一個難得的老實人！」

其實胡適有所不知，辜鴻銘年輕時剪辮子，並不如他留辮子那般「立異以為高」。年輕時的辜鴻銘剪辮子，是因為自己心愛的姑娘喜歡辮子，他毫不猶豫地將自己粗亮的辮子剪下來，贈予美人，應是

「愛情價更高」，而非標新立異。

辜鴻銘讀了胡適發表在《每週評論》上寫自己的文章，非常惱怒，特別是對胡適說他留和剪辮子，與留戀前清無關，只不過是「立異以為高」，尤為不能容忍。在一次宴會上，胡適偏偏又拿這篇文章給他看，辜鴻銘立刻翻臉，「胡先生，你這是公然譭謗老夫，你若不在報上公開向我道歉，我將到法院去控告你！」

胡適當初寫此文，只想善意地提示他不要太我行我素，口無遮攔，於是笑道：「辜先生，那就請您去告狀，等法院判我錯了，再向您道歉，如何？」

過了很長一段時間，二人又見面了，胡適笑道：「不知辜先生的狀子遞進法院否？」

辜鴻銘也笑，「胡先生，我向來敬重你，所以沒有告你。再說，你的那兩篇小文，寫得狗屁不如，誰有興趣與你計較。」二人互拍肩膀，化矛盾於無形。

其實，胡適一直在找機會向辜鴻銘示好，因為他曾聽學生講，辜因學生嘲笑他的辮子，在課堂上正色道：「諸位學子因我有辮子而笑我。我的辮子是有形的，可以剪掉，老夫也確實剪過。然而諸位同學腦袋裡的辮子，是無形的，就不那麼好剪了。」

而且，在「林蔡大戰」即新舊文化衝突時，保皇派辜鴻銘居然與蔡元培共進退，也實在讓人肅然。從此，胡辜之間友好相處。

一九二一年，中國的上空徘徊著各種主義的時候，英國大文豪毛姆專程到中國拜訪辜鴻銘。毛姆讀過另一大文豪托爾斯泰於一九〇六年寫給辜鴻銘的長信，後又讀過他寫的《中國人的精神》，對辜鴻銘和神秘的東方哲學充滿了嚮往之情，便有了此次中國之行。

毛姆來到北京，犯了一次致命的錯誤。他住進六國飯店，即派他的一位在京的同胞，持一張便箋，敲開辜家的四合院大門，交給聽差，說英國大作家毛姆欲請辜老先生過去坐坐。時間一天天過去，就是不見辜鴻銘來訪。待毛姆明白過來，他立刻寫了一封十分客氣的信，表示將到府上親自拜訪。

毛姆領教了對辜鴻銘輕慢的代價後，終於得到允諾，乘著轎子於胡同間穿行，最後停在一座有些破敗卻十分古雅的門樓前。在僕人引導下，走過蕭索的庭院，跨入一排堆滿線裝書的房間。落座後，僕人奉上紙菸和一杯香茶。在他打量牆上的字畫時，辜鴻銘穿著馬褂踱了進來。

二人握手後，重又坐下。辜鴻銘先開口了，那一口流利道地的英語讓毛姆吃了一驚，聽完他的話更加驚訝。

辜鴻銘說：「先生想來見我，真是榮幸之至。因為貴國人只同苦力和買辦打交道，他們大概以為所有的中國人不是苦力就是買辦。」

在毛姆不知所措之時，辜鴻銘又說：「所以你們以為只需招招手，我們就得過來。」

毛姆只得不斷向面前這位高大瘦身、戴著小帽、後面拖著灰白小辮，早已在歐洲揚名立萬的中國學者道歉，窘迫得無地自容。

交談時，他們談到了文化和哲學。毛姆認為西方哲學家影響全世界，歐洲創造了輝煌的文化，至今還在指導著世界。

辜鴻銘不贊成毛姆的說法，說西方的休謨和柏克萊無法與孔子相提並論，當西方穴居毛飲的時候，他們已是進化的人類了。

毛姆自然不贊同辜鴻銘的見解，問：「那麼為什麼你們黃種人遭到白種人的輕蔑呢？」

辜鴻銘來氣了，「因為你們白種人發明了大炮和機關槍！」

後來，他們又談到剛剛來華的杜威的實用主義。辜鴻銘說：「杜威的實用主義，是那些想要相信不可信的東西者的最後避難所。」

毛姆聽了眼前這位雄辯家對西方哲學和現代個人主義的批評後，將話題轉到中國新文化運動、羅素、蘇俄共產主義方面，這是他此次來訪要探討的實質性問題。

辜鴻銘的談興正濃，說：「新文化運動，就是那些新從外國大學回來的，用那褻瀆的手，把世界上最古老的文化破壞無遺的運動。而羅素就是用世界上最莊嚴的詞句把青年教唆成流氓的傢伙。至於共產主義嘛，我還沒研究過。記得馬克思說過它是個幽靈，讓整個世界都不得安寧的幽靈罷了。」

毛姆把眼睛睜得大大的，連連說：「精闢，實在精闢！」

見毛姆對他的辮子很感興趣，辜鴻銘說：「這是一個標記，證明我是一個時代的代表。」

在二人告別時，毛姆向辜鴻銘索字，辜鴻銘找了一張寫滿漢字的紙箋，送給他。毛姆歸國，請漢學家譯出後，真教他哭笑不得，內容竟然是一首寫給青樓女子的情書：妳不愛我時，聲音甜甜，眼波含笑，素手纖纖。待妳愛上我，聲音變得悽楚了，滿眼是淚，睹手痛惜。傷心哪，傷心之愛使妳不愛……

一九二四年十月，滿腹經綸的辜鴻銘，應日本東亞文化協會邀請，東渡日本講學。精通東方、西方文化的他，在日本很受歡迎，被視為奇人，竟在日本講學三年。歸國後的一九二八年初，辜鴻銘被委任為山東大學校長，尚未到任，四月三十日在京病逝，終年七十一歲。

辜鴻銘精通英、德、法、拉丁、希臘、義大利等語，受西方文化浸潤，卻推崇中國古代文化，反對新文化運動。他的東西方文化論，充滿了悖論。中國文學史輕慢了這位大儒，在所有的文學史中，對他都惜字如金，即使有介紹也是隻言片語，忽視他留給我們的寶貴文學遺產，和向世界宣傳中國傳統文化的卓越貢獻。

他給我們留下的著作有：《尊王篇》（英文）、《張文襄（張之洞）幕府紀聞》、《中國牛津運動故事》、《春秋大義》（即《中國人的精神》英文）、《吶喊》（德文）、《辜鴻銘演講集》、《讀易草堂文集》等，並譯有《癡漢騎馬歌》等。

他向西方譯介了大量儒學經典，《論語》、《中庸》等英譯本在西方廣為流傳。《中國文學通史》

對辜鴻銘破例用了一百字，介紹他的翻譯情況：「辜鴻銘以五言體翻譯英國詩人威廉・古伯的長詩《布販約翰・基爾賓的趣事》（*The Diverting History of John Gilpin*），全詩六十三節，每節四句，一九〇五年連同原文由商務印書館刊行，書名為『華英合璧：癡漢騎馬歌』。譯筆通俗詼諧，善能傳神。」

辜鴻銘在那個時代是一道文化風景，他活著是個傳奇，去天國後亦留下太多關於中國文人的神話。他是個充滿矛盾又極為和諧的學者，他變態地猥褻女性，又淋漓痛快地大罵政客；他到西方留學，卻一針見血地批判西方文明的種種弊端。最可貴的是，他的罵，是出於義理和公心。如果編一部《辜鴻銘之罵》，或更能看清一位文人的風骨。

當今社會，已再無辜鴻銘。不少學者也時髦地罵罵社會、罵罵人，但他們早已無辜鴻銘的獨立人格，憂貧的多，憂道的少。

張中行說：「我想，如果說這位怪人還有些貢獻，他的最大貢獻就在於，當舉世都奔向力和利的時候，他肯定站在旁邊喊『危險！危險！』」

在文學江湖，辜鴻銘或許是個異類，但他的存在讓文學變得更斑斕。人在此山中，雲深不知處。

4

歷史常常是模糊的，呈現多種複雜的闡述性。

一九一九年，巴黎宣告中國外交完全失敗，五四運動猛烈爆發之際，歷史又給了早已過氣的梁啟超一次機遇，讓他再度成為民族英雄。

梁啟超與軍界名人蔣百里等六人，負命趕到法國巴黎時，巴黎和會早已開幕一個月了。

中國作為第一次世界大戰戰勝國之一，理應有權收復戰敗國在中國享有的一切特權，但日本卻無理地要求繼承德國在山東的利益。中國據理力爭，美、英、法等國為抑制日本勢力，也曾有意相助。不料日本出示中國駐日公使章宗祥與日本簽訂的《山東密約》，並稱，若得不到德國在山東的權益，就拒不在和約上簽字。美、英、法為保證各自利益，居然公然向日本妥協，不再支持中國收回山東的要求。

梁啟超在得知段祺瑞政府密令中國和談代表在對日問題上只能失敗，不能成功時，如五雷轟頂。他感到國之安危懸於一線，民族利益面臨挑戰。身為有血性和良知的一介書生，再重的擔子，也要用羸弱的肩頭承擔。他在與蔣百里、丁文江、張君勱等人商量後，決定一是盡快致電外交委員會和國民外交協會汪大燮、林長民和蔡元培等，利用輿論壓力，揭露譴責政府私訂密約，出賣主權罪行；二是借用梁啟超的國際影響，展開對美、英、法等國的外交攻勢，力爭在國際壓力下，挽回巴黎和會上的敗局。

梁啟超這時已咯血發燒，仍帶病起草電文。五月二日，電文一經上海《申報》發表，輿論大譁，國人震驚。

> 對德國事，聞將以青島直接交還，因日使力爭，結果英、法為動。吾若認此，不啻加繩自縛。請警告政府及國民嚴責各全權，萬勿署名，以示決心。

梁啟超在二十年前，作為維新運動的領袖聞名國內外，其人格魅力和「善辯」的外交魅力，使他成為有一定影響的世界聞人。如今，經過這位政治老人的努力，得到國際廣泛的同情。

令梁啟超動容的，是蔡元培等諸公給他拍來的電報：

> 上海《申報》、《新聞報》、《時報》、《時事新報》並轉各報館、五十三商會團鑒：閱滬商團議決事件，仍致疑於梁任公先生。梁赴歐後，迭次來電報告，並主張山東問題為國家保衛主權，語至激昂。聞其著書、演說，極動各國視聽。何至有此無視之謠？願我國人熟察。

梁啟超在政壇和思想界闖蕩二十多年，毀譽參半，但他最看重自己的人格和名聲。在他為巴黎和會赴湯蹈火之際，上海有人別有用心，製造謠言，詆毀其人格，令他心寒。而蔡元培等持之公理，為他打抱不平，令他百感交集，熱淚盈眶。

五月四日，爆發了北京大學等十三所大學三千多名愛國學生在天安門集會，然後舉行大遊行，並燒毀趙家樓曹汝霖宅。

五四運動是新文化活動的邏輯發展的必然，巴黎和會中國外交失敗是其導火線，是經蔡元培直接引發的愛國學生運動。經歷史的淘洗，被意識形態強加給它的耀眼光芒，已暗淡褪去。但當我們回眸這段家喻戶曉的歷史時，呈現了多種複雜的闡述性。

據五四運動時學生領袖之一的張國燾在異國終老前回憶，五月四日下午，北大學生集合於校園，準備向天安門出發時，蔡元培校長出面勸阻。一個叫易克嶷的學生，出來懇求校長不要阻攔大家，多數學生也急於出發，不滿校長的阻攔，有的甚至怒吼和謾罵。

僵持之際，張國燾擠出人群，對蔡校長大聲說：「示威遊行勢在必行，校長事先本不知道，現在也不必再管，請校長回辦公室去吧。」說罷與幾位同學連請帶推，將校長送離。

張國燾是北大學生領袖之一，他和鄧中夏、羅章龍等，很得李大釗與陳獨秀的賞識，自稱是年輕的布爾什維克。他的回憶應當可信。

而蔡元培和參加遊行者的記述，卻完全不同於後來叛黨的張國燾的回憶。

那天蔡元培到校，即布置總務部門為學生提供寫橫幅和標語的布匹紙張。後見撐起寫有「國立北京大學」橫幅的竹竿太短，便命學生到校長室的院子裡砍了幾根竹子替換。正欲出發，接到教育總長傅增湘電話，云北洋政府命令各校阻止學生上街，並讓他阻止學生遊行後，立刻到教育部開會。

蔡元培斷然拒絕，「學生的愛國行動，我不忍制止。」

學生走出校門時，早有京師員警廳勤務督察長汪鴻翰率大批員警拉起防線，阻止學生前行。學生代表據理力爭無果，最終學生衝破阻攔，潮水般湧上大街，一路高喊「還我青島」、「廢除二十一條」、「嚴懲賣國賊」等口號，向天安門進發。

多年之後，曹汝霖在其《一生之回憶》中，是這樣追述這段歷史的：

我於倉促間，避入一小房（箱子間），仲和（章宗祥）由僕引到地下鍋爐房。這箱子間，一面通我婦臥室，一面通兩女臥室，都有門可通。我在裡面，聽了砰然一大聲，知道大門已撞倒了，學生蜂擁而入，只聽得「找曹汝霖」、「打他」、「他到哪裡去了」。後又聽得砰砰蹦蹦玻璃碎聲，知道門窗玻璃都打碎了……後又打到兩女臥室。兩女不在臥室中，即將鐵床的杆柱零件拆作武器，走出了女兒臥房，轉到我婦臥房。

我婦正鎖了房門，獨在房中，學生即將鐵杆撞開房門，問我在哪裡。婦答，他在總統府吃飯，不知回來沒有？他們即將鏡框物件打得稀爛。

我婦說，你們都是文明學生，怎麼這麼野蠻？

我在小室，聽得逼真，很鎮定。

他們打開抽屜，像在檢查信件，一時沒作聲。後又傾箱倒匣，將一點首飾等類，用腳踏踩。

我想即將破門到小屋來，豈知他們一齊亂嚷，都從窗口跳出去了，這真是奇蹟……

章宗祥沒曹汝霖那麼好運。學生將曹汝霖宅點燃後，章宗祥從鍋爐房鑽出火海逃將出去，被學生發現，誤以為是曹汝霖，一擁而上，將他打翻在地。聞訊而來的日本人中江醜吉拚死將其抱至雜貨店，可學生又把他們拖到街上，拳腳相加，連那日本人也遭學生痛打。學生不斷問章宗祥是否是曹汝霖，章冒死不答。二人被趕來的軍警救出，驅散學生後，送他們去同仁醫院治療。

五月六日，南北和議代表致電巴黎中方代表，如巴黎和會不容納中國收回青島主張，即不參加和約簽字。此舉，應是愛國學生運動產生的積極成果。

當日，已遠離政治和輿論中心的康有為，發表《請誅國賊救學生電》聲援學生愛國行動。他高度讚揚青年學生的愛國義舉，稱「學生此舉，真可謂代表四萬萬之民意，代表四萬萬之民權，以討國賊者」。他斥責北京政府的「專橫賣國」，要求政府誅除賣國賊曹汝霖、章宗祥等，釋放被捕學生。

八日，康有為又致電日本首相犬養毅，稱青島「必不能強吞下嚥」，譴責日本強佔青島的侵略行動，要求日本撤駐兵、還鐵路、取消「二十一條」、歸還青島。

康有為是中國近代向西方尋求真理的先進人物之一，資產階級改良運動的領袖，雖然選錯了政治路線，但他對祖國的熱愛、眷戀和救國興邦的期望跟追求，貫穿其一生。他的愛國行動，最為光彩的是反對《馬關條約》，發動「公車上書」，並在五四運動爆發後，發表《請誅賣國賊救學生電》聲援學生愛國行動。而每一次，都與反日有關。

五四運動的爆發和發展，輿論界，特別是報界，起了推波助瀾的作用。五月一日，北京各報廣泛報導了日本在巴黎和會上攫取德國在山東一切特權的消息，四日，學生走上街頭，聚會天安門，火燒趙家樓，三十多名學生被捕，一場學生運動改寫中國歷史。

邵飄萍的《京報》及《蓋世報》、《國民公報》等都即時報導了有關消息。同時，都寫社論並刊出「學生通告」，擲地有聲地宣誓「中國的土地可以征服，而不可以斷送」、「中國的人民可以殺戮，而不可以低頭」。

六日，《晨報》的社論是《為外交問題警告政府》，並發表各界人士保釋被捕學生的函電為民請命。上海《申報》、《民國日報》、《時事新報》也都登載了支持學生們的新聞和社論。上海《申報》、《新聞報》、《時報》等七家報紙刊出聯合決議，拒絕刊登日商廣告，一直維持十六七年。

喊出正義之聲的報紙，遭到軍閥壓制。一九一八年到一九一九年底，全國有一百多家報刊遭到查封。但五四運動之後的一年裡，隨著新思想的迅速傳播，全國如雨後春筍般湧現出四百多種報刊。

沒有輿論宣傳，便沒有新文化運動。在我們回顧五四運動時，不能忘記一大批懷抱言論報國理想的知識分子。邵飄萍、林白水、史量才等報界聞人，他們用愛國之心辦報，用筆墨抗爭，一次次掀起筆底波瀾，報導了有聲有色、有血有肉的新聞，喊出正義之聲。為此，他們慘遭殺戮，他們是用殷紅的鮮血，書寫了言論史上悲愴又壯麗的詩篇。從中，我們才得以看清歷史真容。

「三一八慘案」，是段祺瑞悍然殺害四十七名和平請願的學生製造的血案，邵飄萍在《京報》揭露慘案真相，發表評論，嚴厲譴責這場血腥的殺戮。後來，在民初新聞史上享有盛譽的愛國報人邵飄萍遇難，他苦心孤詣創辦的《京報》被封。一九二六年四月二十六日，邵飄萍被槍殺於天橋。愛國者們從掩埋處挖出被軍閥殺害的邵飄萍的遺體，復葬了他，參加葬禮的各界名人，莫不垂淚。

幾個月後，言辭犀利、態度鮮明的另一著名報人林白水也以「宣傳赤化」的罪名被張宗昌殺害。

林白水是個老報人，從清末開始入報界，民國後曾做過官，官場不得意，重拾辦報本行。與邵飄萍、黃遠生、張季鸞、成舍我並稱五大名記者。他一生恃才傲物，凡看不慣的事與官，用一支妙筆，罵得痛快淋漓。

「三不知」狗肉將軍張宗昌得勢後，無恥文人潘復投懷送抱到其門下，撈得「總理」一職。為阻止三民主義向北方擴散，潘復向張宗昌獻計，提出「讀吾孔子之書，講禮義廉恥之四維主義」。崇尚古德的林白水，對此發表評論，將張宗昌及給他捧場的北洋政府最後一屆總理潘復比作「腎囊之於睾丸」。張、潘大為惱怒，給林白水扣上一頂「紅帽子」，綁赴天橋槍決。

儘管林與任何政黨都無瓜葛，但他創辦的《社會日報》被迫停刊，不足百日，邵、林先後被殺，史稱「萍水相逢百日間」。

《大公報》創始人英斂之，在北京香山頂手書「水流雲在」四字，紀念兩位以身殉報的友人。他們是屹立在民初言論舞臺上的兩棵傲雪青松，他們的名字將永遠閃耀在民族思想史、言論史的璀璨星空。

5

一九一八年十一月二十七日，周作人在這天的日記中這樣記載：「下午至學長室議創辦《每週評論》，十二月十四日出版，每月助刊資三元。」

從日記中瞭解，參加會議者主要有陳獨秀、李大釗、胡適等《新青年》同人。對於為什麼要再辦《每週評論》眾說紛紜，主要有兩種說法：

一、《新青年》在關於新文學的思想內容和方法上，存在兩種意見。胡適等側重從語言、形式方面為文學革命尋找突破口，而陳獨秀、李大釗、周作人等則更看重把新文化運動高揚的思想啟蒙精神灌注於文學革命，主張將文學變革推向思想的革新，但《新青年》無法承擔此任務，於是創辦《每週評論》。這是胡適與陳獨秀、李大釗在思想上發生矛盾使然。

二、《國故月刊》的出現，證明北大舊派勢力也在集結。《新青年》一月一期，反應過於緩慢，與之戰鬥不利，於是快捷靈活的週刊《每週評論》呼之而出。

如周作人日記所記，事實是，陳獨秀、李大釗、胡適、周作人等一同「議創辦《每週評論》」，意見一致，並未發生爭執。第一種說法，是後人因意識形態需要而捏造的。其實，當時的陳獨秀、李大釗二人，雖在思想觀念上傾向政治革命，但其實質並未超越周作人關於文學的「思想革命」、「人的革命」的主張。

胡適對《每週評論》從未干涉過，但對此刊積極討論政治頗不以為然。雖然他為其寫一些文藝性的小文，但重要的文章，還是發表在《新青年》上。比較而言，他更願意滿腔熱情地支持《新潮》，將之視為是《新青年》的重要姊妹刊物。

周作人和陳獨秀、李大釗更熱衷於《每週評論》。周作人參加《每週評論》籌備會後，僅僅一個月，就寫出了《人的文學》、《論黑幕》和《平民文學》等重要論文，後兩篇都交給嗷嗷待哺的剛創辦的《每週評論》。陳獨秀大喜過望，忙給周作人寫信，大讚文章「做得極好」（《致周作人書》一九一八年十二月十五日）。以最快速度、以顯著位置發在一九一九年一月的兩期《每週評論》上。後周作人又在此刊發表《思想革命》等論文。

一九一九年，註定是周作人最風光的一年。他的《人的文學》、《思想革命》等論文，幾乎構成一個極為完整的文學思想體系，從而讓他以「五四戰士」的形象被載入中國文學史。

是年的二月十五日，周作人的詩歌《小河》，以頭條位置刊登在胡適主編的《新青年》上。詩歌在《新青年》從未有過如此殊榮，故《小河》一經發表，便引起人們普遍的關注。而讓文壇感到驚訝的是，既是平靜溫和的理論家，又是威嚴的「五四戰士」的周作人，怎麼突然又寫出這樣激情澎湃、情感濃烈的詩章？

是的，幼時表現出周作人思維的不是詩，而是散文。為了以白話詩抗拒具有強大勢力的中國傳統詩歌，他參與了胡適的白話詩的行列。他的第一首新詩叫《兩個掃雪的人》，但發表在《小河》之後。

《小河》以極樸素清淡的詩句，表達日常生活中種種真實印象，又賦予日常生活淡淡的詩意，和對人生問題的沉思。特別是散文化的形式，徹底擺脫舊詩詞格律的束縛。較之胡適半舊半新的嘗試體，顯得更自由、更自然、更詩性，成為無韻詩歌的範例。

後來朱自清在他的《中國新文學詩集‧導言》中說：「周氏兄弟是真正打破舊詩詞鐐銬的人，他們代表了早期白話詩中『歐化』的一路。」

胡適也認為在新詩的形式變革上，周作人是有貢獻的，他在《談新詩》一文中把周作人的《小河》

評為「新詩中的第一首傑作」。

周作人是以重要的理論家身分登上新文化運動舞臺的，《小河》等新詩的發表，又顯示其詩歌、散文的創作實力，更顯示了他在新文學上的實績。如果說，周作人的《人的文學》、《思想革命》、《平民文學》等主要論文，是他作為文化戰士的宣言的話，那麼《小河》等詩歌，則表現了周作人樂觀、積極的「少年精神」。當然，沒過多久，他詩歌中蘊含的消極徬徨、無所適從的情意，開始有了惡性發展。不過，一九一九年的周作人作為戰士，並未卸下盔甲。

五四運動爆發時，周作人在日本東京，歷史無法記錄這位戰士在學生的愛國大潮中叱吒風雲的身影。是年初，周家兄弟擬將家從紹興遷到北京。為此，周作人於四月向北京大學告假，先到紹興，偕妻子和子女四人到日本東京岳母家。得到「五四」消息，旋於五月十八日趕回北京。

趙家樓的瓦礫在春雨中默默無語，烈火和吶喊聲早已消匿，但六月三日，周作人目睹了一場軍警與學生的衝突，史稱「六三事件」。愛國學生與反動軍警的對立，給他留下了深刻的印象，直到暮年，還對此記憶猶新。在他的《知堂回想錄》中，有這樣的記載：

那一天下午，我在北大新造的第一院二樓中間的國文系教授室，有間作為教職員聯合會辦事室的屋子裡，聽說政府捉了許多中小學生拘留各處。最近的北路便是第三院法科那裡，於是陳百年、劉半農、王星拱和我四人便一同前去，自稱系北大代表，慰問被捕學生，要求進去。結果自然是被拒絕，只在門前站著看了一會兒。

三院前面南北兩路斷絕交通，隔著水溝（那時北河沿的溝還未填平）的東邊空地上聚集了許多看熱鬧的，男女老幼都有，隨時都有學生被軍警押著送來，有的只是十三四歲的初中學生。

走到門前，有些在門樓上的同學會拍手高呼歡迎他，那看熱鬧的人也拍手相應。有的老太婆在擦淚，眼看像她孫兒那樣大的小學生被送進牢門（雖然這裡原是譯學館的門）裡不見了，她怎麼能夠不心酸呢……

周作人第一次置身於群眾之中，被愛國的學生和群眾的反抗精神感染著，心情既新奇、興奮又熱烈。當晚，他寫了四首《偶成》，對學生表示「敬意」，對俄國十月革命表示嚮往。

六月四日，局勢更緊張，周作人發現，北大文科門外已駐兵五棚。五日，在陰沉的下午，又步行到前門內員警所門前。街道上站滿了軍警，圍住幾隊集會的學生，制止他們演講。

周作人想擠進去，卻被軍警攔住。周作人說：「那些人都是老實國民，又沒拿武器，我過去怎麼不行呢？」

軍警硬梆梆地回答：「我們奉命執行公務，不能進去！」

這時，突然闖來一彪軍警的馬隊，舉起木棍驅趕圍觀的群眾。一老者見狀，怒罵：「平民連路都不能行了！」

可眼看馬隊衝來，周作人與群眾只能如潮水般向北撤去。跑了一通，他發現口袋裡的十多枚銅錢丟失了……

這段屈辱的逃跑，讓周作人第一次面對嚴酷的現實。

回到會館，天已黑下來，草草吃過晚飯，他在燈下寫出《前門遇馬隊記》。次日一早，將之交給李大釗，希望刊在《每週評論》上，算作是對反動當局鎮壓行為的回答。

不久，李大釗對他說：「員警所曾派人到編輯部查問過《前門遇馬隊記》。」

周作人感覺到壓力，卻不怕，正如《前門遇馬隊記》最後所表述的：「可是我絕不悔此一行，因為這一回所得的教訓與覺悟，比受的侮辱更大！」

六月十二日，陳獨秀因散發傳單在東安市場被軍警逮捕。這消息是周作人在紹興第五中學的學生，現任《國民公報》副刊編輯孫福源特地到北大告訴他們的。周作人聞訊，即與北大李辛白、王撫五等人，以北大代表名義前去探監，遭拒絕。後經各界聲援，陳獨秀出獄，周作人特地前去慰問。

周作人為人處世，一貫謹慎平和，但經過「六三」風暴和陳獨秀被捕之後，滿懷憂慮的周作人開始向陳獨秀、李大釗靠近，頗耐人尋味。

對李大釗的好感，始於周作人到北大之後。他在《知堂回想錄》有過介紹：每天到北大一院即紅樓上班，常見圖書館主任李大釗。他沒架子，令人可親，平日所談也只是些平常的閒話。在新文化運動中，李大釗和胡適、陳獨秀包括周作人，作為時代的先驅者登上歷史的舞臺。陳獨秀跟李大釗在思想、言辭上儘管激烈，但李大釗在行為道德上卻相當傳統，甚或儼然是一位儒雅學人，讓周作人感到親切。

「六三事件」之後的七月二日，周作人又東渡日本。此番再來，「與第一次相隔九年（實際是八年），大略一看，已覺得情形改變了不少，第一件是思想界的革新……大抵出於民眾的覺醒，所以前途更有希望」（《遊日本雜感》）。

但最具體的收穫，是他對石河內村，即「新村」的訪問。所謂「新村」，是日本空想社會主義者著名作家武者小路實篤建立的實驗地，宣揚烏托邦思想和人類之愛。周作人對此，曾在《新青年》六卷三號上發表《日本的新村》予以介紹，後來又寫《訪日本新村記》等數篇介紹新村的文章，為「新村」體現的人道主義精神高唱讚歌。

早在一九一九年三月，周作人已在北京組織「新村北京支部」，宣傳武者小路實篤在日本九州鄉建立的第一座所謂無政府、無剝削、無強權、無壓迫、無體腦對立的「新村」。此次歸來，宣傳熱情更高。鄭振鐸在次年給周作人的信中，說「你是現實中國內極注意於新村問題的——也是實行新村組織的——一個人」（載於《中國現代文藝資料叢刊》分輯），高調稱讚周作人是中國新村運動的積極鼓吹者與組織者。

值得深思的是，堅決支持新村運動的人，竟然是當時以李大釗為首的一批馬克思主義者。查周作人日記，可見「守常函介李君來，屬為紹介往新村」、「訪守常，以新村紹介函交徐彥之君」等記載。

都是留學日本的周作人和李大釗，還曾共同發起「工讀互助團」，其宗旨發表在《新青年》七卷二號上，去「實行半工半讀主義，庶幾可以達教育與職業合一的理想」。

我們可以將「工讀互助團」視為周作人、李大釗仿效「新村」，實現空想社會主義理想的一種試驗。眾所周知，早期李大釗也是克魯泡特金的追隨者，在一九一九年《新青年》六卷五號上，他的《我的馬克思主義觀》中，還提出以克魯泡特金的互助論來「補充」馬克思主義階級鬥爭學說。

就在同一期的《新青年》上，同時刊登了周作人翻譯的《俄國革命之哲學的基礎》。此文與李大釗之《我的馬克思主義觀》同時亮相，互為犄角，反映出二人在思想上的驚人一致。我們的歷史不能迴避這一讓人始料不及的事實。

一九一九年三月，準備結束在日本留學生活的周恩來，在他的留日同學張鴻誥先生為其餞行時，潑墨寫了一條幅，是一首詩：「大江歌罷棹（有人誤為掉）頭東，邃密群科濟世窮。面壁十年圖破壁，難酬蹈海亦英雄。」此詩是一九一七年所作。六十年後，周恩來病逝一週年時，張鴻誥將此條幅贈中國革命歷史博物館珍藏。

一九一九年，周恩來和李大釗一樣，都是愛國主義者，而非成熟的馬克思主義者。

周作人、李大釗在熱情宣傳新村運動之時，受到了比他們名聲更顯赫的胡適的反對。胡適在一次演說中指出，周作人所沉溺的新村主義，實際上是古代孟軻（孟子）在《孟子・盡心上》中所宣揚的「窮則獨善其身」的「獨善的個人主義」。他說，「想跳出這個社會，去尋找一種超越現有社會的理想生活」，「實際同山林隱逸的生活是根本相同的」。胡適將此演說以《非個人主義的新生活》為題，發表在一九二〇年一月十五日的上海《時事新報》上。

儘管九天後，周作人在《晨報》發表《新村運動的解說——對於胡適先生的演說》一文予以反駁，說新村運動非「消極的消遣」，而是「積極地實行他們泛勞動的主義」。但縱觀周作人的一生，是消極的、平和的、悲觀的，最終也確實走進了「苦雨齋」。一九一九年的周作人，短暫的激進，掩蓋了深藏在他骨子裡的「隱逸」，讓他成為令人矚目的政治明星。

他的兄長魯迅最懂周作人，這次也站到胡適這邊，不贊同他的烏托邦理想。

6

一九一九年三月二十六日夜，北京乍暖還寒，彎彎的下弦月時隱時現，昏暗的路燈下，有輛洋車獨自行在寂靜的路上。蔡元培在車篷裡呆坐，他剛從北京醫專校長湯爾和博士家中出來。他和沈尹默、馬敘倫在湯爾和家的西式客廳裡剛剛開了個小會，內容是討論北大文科學長陳獨秀的去留。

就在昨天，北京各報以重要版面刊登了陳獨秀在八大胡同「因爭風抓傷某妓女下部」的不雅新聞，學界譁然，蔡元培、胡適也大為驚駭。

早在去年，沈尹默就曾對蔡元培說，仲甫夫妻矛盾加重，高君曼向沈尹默哭訴過仲甫私德不檢，常去尋花問柳。還將仲甫寫的《丁巳除夕歌》八行箋交給蔡元培，說：「高君曼一直懷疑仲甫在外逛八大胡同，曾罵他是無恥之徒。仲甫反譏諷她假正經。當年他喜歡上小姨子，還不是不顧一切同居。」

蔡元培見《丁巳除夕歌》曰：

人生是夢，

日月如梭。
我有千言萬語說不出，
十年不作除夕歌。
世界之大大如斗，
裝滿悲歡裝不了他。
萬人如海北京城，
誰知道有人愁似我？

蔡元培捧箋良久，只覺得狂飆激進的仲甫內心也很柔軟。蔡元培在北大成立進德會，主要是為提倡新道德改造社會風氣，杜絕北大師生吃花酒、捧戲子、賭博和擁娼狎妓惡習，當然也有意規勸仲甫，他自己也自願入會。誰料到仲甫劣習不改，我行我素，直淪落得遭輿論聲討的地步。特別是有把柄落在北大舊派手中，以此攻訐新文化運動，攻訐北大的教育改革，這讓一向愛才惜才的蔡元培十分惋惜和痛苦。正巧，湯爾和想找蔡元培商量如何對付北洋政府要北大停止越軌行動之事，他決定順便聽聽他們對如何處理仲甫的意見。

湯爾和知道蔡元培不想撤換陳獨秀，便苦心相勸，說陳獨秀不僅成為眾矢之的，且是關係到北大存亡的焦點，總不能因一個有爭議的人，犧牲整個北大的利益。接著又說，解聘陳獨秀，對和他唱雙簧的胡適也是個制約。

這讓蔡元培的心為之一震。他看著被人公認的謀客，心裡多了幾分寒意，「年初我曾與玄同說過驅逐陳仲甫，除非『上諭』革我職。我不能為迎合外人的心，做讓林琴南之流高興的事。」

沈尹默也被世人公認為謀客，他終於插嘴，說報上所載仲甫嫖娼之事，絕非虛言。一次仲甫酒後吐真言，說北京妓女比上海的有味多了。況他已加入進德會，此醜行違背「不嫖之戒」，若還讓他任文科學長，何以服人？

湯爾和接過話：「私德不修，禍及社會。仲甫由我們向你推薦，說起來我們也有責任。」在他們苦苦相勸下，蔡元培真的亂了方寸。走出湯爾和的宅第時，他感到絲絲涼意，想起當年三顧前門外小旅舍，請仲甫出山，其為輔佐自己嘔心瀝血的往事，甚至傷心地流下眼淚。

次日，胡適早早闖到校長室，為陳獨秀大鳴不平。胡適不好將火氣發在校長身上，校長是位德高望重的雅儒，他只好怨湯爾和聽信謠言，又嫌沈尹默誇大其詞。蔡元培默默地聽，肝膽欲碎。

得到此消息的陳獨秀，一次在路上與湯爾和、沈尹默不期而遇，他二人尷尬不語，陳獨秀卻怒瞪雙眼，其臉色令人恐懼。

胡適是個重情重義的人，他匆匆趕到東安門的箭杆胡同陳宅，見陳獨秀面容沮喪，心裡也別有一種滋味。他安慰並挽留這位請他到北大的兄長，可陳獨秀苦笑說：「我曾與老蔡說過，先在北大做三個月試試，誰料一做竟有三年了。只是我的去職，最終讓林琴南他們看了笑話，給新文化運動丟了面子。」說到此處，這位剛強的硬漢心頭一酸，竟別過臉去，淌下兩行熱淚。

陳獨秀離開北大，最終還是成了現實，不過蔡元培盡力讓他走得體面。

四月八日，蔡元培召集文理科教授會議，通過了文理科教務處組織法，以「教務長代替學長」，廢除了北大的學長制，接著，從十一位教授會主任中推舉一名教務長。最終由馬寅初當選為北大第一任教務長，襄助校長領導全校的教學工作。文科學長陳獨秀和理科學長秦汾改聘為教授，陳獨秀由校方給假一年。

此次體制變動是早有的計劃，原定於改年暑假過後實行，之所以提前，有蔡元培的良苦用心，為陳獨秀能體面地離去。

蔡元培無意驅逐陳獨秀，可從他回覆林琴南的信中得到證明：

對於教員，以學詣為主，以無背於第一種之主張（指學術自由，相容並包）為界限，其在校外之言動，悉聽自由，本校從不過問，亦不能代負責任。例如復辟主義，民國所排斥也，本校教員中有拖辮而持復辟論者，以其所授為英國文學，與政治無涉，則聽之。籌安會發起人，清議所指罪人者也，本校教員中有其人，以其所授為古代文學，與政治無涉，則聽之。嫖賭娶妾等事，本校進德會所戒也，教員中間有喜作側豔之詩詞，以納妾狎妓為韻事，以賭為消遣者，苟其功課不荒，並不誘使學生而與之墮落，則姑聽之。夫人才至為難得，若求全責備，則學校殆難成立。且公私之間，自有天然界限。

蔡元培不願驅逐陳獨秀，此信可鑒，胡適原諒了他。不過胡適一直認為湯爾和利用讒言與他在教育界的威望，向蔡施壓，對最後驅逐陳獨秀起了關鍵作用。所以，直到一九三五年十二月二十八日致湯爾和的信中，仍念念不忘十六年前他參與北大驅逐陳獨秀之事：

三月二十六日夜之會，蔡先生不願於那時去獨秀，先生力言其私德太壞，彼時蔡先生還是進德會的提倡者，故頗為尊議所動。我當時所詫怪者，當時小報所記、道路所傳，都是無稽之談，而學界領袖乃視為事實、視為鐵證，豈不可怪？

嫖妓是獨秀與浮筠（北大理科學長夏浮筠）都幹的事，而「挖傷某妓之下體」是誰見來？乃今思之，豈值一噱？當時外人借私行為攻擊獨秀，明明是攻擊北大的新思潮幾個領袖的一種手段，而先生們亦不能把私行為與公行為分開，適墮奸人術中了。

胡適這封信如同他當時一樣，清醒地道出了驅陳事件是舊思潮與新思潮鬥爭的一部分，且極客觀地指出即便湯爾和他們不是與舊思潮沆瀣一氣，起碼也是被人利用。

到一九三六年一月二日，胡適仍對湯爾和耿耿於懷，再次致信湯爾和，繼續批評其不厚道：

我並不主張大學教授不妨嫖妓，我覺得一切在社會上有領袖地位的人都是西洋所謂「公人」，都應該注意他們自己的行為，因為他們自己的私行為也許可發生公眾的影響。但我也不贊成任何人利用某人的私行為來做攻擊他的武器。當日尹默諸人，正犯此病。以近年的事實證之，當時攻擊獨秀之人，後來都變成了「老摩登」，這也是時代的影響，所謂歷史的「幽默」是也。

說到沈尹默，學界皆云其為謀客，最早被讚頌「獨立人格」的學者之一，在對待驅逐陳獨秀一事上，如此積極，讓人懷疑他對陳獨秀挾嫌落井下石，這或許也是歷史的「幽默」吧。

認真研究胡適兩封致湯爾和的信，會發現，胡適之所以反對北大驅逐陳獨秀，還有更深層的思考。他在信中說：

獨秀因此離去北大，以後中國共產黨的創立及後來國中思想的「左」傾、《新青年》的分化、北大自由主義者變弱，皆起於此夜之會。獨秀離開北大之後，漸漸脫離自由主義立場，就更「左」傾了……是夜，先生議論風生，不但決定北大的命運，實開後來十餘年政治與思想的分野。此會之重要，也許不是這十六年的短歷史所能斷定。

作為思想成熟的自由主義者，他曾努力依憑自己的哲學和友誼去影響他的老朋友陳獨秀，希冀把他從馬克思主義學說裡，拉回到自由主義的思想圈子來。他非常清楚陳獨秀的離去，對中國的政治和命運意味著什麼。

驅逐陳獨秀的風波不久，即陳獨秀離開北大一個多月後，五四運動爆發。五四運動是新文化運動發展的必然結果，胡適和陳獨秀雖沒能參加「五四」愛國遊行，但他們二人是「五四」的精神領袖，他們聯手領導的新文化運動，對中國現代思想史、文化史，產生了深遠和巨大的影響。

五四運動取得勝利，曹汝霖、章宗祥、陸宗輿等人即將被罷官，而被撤校長之職的蔡元培復任北大校長，也指日可待。風起雲湧的愛國運動，在全國向縱深發展。

就在這時，離開北大的陳獨秀於六月十一日突然被捕。

五月四日，賦閒在家的陳獨秀發表了《兩個和會都無用》，激烈地宣稱：「我看國內的南北和會、巴黎和會這兩個分贓會議，與世界永久和平、人類真正幸福，隔得不止十萬八千里，非全世界的人民都起來直接解決不可。若是靠那幾個政治家、外交家，在那裡關門弄鬼，定然是沒有好結果的。」

此文在《每週評論》發表之後，其發行量突破五萬份。

一日，陳獨秀在箭杆胡同，召集了胡適、李大釗，及新潮社、國民社骨幹，把他那間客廳兼書房擠得滿滿的。陳獨秀提出「強力擁護公理，平民征服政府」的口號。

又一日，陳獨秀在《每週評論》上發表《研究室與監獄》後，又攜他起草的《北京市民宣言》，跑到胡適處，請他將之翻譯成英文。走出胡適家門，陳獨秀由高一涵帶到蒿祝寺附近的一家小印刷廠。高一涵對陳獨秀說，這個小印刷廠是為北大印講義的，夜裡只有兩個工人上班，等印完《北京市民宣言》並銷毀底稿之後，已是深夜一點。

第二天一早，陳獨秀和高一涵又趕到中央公園。當時，北京文教各界人士常到此處吃茶、會客、休閒，往來者很多。陳獨秀、高一涵偷偷將《北京市民宣言》傳單放在各張桌子上，落座的客人讀後，多拍手叫好。

又過一日，陳獨秀約北大王星拱、程演生二位教授和一位叫鄧初的內務部僉事，去香廠新世界的浣花春川菜館吃晚飯。飯後，他們做了分工，陳獨秀、高一涵和鄧初到新世界灑傳單，王星拱和程演生則到南遊藝園去發傳單。

陳獨秀、高一涵等哪裡知道，昨天他們在中央公園散發的傳單被軍警發現，他們早已在各遊戲場、大商場等布下密探。

陳獨秀到新世界遊藝場後，燈火通明，無法下手，於是他們三人來到新世界屋頂花園，趁下層露臺上正在放電影，便把傳單從上面灑下去。正準備要走，突然有一個人攔住一身白色西裝的陳獨秀，表示他也要傳單看看，一向粗心大意的陳獨秀當真從西裝口袋裡摸出一張給他。

那人詭祕一笑，「恭候先生多時了。」一搖手，幾個密探就扭住陳獨秀。為掩護高一涵和鄧初，陳獨秀故意掙扎，並大吼：「看哪，密探無故捕人哪！」高、鄧二人急忙閃進戲園的觀眾中，得以逃身。

關於陳獨秀被捕，尚有另一種說法。據《胡適口述自傳》載：「那時陳獨秀、高一涵和我三位安徽同鄉還在該處吃茶聊天，陳氏從他的衣袋中取出一些傳單來向其他桌子上發散……一涵和我便先回來了，獨秀一人留下，仍繼續散發他的傳單。不久員警便來了，把獨秀拘捕起來，送入員警總署的監牢。」又據當事人高一涵在《李大釗同志護送陳獨秀出險》一文所記，當時同陳獨秀一起去「新世界」散發傳單的有他和鄧初兩人。其敘述陳獨秀被捕過程甚詳，似更可信，或許是胡適回憶有誤。

高一涵逃脫後，直奔胡適家。胡適因陪他的老師美國哲學家杜威在北京演講，很晚才回家。高一涵的一句「仲甫被捕了」讓他大驚失色。胡適翻譯《北京市民宣言》時，已知此宣言是將矛頭對準段祺瑞和安福系的，作為文章發表，已很危險，這一點他當時是勸過陳獨秀的，可陳獨秀顯然沒有聽他的勸告。而作為傳單散發，定會闖了大禍。

《北京市民宣言》全文如下：

中國民族乃酷愛和平之民族。今雖備受內外不可忍受之壓迫，仍本斯旨，對於政府提出最低之要求，如下：

一、對日外交，不拋棄山東省經濟之權利，並取消民國四年七年兩次密約。

二、免徐樹錚、曹汝霖、陸宗輿、章宗祥、段芝貴、王懷慶六人官職，並驅逐出京。

三、取消步軍統領及警備司令兩機關。

四、北京保安隊改由市民組織。
五、市民須有絕對集會言論自由權。
我市民仍希望以和平方法達此目的。倘政府不願和平，不完全聽從市民之希望，我等學生、商人、勞工、軍人等，唯有直接行動，以圖根本之改造。特此宣告，敬求內外士女諒解斯旨。
（各處接到此宣言，希即複印傳布）

《北京市民宣言》自然不僅是一篇檄文，更是一份政治綱領，陳獨秀是下決心與反動當局拚個魚死網破的。他說：「我腦筋慘痛已極，極盼政府早日捉我下監獄處死。」

我們從當時各種文獻中，已看到一位在深夜獨上高樓、不惜以命喚起民眾覺醒的革命先驅者形象。同時，我們也看到那個狂飆突進、冒冒失失、缺乏理性的不成熟革命家陳獨秀。

胡適得知陳獨秀被捕消息極為憤慨，一夜無眠。天剛濛濛亮，便趕到李大釗家商量營救陳獨秀之策。正巧北大預科學生羅章龍也趕來了。羅章龍是湖南人，乃毛澤東的密友，到北大後祕密成立了一個由陳獨秀指揮的跨校行動小組。

胡適、李大釗和羅章龍研究後，決定首先盡快向報界披露陳獨秀被捕的消息，造成強大輿論壓力，其次借助學生力量，掀起「挽蔡救陳」請願活動。胡適另提議由他奔走旅京的安徽同鄉會等組織，員警總監吳炳湘等即安徽鄉黨，甚至不惜去段祺瑞處求情，也要救出「五四」的精神領袖陳獨秀。

後來胡適還幹了一件大事——六月二十三日，經胡適、周作人等十二人商議，由胡適暫時接辦陳獨秀撂下的《每週評論》，成為主編。他連夜寫了《威權》一詩，發出正義吼聲，抗議反動當局。詩中寫道：「奴隸們同心協力」，「一鋤一鋤」挖掉「威權」的老根，讓「威權倒撞下來，活活地跌死」。

在眾人努力下，事態朝著胡適、李大釗的期望發展，北京的《北京晨報》、《北京日報》，上海的《民國日報》、《申報》於十三日相繼報導了陳獨秀被捕的消息，各省各界函電籲請當局開釋陳獨秀。

各地剛剛平息學潮，又借「挽蔡救陳」的旗號，烽煙再起。

望著桌上一大堆各界為陳獨秀說項的信函，連鐵腕人物段祺瑞也腦袋發脹，束手無策。各界聯名保釋陳獨秀的，不僅有新派人物，還有劉師培、馬通伯等舊派名宿，甚至連反對五四學潮的田桐、安徽省長呂調元、廣東軍政府主席總裁岑西林等也都為陳獨秀求情。

最讓段祺瑞心急如焚的是，為南北議和，大總統派去上海見孫中山的代表許世英，被孫中山罵得狗血噴頭：「你們逮捕了陳獨秀，做了好事，足以使國人想念，我反對你們是不錯的！」

連隱居在杭州西湖楊莊的蔡元培，也突然接到章太炎的電報，囑他設法營救陳獨秀。

就在蔡元培返京後的第四天，陳獨秀終於取保釋放，但仍加管制，不得自由行動。

胡適在陳獨秀被捕後，接著陳獨秀寫的《愛情與痛苦》、《研究室與監獄》兩篇隨筆，也寫了兩篇同題隨筆。在《愛情與痛苦》中，說陳獨秀還在員警廳裡，我們對他要說的話是：「愛國愛公理的報酬是痛苦，愛國愛公理的條件是要忍得住痛苦。」這些話正是由陳獨秀那篇《愛情與痛苦》一文所引發出來的。

陳獨秀在《愛情與痛苦》中說：「我的朋友胡適之在我的朋友張慰慈摺扇上寫了兩句，『愛情的代價是痛苦，愛情的方法是要忍得住痛苦』。我看不但愛情如此，愛國、愛公理也都如此。」

胡適又在《研究室與監獄》中寫道：「你們要知道陳獨秀的人格嗎？請再讀他在《每週評論》第二十五號裡的一條『隨感錄』。」

陳獨秀在隨感錄中說：「我們青年要立志出了研究室就入監獄，出了監獄就入研究室。」

陳獨秀出獄後，立刻讀到了胡適主編的充滿了陳獨秀色彩的第二十八號《每週評論》（六月二十九日出版）。他被胡適義正詞嚴地為他的人格唱讚歌、為他提出的「愛國愛公理」的革命理想唱讚歌而深深感動，兩行熱淚潸然而下。

這正是新文化運動中兩個互稱「我的朋友」的巨人之間，真摯而深厚的友誼寫照。那些一直喋喋不休詆誣胡適與陳獨秀、李大釗間無真情實意的饒舌者，可以休矣。

不錯，胡適不是一個熱愛空談政治的人，也不贊同《每週評論》的政治態度，但他從來不迴避政治。他強調「腳踏實地」的研究態度，反對「抽象地空談」的淺薄風氣，與參與政治並不相悖。

比如他在《四論問題與主義》中正面評價馬克思主義，充分肯定了它唯物歷史觀的學術地位與積極影響。胡適在文中說：「馬克思主義的兩個重要部分，一是階級競爭說（他的『贏餘價值說』是經濟學的專問題，此處不宜討論）。唯物的歷史觀指出物質文明與經濟組織在人類進化社會史上的重要性，在史學上開啟一個新紀元，替社會學開無數門徑，替政治學說開許多生路。這都是這種學說所含意義的表現，不單是這學說本身在社會主義運動史上的關係了。」

老實說，在當時，紛紛揚揚地大談主義的時候，或許只有李大釗對馬克思主義略有認識，儘管他本人也還未成為馬克思主義者。至於胡適對「階級競爭」表示的委婉不贊成態度，恐怕是擔心它的擴大化，會「演出許多本不須有的慘劇」而已。而陳獨秀，當時還沒開始全面研究馬克思主義呢。

在同期《每週評論》裡，李大釗的《牢獄的生活》憤激地詛咒黑暗現實，讚頌陳獨秀的革命精神。陳獨秀從牢房出來後，周樹人以魯迅筆名在《新青年》發表了《孔乙己》和《藥》兩個短篇小說，從各個角度向封建傳統進擊，如同《狂人日記》，繼續引起社會廣泛關注。就在這段時間，他還忙著翻譯武者小路實篤的劇本《一個青年的夢》。可以肯定，這是受周作人熱衷宣傳「新村」運動的影響。

對「新村運動」，陳獨秀則冷靜得多。

胡適、陳獨秀、蔡元培、李大釗在一九一九年歲尾，為引導學生關注國內的社會問題，關注底層勞苦大眾的悲劇命運，他們共同為北京高等女子師範學校一位叫李超的學生舉行了隆重的葬禮。

事情緣於胡適為《新青年》撰寫的一篇《李超傳》。李超，女高師一名普通學生，廣西梧州人，家產較豐，父母早歿，一個過繼的哥哥待她很不好。李超不滿封建家庭，憤然外出求學。其兄完全斷絕了她的經濟供給，使她於貧病憂憤中而死。棺木停在北京一座破廟，家人竟從不過問，最後由同鄉和同學料理。整理其遺物時，發現許多信劄，後交給胡適。胡適讀信劄時，產生無限痛惜之情，於是為之作《李超傳》。該文同魯迅的《狂人日記》等形成合力向吃人的封建宗法制度發出了強烈的控訴，在社會上引起很大反響。

追悼會那日，北京學界一次集體行動。蔡元培、胡適、陳獨秀、李大釗等五十四位名流，先在《晨報》刊登啟事，定在小雪這一天舉行李超的追悼會。當天，到會者達千人之多，會場極為隆重，中央掛李超遺像，上有蔡元培所題「不可奪志」的橫額，另有三百多份詩文和挽章。

胡適以新文化宣導者和知名教授的地位發表演說：「李超有錢而不能用，以致受盡了種種艱難，以致於病，以致於死，這是誰的罪過？這是什麼制度的罪過？」

北大校長蔡元培也發了言，悲憤地聲討封建宗法制度吃人的罪惡。

十一月十四日，湖南長沙烈女趙五貞，為反抗包辦婚姻，在花轎裡用剃刀自刎身亡。次日，長沙各報刊出此消息，輿論也譁然。毛澤東在《大公報》著文指出，事件的根源是社會制度的黑暗。因此事件引起長沙一場反封建的運動。

是年歲尾，兩位女性被封建宗法制度吞噬，國學大師劉師培英年早逝，給壯麗的一九一九年蒙上了悲愴的色彩。

第四章

民國九年

1920

民國九年（一九二〇年），比起波瀾壯闊的民國八年（一九一九年），少了些紅火，但並不沉寂，「五四」餘波仍在蕩漾。各種政治派別博弈的同時，知識分子關於新舊之爭，也日趨激烈。

陳獨秀、李大釗等傾向政治革命，宣傳馬克思主義、祕密醞釀成立共產黨。胡適出版新詩《嘗試集》，成為「新詩老祖宗」，他還與高一涵等人發起《爭自由的宣言》，為爭自由而戰。魯迅進北大當講師，講授《中國小說史略》。他對盲目引進「俄國思潮」，有振聾發聵的回答：「中國人無感染性，他國的思潮，甚難移殖（《致宋崇義》一九二〇年五月四日）。」周作人作《人的文學》、《平民的文學》、《思想革命》，提倡「為人生的文學」，贏得遠遠超過魯迅的聲譽。

道不同，不相為謀，《新青年》時代接近尾聲。

1

民國九年（一九二〇年）一開年，比起波瀾壯闊的民國八年（一九一九年），少了些紅火，但並不沉寂，「五四」餘波仍在蕩漾。濟南學生聯合會演講抵制日貨，十多名學生遭軍警毆傷，各校教工自動罷課聲援。北京學生在北大集會，宣誓「與軍閥派勢不兩立」。各校教員將「寡廉鮮恥，戀棧不去」橫幅送教育總長傅岳棻。周恩來任主編的天津南開中學天津覺悟社社刊《覺悟》創刊。同時，南京的《少年世界》、上海的《新婦女》、北京的《青年旬刊》跟《奮鬥週刊》等進步報刊雨後春筍般遍地開花。毛澤東率湖南驅張（敬堯）代表團赴京，並登門拜訪陳獨秀。江蘇籍女學生王蘭，進入北京大學哲學系，成為北大第一位女學生。由胡適、周作人等人提出的《國語統一進行方法案》，在教育部獲准通過，並頒布訓令，全國各國民學校一、二年級國文課以語體文教學，廢止文言文編的教科書。同時，北京軍警當局決定責成教育部制止學潮，否則直接採取鎮壓行動，國務院也一次查禁「宣傳過激主義」的書刊八十三種。周恩來主編的《覺悟》只出一期便被查禁，周恩來被捕……

就在新舊兩種勢力尖銳對抗的民國九年初，魯迅喬遷至北京八道灣的新居裡。一九一九年，胡適、陳獨秀作為「五四」的精神領袖，聯手蔡元培、李大釗、周作人等人領導新文化運動，使整整一部中國現代思想史、文化史發生了既深刻且巨大的影響之時，魯迅除了繼上一年的《狂人日記》後，本年又寫了《孔乙己》、《藥》等短篇小說和一些文章，助陣新文化運動。

《藥》寫於一九一九年四月，發表在《新青年》六卷五號上。那期是《新青年》的「馬克思主義研究專號」，李大釗是責任編輯。顯然，李大釗把《藥》看成是寫革命者夏瑜的。這孤獨的精神戰士，為民眾流血犧牲，死後，愚昧的民眾喝他的血。是的，李大釗讀懂了《藥》。

就在同期的《新青年》上，魯迅還以唐俟筆名，寫了幾篇《隨想錄》，其中寫道：「在刀光火色衰微中，看出一種薄明的天色，便是新世紀的曙光。」當是對《藥》的真正詮釋。

我們讀《藥》時，魯迅的老鄉秋瑾的亡靈彷彿在思緒中迴旋。據說，《藥》是應李大釗之約而寫的，目的是為喚醒民眾的愚昧麻木和宣傳馬克思主義的重要性。

忠誠的馬克思主義的啟蒙者陳獨秀、李大釗，「五四」前後已明顯蘇俄化，傾向政治革命。但魯迅則對此表現得很理性，且有些迷惘。

「五四」前後，天安門熱鬧的集會，趙家樓的熊熊火光，讓古城陷入一片喧囂之時，魯迅卻安之若素。他的日記告訴我們，二日「下午同壽山至辟才胡同看地」，三日「午後往前門外換錢」，四日「徐吉軒為父設奠，上午赴吊並賻三元」云云，與愛國學生運動毫無干係。

後來，據魯迅回憶，「五四」那天，「孫伏園跑來大講了一通他們火燒趙家樓的情景，我卻激動不起來，因為我怕有政客利用青年的無知和熱情作犧牲品」。

魯迅並不反對革命，因為改革最快的還是火與劍。但是，他知道孫中山革命了，中國還是無邊的黑暗。魯迅擔心學生運動被政客利用，這是他的深刻與清醒。政客，都是利用群眾的無知和熱情，達到自己的政治目的。古今中外，概莫能外。

五四運動，是自發的愛國學生運動，背後的各種政治派別的新舊博弈，其複雜性，可想而知。魯迅的冷靜是無可厚非的。

那年，魯迅投入的其實只有兩件事，賣紹興新台門的祖宅給朱郎仙家，然後在北京尋找合意的住房，至八月中旬，他決定花三千五百大洋購進八道灣十一號羅家的一套大宅院，接著備料招工，緊張督促修繕，十一月底總算完工。第二件事就是親赴紹興新台門，將母親魯老太太、妻子朱安、三弟周建人等接到北京。從這年魯迅的日記中，可清晰地看到有關的記錄：如六月三日，有「同徐吉軒往護國寺一帶看屋」。七月十日，有「約徐吉軒往八道灣看屋」。十五日，有「午後往八道灣量屋作圖」。八月十九日，有「買羅氏屋成，晚在廣和居收契並先付見泉（錢）一千七百五十元，又中保泉一百七十五元」。十月五日，有「午後往徐吉軒寓招之同往八道灣，收房九間，交泉四百」。十一月四日，有「下午同徐吉軒往八道灣會羅姓並中人等，交與泉一千三百五十，收房屋訖」。二十九日，有「凡修繕房屋之事略備具」。十二月二十四日，有「下午以舟二艘奉母偕三弟及眷屬攜行李發紹興」。二十九日，有「午抵前門站……下午俱到家（八道灣）」。

離開故土紹興，魯迅的感情當是極為複雜。從他的很多文學作品裡，可讀出他對故鄉的無限熱愛和眷戀。當然，紹興府會稽縣東昌坊口新台門那座周家老宅，也給他留下太多淒風苦雨。

魯迅生在名門望族，他的祖父周福清，乃清同治十年辛未科進士，授翰林院庶起士，曾任江西省金溪縣知縣，後又任內閣中書。據周福清《恒訓》記載：「予族明萬歷時，家已小康，累世耕讀。至乾隆年分老七房小七房，合有田萬餘畝，當鋪十餘所，稱大族焉。逮嘉道時，族中多效奢侈，遂失其產。」到周福清時，他家仍是有錢有勢的官宦之家。

不幸的是，魯迅幼年，家裡遭到一場大變故，從此家道敗落，「墜入困頓」（《〈吶喊〉自序》）。周福清雖為翰林，卻為自己兒子等人中試而科場舞弊，不僅辱沒門風，斯文掃地，又陷囹圄之災。

被求通關節的考官浙江巡撫崧駿，拒不收受賄金，光緒十九年十一月十日（一八九三年十二月十七日），向朝廷上奏摺，揭露此醜事。他在《已革中書周福清求通關節案審辦由》中說，周福清「起意為了求通關節，並欲為親友中馬、顧、陳、孫、章五姓有子弟應試者囑託，希圖中試……獨自擬寫關節一紙，內開五人，馬官卷、顧、陳、孫、章，又小兒第八，均用宸衷茂育字樣，並寫洋銀一萬元空票一紙，加具名片、裝入信封……周福清先避住上海患病，隨後回籍，聞拿畏罪自行赴縣投首」。

光緒十九年十二月二十五日（一八九四年一月三十一日）上諭：「科場舞弊例禁綦嚴，該革員輒敢遣遞信函，求通關節，雖與交通賄買已成者有間，未便遽予減等。周福清著改為斬監候，秋後處決，以嚴法紀，而儆效尤。欽此。」

有了欽令，周家慌了，忙用銀子上下打點，幻想保住周福清一命。年復一年，紹興望族之周家萬貫家財，也填不滿這個無底洞。也是由於這一舞弊案，魯迅父親秀才的名號被革除。於是在周家迅速敗落的過程中，年幼的周氏兄弟，在往返於藥鋪和當鋪之間，飽受了世態炎涼、人情冷暖。

魯迅少年時的痛苦記憶，對他的一生產生了重大影響。當然，這家道中落卻也讓周氏兄弟奮起，成就了他們在中國文壇上的功業。同時，對周氏兄弟的人格也勢必產生積極的和消極的影響。別的不說，只要讀讀一九一九年九月九日，周樹人署名神飛，發表在《國民公報》上的《自言自語》（六、七）《我的兄弟》一文：「我是不喜歡放風箏的，也最討厭他（弟弟）放風箏，我便生氣，踏碎了風輪，拆了竹絲，將紙也撕了。我的兄弟哭著出去了，悄然地在廊下坐著。」

從文字間，我們讀到了周樹人對自己霸道、偏執、冷漠的深深懺悔和反思，其複雜的性格，也在此一目了然。

還是從魯迅的日記中得知，舉家入住修葺一新的八道灣後，一月四日有「下午錢玄同來」。十七日有「上午同僚送桃、梅花八盆」。十八日有「上午蔣抑之來。午後孫伏園來」。二十五日「午後李遐卿、趙之遠來。許詩荃來」。也就是說，一個月裡，文學界僅有錢玄同、孫伏園拜訪新居。按照當時的習俗，賀喬遷之喜的客人當絡繹不絕，然而獨八道灣新居，顯得格外冷清。

到了二月，記載八日「上午張協和來」。十九日「徐吉軒送廣柑、蘋果各一包」。二十日是舊曆大年初一，「午後銘伯先生及詩荃來」。二十二日「下午宋子佩來」。喬遷兩個月，周家的八道灣是寂寞的，周氏兄弟的居家過日子也很平靜。

到了三月十四日，周氏兄弟設宴兩桌，宴請曾來賀喬遷送禮的同鄉、同事，人數十五位。魯迅日記有「午宴同鄉同事之於買宅時贈物者，共二席，十五人」。蔡元培、錢玄同等未到席。

研究魯迅的人，二十世紀八〇年代前，不是充滿意識形態的宣傳意味，就是個人崇拜色彩，有時不惜迴避和篡改歷史，比如他們有意不提魯迅的一封極重要的書信便是例證。此信是《致宋崇義》，時間是一九二〇年五月四日。宋崇義，浙江上虞人，魯迅的學生，曾任教於浙江台州中學、杭州藝術專科學校等。

> 比年以來，國內不靖，影響及於學界，紛擾已經一年。世之守舊者，以為此事實為亂源，而維新者則又讚揚甚至。全國學生，或被稱為禍萌，或被譽為志士。然由僕觀之，則於中國實無何種影響，僅是一時之現象而已，謂之志士固過譽，謂之亂萌，亦甚冤也……
>
> 近來所謂新思潮者，在外國已是普遍之理，一入中國，便大嚇人。提倡者思想不徹底，言行不一致，故每每發生流弊，而新思潮之本身，因不任其咎也。
>
> 要之，中國一切舊物，無論如何，定必崩潰，倘能採用新說，助其變遷，則改革較有秩序，其禍必不如天然崩潰之烈。而社會守舊，新黨又行不顧言，一盤散沙，無法黏連，將來除無可收拾外，殆無他道也。
>
> 今之論者，又懼俄國思潮傳染中國，足以肇亂，以亦似是而非之談，亂則有之，傳染思潮則未必。中國人無感染性，他國思潮，甚難移殖，將來之亂，亦仍是中國式之亂，非俄國式之亂也。而中國之亂，能否較善於他式，則非淺見之所測矣。
>
> 要而言之，舊狀無以維持，殆無可疑。而其轉變也，既非官吏所希望之現狀，亦非新學家所鼓吹之新式，但有一塌糊塗而已。
>
> 中國學共和不像，談者多以為共和於中國不宜。其實以前之專制，何嘗相宜？專制之時，亦無忠臣，亦非強國也。
>
> 僕以為一無根柢學問，愛國之類，俱是空談。現在要圖，實只在熬苦求學，惜此又非今之學者所樂

聞也。

讀魯迅先生四個月內唯一寫的這封信，我們才恍然大悟，他在五四運動如火如荼之際為什麼那麼冷靜、那麼超然物外，連一篇助陣的文章都沒有寫，甚至連看客也不當。

魯迅這封信寫得意味深長，它全面、清晰地表達了對五四運動的認識和態度。尤讓我們大驚失色的是，他在「問題與主義」的大辯論中，旗幟鮮明地站在胡適一邊，向大談主義的李大釗們發出嚆矢。

有意思的是，在「問題與主義」之爭時，陳獨秀於《主義與努力》（《新青年》八卷四號）中說過與魯迅類似的話：「我看見有許多青年只是把主義掛在口上，不去做實際的努力……改造社會是要在實際上把它的弊病一點一滴、一樁一件、一層一層漸漸地努力創造出來的。」

又說：「無論在何種制度之下，人類的幸福、社會的文明，都是一點一滴，努力創造出來的，不是像畫符一般把制度改了，文明和幸福就會從天上落下來。這些話本是專為空談主義、不去努力實行的人而發的。」

在《新青年》六卷五號「馬克思主義專號」上，作為主編的陳獨秀不寫文章與後來發表的這些言論，證明他的屁股如魯迅一樣，也是坐在胡適旁邊的。

魯迅對生搬硬套，引進「俄國思潮」的回答更是振聾發聵，「中國人無感染性，他國的思潮，甚難移殖。」

對愛國運動，魯迅也有自己的看法，他顛覆性地指出：「愛國之類，俱是空談！」表示現在要做的，「實只在熬苦求學」，多讀書、多研究問題。

我們有必要還原當時魯迅的真容。不少文章指出，《野草》反映了「五四」退潮時期魯迅徬徨苦悶的心情，是不錯的。但遍讀有關研究魯迅的文章，沒有一篇寫出魯迅即使在五四運動期間，也沒有過參與政治的熱情這一事實，反而大談魯迅「懷著革命民主主義徹底變革現狀的要求」，「使他的實踐始終具有深刻的社會鬥爭意義」。誇而無節，飾而有誣。

其實，「五四」前後那段時間，魯迅的思想表現出相當程度的複雜性：他的小說《狂人日記》、《孔乙己》、《藥》集中力量從各個角度向封建傳統開火；他的《我之節烈觀》和《我們現在怎樣做父親》對婦女問題、青年問題、家庭問題作了深刻的分析。

此時魯迅的思想是以他所理解的進化論為基礎，反封建禮教，抨擊國粹主義，批判各種被扭曲的社會生活現象。同時他對國民性的「哀其不幸，怒其不爭」，認為群眾「永遠是戲劇的看客」，表現出他對人民力量估計不足的弱點。在新舊衝突對抗時，他有時又充滿徬徨悲觀。他沒有突破進化論和啟蒙主義的某些侷限，他的哲學思想也沒有真正跳脫出儒家和尼采的框架。

二十世紀一〇、二〇年代的魯迅，是位敢於直面現實、直面人生，主張韌性戰鬥，體現了中國知識分子的理性和良知，具有偉大人格力量的作家。

在八道灣，這位偉大作家，其實只是一個孝順的兒子，一個嚴父般的兄長，一個頂著空頭銜的丈夫，平平靜靜地過著當時舊文人的日子。周氏老大和老二不僅有很高的薪俸，且有極為可觀的版稅跟稿酬。當時在北京，也算是個殷實富裕之家。從一九二〇年一月至四月魯迅的日記看，家人有病定到日本池田醫院診療。魯迅得空便到廠甸琉璃廠收購拓片碑帖，有時到中央公園、三貝子園、江西會館遊玩，或到通俗圖書館借書，或往「孔廟演禮」，或至歷史博物館參觀……日子閒適而豐富。

唯日與朱安無言相對，總觸動魯迅不寧的心緒。他與朱安的死亡婚姻，被他視為「母親娶媳婦」，與他並不相干，但畢竟是場噩夢。

正當二十六歲的魯迅躊躇滿志地在日本留學之際，他突然接到母親的電報，說自己病重，讓他即刻回紹興。他日夜兼程趕到新台門祖宅時，等待他的，是母親「蓄謀」為他準備的一場婚禮。看到祖宅張燈結綵，一派喜氣洋洋的景象，他的心如沉入冰河。

後來，他對鹿垣談到那場只能就範的婚禮時，說：「那時，家裡的人因為聽說我是新派人物，曾擔心我可能不拜祖先，反對舊式婚禮。可我還是默默地按他們說的辦了。」

據朱安從叔朱鹿琴的回憶（《魯迅家乘及其軼事》）：結婚那天，「魯迅頭戴拿破崙式的帽子，帽子拖出一條假辮子，身穿袍套，外面罩著紗套，腳蹬靴子。朱安完全古裝打扮，上穿紅紗單衫，下著黑綢裙。在周家新台門的神堂，魯迅和朱安拜堂畢，即被（原文空一字）等湧進樓上的新房」。

又據魯迅族叔周冠五的回憶（《魯迅親友尋訪錄．兩位族叔談魯迅》）：婚前，魯迅提出「娶朱安姑娘也行，有兩個條件——一要放足，二要進學堂。朱安姑娘思想很古板，回答腳已放不大了，婦女讀書不大好，進學堂更不願意」。

最終，魯迅還是接受了這樁婚姻。

他曾對好友許壽裳說：「這是母親給我的一件禮物，我只能好好地供養它，愛情是我所不知道的。」（《亡友魯迅印象記》）

這樁婚姻，從法律上說，一直維持到魯迅和朱安相繼去世。在這期間，魯迅與小他十七歲的許廣平再組家庭。人們都替魯迅說好話，說這是反抗封建宗法制度、追求個性解放的進步之舉。但即便在五四時期，最響亮的進步口號也是個性解放與人道主義。你個性解放了，朱安的個性解放呢？缺乏人道主義的個性解放難道是道德的嗎？

與魯迅同時代的民國清流們，蔡元培奉父母之命與王昭女士結婚，直到王夫人去世；李大釗一八九九年十歲時奉祖父之命與趙紉蘭女士成親；胡適十三歲由母親作主，與江冬秀定親後結良緣。又如葉聖陶、聞一多等人，都是封建包辦婚姻。他們選擇了尊重對方的人格尊嚴和利益，執妻之手，與妻偕老，而不是為了個人利益而逃避、而遺棄、而傷害。魯迅對婚姻的選擇，註定成為他一生的陰影。

住在八道灣這座大宅裡，朱安是痛苦的，小心翼翼地看著別人的眼色過活。她真的比《祝福》裡的祥林嫂還悲慘——祥林嫂畢竟有過真正的家庭，有過孩子，是一個完整的女人。而朱安呢？俞芳《封建婚姻的犧牲者——魯迅先生和夫人》中，有這樣的記載：「得知魯迅和許廣平在上海同居，並生下海嬰後，她（朱安）很激動，又很失望地對我說，『過去大先生和我不好，我想好好地服侍他，一切順著他，將來總會好的……可現在沒辦法了，我沒有力氣（像蝸牛那樣）爬了。我待他再好，也是無用』。她說這些話時，神情十分頹喪。接著又說『我看我這一輩子只好服侍娘娘（魯迅母）一個人了』。」

善良又軟弱的朱安，其內心的孤獨和悽楚之情，讓讀者為之動容。

三月的八道灣十一號大宅院，春意闌珊，羅衾不耐五更寒，無奈夜長人不寐，朱安是一個被人遺棄的可憐人。她的晚景也很淒涼，把魯老太太送往天國後，她過了一段更慘澹的日子，在輪到她告別人世的前夕，戰戰兢兢地留下遺囑，希望安葬在上海魯迅的墓旁，自己畢竟是他合法的原配妻子。但這一天經地義的請求遭到魯迅家人的反對，最後被埋在魯迅的母親，即她侍奉一輩子的婆婆魯瑞的墓旁，可憐得連一個墓碑，甚至任何標記都沒有。一直以來，周家竟一點兒愧疚也無！

其實，在八道灣，魯迅的日子也並不愜意。錢玄同是八道灣十一號的常客，魯迅的房間從不生火爐，難抵北京的嚴寒。床是棕繃床，褥子是條很薄、很舊的棉花套，一條被子也很單薄。不過這並非為了勤儉，而是因為他已習慣過僧侶般的禁慾生活，冬季不穿棉褲。從小經歷過大變故和世態炎涼，使魯迅的性格乖戾，生活習慣也很古怪。

八道灣十一號最有生氣的時刻，是朱安幫周作人的日本太太羽田信子，端上紹興風味的筍乾燉老鴨、梅干菜燜肉、青干魚，魯老太太喊著周氏三兄弟坐在飯桌旁吃飯，每人喝幾杯紹興花雕的時候。當然，朱安永遠是低眉順眼默默地忙裡忙外，她實際上是周家不用給付任何報酬的僕人而已。

八月四日，北京熱波襲人。前門火車站很熱鬧，徐世昌站在剛剛鋪上黃土的月臺，以極為隆重之禮迎來曹錕、張作霖兩位大軍閥。三人進行了政治分贓後，組成內閣，壟斷了北京政府。十幾天前，直系與皖系十萬大軍交火，不久，皖系土崩瓦解。

也是這一天，在沙灘附近的六味齋飯館，蔣夢麟、李大釗、錢玄同、周作人、蔡元培等為原北大庶務主任李石曾從法蘭西歸國洗塵，又為賀胡適《嘗試集》再版而設宴。

席間，談得最多的是八月一日胡適、李大釗、蔣孟麟、陶孟和、王文伯、張慰慈、高一涵等七教授發起的《爭自由宣言》（六條），即要求北洋軍閥政府廢止壓制自由的各種蠻橫法律與條令，保障人民言論、出版、集會、結社和書信祕密等項自由。還提出要實行人身保護法，提倡為自由而戰的精神。

席間，不知誰透露，說曹錕看了登載《爭自由宣言》的《晨報》和轉載該文的《東方雜誌》後，甚為惱怒，破口大罵北京大學新派和校長蔡元培。李石曾從提包裡拿出一張上海《時事新報》，交給蔡元培。蔡元培見報上赫然有《曹、張宴客時之趣語——忽談「姓蔡的」》標題，臉上便有慍怒。

蔣夢麟乾脆搶過報紙，讀了起來：

> 曹錕、張作霖兩使來京之日，特於中央公園宴請各部總次長及軍警長官。席間，張作霖卒然問曰：「諸公可曾聽說北京有個姓蔡的鬧得很凶嗎？」
>
> 曹錕卒然應曰：「是不是那個男女同校的蔡元培？」
>
> ……曹錕即環顧王懷慶曰：「老弟何不看管他起來？」
>
> 席間竟有相顧失色者也。

眾人聽罷，都說這是衝《爭自由宣言》來的。曹錕出身布販子，張作霖乃一馬賊，什麼事都辦得出來，眾人勸蔡元培出國考察，暫避風頭。胡適也勸，張作霖等來京，不過是向徐世昌討要一千萬軍費，折騰一陣子，遲早要走。避避風頭，是種權宜之計。就這樣，蔡元培有了不久後的赴歐洲考察之行。

席間，周作人有些沉悶，話語不多。李大釗看在眼裡，知道他們學日本「新村」辦的「工讀互助團」，生產了襪子、手套等產品，銷路不好，頻頻蝕本。又因缺乏合理管理，秩序混亂，人心不齊，只好散夥。胡適在一次演講中，就曾指出，新村主義實際上是孟子獨善的個人主義，靠此尋找理想生活，實為荒唐的書生之見。

聽到「工讀互助團」散夥的消息，胡適倒有幾多同情，問需要什麼說明。周作人只是回以一臉無奈的苦笑。

不過，也有讓他高興的事。兄長魯迅應蔡校長之邀，以講師的身分，到北大講小說史課。看到兄長挾著黑條紋布包悠悠地走進教室上課時，教室總是坐滿了人，聽說還有外校的學生前來旁聽，他心裡很高興。

魯迅在北大開的中國小說史課，是以現代的眼光，系統地整理研究中國古代小說的歷史，是中國文學史拓荒性的工作。

關於《中國小說史略》，尚有段風波。此書先是魯迅在北大授課時的講義，後經修訂增補，最早於一九二三年、一九二四年由北大新潮社以《中國小說史略》為題分上下兩冊出版。後來遭到張鳳舉誣陷，說魯迅的《中國小說史略》是抄襲日本漢學家鹽谷溫的，一時遭到批評。胡適雖不斷受到魯迅的旁敲側擊，但仍站出來為魯迅辯誣，洗刷其不白之冤。後鹽谷溫的小說史由孫良工譯出來，魯迅的抄襲之說，自然作古。

胡適在為魯迅打抱不平時說：「凡論一人，總須持平。愛而知其惡，惡而知其美，方是持平。魯迅自有他的長處，如他的早年文學作品，如他的小說史研究，皆是上等之作。」無私公正，表現出胡適宅心仁厚、胸懷涵廣的學人風骨。

《中國小說史略》一改魯迅過去對中國古代文化過多的否定消極態度，開始重視接受和繼承民族傳統文化遺產。如果翻翻他早些時候的《青年必讀書》一文，諸如「中國書雖有勸人入世的話，也多是僵屍的樂觀；外國書即使是頹唐和厭世的，但卻是活人的頹唐和厭世」這樣偏激的話，猶言在耳。即使有些人為魯迅的偏激找轍，說什麼這是魯迅針對復古潮流所發的嚴峻而痛切的批判，但也不該如此全盤否定民族文化傳統。

否定民族文化傳統，主張全盤西化，是魯迅早期思想的侷限。從《中國小說史略》可以看到，魯迅在如何對待中國民族文化的態度上發生了變化。當然，也應清醒地看到，魯迅對傳統文學的思想價值方面評價不高，而對藝術形式的評價不低。我們如果拿周作人和魯迅做比較，當時周作人作為有影響力的理論先導者和批評家，最突出的貢獻，是更多地思考新文學的內容建設。如他的《人的文學》、《平民文學》、《思想革命》都是提倡以人道主義為本的「為人生的文學」，強調人性的、個性的文學。當年，這給周作人帶來遠遠超過魯迅的聲譽。

周作人在一九二〇年一月，曾作了題為「新文學的要求」的講演。針對當時的文壇上已出現的「人生派」和「藝術派」的分野，提出自己的見解。他認為「為什麼而什麼」的態度是錯誤的，「人生派」的錯誤「容易講到功利裡邊去，以文藝為倫理的工具變成壇上的說教」。他認為文學根本是用「藝術的方法」，表現「對於人生的情思」。由此可見，那時周作人已懷疑自己提出的「人的文學」，他覺得這個口號包含功利主義。

兩年後，周作人又提出「自己的園地」的文學觀以制約新文學的功利性。成為一些有自由主義傾向作家的一種精神追求。這或許是周作人自動偏離當時的文學主潮，客觀上卻讓自由主義文學薪盡火傳。

一九二〇年，周作人除《新文學的要求》外，還有兩次講演《兒童的文學》、《聖書與中國文學》，人稱「三大文學講演」。而《兒童的文學》、《聖書與中國文學》、《人的文學》和《平民的文學》則是周作人「五四」所建立的「人學」的主要代表作。

周作人講演的風格，多被人詬病。梁實秋晚年在《看雲集·憶啟明老人》一文中說：他坐在講壇之上，低頭伏案照著稿子宣讀，而聲音細小，坐在第一排的人也聽不清楚。事後我才知道，他平常上課也是如此。

別看周作人講演或講課時現場效果不好，想必不如陳獨秀、胡適、黃侃、辜鴻銘口若懸河，妙語連珠，但變成文字發表後，卻引起學界的震動。何因？梁實秋說得準確：「一個人只要有真實學問，不善言辭也不妨事，依然受人敬仰。」（《看雲集·憶啟明老人》）

魯迅把一九一八年至一九二二年寫的十四篇小說收入《吶喊》，其書名有為新文化運動助陣揚威之意。把一九二四年至一九二五年所寫的十一篇小說結集為《徬徨》，書名流露出新文化運動陣營發生分化後，「兩間餘一卒，荷戟獨徬徨」的苦悶心情。當時，魯迅抱著「想利用他（小說）的力量，來改良社會」（《南腔北調集·我怎麼做起小說來》）的願望投入新文化運動，對「改良」成什麼樣的「社會」，是朦朧的，遠不如周作人的活躍和風光。

在這次酒宴上，最為風光的是胡適。他用白話文寫的新詩集《嘗試集》橫空出世，一時洛陽紙貴，不到半年，就應廣大讀者之需再版。二是六月，他遷至後門裡鐘鼓寺十四號新居。

《嘗試集》問世是五四新文化運動的一件大事，是白話文運動勝利的巨碑，不僅胡適從此戴上「新詩老祖宗」桂冠，《嘗試集》在中國新文學史上的開山地位也無人能及。《嘗試集》是胡適把發在《新青年》上的新詩結集而成的。詩集取名，借用宋代詩人陸游的詩句「嘗試成功自古無」。不過胡適賦此句詩以新意，「自古成功在嘗試」，以此表達他一貫的「實驗的精神」。

《嘗試集》初版分兩編，一九一六年至一九一七年上半年共二十一首詩為一編，一九一七年至一九一九年底共二十五首詩為二編。從一九一八年六月先後在《新青年》發表。《嘗試集》中的詩篇有即物感興的，多追求個性解放的思想情懷，也有顯露思想批判鋒芒和表達革新願望的。

胡適的詩有廣博深厚的文化涵養，既有積極健康的思想，又幾乎全方位地用詩表現自己的生活。如先前提過的贈與友人梅光迪的詩，又如一九一九年賦詩憶新婚：「只記得那年，妳家辦了嫁妝，我家備了新房，只不曾提到我這個新郎！這十年來，換了幾朝帝王，看了多少興亡，鏽了妳嫁奩中的刀剪，改了妳多少嫁衣新樣，更老了妳和我人兒一雙。只有那十年陳的爆竹，越陳偏越響！」一個教授，一個鄉下丫頭，能譜出這番情意，多麼難得。

更有趣的，是他與名士章士釗的新舊體唱和詩，演奏出一段別樣的友誼。胡與章曾有過文字之交，章堅持文言文，常鄙薄胡適宣導的白話文，彼此不和。一天，兩人在擷英飯店不期而遇，相談之下卻很投緣。飯後二人即到照相館合影留念，並約定分別在照片上題詩。

奇的是，反對白話文的章士釗偏偏寫了新詩：「你姓胡，我姓章，你講什麼新文學，我開口還是我的老腔。你不攻來我不駁，雙雙並坐，各有各的心腸。將來三五十年後，這個相片好作文學紀念看。哈，哈，我寫白話歪詞送把你，總算是俺老章投了降。」

無巧不成書，這次反對文言文的胡適，反倒寫了首文言詩：「但開風氣不為師，龔生此言吾最喜。同時曾開風氣人，願長相親不相鄙。」

二詩極有情趣，又都有文人的襟懷，此事一時傳為文壇佳話，至今仍被稱頌。

胡適的詩，傳遞了詩人自身至心搖撼的烈度與詩思浸潤的深度。他曾說：「吾詩清順達意而已。」平實淡遠的意境，一直是胡適堅持的審美主張。

《嘗試集》是中國現代詩歌的第一簇春花。當然，既然新詩是一種嘗試，總有人站出來說三道四。胡適提出「暫不與君辯，且著《嘗試集》」。

不過「不辯」不是胡適的性格，他就曾公開批評「南社」的詩，說他們還比不上鄭孝胥、陳三立呢。「南社」中人大為不滿，代表人物柳亞子在給楊杏佛的一封信中，就曾嘲笑胡適：「自命新人，其謂南社不及鄭、陳，則猶是資格論人之積習……彼創文學革命，文學革命非不可倡，而彼所言殊不了了。所作白話詩直是笑話……弟謂文學革命所革在理想，不在形式。形式宣舊，理想宣新，兩言盡之矣。」

楊杏佛將此信轉給胡適後，胡適在《留學日記》中，作了摘錄，並批道：「此書未免有憤憤之氣……理想宣新，是也。形式宣舊，則不成理論。」也譏諷柳亞子說：「請君莫笑白話詩，勝似南社一百集。」

當時，白話新詩寥寥。胡適提倡「願大家都來嘗試」，嘗試接受與贊同這一新形式的意識，嘗試運用和把握一種新形式的方法。用他的話說，就是「鴛鴦繡出憑君看，要把金針度與人」。

在胡適《嘗試集》的示範下，郭沫若、俞平伯、傅斯年、沈尹默、康白情的新詩集如雨後春筍，破土而出。胡適不僅寫新詩，還特別關注、支持後來者，他對新詩公開褒貶，其間闡揚自己對新詩的審美見解與理論主張，推動了一個時代新詩運動的蓬勃開展，起到了「新詩的老祖宗」責無旁貸又獨一無二的作用。

比如，稍晚於《嘗試集》的俞平伯名為《冬夜》的新詩集一出來，批評多於讚揚。胡適指出：「平伯最長於描寫，但他偏喜歡說理，他本來可作詩，但他偏要想兼做哲學家。」語重心長地告誡這位新詩壇的少年人：「不要得隴望蜀，妄想兼差做哲學家。」告訴他，作詩要用形象思維，不能抽象說理。

汪靜之的新詩集《蕙的風》，略晚於俞平伯，該詩集由胡適作序。在序中，胡適讚賞了汪靜之對新詩歌的一些新的意見和新的態度。當汪靜之的有名《小詩》受到胡夢華最為嚴厲的道德批判時，胡適挺身而出，批評這些道德家的無恥，稱《小詩》是「很成熟的好詩」。周作人在《什麼是不道德的文學》、魯迅在《反對「含淚的批評家」》中，也嚴厲批判了天津市社會局局長胡夢華。

還可一提的是，魯迅在《新青年》第四期第五號（一九一八年五月十五日），以唐俟的筆名發表了三首白話詩《夢》、《愛之神》、《桃花》。應該說魯迅是為回應胡適的提倡而為之。正如他在《〈集外集〉自序》中所說：「我其實是不喜歡做新詩的——但也不喜歡做古詩——只因為那時詩壇寂寞，所以打敲邊鼓，湊些熱鬧，待到稱為詩人的一出現，就洗手不做了。」

魯迅先生寫新舊詩的水準很高，但他的熱情專注在寫小說、雜文上，沒給我們留下詩集。幸好他在給新詩「打敲邊鼓」的同時，對新詩也很關注。一九二〇年魯迅有「兒歌六首抄注」，未曾發表，但留下了手稿，後來編入《魯迅全集》，可惜編者未置一字說明。一九二二年《晨報》發表了魯迅的《兒歌的「反動」》一文。有「謹案小孩子略受新潮，輒敢忘形詰難，人心不古，良足慨然」等句。

政客以道德家的身分詰難汪靜之的《小詩》時，魯迅寫文支持汪靜之，批判反動文人胡夢華：「我以為中國之所謂道德家的神經，自古以來，未免過敏而又過敏了。看見一句『意中人』便即想到《金瓶梅》；看到一個『瞟』字，便即穿鑿到別的事情上去。然而一切青年的人，卻未必都如此不淨。」

魯迅參加戰鬥，是為新文學運動助以一臂之力，又何嘗不是對胡適的新白話詩運動的鼎力支持呢。

在胡適的提倡下，胡適一家人便聚集了幾位少年詩人，如侄子胡思永、胡思聰等，另外本家內弟江澤涵，親戚胡冠英、雷誠英夫婦，也都加入新詩大軍。都是胡適的親戚，自然得其嫡傳，寫得一手好詩。甚至，連胡適的老派二哥胡紹之，都迷上了新詩，近水樓臺，在《每週評論》上，發表了《出門》和《水圳》兩首白話小詩。胡適特別推崇胡紹之的《我願》十行小詩，詩中強烈地祈求寬容、理解，祈求泛愛，正與胡適合拍，所以稱之為「詩人之詩」。

周作人其實也早就參與了新詩的推介工作。一九一八年二月一日，《北京大學日刊》發表《北京大學徵集歌謠簡章》，宣布由周作人、沈尹默、劉半農負責編輯，錢玄同、沈兼士負責考訂方言。孰料受到熱烈響應，不足兩個月，竟收到一千多則，最後在《北京大學日刊》選發一百四十八首。這促成北京大學歌謠研究會於一九二〇年成立，由周作人、沈兼士主持。後又辦了歌謠徵集成果展，創辦《歌謠》週刊。周作人為編輯之一，並起草《歌謠》發刊詞，強調了歌謠民俗學與詩歌的雙重文學意義，認為以歌謠為「國民心聲」，對其發掘整理將「引起未來的民族詩的發展」。

胡適提倡新詩，以《嘗試集》催生新詩的蓬勃發展，而周作人等發掘、整理歌謠，成為新詩發展的另一翼。白話詩就此飛得更高。

2

「五四」前後，新文化運動奔騰澎湃，一代知識精英作為舊時代最後一位送葬者與新時代的最初一位先知，以戰士的姿態，多姿多彩地登上歷史舞臺。他們為新文化運動高飛而遠翥，號呼而逢怒，折翅而不悔，蹈火而前行。他們以如椽大筆，寫戰鬥檄文，掀起狂飆巨浪。偶爾，也會淌出清新雋永的一泓秋水，在刀與火中綻出一簇春花。冰心，就是以謳歌美和愛，給殘酷的戰鬥平添了一抹暖色。

一九一九年九月十八至二十二日，《晨報》連載一篇小說《兩個家庭》，十月七日該報又刊載了一篇名為「斯人獨憔悴」的小說，都署名冰心。《兩個家庭》寫兩對年輕夫婦的兩種不同的生活方式，兩個不同家庭主婦給丈夫和孩子帶來迥然不同的影響。《斯人獨憔悴》則寫兩兄弟與漢奸父親的衝突，由熱血青年後退到封建軍閥順民的故事。

十月三十日至十一月三日，《晨報》又連載了冰心的實事小說《秋雨秋風愁煞人》。小說發表後，引起欣賞和共鳴。當然也有人提出疑問：「何苦多作悲觀語？令人讀之，覺滿紙秋聲。」還有人在報上發文說，看見《斯人獨憔悴》小說，「只曉得痛恨，是沒有益處的，總要大家努力去改良才好」。

對此，冰心在十一月十一日《晨報》上專門寫了《我做小說，何曾悲觀呢？》說明自己創作小說的目的：

我做小說的目的，是想要感化社會，所以極力描寫那舊社會舊家庭的不良現狀，好教人看了有所驚覺，方能想去改良。若不說得沉痛悲慘，就難引起閱者的注意；若不能引起閱者的注意，就難激動他們去改良。何況舊社會舊家庭裡，許多真情實事，還比我所說的悲慘到十倍呢。

誠如冰心自己的表述，她是從一九一九年起，以「問題小說」登上文壇的，是年十二月一日，在《晨報》創刊一週年的特刊上，發表散文《晨報……學生……勞動者》。令她極為興奮的是，她的文章竟然能夠與新文化運動的宣導者、鼎鼎大名的學者名流，如蔡元培、胡適、陳獨秀、李大釗、魯迅、周作人的文章並列在同一版面上，那是何等的榮耀！

為何取筆名冰心，後來她在《我的文學生活》一文中作了說明：「用冰心為筆名，一來是冰心兩字，筆劃簡單好寫，而且是瑩的含義。二來是我膽小，怕人家笑話批評，冰心這兩個字，是新的，人家看到的時候，不會想到這兩個字和謝婉瑩有什麼關係。」

因此世上所傳，冰心二字取自「一片冰心在玉壺」，怕只是穿鑿之語了。

冰心的文學之旅，始於《晨報》。《晨報》的前身，叫《晨鐘報》，是一九一六年在北京創刊的，總編輯李大釗為該報撰寫了發刊詞《〈晨鐘〉之使命》。可惜李大釗僅幹了二十二天，該報就被取締。一九一八年十二月一日《晨報》改名《晨報》繼續出版，成為一份進步報紙。

冰心登上文壇時，年僅二十歲，剛剛從燈市西口的貝滿中學畢業，秋天時進入協和女子大學理預科。五四愛國運動爆發，她被選為學生會的文書，並參加北京女學界聯合會的宣傳股，開展罷課、罷市等宣傳活動。是年七月十六日，段祺瑞收買幾個懦弱的學生，在他們舉行的宴會上導演了五四運動是少數鬧事者強迫學生造成的，然後對進步學生進行審判的鬧劇。

冰心在她寫的《二十一日聽審的感想》一文裡，記述了她到審判廳聽審的真實情況以及她當時的心情和感受。此文發表在八月二十五日的《晨報》上，以她真實姓名謝婉瑩署名，這是她公開發表的第一篇文章。

在這篇感想裡，她如實地記錄了這場法庭鬥爭的始末，以事實呼籲社會主持正義和公道，還進步學生以清白，現醜類之惡行。她寫道：「耳中心中目中一片都是激昂悲慘的光景」，她的心「充滿了感慨抑鬱的感情」。又引用自家保姆張媽的話：「學生打吵，也是常事。為什麼不歸先生判斷，卻去驚動法庭呢？」說明公道自在人心。

冰心在北京女界聯合會，是盡力盡心的。她曾參與演劇籌款活動。一次在東四南大街青年會，女學界各女子大學演劇隊排演。協和女子大學排演的劇碼是莎士比亞的《威尼斯商人》，一向溫柔沉靜、小巧玲瓏、長著鵝蛋臉和一雙丹鳳眼的冰心，在劇中扮演了一個角色，在舞臺上綽約多姿。

當冰心幕間休息時，她在福州女子師範學校預科讀書時的同學王世瑛找到她，真是讓她意外又驚喜。那時的王世瑛正在北京女子高等師範學校文學系讀書，也是北京女學界的活躍人物。冰心後來在《我的良友——悼王世瑛女士》中深情地緬懷了這次重逢：「獨自走到樓上去，坐在黑暗裡，憑欄下視，忽然聽見後面有輕輕的腳步，一隻溫暖的手，按著我的肩膀。我回頭一看，一個溫柔的笑臉……」

在黑暗與光明間年輕的知識女性的美麗具有強大的力量，「五四運動的一聲驚雷，把我『震』上了寫作道路」（《從「五四」到「四五」》）。

冰心，本名謝婉瑩，光緒二十六年（一九〇〇年）十月五日，出生於福建的閩侯縣（今福州市）。其父謝葆璋，十七歲時被祖父老友嚴復招募為海軍學生，進天津紫竹林水師學堂，認識天津管輪學堂教習薩鎮冰。畢業後，謝葆璋任「海圻」艦副艦長，而薩鎮冰正是海軍副統領兼「海圻」艦艦長。那年冰心降生。她七個月時隨父母到上海。謝葆璋雖行伍出身，與妻子一起深愛他們唯一的愛女。冰心從小便沐浴在父母深情溫柔的愛的海洋裡。後冰心在煙臺，看著海邊的旭日和夕陽，聽著濤聲，跟母親認字和聽故事，過著幸福而愜意的日子。大弟弟謝為涵出世，母親把她交給自己的弟弟楊子敬，繼續學習。舅舅是父親的文書，為冰心打開了文學寶庫的大門，帶她到一個神奇的世界。

一九一三年，謝葆璋奉海軍部長黃鐘英之令，舉家調到北京，住進鐵獅子胡同中的中剪子巷十四號。這座宅院不大，門框上掛有「齊宅」的牌子。房東齊老太太年輕時當過和敬公主府的奶媽子。冰心家租住在這座三合院裡最裡的一座三合院，自成格局，與房東互不干擾。到北京，進了海軍部的謝葆璋一家，一待就是十六年。

海軍部沒什麼事可幹，謝葆璋就在不小的三合院裡，開荒砌了花台，栽了葡萄，種了茉莉和蜀葵，使之成為小花園，更成了冰心和胡同孩子們的樂園。直到很多年之後，「剪子巷的庭院……眼前的圖畫和人面，也突兀變換，不可制止」（《默廬試筆》）。

一九一四年秋，疼愛外甥女的舅舅楊子敬，通過友人的介紹，把冰心送進西燈市口公理會的貝滿中學讀書。學校在「公理會大院內西北角的一組曲尺形的樓房裡。在曲尺形的轉折處，有橫寫的四個金字『貝滿中齋』——那時教會學校用的都是中國傳統的名稱：中學稱中齋，大學稱書院，小學稱蒙學」（《我入了貝滿中學》）。

當了貝滿女中學生的冰心，埋頭於數理化，理想是當個醫生。一九一八年八月，十八歲的冰心以全班最高的分數，從貝滿女中畢業，升入協和女子大學預科，進一步實現理想。不想在五四運動中，她的文學才華讓她迅速在文壇脫穎而出。

一九一九年，在文壇嶄露頭角的冰心，其作品已有自己的特點，即以現實生活為背景，以反映社會矛盾為主旨。評論家們將她的早期作品稱為「問題小說」。

冰心應感謝她的父親，謝葆璋是個讀過書、出過國的「洋翰林」，他的經歷和他口述給女兒的農村生活，成為她筆下的故事和情節；她應該感謝她的母親，「我每一次做完一篇文字，總是先捧到母親面前。她是我最忠實、最熱誠的批評者，常常指出我文字中許多的牽強和錯誤」（《冰心全集·自序》）。

冰心在創作中，不僅得到雙親的支持和幫助，還在她剛剛嘗試寫作的時候就有福氣地得到又是表兄又是內行的劉放園的鼓勵和提攜。在《冰心全集·自序》裡，她這樣寫道：「放園表兄覺得我還能寫，便不斷地寄《新潮》、《新青年》、《改造》等十幾種新出的雜誌給我看……稿子寄去後，我連問他們要不要的勇氣都沒有！三天之後，居然登出了……放園表兄又竭力地鼓勵我再做。我一口氣又做了下去，那時幾乎每星期有出品，而且多半是『問題小說』。」

萬事開頭難，冰心有了一九一九年的初綻花蕾，豔麗多彩的文學花朵從此開放了她的一生，成為文學史上別樣的風景。

到一九二〇年，二十一歲的冰心，從一月六日開始在《晨報》連載短篇《莊鴻的姊姊》至十二月二十一日，《晨報》發表她的短篇小說《魚兒》，這一年她共發表小說十三篇、散文六篇、雜感三篇、詩歌三首，譯比利時作家梅克林的劇本《青鳥》。這在當時，算是高產作家了。

同年三月十五日，北京協和女子大學合併到燕京大學女校。是日，召開燕京大學男女兩校聯歡大會。會後，冰心寫《燕京大學男女校聯歡會志盛》，刊於《燕大季刊》第一卷第一期。五月二十一日，冰心加入「燕大季刊社」，擔任編輯，是年秋，被選為編輯副主任。

《燕京大學季刊》的編輯還有許地山、瞿世英等人，冰心與他們經常在一起商量稿件的撰寫、選擇和編輯工作，結下深厚的友誼。

許地山是一九二〇年進入北京燕京大學宗教學院學習的。他的經歷頗有傳奇色彩，不僅行為古怪，反應也遲鈍，被同學視為怪人：天天練寫梵文；每日總穿下襬帶毛邊的灰布大褂，不理髮，頭髮長過耳；吃窩頭不就菜而是蘸糖。此三怪再加上紫紅面孔、嘴巴老張開笑，卻總鬱鬱寡歡、獨來獨往的模樣，被同學稱為傻子，卻贈以雅號「許真人」。

與他相處一長，同學才發現他懂多國文字、會多種方言，很有才學又樂於助人，冰心等成為他的知己。一次，許地山寫了一篇文章，其中用了「雇工」二字。冰心編稿時，順手在「雇」字左加了個「人」偏旁，成了「僱工」。許地山見之，雖不以為然，卻一笑了之。

幾天後，冰心收到一封長信，是許地山寫的。他引經據典證明古代的「雇」字，沒有立人旁，是冰心將「雇」字改錯了。冰心看後，忙著手頭工作，未予理會。豈料，過了幾天，又收到一封信，還是許地山寫的，對證明冰心改錯「雇」字，又補充了很多材料。

這回冰心不敢怠慢「許真人」了，立即回信曰：「我真的服你了，你說得對，再別寄材料了」云云，許地山這才甘休。從此，冰心見到許地山的稿件，不敢輕易改了，對別人的稿件也不再隨意處置，兩人也因而成為好友。

一九二〇年，冰心的小說繼續關注社會現實。是年的開篇之作《莊鴻的姊姊》寫男尊女卑，造成了女子的慘劇；《一篇小說的結局》和《一個軍官的筆記》反對軍閥混戰；《三兒》寫窮苦孩子的不幸遭遇；《還鄉》呈現農民貧窮的境況。冰心的小說反映現實生活的廣度明顯提升，對社會現實的不滿和要求社會變革的願望更加強烈。但由於受思想認識和對社會生活缺乏深入瞭解的侷限，冰心的「問題小說」，還只停留在提出和探索問題的層面。其在藝術上，故事平鋪直敘，情節簡單，對人物的刻畫也是速寫式筆法，故角色性格比較單薄。但是，冰心小說樸實的寫實風格，及提出的雖未能明確解答的人生社會問題，卻發人深省、耐人深思，在早期「為人生」的小說創作上產生過積極影響。

值得注意的是，一九二〇年的冰心胸中積澱了不少問題要借小說寫出，但在是年九月的《燕大季刊》第一卷第三期，登了兩篇署名謝婉瑩的散文《遙寄印度哲人泰戈爾》和《畫—詩》。這年的九月四日，冰心還寫過另一篇散文《「無限之生」的界限》，表現了冰心精神世界的另一面。

冰心讀過泰戈爾的《飛鳥集》，給她留下雋永的印象，甚至可以說影響了她的文學創作。在《遙寄印度哲人泰戈爾》中，談了她初讀泰戈爾詩作的感受：「我讀完了你的傳略和詩文——心中不作別想，只深深地覺得澄澈……淒美。」「泰戈爾！謝謝你以快樂的詩情，救治我天賦的悲感；謝謝你以超卓的哲理，慰藉我心靈的寂寞。」

除了東方哲理詩人泰戈爾的詩，西方宗教的經典《聖經》也深深影響著冰心。大自然、上帝生命、死亡和不朽的愛，在年輕的冰心心中，奏出和諧的交響。她的《畫—詩》一文，誕生在協和女大理預科這所教會學校裡。一個秋天，她在教授《聖經》課的安女士房間裡，看到一幅牧羊人與小羊的圖畫：「一片危峭的石壁，滿附著蓬蓬的枯草。壁上攀援著一個牧人，背著臉，右手拿著竿子，左手卻伸下去撫摩岩下的一隻小羊，他的指尖剛及小羊的頭上。天空裡卻盤旋著幾隻饑鷹……可憐的小羊，牠迷了路，地下是歧途百處，天上有饑鷹緊迫著——到了山窮水盡的地步了，牧人來了……牠又悲痛，又慚悔，又喜歡，只溫柔羞怯地仰著頭，挨著牧人手邊站著，動也不動。」這幅畫給她安慰和暗示，又見《聖經》放在安女士膝頭，在這詩情畫境中，她明白了：「上帝是我的牧者——使我心裡甦醒。」

泰戈爾和《聖經》的沐浴，讓冰心的心靈更加冰清玉潔，在她無法跳出「問題小說」的羈絆時，只能靠「人類之愛」來接觸社會矛盾造成的痛苦而自我安慰了。

「在北京這個地方——北京雖然是五四運動的策源地，但自從支持著《新青年》和《新潮》的人們風流雲散以來，一九二〇年至一九二二年這三年間，倒顯出寂寞荒涼的古戰場的情景。」

魯迅在《〈中國新文學大系〉小說二集．序》中的這段文字，道出了當時知識分子的生存環境，冰心正是徘徊在新舊之間。她在許地山等前輩的提攜之下，於一九二一年初，參加了剛剛才誕生的文學研究會。

在五四運動前後眾多的文學社團中，文學研究會和創作社最有名氣，影響力也最大。文學研究會由周作人、鄭振鐸、葉紹鈞、許地山等十二人發起，於一九二一年一月成立於北京，不久發展成百餘人。他們將茅盾接編、改造的《小說月報》作為會刊，還陸續編印了《文學旬刊》及《詩》月刊等期刊，出版近百種叢書。文學研究會的宗旨是「研究介紹世界文學，整理中國舊文學，創造新文學」。是繼《新青年》之後，提倡「為人生而藝術」的現實主義流派。

一九二一年四月十日出版的《小說月報》第十二卷四號上，發表了冰心的小說《超人》。《超人》的主人公何彬，就是魯迅說的「寂寞荒涼的古戰場」上，患有抑鬱症的青年知識分子形象。何彬是因對社會巨大的失望，而變得消極厭世的，卻因受到一個純真可愛的孩子的啟發和感召，終於轉變了。在這篇小說裡，冰心是用無病不治的母愛童心藥方，治癒患憂鬱症的何彬的。被神化的母愛和童心，成為包治百病的不二法寶，自然顯得有些幼稚，但在那個缺少愛的時代，還是感動了不少讀者，引起較大的反響。

據說，主編《小說月報》的茅盾先生讀過之後，曾感動得淚流滿面。十四年後，茅盾在寫《〈中國新文學大系小說〉一集・導言》時，有這樣的話：「《超人》發表於一九二一年，立刻引起了熱烈的注意，而且引起模仿。並不是偶然，因為『人生究竟是什麼』、支配人生的是『愛』還是『憎』，在當時一般的青年心裡，正是一個極大的問題。冰心在《超人》中間的回答是——世界上的人『都是互相牽連，不是互相遺棄的』。她把小說題名為《超人》，但是主人公的何彬實在不是『超人』，冰心她不相信世上有『超人』。」茅盾對《超人》的評價，顯然有太多鼓勵的意味。

冰心作為一個出身自書香門第的端莊女性大學生，祖父、父親、母親給她的傳統教育是根深蒂固的，又受教會學校保守思想的長期浸潤，她的思想與情感是傳統的、保守的。冰心在自己寫的《「破壞與建設時代」的女學生》一文中，有這樣的表述：「現在已經漸漸有了男女『團體』和『個人』的交際，但若沒有必要，似乎不必過多接近，因為這種交際很容易引起社會的誤會心。」

在五四運動剛剛過去不久的北京，冰心的這番表述，無異於是一篇大家閨秀的淑女宣言。這種對傳統道德的恪守，貫穿了冰心的一生。

一九三一年，沈從文稱冰心為「教婆」，有些尖刻，卻也貼切。事情起因，是源於冰心對徐志摩與林徽因之間的交往並不認同，認為徐志摩的用情不專，不斷造成他人的痛苦，與嚴肅作家的家庭觀與戀愛觀是相悖的。於是，她在丁玲主辦的《北斗》雜誌創刊號上，發表長詩《我勸你》，其中有：

只有女人知道女人的心，雖然我曉得，只有女人的話，你不愛聽。

我只想到上帝創造你，曾費過一番沉吟。單看你那身段，那雙眼睛，

（只有女人知道那是不容易）還有你那水晶似的剔透的心靈。

你莫相信詩人的話語：他灑下滿天的華雨，他對你訴盡他靈魂上的飄零，他為你長作了天涯的羈旅……

不過還有一個好人，你的丈夫……不說了！你又笑我對你講聖書。

我只願想像他心中悶火般的痛苦，一個人哪能永遠糊塗……

你逗露了你的真誠，你丟失了你的好人，詩人在他無窮的遊戲裡，又尋到了一雙眼睛！

噓！側過耳朵來，我告訴你一個祕密：「只有永遠的冷淡，是永遠的親密！」

因為詩長，只引用了《我勸你》長詩中的一部分。這首長詩勸告的是一個有丈夫、美麗高貴而又身陷婚外戀的女作家，警告她面對充滿詩意和美麗謊言的愛情不要真誠，也不要心軟，因為這場愛情遊戲的結果，是她將失去丈夫，而詩人卻「又尋到了一雙眼睛」。

這首長詩，是首充滿強烈說教口吻的勸誡詩，是嚴肅而有針對性的。不少文章認為冰心在規勸林徽因的同時，對徐志摩用情不專流露出強烈的譴責。就在徐志摩命喪空難沒幾天，冰心在給梁實秋的信中，還指責徐志摩說：「志摩死了，利用聰明，在一場不人道、不光明的行為之下，仍得到社會一般人的歡迎的人，得到一個歸宿了。」

對林徽因，冰心雖有同情，但也不留情面。她有一篇小說《我們太太的客廳》，寫的是一位上流社會的愛好文學的太太，常在家裡招待名人聚會，成了當時北京有名的文化沙龍。小說對太太與詩人之間的曖昧情感，還有社交中的虛榮、虛偽，都進行毫不留情面的嘲諷。

冰心對徐志摩、林徽因的道德評價，今人仍褒貶臧否不一。

3

陳獨秀出獄後，多半時間躲在箭杆胡同，編刊物，寫文章，倒也清閒。早春二月，細雪飄飛，有些憔悴的陳獨秀在院裡散步，他突然想到自己已是不惑之年，胸中的革命熱情雖不減，但壯志未酬，油然而生幾分悵然。

這時，有敲門聲。他向前拉開門閂，見一年輕人站在門前微笑，從他下巴上的那顆黑痣上，陳獨秀認出是兩年前那位叫毛澤東的湖南後生。

「是潤之呀！稀客，快請進。」

毛澤東五十三歲的母親文七妹，不久前剛剛去世。家奠時，他揮淚作《奠母文》，從此身無牽掛。坐在堂屋木椅上，毛澤東告訴陳獨秀，在他入獄時，自己正在湖南創辦《湘江評論》。此次進京，帶了一百多人的請願團，要求當局驅逐湖南軍閥張敬堯。

陳獨秀從毛澤東手裡接過幾期《湘江評論》，邊翻邊說：「適之和守常在《每週評論》上著文讚潤之寫得好。」

毛澤東記得胡適說《民眾的大聯合》一文，眼光很遠大，議論也痛快，確實是現今的重要文字。得到新文化運動的掌旗人讚許，讓毛澤東很感激。李大釗對《湘江評論》，也給予高度評價：該刊長處在於議論，在武人統治下，能產生我們這樣的一個好兄弟，真是我們意外的歡喜。

毛澤東告訴陳獨秀，《湘江評論》才出五期，就被張敬堯查封了，於是有這次百人進京請願驅逐張敬堯之舉。他們專門在故宮附近租了個叫「福佑寺」的舊廟，作為驅張宣傳機構「平民通訊社」的社址。又在南城湖南會館，發起旅京湘籍民眾大會，有千人參與。當然，重要的是向先生及胡適、李大釗討教救國之策。

陳獨秀被眼前這位雄姿英發的年輕人的政治熱情感動了，也平添了一股熱望，告訴年輕人，二〇年代中國的政治革命，應完全有別於辛亥革命，應該是全新的革命。他正在思考這個問題。

毛澤東走後，陳獨秀看到《湘江評論》創刊號上，有毛澤東寫的《陳獨秀之被捕及營救》一文。

我們對於陳君，認他為思想界明星……陳君之被逮，絕不能損陳君的毫末，並且是留著大大的一個紀念於新思潮，使他越發光輝遠大。政府絕沒有膽子將陳君處死，就是死了，也不能損及陳君至堅至高精神的毫末。陳君原自說過，出試驗室，即入監獄；出監獄，即入試驗室。又說，死是不怕的。陳君可以實驗其言了。我祝陳君萬歲！我祝陳君至堅至高的精神萬歲！

陳獨秀讀著讀著，竟然感動得兩眼潮潤——在他危難之際，毛澤東還給了他如此高的輿論評價。

窗外的雪似乎大了，屋簷上積疊薄薄的一層。他放下《湘江評論》，研墨揮筆，寫下：「我聽了這類聲音，歡喜極了，幾乎落下淚來。」

幾天以後，東四牌樓東有輛帶布篷的騾車，披著濃濃的暮色，在清冷的大街上由西向東，往朝陽門悠悠駛去。過九爺府南門，天已黑下來，到朝陽門時，守城門的員警照例對騾車檢查，詢問了幾句坐在車轅上的帳房先生模樣的人，又掀開篷簾，昏暗的燈下，見一婦女擁著一個病人，便揮揮手放行。騾車漸漸融入城外的夜色中，朝天津疾馳。

坐在車轅上的帳房先生，撩起篷簾，用濃重的樂亭口音笑道：「仲甫，我們脫險了。」身著油漬麻花棉襖的病人坐起身來，操著皖腔大笑，「守常，我還真捏了把汗呢！」

前不久，陳獨秀應章士釗之邀，偷偷去了一趟上海，中途胡適又介紹他去武漢演講。誰料他那次過激活動，被武漢報紙刊登出來，立即驚動了北京員警廳。那時，陳獨秀還是受監控之人，不得離京。此刻，吳炳湘已經下臺，員警廳準備在陳獨秀回京時，以違反保釋戒約，再次逮捕他。

不知內情的陳獨秀是二月七日從武漢乘火車回京的。回到箭杆胡同時，正巧遇到一位員警，對他盤問幾句，即匆匆離去。陳獨秀夫婦覺得有些異樣，未敢在家久留，就出後門叫了輛洋車，去往胡適家，見胡宅人雜，又掉頭趕到李大釗家。當時，高一涵也在李大釗家。

李大釗見到是陳獨秀夫婦，鬆了口氣，忙說：「仲甫，員警正在追捕你。聽說陳炯明想請你籌辦西南大學，那就去南方吧。」

三人又去北大王星拱教授家，精心換了裝，一個裝作帳房先生，一個扮成邋遢的病人。李大釗又雇來輛拉腳的騾車，於是就有了這晚脫險之行。

到達天津後，李大釗安排陳獨秀住進義租界的一家客棧裡，又到碼頭買去上海的船票，接著給在滬的許德珩和張國燾拍電報，讓他們在那裡幫陳獨秀找房子。

一切安排妥當，換上黑色棉袍的李大釗與一身西裝的陳獨秀握手道別。

有不少文章說，騾車上，李大釗與陳獨秀交流了走蘇俄的道路、成立布爾什維克式政黨的問題，似不可信。誰都知道，那時的陳獨秀一直反對建立為一個階級服務的政黨。

李大釗卻一直為建立共產黨作著精心的準備，為了傳播馬克思主義，力主建立馬克思主義研究會。他曾向校長蔡元培要房子，而主張「相容並包」的蔡先生果真在校長室不遠處撥了兩間寬敞的青磚房子，給北大馬克思主義研究會做活動場所。青年布爾什維克們親切地稱之為「亢慕義齋」，德文的意思是「共產主義小室」。

李大釗等人在這裡掛了馬克思畫像，兩邊是副對聯：出研究室入監獄，南方兼有北方強。上聯陳獨秀所言，下聯為李大釗出句。四壁有革命的詩歌、格言。激進的學生張國燾，自作聰明地提出，利用蔡元培這把保護傘「把馬克思學說立起來，把馬克思主義的旗幟打出去，把無產階級政黨盡快建立起來」。

李大釗也激情澎湃，豪情萬丈地寫出八個大字：「不破不立，不立不破。」而且想盡辦法，通過蘇俄同志，與共產國際聯繫。

暑期，張國燾帶著天津女界領袖劉清揚，來到蟬鳴不絕的上海霞飛路漁陽裡陳獨秀法租界寓所。他們是受北京學聯委託，去南洋募捐的。張國燾的另一任務是受李大釗之託，瞭解上海建黨的事。

陳獨秀的寓所是幢老式的石庫門房子，進門有天井，中間是客堂，沙發四張、木椅多把，壁間有四畫屏。樓上是陳獨秀和高君曼的居室，樓下住著李達。是夜，陳獨秀安排張國燾與李達一屋同住。

陳獨秀一如既往地忙，要和章士釗籌建西南大學，又要獨自辦《新青年》，同時到處活動，研究如何成立共產主義小組之事。

八月中旬，一位俄國客人登門拜訪陳獨秀，還帶了一位翻譯俄籍華人楊明齋。來客是持李大釗親筆信的第三國際遠東局的維經斯基。楊明齋說，是北大俄籍教授柏烈偉介紹他們認識李大釗的。

李大釗的信上說，維經斯基化名吳廷康到滬的目的，是想聯絡中國共產主義運動的領袖人物，盡快在中國建黨。

談話中，陳獨秀注意到俄國客人一直以冷峻的鷹眼審視著自己，這讓他心裡很是不快。沉默片刻，俄國客人說，他是從俄僑口中聽說到《新青年》和陳先生大名的。言及此，還對新文化運動的領袖欠了欠身，以示尊重，「陳先生是中國社會主義運動的領袖人物。」

陳獨秀把俞秀松和羅亦農成立中國社會主義青年團、陳望道翻譯完成《共產黨宣言》、李達正籌備《共產黨》月刊、戴季陶宣傳社會主義的《星期評論》雜誌等情況介紹給俄國客人。客人表示很有興趣一一拜訪他們。不久，陳獨秀在上海建立上海共產黨小組。

張國燾於八月底回到北京，臨行前陳獨秀讓他帶一封信給李大釗。李大釗看過信，沉思許久，覺得事關重大，就和張申府到「亢慕義齋」討論。

李大釗說，仲甫在考慮黨章時，對叫「社會黨」還是「共產黨」拿不定主意，想徵求維經斯基的意見。維經斯基說：「各國共產黨名稱可以不必強求一致，比如俄國剛建黨時叫社會民主工黨，後來才改稱共產黨。我想咱們就叫共產黨吧。」

其實，陳獨秀未決定叫共產黨，是怕戴季陶、張東蓀不同意，為了爭取戴、張加入黨內，他曾考慮不叫共產黨為好。

李大釗在屋裡踱步良久，然後說：「我給仲甫回信，就定下叫共產黨吧。」

李大釗和張申府又討論陳獨秀推薦張國燾入黨事宜。張國燾是北京大學學生會主席，又是北大國民社主要負責人。自新潮社的領袖人物傅斯年、羅家倫相繼出國留學，北大學生中，他算是能力最強的學生領袖了。

張申府雖對張國燾愛出風頭、時而過於激進有看法，但考慮陳獨秀關於入黨人數越多越好的建議，還是同意發展張國燾以增加黨員數量。

仲秋時節，天高雲淡，在北大的「亢慕義齋」，北京共產黨小組召開了第一次會議，發展了張國燾、鄧中夏、羅章龍和劉仁靜為第一批黨員。為解決經費問題，李大釗表態，每月從自己的薪水中拿出八十大洋作為共產黨小組活動經費。

於上海的陳獨秀，在宣傳馬克思主義時並非一帆風順，他在一九二〇年八月十五日創辦宣傳馬克思主義的《勞動界》週刊，當局以「煽惑勞動，主張過激」罪名，予以查禁，並密令「緝拿查辦」陳獨秀等人。

從九月一日起，陳獨秀將《新青年》移到上海出版，吸收陳望道等左派知識青年參加編輯，《新青年》很快發生了轉變。陳獨秀在一九一九年年底時曾說：「我們現在要實現民治主義，是應當拿英美作為榜樣。」

但到了一九二〇年，他又宣布德謨克拉西是資產階級的「護身符」、「專有物」，民主主義是資產階級「拿來欺騙世人把持政權的詭計」，「若是妄想民主政治才合乎民意，才真正平等自由，那便大錯而特錯」，「民主主義只能代表資產階級意識」。

陳獨秀在「五四」之後這一重大轉向，深刻地影響了未來的中國面貌，也正式宣告他與胡適在思想上已經分途，從此《新青年》群體走向各自不同，甚或對立的道路。令人深思的是，陳獨秀們與胡適們，在這之後卻不只一次於一份宣言上共同簽字，良知未變，友誼尚存。

是年十一月，陳獨秀、李大釗、蔡和森等共產黨，與梁啟超以及曾宣傳馬克思主義的張東蓀等圍繞社會主義問題展開一場為期一年的論戰。共產黨人以《新青年》及《共產黨》為陣地，梁啟超、張東蓀等以《時報新報》為載體，亮劍鳴鏑，相互廝殺，標誌著以文化啟蒙跟思想解放為主旨的新文化運動、《新青年》時代結束了。

一九二三年十月九日，胡適在給高一涵、陶孟和等人的信中，深感惋惜地說：「《新青年》的使命在於文學革命與思想革命。這個使命不幸中斷了。」（《胡適來往書信選》）

第五章

民國十年

1921

民國十年（一九二一年），是中國社會劇烈震動的一年，也是民國清流激蕩分化的歲月。大多數知識分子繼續高舉「個性解放與自由」的旗幟，而部分人放棄「五四」個性主義，走向無產階級戰鬥集體主義，創立了中國共產黨。民國清流各自扮演了不同的歷史角色，青史留名。

1

一九二一年的中國，是中國共產黨生氣勃勃登上歷史舞臺、開創歷史深刻變革的年代，也是民國清流動盪的歲月。大多數知識分子繼續高舉「個性解放與自由」的旗幟，而部分人放棄「五四」個性主義，走向無產階級戰鬥集體主義，各自扮演不同的歷史角色。《新青年》的分裂，是歷史的必然。

值得關注的是，此年甫一開始，就有文學研究會在北京召開成立大會。

是年一月四日，在北京中央公園，中國現代文學史上最早的新文學社團文學研究會召開成立文會。成員有鄭振鐸、沈雁冰、周作人、許地山、葉紹鈞、王統照、孫伏園等，大會推舉鄭振鐸為書記幹事。

該會在各大城市設立分會，以《小說月報》、《文學旬刊》為機關刊物。該會宗旨是為新文學誕生搖旗吶喊，以介紹世界文學，整理中國舊文學，創造新文學為己任。文學研究會提倡「為人生而藝術」，以文學反映社會現實與人生，反對無病呻吟，反對借文學「闡道翼教」的封建觀念，反對「將文學當作高興時的遊戲或失意時的消遣」。其成員的作品多以反映現實人生為題材，探索當時風靡一時的「人生究竟是什麼」等，故被人視為「人生派」或「寫實主義派」。

文學研究會前後活動十多年，是「五四」後堅持時間較長的新文學社團，其會員有一百七十餘人。當新文學運動的主導傾向發生了從文學革命到革命文學的激烈變化時，其會員的文學觀點也發生演變。一九三二年的「一・二八」淞滬之戰中，商務印書館遭受日本飛機轟炸，《小說月報》被迫停刊，文學研究會隨之自行解體。

文學研究會主要成員之一茅盾，一八九六年生於浙江省魚米之鄉桐鄉縣烏鎮，原名沈雁冰，又名德鴻。桐鄉縣在清軍與太平天國的交戰中，遭到嚴重破壞，昔日的繁榮，早已不再。茅盾之父中過秀才，有維新思想，因此茅盾從小便受到開明教育。

辛亥革命爆發後，茅盾就讀的嘉興府中學仍無民主空氣，死氣沉沉，茅盾因反抗學校當局的壓迫，而被學校「除名」，只得轉到杭州安定中學繼續讀書。他在該校讀秦漢經典，學先秦駢文、建安七子詩歌和六朝人小說，得到中國古典文學的滋養，畢業後入北京大學預科。一九一六年預科畢業後，他因家庭經濟窘迫而被迫輟學，與陳獨秀、胡適、李大釗等新文化運動的先驅失之交臂。

茅盾離開北京後，到上海商務印書館任編輯，與一九二三年也入該館的葉紹鈞同室同組工作。五四運動後的一九二〇年，茅盾在《小說月報》發表《新舊文學評議之評議》一文，鮮明地提倡新文學「要注重思想」，為人生進步的主張。一九二一年，文學研究會成立，他是主要發起人之一。同年，他和鄭振鐸擔任了創辦於一九一〇年的文藝刊物《小說月報》的主編。《小說月報》經茅盾的革新，開始大量發表富有反封建內容的各種形式的文藝作品，並譯介了國外進步的文學思潮和創作，受到讚賞的同時，也受到守舊派的反對。

有件事似有重提必要，有些文學史說，因「胡適推薦的王雲五擔任商務印書館編譯所所長後，支持守舊派，不久茅盾便辭去《小說月報》主編職務」（《中華文學通史》）。

王雲五是位傑出的出版家，二十世紀二〇年代出版的繁榮，有他的貢獻。胡適是當時新文化運動的旗手，豈能「推薦」一個「守舊派」到與新文學運動命運攸關的出版界？事實是，五卅慘案發生之後，一向穩健、謹慎的王雲五，在《東方雜誌》發表《五卅事件之責任與善後》一文，聲討反動當局，以致上海公共租界總巡捕房向會審公廨起訴王雲五等。幾天後的九月二十日，《京報》副刊發表《上海商務印書館〈五洲增刊〉事件》的評論，向商務印書館及王雲五表示敬意，對王雲五被控告表示聲援。

十月二十四日，會審公廨在一不宣布「罪狀」，二無審判理由的情況下，判令王雲五等罰款二百元，草草了事。

此外，王雲五支持在商務印書館工作的鄭振鐸、茅盾、葉聖陶、胡愈之等以上海學術團體對外聯合會名義，創辦《公理日報》，日發行二萬份。由此事實可證，說王雲五「支持舊派」，是毫無道理的，至於對胡適的指責，更是無稽之談。

即便是到了一九二四年，共產黨已建立三年，胡適仍以積極姿態推動新文化運動，五月三十日，開明書店之常春霖寫信給胡適：「刻下先生之傑作《文存》，前次受禁之三部……迄今警廳未派人送回，即本區員警仍然探訪此書，言此書不准售賣。」

六月，劉半農在《晨報副刊》著文《〈胡適文存〉究竟禁止否？》批判當局的醜陋行徑。《胡適文存》被禁，卻說胡適支持「守舊派」，除了說明論者不夠厚道，其手法也過於拙劣。

茅盾離開《小說月報》，鄭振鐸還在，《小說月報》並未因王雲五的到來而改變辦刊宗旨，甚至恰恰相反，茅盾退出，鄭振鐸大力改革，經常發表具有民主主義和現實主義傾向的創作跟論文，積極介紹外國文學名著，《小說月報》不僅成為文學研究會的主要刊物，而且也是當時主要的新文學期刊之一。至一九三二年一月，淞滬抗日戰爭時停刊，共出二十二卷，二百五十八期。

茅盾在商務印書館更重要的工作，是積極投入早期共產主義運動。一九二〇年夏，陳獨秀、李達、陳望道等人發起成立上海共產主義小組，十月茅盾由李達介紹加入小組。他在祕密刊物《共產黨》上，發表《共產主義是什麼意思》等譯文，宣傳共產主義的同時，自己也對其有了認識。一九二一年四月，發表《自治運動與社會革命》一文，指出只有無產階級革命，中國才有前途，接著又翻譯、發表了列寧的《國家與革命》部分章節。

茅盾是利用商務印書館職員身分，祕密為黨做工作，可惜在較長的時間裡，除不多的理論批評和譯介外國文學外，並沒有像樣的文學作品問世，與一般的職業政治家無異。一九二一年七月一日，中國共產黨在上海成立，與許多知識分子一樣，茅盾成為第一批共產黨員之一。

除政治活動和商務印書館工作外，茅盾還先後在共產黨組織創辦的平民女校、上海大學任教，與上海大學教務長瞿秋白結識。蔣冰之（丁玲）、王劍虹、王一知等都曾是茅盾的學生。後來，茅盾接編《民國日報》副刊，零散地寫了《「大轉變時期」何時來呢？》等文章，支持共產黨人鄧中夏、蕭楚女等人的創作。一九二五年，茅盾發表《論無產階級藝術》一文，淺顯地介紹這一新興文藝的性質、內容和形式等方面的特點。

一九二三年夏天，時任中共上海地方兼任江浙委員會委員、國民運動委員會委員長的茅盾，在八月五日上海地方兼區執委會第六次會議時，與毛澤東相遇。毛澤東告訴他：「我是《小說月報》的老讀者，對你的大名，我也是久仰啊！」

當時，毛澤東擔任中共中央秘書長。他來上海，聽說黨員邵力子、沈玄廬、陳望道等不滿陳獨秀的家長作風，提出要退黨，便找茅盾讓他去做他們三人的工作。

之後，邵力子同意不退黨了，陳望道卻堅持退黨，他說：「我與你相識多年，你應當瞭解我的為人。鑒於陳獨秀的家長作風，我還是在黨外為黨工作更好。但我信仰共產主義，終生不變。」

找到沈玄廬時，沈也大發牢騷，不滿陳獨秀的獨斷獨行，但表示恨考慮黨組織的挽留，不過到了第二年春，還是退黨了。茅盾向毛澤東彙報時，毛澤東鼓勵他：「能爭取到一位同志也很好嘛。」

一九二六年初，國共兩黨合作的國民黨第二次全國代表大會在廣州召開。閉幕時，大會決定讓毛澤東代理汪精衛任國民黨中宣部部長。陳延年對茅盾指示，要他和惲代英同志留在廣州工作，任國民黨中央宣傳部秘書，受毛澤東同志領導。

一次茅盾參加部務會議，汪精衛到會講話，希望大家支持毛澤東的工作，並指示依據二次代表大會的精神，中宣部應開展革命的宣傳工作。於是，毛澤東指示茅盾和蕭楚女起草一份宣傳大綱，以國民黨中央的名義發向全國。

茅盾和蕭楚女只用一天便將大綱擬好，交毛澤東審閱。毛提筆潤色後，加入「軍隊與人民合作」一段文字，交由國民黨二屆中常委討論，修改後下發了。

不久，毛澤東祕密前往湘粵邊界的韶關，視察那裡的農民運動，向國民黨中央提出「因病請假兩週」。中常委會議決定，這兩週由茅盾臨時代理中宣部部長一職。

「中山艦事件」改變了國共合作的格局，毛澤東與茅盾離開廣州。茅盾回到上海，繼惲代英之後，任國民黨上海交通局代主任，開始編輯毛澤東計劃的「國民運動叢書」。辭去商務印書館工作的茅盾，則成為職業革命家。

一九二六年秋，北伐軍攻克武漢。茅盾赴武漢任中央軍事政治學校武漢分校政治教官，並接辦中共中央宣傳部領導董必武任社長的《漢口民國日報》。次年四月十二日，國民黨在上海發動政變，在南京另立「國民政府」。五天後發布「通緝共產黨首要令」，茅盾名列其中。他於八月下旬回上海隱居。從一九二七年八月始，茅盾專心創作，九月中旬完成《幻滅》，十二月寫了《動搖》，次年六月又創作《追求》。先後在《小說月報》發表，一九三〇年合為一集，題名「蝕」由上海開明書店出版。這三部帶連續性的中篇小說構成的《蝕》，寫的是大革命前後一些小資產階級知識青年的思想動態、生活經歷，反映了在革命浪潮衝擊下，一些知識分子的病態迷惘和命運沉浮。小說的基調沉重。

一九二七年九月，茅盾將《幻滅》送交《小說月報》發表時，署名「矛盾」。《小說月報》編者「以為『矛盾』二字顯然是個假名，怕引起（反動派）注意，依然會惹麻煩」，於是改「矛」為「茅」（《寫在〈蝕〉的新版的後面》）。但這也說明茅盾當時的心情的確是存在矛盾的。創作是想「改換一下環境」，使「精神甦醒過來」（《從牯嶺到東京》），說白了，是當職業革命家還是做以文藝為武器的作家之間選擇的矛盾。

一九二八年七月，在陳望道的幫助下，茅盾東渡日本。我們不能斷定這是一種逃避，但從他自此與黨失去聯繫一事揣測，他是在苦悶和失落的矛盾中，匆匆離開落入低潮的革命鬥爭的。從他在日本寫的總題為「隨筆七篇」來看，徬徨與苦悶和探索與渴望的複雜思緒，仍依稀可見。優美的散文有振作和進取，但還是掩蓋不了濃重的悲觀情緒。

一九二九年，茅盾創作了長篇小說《虹》（未完稿），依照他自己的願望，「為中國近十年之壯劇，留下印痕」（《虹》跋）。可惜只寫到一九二五年五卅運動，就戛然而止，結尾匆迫不說，小說中瀰漫的大革命失敗情緒仍是主調。但正是因為小說真實地、細膩地呈現了大革命失敗的歷史圖景，使《虹》具有藝術魅力和歷史價值。小說主人公梅行素，「喜歡走自己所選擇的道路」，在「五四」新思想感召下，有了尋求「自我價值」的奮鬥和苦悶。若不是強加給她過多的政治色彩，而是按生活和性格發展邏輯去表現，梅行素或可成為鮮活的「陌生」的「這一個」。

一九三〇年春，茅盾從日本回國，參加左聯，曾任行政書記，與魯迅、馮雪峰、周揚等關係密切。左聯的宗派主義，魯迅被政治化，制約了廣大作家的創造力，那是後話。

一九三二年前後，是茅盾創作最旺盛、收穫最豐富的時期，著名的長篇小說《子夜》及短篇小說《林家鋪子》、《春蠶》等橫空出世，震動文壇，確立了他在中國現代文學史上的獨特地位。他善於刻畫錯綜複雜的社會生活，塑造血肉豐滿的人物形象。茅盾的小說與一九三二年三月郁達夫的《她是一個弱女子》、一九三二年張恨水的《金粉世家》等紛紛問世，使中國小說創作出現了嶄新的面貌。

魯迅在給友人的信中，高度評價了《子夜》：「我們這面，亦頗有新作家出現；茅盾作一小說曰《子夜》……是他們所不能及的。」他視《子夜》為革命文學的重大收穫，並以此傲視文壇上的「反對者」（《致曹靖華》）。早年曾反對白話文的學者吳宓，也稱讚《子夜》的藝術成就。

一九三五年，紅軍長征勝利，到達陝北，上海的茅盾與魯迅一起給紅軍發去「在你們身上，寄託著人類和中國的將來」的電報。

一九四〇年，茅盾與張仲實等人離開政治形勢險惡的新疆，經蘭州至西安，在西安巧遇早在大革命時期就熟稔的周恩來和朱德。他們時駐西安八路軍辦事處。不久，茅盾與朱德等踏上去西安的旅途。到延安後，茅盾去看望自一九二六年在廣州分手的毛澤東，老友重逢，自然分外高興。初夏的一天，毛澤東敲開了茅盾住的窯洞，見他正讀吳玉章主編的《中國文化》雜誌。自打茅盾一家人遷居到延安，毛澤東就想來拜訪，可惜工作太忙，直到今天抽空來探望，並送來一本剛剛出版的《新民主主義論》。毛澤東對茅盾說：「你是大作家、評論家，請你看後多多批評啊！」

不久，茅盾舉家搬到橋兒溝魯迅藝術學院。七月，毛澤東又邀茅盾到楊家嶺深談了一次，是關於二十世紀三〇年代上海文壇鬥爭和抗戰文藝運動發展狀況的。大約是九月，張聞天持一份周恩來從重慶打來的電報，到茅盾住所，說郭沫若已退出第三廳，政治部另組一個文化工作委員會，讓茅盾速去重慶，擔任常務委員。茅盾決定把兩個孩子留在延安，然後向毛澤東辭行，隨董必武離開工作了五個月的延安到重慶。

一九四五年初，毛澤東致信茅盾：

雁冰兄：

別去匆匆又好幾年了，聽說近來多病，不知好些否？回想延安時，暢談時間不多，未能多獲教益，時以為憾。很想和你見面，不知有此機會否？敬祝健康！

毛澤東上

一九四四年十一月二十一日

一九四五年八月二十五日，毛澤東飛抵重慶參加國共談判時，茅盾偕夫人到毛澤東下榻的八路軍辦事處拜望。後毛澤東又約茅盾和馬寅初談了兩個多小時，主要是內戰問題。新中國成立後，茅盾曾任文化部部長，一九八一年三月二十七日逝世。

茅盾一生共創作長篇小說七部、中篇小說六部、短篇小說五十多篇，另有十多本散文集和一齣劇本。他的作品真實反映了當時的社會現實，觸及人們普遍關注的重大課題，能引發讀者關於民族命運和個人前途的深沉思考，在中國文學史上佔有重要位置。

值得深思的是，茅盾的作品太過崇尚政治性和意識形態，對人性開掘卻缺乏深度和廣度，而且一九四九年後，鮮有一篇與他文學才情相匹配的文學作品問世。這是文學研究會作家葉紹鈞、冰心們的悲劇，也是巴金、沈從文、郭沫若、老舍、曹禺們的共同悲劇。

這些有才華的作家們原本可前仆後繼，諮嗟於民族國家之憂樂，寄懷於江山風景之興替，踐行自己的莊重使命，把人民的焦灼與痛苦、追求與奮鬥濃縮在自己的作品之中，來折射古老民族及其靈魂在新舊嬗替的大變革中的真容。無奈，政治限制住他們的藝術想像力和創造力，使文學成為一曲悲壯的交響樂曲。

2

在一九一九年十二月，胡適就在《新思潮的意義》一文中提出「研究問題，輸入學理，整理國故，再造文明」的響亮口號，之後的二〇年代，胡適就把主要精力集中到「整理國故」的事業中，與舊的「國故社」針鋒相對。既使我國民族文化遺產發揚光大，又對全盤否定中國文化遺產的民族虛無主義思潮起到重要的阻遏作用，文化意義非常深遠。

胡適是以過人的膽識和眼力，整理、考證、研究古典白話小說的，把它們提升到「中國活文學應有的地位」。他用「合乎科學方法的批判與研究」方法，即「對這些名著做嚴格的版本校勘和批判性的歷史探討——搜尋它們不同的版本，以便校訂出最好的本子來。如果可能的話，我們更要找出這些名著作者的歷史背景和傳記資料來。這種工作是給予這些小說名著現代學術榮譽的方式，認定它們是一項學術研究的主題，與傳統的經學、史學平起平坐」（《口述自傳》）。

他於一九二一年出版了《紅樓夢考證》。其書充盈著新眼光、新見解、新思維、新哲學和新文化觀，以大破大立的氣概，向舊紅學宣戰，為中國現代學術界開創了一個「新紅學」派。為整理國故，為整個中國的文藝復興事業，產生了巨大而深遠的文化影響。

他接著在一九二二年發表《跋〈紅樓夢〉考證》，一九二七年發表《重印乾隆壬子本〈紅樓夢〉序》，一九二八年又有《考證〈紅樓夢〉新材料》發表，一九三三年發表《跋乾隆庚辰本脂硯齋重評〈石頭記〉》等，「一掃籠罩了《紅樓夢》一百五十多年的疑雲迷霧」。魯迅在北京大學講「中國小說史」時，便屢屢引證胡適的考證，批駁種種謬說，認為胡適的觀點「實是最為可信的一說」（《中國小說的歷史的變遷》）。

魯迅在他的小說史專著《中國小說史略》就贊同了胡適的結論：

然謂《紅樓夢》乃作者自敘，與本書開篇契合者，其說之出實最先，而確定及最後……迨胡適作考證，乃較然彰明，知曹雪芹實生於榮華，終於零落，半生經歷，絕似「石頭」，著書西郊，未就而歿。後經胡適的學生俞平伯與顧頡剛等人的承襲、推揚，後又有劉大傑、周汝昌等人的闡發，胡適的研究成果，已無「疑辨的餘地」。

一九二一年，胡適為研究《紅樓夢》，曾與俞平伯、顧頡剛有過大量書信往來，期間俞、顧二人也有大量討論《紅樓夢》的文章發表。據統計，胡適與俞平伯通信二十七次，後由趙肖甫輯成《考證〈紅樓夢〉三家書簡》出版。他們師生通力合作、努力開拓的精神頗令人感動。

有趣的是，自詡「當代莊子」的北大教授劉文典，後來在西南聯大，竟也開了《紅樓夢》講座，稱自己是「紅學家」。他不同意吳宓對《紅樓夢》的某些觀點，常常別出心裁。一次他在黑板上寫下「蓼汀花溆」四字，接著說道：「《紅樓夢》中，元春省親大觀園時，看了一幅題字，笑道『花溆二字便妥，何必蓼汀』。花溆反切為薛，蓼汀反切為林，可見當時元春已屬意薛寶釵當弟媳婦了……」

劉文典講《紅樓夢》，還是「索隱派」的老套。看來新舊紅學的爭論，還在繼續。

到了一九四九年後，因意識形態的緣故，胡適的「新紅學」，更是被批判為資產階級唯心論，違背了馬克思主義的唯物論精神，此不多贅。

3

《新青年》內部終於分裂，標誌著以胡適為代表的自由主義學人繼續高舉「個性解放與自由」的旗幟，而以陳獨秀、李大釗為首的共產黨人，旗幟鮮明地走向無產階級戰鬥集體主義。

中國文化史上可與春秋戰國「百家爭鳴」相比肩的一個文化思想高峰大好形勢，由此逐漸變化成兩峰對峙，充滿陰謀和血腥的局面。是進步還是倒退，歷史已給出答案。從此，民國清流開始分化瓦解，讓人們更清晰地看到他們的風範情懷和人格魂魄。

一九二〇年歲尾，陳獨秀接受陳炯明的電邀，去廣州出任教育委員長。這之前，他是準備去西南大學的。

臨行之前，陳獨秀想讓陳望道負責《新青年》工作，並寫信給在京的胡適、高一涵等《新青年》的同人。

陳獨秀此舉有些欠妥，他去廣州，可將《新青年》拿到北京來辦，同人本可有能力辦好刊物，突然宣布交由素不相識的陳望道來辦，自然會引起同人的不滿。

胡適原本就不同意把《新青年》辦成宣傳政治和主義的期刊，過去礙於情面，不好直說，既然陳獨秀遠去廣州，《新青年》怎麼辦、由誰辦，確實是個問題，胡適只好寫信與大家商議。

一九二一年一月二十二日，他在《致李大釗等〈新青年〉編委》信中，對守常、豫才、玄同、孟和、慰慈、啟明、撫五、一涵說，陳獨秀年底曾寫信給他，信中有云：「《新青年》色彩過於鮮明，弟近來亦不以為然。陳望道君亦主張稍稍改變內容，以後仍以趨重哲學文藝為是。但以此辦法，非北京同人多做文章不可。近幾冊內容稍稍與前不同，京中同人來文太少，也是一個重大原因。」胡適說，對此，他曾致信陳獨秀，「不料獨秀答書頗多誤解」。

在這封信中，胡適對如何辦刊提出幾點意見，「再請你們各位一看」。

一、不再提「停辦」辦法。

二、周氏兄弟「主張不必聲明不談政治，孟和兄亦有此意」。

三、將《新青年》移回北京編輯。

此信發出後，很快就有了回饋，有贊同，也有不贊同的。

周作人表示，「贊成在北京編輯，但我看現在《新青年》的趨勢是傾向分裂的，不容易勉強調和統一」，「所以索性任它分裂」。魯迅表示「不必爭《新青年》這一名目」。錢玄同的意見則是，「還是分裂為兩個雜誌的好。一定要這邊拉過來，那邊拉過去，拉到結果兩敗俱傷，不但無謂，且使外人誤會，以為《新青年》同人主張『統一思想』，這是最丟臉的事」。而孟和「主張停辦」，胡適和李大釗等卻「絕對不贊成」停辦。

胡適說：「我以為我們對於仲甫兄的友誼，今昔一樣，本未絲毫受傷。但《新青年》這個團體，本是自由組合的，即使其中有人彼此意見相左，也只有照『臨時退席』的辦法，斷不可提出解散的話。極而言之，即使大家對於仲甫兄感情真壞極了，友誼也斷絕了，只有他一個人還是要辦下去，我們也不能要他停辦。」

錢玄同附注：「至於《新青年》精神之能團結與否，這是要看各人的實際思想如何來斷定，斷不在乎『新青年』三個字的金字招牌。」（《中國現代出版史料》）

攤牌以後，北京同人的意見令陳獨秀頗為不滿，他認為眾人要重起爐灶，是反對他個人的。錢玄同是直性子，對陳獨秀的霸道耿耿於懷。他覺得，陳獨秀以提倡科學與民主而為學人敬重，怎麼對《新青年》同人以家長自居？錢玄同聽說，陳獨秀兩個兒子來京看他，他還讓兒子先遞名帖，上書「請求拜見陳仲甫先生——陳延年、陳喬年」。陳獨秀封建家長式的行為，很被錢玄同瞧不起。兩年以後，已成為共產黨最高領袖的陳獨秀，這一家長作風仍無收斂，以致追隨他多年的陳望道憤怒地堅決退黨。同時，邵力子、沈玄廬也要求退黨。

爭執間，北京同人的稿件寥寥，《新青年》在上海陳望道的操持下，艱難地存活著。魯迅的《故鄉》幫了《新青年》的大忙。陳望道感動地給魯迅回信，望繼續得到他的鼎力支持。

誰料就在二月十一日，上海新青年發行部被法租界巡捕房查封，經理周少伯罰大洋五十元，限三天內離開租界。承印《新青年》的印刷所同時被查抄，排印中的《新青年》第八卷六號稿件全部被沒收，並以「言辭激烈，有違租界章程」為由，禁止在上海發行。兩個經理人各罰大洋一百元。

《新青年》被查封，陳獨秀順理成章地將刊物遷到廣州。陳獨秀從廣州給周氏兄弟寫信索稿，說「北京同人料無人肯做文章了」，唯望他們兄弟幫助。

就這樣，一場無謂的爭論煙消雲散，北京學人失去了一塊哲學文藝的重要陣地，新文化運動再無精神高地，呈現了複雜的局面。

胡適決定在北京創辦《讀書雜誌》。他給住進醫院的周作人寫信，希望周氏兄弟加入，這樣再加上與周氏兄弟交好的錢玄同，是可以有所作為的。

與此同時，周作人、鄭振鐸等作為發起人，文學研究會在京成立，沈雁冰任主編的《小說月報》成為文學研究會的機關刊物。孫伏園主編的《晨報副刊》，成為弘揚新文學、新思潮的一個重要園地。魯迅的小說《阿Q正傳》，最初是在這裡連載的。

特別值得注意的是，這些報刊遠不如《新青年》激進、過多關注政治。誠如《晨報》社論《我們對於「人的生活」的責任》所提出的，促成一般人對於「人的生活」的認識，是著手改造社會的根本中之根本，是言論界的責任，而不是眼前抓住什麼主義來應急。人們已看到，這些進步的報刊，「已漸漸地脫離私人式的言論機關的態度，而進入於社會式的言論機關的規模」。在某種意義上看，這正是早期《新青年》精神之精髓。

《新青年》的分裂，自然是發動新文化運動先驅們的分道揚鑣，並不單單是陳獨秀在辦刊宗旨上與同人們的分歧所致。這裡還有一個深層的主義問題——十月革命的炮聲之後，共產主義幽靈開始借新文化運動，在古老的東方古國上空徘徊。陳獨秀、李大釗等這些在新文化運動中橫空出世的急先鋒們，最早選擇了馬列主義，成為共產黨人，《新青年》的分裂，正是他們豪邁狂傲地選擇世界觀的分裂。

一九二一年五月五日，孫中山宣誓就任非常大總統，陳炯明為內務總長兼陸軍總長。陳獨秀應陳炯明之邀去廣州，其目的是辦教育並趁機建黨。他是拉著他在北京大學的弟子陳公博、譚平山一起赴任的。陳、譚曾以創辦《廣東群報》而小有名氣。

陳獨秀在其寓所門口貼了「看雲樓」三字，意為笑看政治風雲變幻。

他一到任，就向陳炯明提出：

一、教育獨立，不受行政干涉。

二、以廣東全省收入的十分之一撥充教育經費……

三、政府的行政措施與教育所提倡之學說必須相一致。

這類似霸王的條款，竟被陳炯明全部接受，只是對第二條中一項「宣講員養成所需三十萬經費」表示不解。

陳獨秀坦然告之，「此乃宣傳社會主義的教校，將來造就一大批開展群眾工作的幹部。」當時陳炯明與蘇俄政府有所聯繫，自我標榜為社會主義者，只好同意。

有了陳炯明的表態，「看雲樓」車水馬龍，成了激進派的中心。陳獨秀每天忙於參加集會、發表演講，夜深人靜時，揮筆撰寫政治論文，批判封建頑固派和無政府主義小集團。

在陳獨秀的授意下，陳公博、譚平山建立了中共廣東支部。當時，兩位蘇俄人米諾爾和別斯林也奉命到廣州傳播社會主義革命。有人將廣東的無政府主義者引薦給他們二人，竟然也組織了共產黨，除兩個蘇俄人還有七個中國人。蘇俄人還在廣州建立了通訊社，給九人以經濟接濟。

陳獨秀找到米諾爾與別斯林，戳穿了那七個人的謊言，並教訓道：「你們只有放棄這七個人，我才同意你二人加入共產黨。」

結果是，兩個蘇俄人與七個無政府主義者分手後，七人轉而聯手一些汙七八糟的人，製造很多謠言，攻擊陳獨秀專橫，掀起一個不大不小的「驅陳」運動。以致連陳炯明在一次宴會上，都向陳獨秀問了個究竟。

六月，共產國際執行委員會代表荷蘭人馬林到上海，不久，共產國際遠東書記處罷免了在上海進行共運工作的維經斯基，由尼科斯基代替他。來上海之前，馬林在北京拜訪過李大釗，希望中國早些召開全國代表大會，建立中國共產黨。這正合李大釗之意，但因他正率「北京八校教職員索薪團」向政府請願，無法脫身，便派鄧中夏陪同馬林到上海。

有了共產國際代表的推動，李達發信給陳獨秀及各地黨小組，通知各派二人到上海，參加中國共產黨第一次代表大會，七月正式建黨，並派包惠僧到廣州，請陳獨秀至上海主持建黨工作。陳獨秀因正爭取款項建大學校舍，便派陳公博和包惠僧代表廣東出席一大。毛澤東接到通知後，也決定與何叔衡赴滬。李大釗因率團索薪，與軍警發生衝突而受傷，只能派張國燾、劉仁靜到滬。

各路代表祕密聚集上海法租界蒲柏路博文女校。七月二十三日，中共一大正式開幕，有十三位代表參加會議。他們代表全國五十多位黨員。馬林代表共產國際表示祝賀。

為了安全，眾代表們又轉移到望志路一〇八號的廂房樓上，通過了會前陳獨秀擬就的第一個黨綱。就這樣，在共產國際支持下，由一部分中國知識界精英為核心的共產黨，在西方工人階級的思想——馬克思主義學說引導下，高舉鐵錘、鐮刀旗幟，在農業社會小生產的汪洋大海中，開始了艱難曲折又充滿光明的歷程。

會後，馬林派包惠僧再赴廣州，讓陳獨秀盡快回滬做總書記的工作。不料陳炯明愛才心切，從廣西桂林發回電報，極力挽留陳獨秀，措辭令人感動：「望以教育為重，當風獨立，我做我事，不萌退志為要。至於一切障礙，我當為委員會掃除之。」

陳獨秀請辭不允，假借治病請假，偷偷回滬。甫一到上海，馬林說，各國共產黨都是共產國際的支部，中共的工作方針和計劃，應在國際的統一領導下制定。

陳獨秀立馬不幹了，爭辯說，中國革命應符合中國國情，憑什麼按你們的旨意行動？談得不投機，不歡而散。

後來，馬林的翻譯張太雷找到陳獨秀，說：「全世界共產主義運動，都在第三國際領導下，中國豈能例外？」

憋了很久的陳獨秀把桌子拍得山響，怒斥：「我們必須保留獨立自由的權利，絕不能讓外國人對我們指手畫腳！」

陳獨秀為保留中國共產黨獨立自主權利而做的鬥爭，並未得到黨內的支援，李達、張國燾等人以陳獨秀對馬林發火為由，指責他桀驁不馴，目無共產國際。成了總書記的陳獨秀，按中央局的有關規定，每月只有三十元或四十元的收入，經濟拮据，不得不靠預支稿費為生。

十月六日深夜，胡適接到顧名君從上海打來的長途電話，說陳獨秀又在法租界被捕了，原因是宣傳過激主義。

經過是這樣的：十月四日下午，有三個陌生人突然從前門闖入陳宅，說想求見陳獨秀，並想買《新青年》。陳獨秀聞聲，從樓上下來看個究竟，見來者賊頭賊腦，疑不是等閒之輩，便走向後門逃跑，不料後門已有便衣把守。不大工夫，門外開來兩輛汽車，一干人馬進樓翻找，然後將一批《新青年》和《共產黨》月刊搬到車上，同時帶走陳獨秀及夫人高君曼，還有正在陳家聚會的楊明齋、包惠僧、柯慶施諸人。

陳獨秀等被帶到法國巡捕房，登記時，陳獨秀稱自己是王坦甫，其他幾人也順口報了假名，巡捕房並未生疑，誰料後來去陳家開會的邵力子和褚輔成也被伏在那的巡捕抓來。褚輔成一見陳獨秀，便說：「仲甫，怎麼一去你家就被拉到這裡來啦？」

邵力子，比陳獨秀小一歲，與魯迅是同鄉，浙江紹興人，清末舉人，早年參加同盟會，曾在上海大學代理過校長，參加革命文學社團「南社」，與《新青年》一道提倡新文學，主持過上海《民國日報》。他於一九二一年在上海加入共產黨，曾幫助孫中山改組國民黨和創辦黃埔軍校，一九二六年退出中國共產黨，後歷任國民革命軍總司令部秘書長、國民黨中央宣傳部長，一九四九年參加國共和平談判，後又脫離國民黨政府。

巡捕房查清邵、褚身分，放了，而陳獨秀等人終於暴露。但陳獨秀一口咬定楊、包、柯三人是來打牌的客人，凡事與他們無關，有責任自己承擔。

胡適接到電話後，即到蔡元培府上，請他出面向法國領事館求救。蔡元培沉思片刻，決定不向守舊的法國領事館交涉，準備與胡適等名流聯名，給上海法國領事發一電報，希望這位較開通的領事放人。電文如下：

以思想和言論定罪，為中世紀封建君主國慣用之手段，非民主自由的法蘭西共和國所為。陳先生為中國思想界明星，磊磊光明，一生宣導科學和民主，望能盡快設法開脫為盼。

第二天，京、滬各大報都登了陳獨秀被捕的消息和電文。接著，蔡元培又給法國領事打電話，為陳獨秀說情。李大釗接到李達電話，也設法營救陳獨秀。馬林請了法國律師巴和，承辦此案。

牢裡的陳獨秀並不慌張，讓他放心不下的，是家裡藏有馬林寫給他的關於共產黨的密信，一旦被搜出，至少要判七八年的刑。不過他已作好準備，要為主義坐牢了，更從牢裡帶出口信，若有誰害怕，可以退黨。

半個月後，法庭結案：查《新青年》已被封閉禁止出售，被告明知故犯，罰洋一百元，銷毀查抄書籍，釋放陳獨秀。

胡適、蔡元培等已知陳獨秀成為共產黨人，但他們還是積極營救，意識形態並沒有成為橫亙在他們之間的高山，「五四」精神，依然牢牢地植根在他們的骨子裡。

4

還值得大書一筆的是，一九二一年是大小軍閥為爭權奪地混戰一團，無暇控制言論的一年，清流和報人乘機辦報刊一千一百三十七種。六月六日，中國全國報界聯合會，還召開了第三屆大會，並勇敢地致函國務院，拒不承認反動的《出版法》、《治安警察法》、《預戒條例》、《管理印刷業條例》等政令，且提出「言論、出版、集會等絕不受其束縛」的要求。同一天，大會還發通電《不自由毋寧死》給全國報刊，號召「凡我同業以後亦幸勿再受此等非法政令拘束」。是日，全國各報均以頭條刊載。

三月一日，林白水和胡政之在北京創辦了《新社會報》，並提出「樹改造報業之風聲，做革新社會之前馬」。

報界清流，擲地有聲地爭自由，與胡適去年發表《爭自由的宣言》相呼應，成為民國清流爭自由的重要文獻，產生廣泛影響。

民國十年歲尾，美國密蘇里新聞學院院長、世界報業大會會長威廉等人訪華，在招待會上，史量才說，自己辦的《申報》，宗旨就是「有獨立之精神」。

《時報》是對中國報業和文化產生過不小影響的報紙，少年胡適曾被《時報》深深吸引。儘管後來創辦《時報》的狄平子離去，但其仍積極參與爭取自由的宣傳。

上海的報紙林立，《商報》由陳布雷主持筆政之後，面目一新，他寫的時政評論見解獨特，筆鋒勁健，極富個性魅力，廣受好評。這份極具知識分子品格的《商報》，深受清流和青年學生的歡迎，發行萬份。

歷史悠久的《時事新報》，在出滿五千號之際，梁啟超發表《本報五千號紀念辭》：

> 吾儕從事報業者，其第一難關，則在經濟之不獨立……同人等殊不敢以清高自詡，但酷愛自由，習而成性，常覺得金錢之來，必自勢力，無論受何方面金錢之補助，自然要受該方面努力之支配；即不全支配，最少亦受牽制。吾儕確認現在之中國，勢力即罪惡，任何方面勢力之支配或牽制，即與罪惡為

鄰。吾儕不能革滌社會罪惡，既以茲愧，何忍更假言機關，為罪惡播種；吾儕為欲保持發言之絕對的自由，以與各方面罪惡的勢力奮鬥，於是乎吾儕相與自矢：無論經濟若何困難，終不肯與勢力家發生一文錢之關係。

這是一貫堅持獨立自由人格「以言報國」的梁啟超一生的經驗教訓，也是不少民國清流堅守的一種文化精神。

當然，一旦軍閥能騰出手來，還是要左右輿論，維護統治的。四月十八日，當局以「宣傳過激主義」罪名逮捕主編海特，停刊俄文《前進報》；安徽軍閥於五月一口氣查禁《社會改造原理》、《社會主義史》、《到自由之路》等六份書刊；六月，湖南軍閥以「宣傳過激主義」罪名，取締《湖南通俗報》；七月，少年巴金參與撰稿的《半月》，僅發表反對四川當局不准婦女剪髮而被查封……

民國以來，梁啟超、于右任、章士釗、邵飄萍、陳獨秀、胡適、魯迅、周作人、張季鸞、王芸生、儲安平等清流，他們都重視言論舞臺，紛紛擎起如椽大筆，屹立在大時代的潮頭，以汪洋恣肆的文字宣傳振聾發聵的新思想、新文化，蕩滌一切汙泥濁水。

胡適在後來寫信給高一涵、陶孟和時說：「二十五年來，只有三個雜誌和報紙可代表三個時代，可以說是創造了三個新時代——一是《時務報》，一是《新民叢報》，一是《新青年》。而《民報》和《甲寅》還算不上。」

《時務報》、《新民叢報》都和梁啟超有密切關係，或可說這算是中國百年言論史上的「梁啟超時代」。從《時務報》在上海橫空出世，到《新民叢刊》在日本停刊，這期間，中國發生的所有大變化，都在這兩報中得到最準確的呈現。少年的郭沫若，更是受《新民叢報》的影響，才有後來他那「新興銳氣的言論」。

一九一五年九月十五日，陳獨秀辦《青年》雜誌（第二卷改為《新青年》），正是袁世凱粉墨登場，黃袍加身的年頭。在胡適等人的積極參與下，《新青年》開闢了一個新天地，創造了一個新時代。

《新青年》的解體，是新文化運動和民國清流分裂的結果，但「《新青年》時代」已和陳獨秀、胡適、魯迅等這些文化巨人的名字，被寫進民族思想史、言論史、文學史，永放光芒。

第六章

民國十一年

1922

民國十一年（一九二二年），是個天災兵禍頻仍的年頭。一月十九日，武漢酷寒，天降大雪，凍死很多人。四月，直奉戰爭爆發，在這場血戰中，百姓生命慘遭屠戮。六月十六日，南方陳炯明兵變，炮轟總統府，局勢動盪混亂。同時，文化界和輿論界，爭取言論自由的鬥爭，卻是這一年的主題。一個以歐美派留學生為主的文人集體，在他們的精神領袖群體的帶領下，繼續向武人的專制統治，莊嚴地宣告他們的政治主張。

1

一月的北京，寒風凜冽。

剛剛出醫院的蔡元培，坐在灑滿陽光的書房，看胡適作為新年禮物送給他的四卷本《胡適文存》。案頭的一盆綻放蘭花，暗香襲人。

當蔡元培翻到《紅樓夢考證》時，心裡不禁一笑。他自己也研究《紅樓夢》多年，曾著《〈石頭記〉索隱》一書，其眼光全落在「排滿」上，被魯迅批評「革命家看見排滿」。

胡適則在《紅樓夢考證》中，批評了蔡氏的「索隱」法。指出蔡的「索隱」，是每舉一人物必先舉其事實，然後引出《紅樓夢》中的情節來配合。由於他的「索隱」，賈寶玉成了胤礽，林黛玉暗影康熙十八年以布衣應博學鴻儒科試成為翰林院檢討之大臣朱彝尊，薛寶釵影康熙寵臣高士奇……雖用心獨特，卻有牽強附會之嫌。

好在無論胡適抑或蔡元培，都是專心做學問的學者，皆遵循「但開風氣不為師」的高志，絲毫不糾纏個人意氣。

陽光西斜時，胡適和李大釗二人推開門，走進了校長爐火正旺、熱氣撲面的書房。他們一是看望出院的病號，一是前來支持校長剛剛在《新教育》雜誌上發表名震學界的《教育獨立議》。該文向社會各界呼籲：

> 教育是幫助被教育的人，給他能發展自己的能力、完成他的人格、於人類文化盡一份力的責任；而不是把被教育的人，造成一種特別器具，給抱有他種目的的人去應用的。所以，教育事業應當完全交給

教育家，保持獨立的資格，毫不受各派政黨或各派教會的影響。

教育是要個性與群性平均發展的，政黨是要製造一種特別的群體，抹殺個性的……政黨如能掌握政權，往往不出數年，便要更迭。若把教育權也交與政黨，兩黨更迭的時候，教育方針也要跟著改變，教育就沒成效了。所以，教育事業不可不超然於政黨以外……

蔡氏此文一出，社會各界自然極力贊同，北京大學、清華大學等師生更是歡欣鼓舞。而當時的內閣總理梁士詒卻大發雷霆之怒，「一派胡言，教育如真要獨立於政黨之外，好了，政府還發什麼教育經費，讓學校喝西北風去吧！」

胡適高度評價了《教育獨立議》一文後，又向蔡校長彙報一件事：最近，由美國控制的世界基督學生同盟，決定在清華大學召開該同盟第十一屆大會，想誘導學生信仰基督教。對此，胡適表示：「我以為教育獨立和非宗教運動，應是五四愛國民主運動的組成部分，也是先生一貫宣導的思想主張。先生不是一貫提倡以美育代替宗教的嗎？」

看蔡元培點頭同意，胡適接著說：「所以，我們和守常諸君想在北大發起一次非宗教同盟大會，想請您出面做發起人。」

蔡元培看了看李大釗，李大釗已成為共產黨領導人之一，而共產黨是無神論者。

李大釗微微一笑，「先生做發起人是最佳人選。」

蔡元培答應得很乾脆，「好，我們一起做發起人吧！」

三月十七日，《晨報》七版上，報導了「非基督教學生同盟」組織三月九日發表的「宣言」。宣布將在四月一日在清華大學召開的十一次世界基督教學生同盟大會，是「汙蔑我國青年，欺騙我國人民，掠奪我國經濟的強盜會議，故憤然組織這個同盟，決然與彼宣戰」。自此，各報都充斥著有關的消息。

三月二十一日，北京學界發起「非宗教大同盟」，宣布：「有宗教可無人類，有人類應無宗教，宗教與人類不能兩立。」

全國學生界、知識界紛紛加入同盟，聲勢頗為浩大。據報載，蔡元培、陳獨秀、李大釗、胡適等新文化運動的領袖人物都積極參加了這個同盟。

周作人是個敏感的學者，他一貫「主張信仰自由」，骨子裡並不贊成「非宗教大同盟」。從陳獨秀、李大釗的介入，他意識到「非宗教大同盟」的出現，是新文化運動內部的繼續分裂。他打算保持沉默。

但是，三月二十四日，錢玄同的來信讓他改變過去沉默的態度。

錢玄同是「五四」學人裡最無心計、最坦誠卻也最尖銳的學者。他在信中說：「觀其通電，未免令人不寒而慄，中間措辭，大有『滅此朝食』、『食肉寢皮』、『罄南山之竹……決東海之波……』、『殲彼小丑，鞏我皇圖』之氣概。」又說：「我很主張陳獨秀和你之說，恐怕『彼等』要將我歸入『漢奸』之例了。但我寧可蒙『衛耶道』之名，卻不願蒙『改良拳匪』之名。」（信載於《中國現代文藝資料叢刊》第五輯）

信中提到「陳獨秀和你之說」，讓周作人記起陳獨秀曾在《新青年》七卷五期上寫過一篇文章《基督教與中國人》。陳在該文中主張以「美與宗教」來引導人的「情感」健全發展。周作人想不通，陳獨秀和蔡元培、李大釗等學人原本對宗教持理性態度，怎麼會捲入非理性的反宗教運動中呢？

周作人在前不久，曾有過《聖書與中國文學》的演講，強調「藝術起源大半從宗教的儀式出來」，文學與宗教都具有「入神」與「忘我」的共同點，「藝術必須是宗教的，才是最高尚的藝術」。他最近又寫了一篇《山中雜信》，主張以基督教影響「新中國的人心」。

周作人意識到，「非宗教同盟」運動，是一個有組織的知識分子集體行動，他甚至已經看到其背後有共產黨的影子。作為中國自由主義知識分子，周作人與錢玄同等人還是打出了自由主義與個性主義的旗幟，清晰地發出理性的聲音。

三月三十一日，《晨報》以顯著版面，登出《主張信教自由宣言》一文。宣言由周作人牽頭，錢玄同、沈兼士、沈士遠、馬裕藻四人簽名，該文說：

我們不是任何宗教信徒，我們不擁護任何宗教，也不贊成挑戰的反對任何宗教。我們認為人們的信仰，應當有絕對的自由，不受任何人的干涉，除去法律的制裁以外。信教自由載在約法，知識階級的人應首先遵守，至少也不應該首先破壞，我們因此對於現在非基督教、非宗教同盟運動表示反對。

周作人是新文化運動的主將之一，其在知識界，特別是在青年中影響巨大，此宣言一出，引起不小的震動。一部分人積極支持周作人，而另一部分人則極力批判，儘管這種批判更多是出於對帝國主義侵略中國的憤恨。

對於年輕人的批評，「周作人們」是坦然的。在他們看來，愛國主義原本就是一種激情，五四運動何嘗不是一種非理性的情感呢？

但讓他們始料不及的，是陳獨秀的出場。

四月二日，他在《晨報》發表了致周作人等的「公開信」。陳獨秀以他特有的雄辯氣勢質問：「公等宣言頗尊重信仰者自由，但對反宗教者的自由何以不加以容許？宗教果真神聖不可侵犯嗎？

「……此間反基督教學生開會已被捕房禁止，我們的言論集合自由在哪裡？基督教有許多強而有力的後盾，又何勞公等為之要求自由？公等真尊重自由嗎？請尊重弱者的自由，勿拿自由、人道主義許多禮物向強者獻媚！」

周作人即刻也在《晨報》發表《覆陳仲甫先生信》：「先生們對於我們正當的私人言論反對不特不蒙『加以容許』，反而惡聲相報，即明達如先生者尚不免痛罵我們為『獻媚』，其餘更不必說；我相信這不能不說是對於個人思想自由的壓迫的起頭了……思想自由的壓迫不必一定要用政府的力，人民用了多數的力來干涉少數的異己者也即是壓迫。」

周作人、陳獨秀各方從自己的思想邏輯出發，發表各自的意見。在五四運動之後，原本極為正常，但是陳獨秀簡單地將周作人等的不同意見，視作「向強者獻媚」，這種非友即敵的思維邏輯，未免陷入了「二元論」的獨斷，實際上是封建專斷主義的翻版。而周作人等，從此要重新審視新文化運動了。

又是直率的錢玄同，在陳獨秀與周作人的筆戰中，看到了陳獨秀為代表的共產黨人的國際思想鬥爭。他在四月八日再次致信周作人：

近一年來……看看「中國列寧」的言論，真覺害怕……這條「小河」一旦洪水橫流，氾濫於兩岸，則我等「栗樹」、「小草們」實在不免膽顫心驚……我們以後，不要再用那「務以吾輩所主張者為絕對之是而不容他人之匡正」的態度來作「訑訑」之相了。前幾年那種排斥孔教、排斥舊文學的態度應改變。若有人肯研究孔教與舊文學，鰓理而整治之，這是求之不得的事……但即是盲目的崇拜孔教與舊文學，只要是他一個人的信仰，不波及社會——涉及社會，亦當以有害於社會為界——也應該聽其自由。

錢玄同提出的反對思想鬥爭的自由主義原則，是他冷眼旁觀新文化運動深入發展的形勢後，重新估計戰略、策略而作出的選擇。或許是一種倒退，但與陳獨秀們的魯莽、簡單過激的思想邏輯不無關係。

周作人讀罷錢玄同的來信，再次陷入沉思。他甚至早就不贊同陳獨秀他們的「思想鬥爭」論。但是，讓他退出為之奉獻了理想、青春、生命的新文化運動，又心有不甘。於是四月十日，他寫了篇《思想界的傾向》，文中說：「據我看，這是一個國粹主義勃興的局面，它必然的兩種傾向是復古與排外。」

這種顧左右而言他的文章，受到胡適的批評：「現在的情形，並無『國粹勃興』的事實」，指周文

「只是退潮的一點回波，樂終的一點尾聲」，認為周作人「太悲觀了」。

四月九日，早春的風裹挾著一絲絲寒意，吹拂著北大校園剛剛吐出綠芽的柳條。北大召開了非宗教同盟大會，國內外、校內外的各界人士聚集校園。蔡元培和李大釗先後發表演說，批評前幾天周作人、錢玄同、沈兼士和馬敘倫等教授紛紛搶先在報刊發表反對意見，聲稱知識階層應首先尊重信仰自由、非宗教同盟有悖於公民的信仰自由等論調。

蔡元培講演時說：「信教是自由，不信教也是自由，如果說非宗教同盟的運動是妨礙『信仰自由』，那麼難道宗教同盟的運動，倒不妨礙『信仰自由』了嗎？現在的各種宗教，都是用詭誕的儀式、誇張的宣傳來誘惑未成年學生的盲從。這完全是用外力侵入個人的精神界，難道不是種侵犯人權的行為嗎？」

2

二月十四日，北京依然寒風凜冽，卻洋溢著春節的喜氣。《晨報》報導了「北大新聞同志會」成立的消息，還刊發了三位知名教授在會發表的演說詞。

徐寶璜說，新聞是近代以來世界「新發明的一大武器」，是「無槍階級」對付「有槍階級」的唯一武器。

李大釗批評新聞界只關注「督軍的舉動」和「闊人的一言一行」，卻漠視「窮人因困自盡」或「因受環境壓迫發生不幸的結果」。

胡適則呼籲新聞應討論「社會上活的問題，真的問題」。他認為，「發為有力的主張，這對社會才算有貢獻……如果把活的問題與真的問題拋開……談談盈餘價值，或捧捧契訶夫、莫泊桑，對社會上事業一點影響也沒有」。他還說，哪怕討論「活的問題」，如總統問題、國會問題，是有危險的，「甚至於封報館、坐監牢，受槍斃」，也不能拿空洞的主義來為軍閥、政客的報紙「充篇幅」。

胡適真的要「談政治」了，他打算辦一份談政治的《努力週刊》。作為一個自由主義知識分子，他感到僅僅做學問、啟迪民智是不夠的，應該對社會盡點兒責任。中國的知識分子，歷來對國家、民族的興衰，對政治的清明汙濁是不會袖手旁觀的，作為民族的良知和理性的代表，知識分子總要發出自己的聲音。

當前，國家的動亂、政治的黑暗、政府的腐敗已到極致，胡適覺得自己不能再沉默了，他那顆醫國救世的赤誠之心澎湃不已。他為《努力》寫出創刊獻詞，曰《努力歌》：

天下無不可為的事，
直到你和我——自命為好人的——
也都說「不可為」，
那才真是「不可為了」……
朋友們，我們唱個《努力歌》：
不怕阻力！不怕武力！只怕不努力！
努力！努力……

實際上，胡適一直在為創辦具有學人純潔性的《努力週報》作準備、努力。終於在力倡「少數人的責任」主義的丁文江推動下，於五月七日，由胡適、高一涵、陶孟和、羅家倫、張慰慈及地質學家丁文江等知識分子一手創辦的政治評論期刊《努力週報》呱呱落地於「山雨欲來風滿樓」的北京。從此，胡適告別「不談政治」的承諾，踏上了一條書生論政、自由主義知識分子參政的不歸路。

五月十一日，胡適閉門謝客。第一次寫政論，他很興奮，點上一支菸，走到暮色茫茫的院子裡，思緒漸漸飛揚起來。

就在今年二月，《每週評論》被封禁時，他在日記中寫道：「自從《每週評論》被封禁之後（一九一九年八月底），我等了兩年多，希望國內有人出來做這種事業，辦一個公開的、正義的好報。」但政府不准人民自己辦報，就沒辦成。不過，其實梁啟超是有條件辦報的，但他放棄了言論事業，去當總長了。

上海的一幫朋友如高夢旦、王雲五等友人，也勸他專心著書是上策，教授是中策，辦報乃下策。《晨報》副刊的孫伏廬更是激烈反對他辦報，寫信給他說：「我總有一種偏見，以為文化比政治尤其重要，從大多數沒有智識的人，絕不能產生什麼好政治。過去許多抛了文化專談政治的人現在都碰了頭，回過頭來了，為什麼先生一定也要去走一走這條不經濟的路？」

胡適又想到傅斯年從國外給他的信，信中說：「為社會上計，此時北大正應有講學之風氣，而不宜止於批評之風氣。」

當然，熱情支持他辦報的也不乏有人，他的朋友丁文江即是。丁文江痛恨軍閥專權與政治黑暗，聚集起一個高級知識分子的小團體，早已開始研究政治、討論時局。

胡適曾開誠布公地批評自己「二十年不談政治」的決心，告誡人們：「不要上胡適之的當，說改良政治先從思想文藝下手。」

他曾對自己說：「你的主張是一種妄想。你們的文學革命、思想革命、文化建設都禁不起腐敗政治的摧殘，良好的政治是一切和平社會改善的必要條件……」

頭上繁星點點時，胡適深深地吸了口園裡丁香花瀰漫的香氣，回到書房。到月上中天，《我們的政治主張》完成了。他不禁伸伸腰，鬆了口氣。當他重新看文稿時，不由自主地朗讀起來：「我們以為現在不談政治則已，若談政治，應該有一個切實的、明瞭的，人人都能瞭解的目標。我們以為國內的優秀分子，無論他們理想中的政治組織是什麼（全民政治主義也罷，基爾特社會主義也罷，無政府主義也罷），現在都應該平心降格地公認『好政府』一個目標，作為現在改革中國政治的最低限度的要求……」

讀著讀著，胡適自己先感動起來，竟有一行熱淚從臉頰滾下。

第二天，他帶著《我們的政治主張》文稿，到蔡元培家和友人們討論。那日，蔡校長家名流雲集、群賢畢至——李大釗、湯爾和、陶行知等十多位社會各界名流熱熱鬧鬧地聚在客廳裡。

胡適來得稍稍晚了幾分鐘，他歉意地向大家點頭微笑。眾人看到他滿面春風，便知他的大作一定不同凡響。

身著一件新藍布長衫的蔡元培，把胡適讓到自己身邊落座，然後宣布由胡適為大家讀《我們的政治主張》。

胡適已對文稿爛熟於心，讀起來不僅流暢，且抑揚頓挫：

……我們深信中國之所以敗壞到這步田地，雖然有種種原因，但「好人自命清高」確實是一個重要的原因。今日政治改革的第一步在於好人須寓有奮鬥的精神，凡是社會上的優秀分子，應該為自己計、為社會計，出來和惡勢力奮鬥。民國五六年以來，好人袖手看著中國分裂，看著討伐西南，看著安福系的成立與猖獗，看著蒙古的失掉，看著山東的賣掉，看著軍閥的橫行，看著國家破產丟臉到這步田地。做好人是不夠的，須要做奮鬥的好人；消極的輿論是不夠的，須要有決戰的輿論。這是政治改革的第一步下手工夫。

胡適讀罷，滿面通紅，熱淚湧流。

眾人聽罷，先是短暫沉默，接著是熱烈而持久的掌聲。蔡元培首先發了言：「適之呀，文章寫得何等之好哇！聽罷，真是讓人油然而生天降大任之使命感。我提議向社會公布這份宣言。」

有領袖群倫的蔡校長的提議，眾人紛紛支持，並願簽名。

胡適作為新文化運動的主將、學界的領袖，不僅才學名冠當時，且以人格魅力團結了一大批文化精英，只要他振臂一呼，學界便會熱烈響應。五月十四日，有十六位北京各界知名學人，包括蔡元培、湯爾和、李大釗、陶孟和、王寵惠、羅文榦、王伯秋、朱經農、高一涵、張慰慈、梁漱溟、徐寶璜、王文伯、丁文江、胡適，聯名在《晨報》、《民國日報副刊》及《努力週刊》刊發這份由胡適執筆起草的《我們的政治主張》。

十六位知名學人以集體連署的方式，公開提出了「好政府主義」：一是充分運用政治的機關為社會全體謀充分的福利。二是充分容納個人自由、愛護個性的發展。

為此，他們還提出政治改革的三條要求：「憲政的政府」、「公開的政府」、「有計劃的政治」。《我們的政治主張》一經發表，立刻在死水一潭的北京，乃至全中國泛起層層漣漪，引起不小的震動。北京七所大學的校長們，公開在《努力週刊》發表連署聲明，支持胡適等人提出的政治主張。邵力子、李劍農等知名人士也分別在上海的《民國日報》、《太平洋》雜誌發表政論。這些文章還不斷深化了胡適等十六人的政治主張。

五四運動之後，利用聯名的方式，公開表達自己的政治見解，成為知識分子參政的一種政治手段和重要模式。

有意思的是，在《我們的政治主張》上簽名的王寵惠、羅文榦、湯爾和，在簽名三個月後，分別「入閣參政」。王寵惠代理總理，後正式受命組閣，湯爾和出任教育總長，羅文榦出任財政總長。按胡適的標準，這三人入閣已具好人政府的理想了，用胡適的話說：「雖不能做到清一色漸漸趨向湊一色了。」胡適還天真地為王寵惠內閣提出過一套「解決目前時局的計劃」，並親自參加王寵惠內閣辦的茶會，很誠懇地與其討論施政方針。

王寵惠的後臺是直系的吳佩孚。在《我們的政治主張》上簽名的十六位名人，都敬佩吳佩孚這位權威人物。李大釗也很佩服吳的人品和才具，據胡適一九二二年六月十日在日記中載：「守常說，吳佩孚甚可敬，他的品格甚高，只是政治手腕稍差一點。」

但國會的後臺是曹錕，在新內閣與國會因經費和借款問題鬧翻之後，其藉口羅文榦有納賄行為，由黎元洪下令將他逮捕。北京的政局突變，成了吳景濂等人「橫行無忌的世界」，讓胡適大為失望。

3

民國十一年（一九二二年），四月一日，清遜帝溥儀結婚大典。面臨資金困難，皇室欲將一套《四庫全書》以一百二十萬元賣給日本人。《四庫全書》乾隆時僅繕寫七套，後有三套毀於戰火，此次皇室欲賣的是藏於紫禁城內文淵閣的一套。

消息傳出，各界紛紛譴責，北大教授沈兼士等七人聯名發出聲明，指清皇室此舉不僅毀棄國寶，且為國民恥辱，清室只好作罷。

剛過月餘，賣書風波餘波未盡，於石榴花綻放的五月十七日，胡適等人的《我們的政治主張》又沸沸揚揚地在朝野傳播。胡適意外地接到溥儀從清宮裡打給他的電話，邀請他到昔日的皇宮裡「談談」。躲在深深的紫禁城裡，遜帝溥儀大概從報上讀到了胡適的《我們的政治主張》。在這之前，他的老師莊士敦向他介紹過提倡白話文的胡適博士，於是溥儀讀了胡適的《嘗試集》和《胡適文存》。與他讀的四書五經不同，胡適的白話文果然帶給他新鮮的閱讀感覺，他很想見識一下這位新派思想領袖的真容。

胡適在他的十七日日記中寫道：「今天清室宣統帝打電話來，邀我明天去談談。我因為明天不得閒，改約陰曆五月初二去看他。」

五月初二是陽曆五月三十日。在二十五日那天，胡適先去拜訪了溥儀的老師莊士敦。他們當時都是北京一個國際團體「文友會」的會員。「文友會」主要由中、美、英、法、荷和蘇俄等國籍人士組成，該會定期開會，討論共同感興趣的政治、社會、文化等問題。莊士敦是該會前會長，胡適後來繼任會長，彼此頗為熟悉。

關於胡適拜會莊士敦，胡適在二十五日日記中稱：「我因為宣統要見我，故今天去看他的先生莊士敦，問如今宮中情形。莊士敦說宣統近來頗能獨立，自行其意，不受一幫老太婆牽制，前次他辮子剪去，即是一例。上星期他的先生陳寶琛病重，他要去看望，被宮中人勸阻，他堅持不聽，竟雇汽車出去，這也是一例。前次莊士敦說起宣統曾讀我的《嘗試集》，故我送莊士敦一部《文存》時，也送了宣統一部。這一次他要見我，完全不同人商量，莊士敦也不知道，可見他自行其意了。」

莊士敦還告訴胡適，對外界新鮮事物充滿好奇的少年溥儀甚至讓他牽線，在宮裡接見英國的海軍司令和香港的英國總督。後來對電話大感興趣，不顧內務府的反對，堅持在養心殿裡裝了一部電話。這次，便是翻電話簿，找到胡適電話，才有邀請入宮之舉。

溥儀當年已經十七歲了，胡適認為他在思想與行為上已有主見。因為胡適知道，他自己不僅在北洋政府那裡被視作傳播危險思想的亂黨，也被紫禁城裡的遜清小朝廷視為危險人物。溥儀若告訴內務府，內廷一定反對他見胡適，溥儀才直接打電話給胡適。胡適感到，他去見溥儀，或對遜帝的思想、行為更為獨立有幫助，有教無類嘛。

按照紫禁城的慣例，五月三十日（星期二）宮中休息。胡適如約進宮見了溥儀。胡適在當日的日記上，比較詳細地記下了與溥儀相見的過程：

今天因與宣統帝約了去見他，故未（在北大）上課。十二時前，他派了一個太監，來我家接我。我們到了神武門前下車，先在門外一所護兵督察處小坐，他們通電話給裡面，說某人到了……他們電話完了，我們進宮門，經春華門，進養心殿。清帝在殿的東廂，外面裝大玻璃，門口掛厚簾子；太監們掀起簾子，我進去。清帝已起立，我對他行鞠躬禮，他先在面前放了一張藍緞子的大方凳子，請我坐，我就坐了。我稱他「皇上」，他稱我「先生」。

他的樣子很清秀，但單薄得很，他雖十七歲，但眼睛的近視比我還厲害。穿藍袍子、玄色背心。室中略有古玩陳設，靠窗擺著許多書，炕几上擺著今天的報十餘種，大部分都是不好的報，中有《晨報》、《英文快報》。几上又擺著康白情的《草兒》（九月六日，胡適發表《評新詩集——康白情的〈草兒〉》）、亞東出版的《西遊記》。他問起白情、平伯，還問及《詩》雜誌，近來也試作新詩，說他很贊成白話。

他談及他出洋留學的事，說：「我們做錯了許多事，到這個地位，還要靡費民國許多錢，我心裡很不安。我本想謀獨立生活，故曾要辦皇室財產清理處。但許多老輩的人反對我，因為我一獨立，他們就沒依靠了。」

他說有許多新書找不著，我請他以後如有找不著的書，可以告訴我。我談了二十分鐘，就出來了。

聽聞胡適進宮見了溥儀，清朝昔日的王公大臣、遺老遺少們惶惶不安，「像炸了油鍋似的」。社會上的輿論更是沸沸揚揚，有的報紙登出「胡適請求免跪拜」、「胡適為帝者師」等傳聞，借此大做文章，詆毀胡適懷戀舊王朝、敬仰廢皇帝云云。更令人不解的是，近百年之後的今天，仍有人對此蜚短流長。

其實，胡適從紫禁城出來之後的第七天，他曾致信莊士敦，向他介紹了入宮情況：「當我應召入宮時，皇帝對我非常客氣，且以禮待之。我們談到新詩和青年詩人以及其他文學等問題。」還在信中說：「我本不打算讓新聞界知道這次會晤的事情，但不幸得很，一些我並不經常讀的報紙卻把這件事情道出來了，這對他們來說，似乎有著重要的新聞價值……我必須承認，我為這件小事兒深為感動，當時坐在我國末代皇帝——歷代偉大君主的最後一位代表面前的竟然是我。」

胡適還在給莊士敦寫信的同一天，寫了一首此次晤面溥儀的詩《有感》。

咬不開、捶不碎的核兒，
關不住核兒裡的一點生意。
百尺的宮牆，千年的禮教，
鎖不住一個少年的心！

一九五九年十二月十二日，胡適在這首詩的手稿上加了一段話：「此是我進宮見溥儀廢帝之後作的一首小詩。若不加注，讀者定不會懂得我指的是誰。」

為了回敬不良輿論對自己的誹謗，胡適專門在《努力》週報上寫了一篇題為《宣統與胡適》的短文予以回敬：清宮裡一位十七歲的少年，所處的境地是很寂寞的、很可憐的。他在這寂寞之中，想尋一個比較也算得是一個少年的人來談談，這也是人情上很平常的事。不料中國人腦筋裡的帝王思想，還不曾刷洗乾淨。所以這一件本來很有人味兒的事，到了新聞記者的筆下，便成為一條怪詫的新聞了。

從胡適的相關「這一件事」的日記、書信、短文中，讀者可讀出十七歲寂寞的廢帝溥儀贊成白話，喜歡新詩、謀求獨立，不想靡費國家金錢出國留學，建議清理皇宮財產等思想，這給胡適留下了深刻的印象，並讓他感動。胡適對他產生一種同情與憐惜，同時滋生出一種充滿人情味兒與解救心相滲的情感，後來甚至產生伸以援手幫助這個孤獨少年脫離「百尺宮牆、千年禮教」的衝動。

讀胡適親歷的關於「這一件事」的相關文章，讀者或許會對後來被意識形態和政治化以及「漫畫化」的這件事會心一笑。因為，中國人的文化心態，到了今天，已發生了很大的變化。

4

從去年歲尾至今年二月十二日，《晨報副刊》連載了署名巴人的小說《阿Q正傳》。巴人者，魯迅也，這是他繼《狂人日記》、《孔乙己》、《藥》之後的第四篇小說。正如他自己所說，寫小說，「不過利用他的力量，來改良社會」。他的這幾篇小說意在揭露封建社會的罪惡，並反映處於經濟剝削和精神奴役下農民的生存狀態與精神面貌，描寫黑暗社會中掙扎的知識分子的命運。

《阿Q正傳》的連載，在北大引起了不小的騷動。先是紛紛猜想巴人是何許人氏。錢玄同在北大文科教師休息室裡，聽到有人說這篇小說是《晨報》主筆蒲伯英寫來諷刺胡適的，理由是「巴」即巴蜀，蒲伯英就是四川人，而胡適曾使用過Q的筆名。小說分明提到「歷史癖與考證癖的胡適之先生的門人們」云云。接著，教職員包括學生在內，一見面都戰戰兢兢地問：「阿Q是誰呀？」彼此總覺得對方有阿Q的影子。

錢玄同將真相告訴同事，且表示自己很是欽佩魯迅小說之妙。而坐在一邊抽菸的魯迅，卻淡淡地說：「我總是不討人喜歡，卻總改不了。」

魯迅對中國農民的悲慘命運是寄予深深的同情的，對他們的自輕自賤、自譬自解的精神勝利法又是不滿的。魯迅將「國民弱點」的普遍性體現在阿Q的特殊性裡，典型性格越是具體深刻，便越帶有普遍性，於是阿Q的形象取得了廣泛的社會諷刺效果。

魯迅在醞釀《阿Q正傳》之前，曾受邀成為孫伏園主編的《晨報副刊》「開心話」專欄的首位撰稿人。在撰稿中，一個被壓抑了幾千年的農民的靈魂，漸漸在魯迅心中活脫脫地誕生。

教員休息室因《阿Q正傳》正談得熱熱鬧鬧，蔡元培掀簾進來，見到沉默著抽菸的魯迅，笑道：

「豫才，你那篇《阿Q正傳》寫得好哇！正人君子們會好生不悅的喲。」

魯迅客氣地向校長點了點頭，依舊沉默。最近他心裡很煩，先是對錢玄同——《新青年》解體後，他們很少聯繫，錢玄同到補樹書屋的次數屈指可數。這位新文化運動之初鬥志昂揚的戰士，如今卻躲進書齋，重新皈依章太炎的窠臼，潛心研究起文字學來。據周作人講，自錢玄同聲名鵲起，邀請他去兼課的大學紛紛送來大紅的帖子，他一時成了學界的忙人，整日夾著他那不離身的黑色皮包，乘黃包車匆匆往來於各大高校之間。學生們對錢玄同非常歡迎，上他的課時，幾乎無蹺課者。學生陶醉於他在黑板上寫得極漂亮的唐人抄經體，癡癡地看他賣弄古字，靜靜聽他搖頭晃腦地講《山海經》。儘管他從不閱卷，學生還是崇拜得很。

偶爾與錢玄同相見，魯迅發現錢玄同的本性瘋勁未變，說話還是那麼率直，常常嗆得人家哭笑不得。長久以來，魯迅總覺得這錢玄同話裡有話，是在有意奚落他。錢玄同比他小六歲，十幾歲結婚，接著便生三子，總是在他面前大談自己的三個公子如何上進，大公子已鬧戀愛云云。特別是錢玄同老咒五十歲以上的人死了算了，這讓魯迅很有點兒失落。

魯迅對蔡元培也有些不滿。比如，對前不久北大發生的「講義費風波」，成了北京學界的新聞。起因是北大經費緊缺，決定印的講義由免費改為收費。接著北大教授朱希祖、沈兼士和沈士遠等人聯名向蔡校長建議，將所得收費撥給校圖書館，作擴充圖書之用。

過去，北大的各科講義都放在教室，聽課的學生不僅能免費拿，有的還可以多拿幾份給別系或校外的同學，如今要收費，自然會引起學生不滿。有一位叫馮省三的學生就帶頭反對，一下子聚集了大批支持者，他們衝向蔡元培辦公室，高喊口號，甚至出言不遜。這位前清翰林國民校長，受到這種挑戰，剛開始還有些高興，學生能大膽自由地發表意見，可見民主自由的意識已在年輕的學生心中生根。他和顏悅色地向他們解釋收費的緣由，但馮省三氣勢洶洶，指著校長鼻子無端大聲指責，毫不理會校長的苦心勸說，門前秩序大亂。

面對這般氣勢，蔡元培怔住了，接著，宣布自己辭去校長職務。北大頓時亂了，先是總務長蔣夢麟宣布追隨校長辭職，接著庶務部主任沈士遠、圖書館主任李大釗、出版部主任李辛白等也宣布隨同校長辭職，最後北大全體職員發布《暫時停止職務宣言》。出現這種嚴重局面，學生會出面表示反對風潮，並公推代表極力挽留校長和教職員工。於是校長和教職員工宣布復職，並作出兩個決定：一是取消講義費，二是開除馮省三。

魯迅卻憤怒了。當夜，他在補樹書屋藉著昏暗的檯燈，寫了一篇文章《即小見大》，一個月後發表在《晨報》上，為馮省三鳴不平，自然也對蔡元培表達不滿，因為「沒有聽得有誰為那做了這次的犧牲者祝福」。

魯迅與胡適也不冷不熱。年初，吳宓等人辦《學衡》月刊，打著「昌明國粹，融化新知」之旗幟，抵抗新文化運動，胡先驌發表《評〈嘗試集〉》，魯迅與周作人，站在胡適一邊，著文反駁。先是周作人在《晨報副刊》署名式芬發表《〈評嘗試集〉匡謬》；接著魯迅署名風聲，在《晨報副刊》撰文《估〈學衡〉》予以支持。

魯迅還在八月二十一日給胡適的信中，大讚胡適的論文《五十年來中國之文學》「警辟之至，大快人心」，還希望「早日印成，因為這種歷史的提示，勝於許多空理論」。而且，二人還熱情為對方提供所需參考書或即時推薦資料，以助對方研究。如魯迅信中有「前回承借我許多書，後來又得來信。書都大略看過了，現在送還」。又如「同文局印之有關《品花》考證之寶書，便中希見借一觀」（八月十四日致胡適）。「《品花》考證之寶書」指清代楊懋建（掌生）所著《京塵雜錄》，光緒丙戌年（一八八六年）出版，為難得之書。彼此互借，可見關係不錯。

5

是年六月十七日，《廣州晨報》主辦人夏重民突然遭到陳炯明的逮捕。陳炯明指使部下葉舉下令先將夏重民毒打得血肉橫飛，然後又將其捆綁沉於珠江。夏重民慘死後，《廣州晨報》被軍警搗毀封禁。陳炯明就是用這樣殘酷的辦法，消滅敢於挑戰他的人。

就在夏重民被殺害的十三天前，北京教育界在國立美術學校隆重地舉行了「六三」紀念會，各校師生及社會各界紛紛上臺發表演說，紀念五四運動。就在這樣的集會上，蔡元培、李大釗、胡適等五四運動的先驅們二百餘人，致電孫中山和南方的非常國會，指出北方的非法總統徐世昌已被趕下臺，護法目的已達到。而且，北方的軍隊已表示擁護代表民意的新政府，南北一致，已無再動用武力之必要，孫先生的北伐可以休矣，望發表與徐世昌同時下臺之宣言，戰火消弭，百姓之福。

不料，此通電一經《晨報》發表，不僅使剛剛在廣州平息叛亂的孫中山大吃一驚，南方革命黨人也無不目瞪口呆。他們實在難以理解，這位老革命黨人、北方學界的精神領袖蔡元培，不僅早就頻頻遊走於直系政客之間，如今竟然還發動北京學界簽名，催促黎元洪到京赴任大總統。南方革命黨人對此非常憤慨。

胡適也察覺老校長參政過深，寫信勸老先生，不要再學堂吉訶德與風車對戰了。胡適自然知道，老先生過於學究了，他哪裡懂得政治江湖的險惡。

蔡元培心裡也忐忑起來，但他始終沒道出後臺挾持他的人是誰。

胡適當然不便追問蔡元培，他心裡知道，躲在幕後的一定是位老奸巨猾的政客。

社會果然開始反擊蔡元培了，但令他沒想到的是，最先在上海《申報》發表檄文的，竟是老友章太炎！「章瘋子」不僅是敢於拚命、窮究學問、被魯迅譽為「並世無第二人」的學問家，亦是辛亥革命的元老、「有學問的政治家」，曾與孫中山、黃興攜手進行「二次革命」。「五四」之後，章太炎精神寂寞，遠不如弟子陳獨秀、錢玄同、周氏兄弟那麼活躍。近來，章太炎應江蘇教育會之請，一邊開館講國學，一邊宣導在政治上以聯省自治取代中央集權，以聯省參議院取代國會，以委員制取代總統制。書生參政，自然常常寄以希冀，往往空談而已，但章太炎的熱情很高，與他的弟子錢玄同重回書齋精研國學，形成鮮明對照。

章太炎早就聽說北方直系想抬出黎元洪這個傀儡，以恢復法統為名，反對孫中山北伐，已心有警惕，忽然又有蔡元培稀里糊塗參加進來，隨聲附和，他終於動氣了，在《申報》上發電，以章氏特有的文字風格，機鋒無限地寫道：

閱公對中山停止北伐一電。南方十二省，唯六省尚稱自治，其餘悉為北方駐軍所蹂躪，貪殘無道，甚於奉張。此次北伐，乃南方自爭生存，原動不在一人，舉事不限護法。公本南人，而願北軍永據南省，是否欲做南方之李完用耶？或者身食其祿，有箭在弦上之勢，則非愚者所敢知也。

早年在日本，章太炎追隨孫中山革命。一九〇七年，日本政府答應清政府的請求，同意將孫中山等革命黨人驅逐出日本，為不得罪孫中山，臨行前還為孫中山一行設宴餞行，同時贈款五千。章太炎聞之，以為孫中山被日本政府收買，動了氣，撕下民報社孫中山的照片，並寫下「賣《民報》之孫文應即撕去」等字，寄往香港，羞辱孫中山。但若也有人罵孫中山，他即還以一記耳光，叫道：「你是什麼東西，總理是中國第一等偉人，只有我能罵他！」如今有人反對孫中山北伐，他自然動怒，非站出來不可。而且在七月二十二日，他還和曹亞伯等在滬組織了聯省自治促進會。

上海《申報》還同時發了國民黨權威理論家張繼的通電，代表政黨聲討蔡元培：

閱公勸中山先生停止北伐一電，不勝駭然。北軍宰割江流，行同強寇。僕北人也，尚不願鄉人有此行動，公以南人，乃欲為北軍遊說，是何肺腸！前者知公熱心教育，含垢忍辱，身事偽廷，同人或尚相諒。今乃為人傀儡，阻撓義兵，逸出教育範圍以外，損失名譽，殊不恒也。

蔡元培乃當時教育界領袖、學界泰斗，何曾遭此攻訐？見《申報》兩側各人之措辭激烈的檄文，一下子暈倒在地，被人送到法國醫院。

李大釗和胡適聞訊，立刻趕到醫院探望。見甦醒不久的校長滿面憔悴、神情沮喪，他們不禁都流下眼淚。

蔡元培對報上稱自己為「傀儡」、「身事偽廷」等語，深感屈辱，「受同營壘的攻擊，這真讓我斯文掃地！」說罷，眼圈一紅，竟也落下淚來。

李大釗忙拉起校長的手，想安慰又心懷歉意，不知從哪裡說起。幾乎是上海《申報》發表抨擊蔡元培的文章的同時，李大釗也接到了陳獨秀的來信。已成為共產黨總書記的陳獨秀，依舊如先前脾氣暴烈，在信中怒不可遏地痛斥他一通。

本來，共產黨中央對李大釗參與蔡元培、胡適等搞什麼《我們的政治主張》宣言就不甚滿意，委託陳獨秀發表了《中國共產黨對於時局的主張》，批評蔡、胡等「好人政府」的政治主張。而今，又有李大釗參與致電孫中山和南方國會，希望孫中山停止北伐之舉。

陳獨秀告訴李大釗，中共中央擬定下月在上海召開黨的二大，他跟蔡和森負責起草大會宣言，並將《宣言》精神告訴李大釗：打倒軍閥，推翻帝國主義的壓迫，達到中華民族完全獨立，是黨在民主革命階段的綱領，而不是什麼軍閥統治下的改良政治方案。

同時，陳獨秀告訴李大釗，根據共產國際的指示，下一步非但不阻止孫中山北伐，黨還要和孫中山建立廣泛的民主聯合戰線，推翻直系軍閥集團。

陳獨秀對老友蔡元培和胡適還是念舊情的，他特意讓李大釗勸蔡、胡，與軍閥談什麼「好人政府」，說不好聽的是與虎謀皮，必須丟掉幻想。

當李大釗極委婉地向蔡校長轉達了陳獨秀的意見之後，蔡元培沉默良久，仲甫的政治主張離他是否太遙遠啦？他對忠厚的李大釗說：「守常啊，你知道我歷來是討厭政治的，今後我不再參與政治。請你轉告仲甫，我不能不辦教育，不能沒有北大。」

蔡元培告訴李大釗，辦教育不能總跟撥發教育經費的政府為敵吧？你看林語堂、劉半農等人正在國外留學，學校總要為他們交學費。北大又通過《國立北京大學助學金及獎學金條例》，每年是一大筆開支。李四光、丁文江搞地質研究所，需要添置設備……

最後，蔡元培歎息道：「我已沒有退路了！」

胡適看不慣別人指責蔡元培，他在《努力》週報上公布「陳炯明倒孫（中山）兵變」消息時，寫道「陳炯明此次是革命，不是叛逆」。

關於陳炯明與孫中山的矛盾，孰是孰非，至今仍在爭論。但當時，孫中山是很恨胡適的，他辦的《民國日報》不斷攻擊胡適。胡適也不介意，依然在書齋潛心研究學問，偶爾發表一些時評政論。一介布衣學者，一個自由主義知識分子，自有許多事情要做。

這場風雨很快風流雨歇，一個多月後，國共合作，陳獨秀、李大釗等都以個人身分加入了國民黨。孫中山先生還設家宴，專門宴請陳獨秀、李大釗和蘇俄的馬林。在酒會上，孫中山談了《新青年》，說了陳獨秀、胡適，談了蔡元培「相容並包」的辦學主張，稱讚他們說，沒有陳、胡、蔡發動的啟蒙運動，中國的革命不知還要推遲多少年。

談到胡適、蔡元培，喝了幾杯酒的陳獨秀，在席間朗聲讚揚和感謝了這一老一小兩個書呆子。就在半個月前的八月九日，陳獨秀又被上海法租界巡捕抓進監獄，其住所遭查抄。京、滬各報迅速報導了這一消息，刊出各界營救通電。八月十五日，北京《晨報》發表了少年中國學會等十團體發出的為陳獨秀被捕敬告國人宣言。真正起作用的是蔡元培和胡適，出面找外交總長顧維鈞出面，向法國公使說情，由法國公使與駐滬法國領事聯繫，最後罰款四百元，將陳獨秀放了出來。

陳獨秀被放出來後，經濟特別拮据。九月二十四日，胡適、蔡元培聯繫十四位名人，聯名在《晨報》上發出《為陳獨秀君募集訟費啟事》，向社會各界發出呼籲。其時，陳獨秀與胡適正為「聯省自治」的主張而相互攻訐，在陳獨秀的眼裡，胡適不過是塊革命的絆腳石而已。

在座的許多人，心裡自有公道。蔡、胡是兩位亂世中的正直學者，一介學人，他們的人格、操守在世局交響嬗替之際，顯示了文化人巨大的人格魅力。

酒會將散之際，有人將一張北京《順天時報》拿進來。此報正做理想政府總統和各部總長的民意調查，自是年八月一日至二十八日，由讀者自由投票，開票結果如下：

孫中山以兩千零七十三票當選理想大總統；

蔡元培以一千零九十三票當選理想教育總長（梁啟超得三百八十三票）。

眾人看罷，心思自然不同。孫中山大笑，「黎元洪不知做何感想，這可是北京百姓的選擇！」

胡適為友誼可以屢屢救陳獨秀免遭牢獄之苦，但為了「忍不住的新努力」政治，他並不放棄自己的政治主張。九月十日，胡適在《努力》週刊發表《聯合自治與軍閥割據（答陳獨秀）》，反對陳獨秀的《對於現在中國政治問題的我見》。十月一日，又在《努力》週刊發表《國際的中國》，公開批評中共二次代表大會的政治綱領。

胡適與陳獨秀友誼不減當年，然而因在政治上的分歧卻越走越遠，甚至針鋒相對，這正是民國初年知識分子關係獨特的政治、人文景觀。

6

民國十一年（一九二二年），《新青年》解體，並未過多影響新文學運動的進一步發展。繼文學研究會、創造社之後，新的文學社團如雨後春筍，新的文學流派如淺草社、沉鐘社不斷湧現，一批批文學新人也紛紛強勢登上文壇，可說是名流雲集，群星璀璨。

是年，由馮雪峰、潘漠華、應修人、汪靜之四人在美麗的杭州創建了湖畔詩社。用馮雪峰的話說，湖畔詩社「實際上不能算作一個有組織的文學團體，只可以說是當時幾個愛好文學的青年的一種友愛結合」（《〈應修人潘漠華選集〉序》）。這種情況在當時很普遍。朱自清在《〈中國新文學大戲・詩集〉導言》中，稱其為「真正專心致志作詩」的社團。這些愛情詩深深打動了身處亂世之中，迷惘不安而又充滿憧憬的青年男女的心，湖畔詩社因此而聞名於世。朱自清不曾料到的是，馮雪峰不久就不再「專心」寫詩，而轉向為共產主義而鬥爭，成為魯迅身邊的共產黨友人。

湖畔詩社當年四月先後出版了兩本詩集《湖畔》、《春的歌集》，是文壇較早的詩歌合集。對詩壇的影響較大的汪靜之出了《蕙的風》和《寂寞的國》兩部詩集。

湖畔詩社的詩作多半是吟詠愛情或瞬間感受的短詩，是四位涉世不深的青年的真實情感流露。如「悔煞許他出去，悔不跟他出去，等這許多時還不來，問過許多處都不在」，又如「我們歌哭在湖畔，我們歌笑在湖畔」，這「歌哭」與「歌笑」無不是年輕靈魂的自白。朱自清在《〈中國新文學大系・詩集〉導言》中評論：「他們那時候差不多可以說生活在詩裡。」

潘漠華淒苦，不勝掩抑；馮雪峰明快，笑中有淚；汪靜之天真稚氣；應修人味兒淡。

汪靜之早在上一年秋冬，其詩《悲哀的青年》、《竹葉》等就發表在《新青年》上。《荷葉上的露珠》、《愛情》也見於《晨報副刊》。後出版的《蕙的風》，彙集了其早年一百多首詩歌。他的詩不長，簡潔而情感濃郁地表露年輕人的愛情心理，如清麗幽婉的《別情》、《伊的眼》等詩篇，成了廣為流傳的愛情詩篇。

在《伊的眼》中，詩人寫道：

伊的眼是溫暖的太陽，
不然，何以伊一望著我，
我受了凍的心就熱了呢……

這些詩句，在今天讀起來，未免輕淺，但在「五四」後渴望掙脫舊禮教束縛、追求愛情的青年人中，卻產生強烈的反響。正因如此，汪靜之的《蕙的風》詩集出版後，竟掀起了不小的波瀾。

是年十月二十四日，安徽績溪人南京東南大學學生胡夢華在《時事新報．學燈》上發表了一篇《讀了〈蕙的風〉之後》，指責自己的績溪同鄉汪靜之的詩是「墮落輕薄」的作品，「有不道德的嫌疑」。一文激起千層浪，先是章鴻熙在十月三十日《民國日報》副刊「覺悟」上著文《〈蕙的風〉與道德問題》，對胡夢華予以批駁。胡夢華又在十一月三日的同一副刊「覺悟」上，發表《悲哀的青年——答章鴻熙君》，以答辯反擊。文中有「我對於悲哀的青年的不可思議的淚已盈眶了」的句子。

詩無達詁，文無定法，討論文學作品的得失，原是正常的文學現象。在瀰漫著自由空氣的民國初期，有極好的在學術層面的文學交流氣氛。後來的論者，受意識形態影響，常把文學的討論視為政治鬥爭，犯非對即錯的二元論的毛病。對作品的討論，已超越了文學範疇，成為一種思想鬥爭的模式。

汪靜之在出版《蕙的風》前，請胡適為之作序，胡適慨然允之，「新詩的老祖宗」欣然命筆，遂有

《〈蕙的風〉序》，九月先發表在《努力週刊》。

胡適說，《蕙的風》在他家「差不多住了一年之久」，「我覺得他的詩的進步著實可驚」，「他的詩在解放一方面比我們做過舊詩的人更徹底的多」。胡適並不一味誇讚，而是極為辯證地指出：「他的詩有時未免有些稚氣，然而稚氣究竟遠勝於暮氣；他的詩有時未免太露，然而太露究竟遠勝於晦澀」。

胡適以其超凡的識力，預料到汪靜之的詩會引起爭議，「也許有人覺得靜之的情詩有不道德的嫌疑」，「不應該做這種呻吟婉轉的情詩」。不過胡適警告，「戴上了舊眼鏡來看新詩，更容易陷入成見的錯誤」。

因此，對於胡夢華批評汪靜之的文章，胡適覺得早在預料之中，不須再費筆墨了。

汪靜之被稱為「赤子」湖畔詩人，與周作人關係也很密切。湖畔詩社三月剛剛成立，潘漠華與汪靜之便立刻致信周作人，報告消息。周作人隨即寫了《介紹小詩集〈湖畔〉》的文章，為之歡呼與鼓吹，且親自聯繫《晨報》刊登其廣告，又推薦北大出版部代售《湖畔》。應修人也致信周作人，稱「啟明我師」，信中說：「你為什麼這麼和藹——使未識面的人都深深地感著你那誠摯的、仁慈的愛。」由此可見周作人當時在年輕人心目中的崇高位置和親切的形象。當道學家圍攻汪靜之時，他為汪辯護和對發難者責問。

魯迅也不沉默，他在十一月十七日《晨報副刊》署名風聲，發表了一篇極為犀利的評論《反對「含淚」的批評家》，批評胡夢華對汪靜之的批評。文章說：「我看了很覺得不以為然的是胡夢華君對汪靜之君《蕙的風》的批評，尤其覺得非常不以為然的是胡君答覆章鴻熙君的信」。在逐條批駁之後，云「批評文藝，萬不能以眼淚的多少來定是非」。魯迅的文章，似少對汪靜之詩歌的優劣具體分析點評，大多是對胡夢華文章的眼光和用語予以討伐。

二十歲出頭的學生，遇到了可以做他父親的文學家，這種交鋒極不對等，胡夢華只能仰天長歎了。

在文學對青春浪漫氣息的呼喚中，創造社異軍突起。創造社是繼文學研究會之後，於一九二一年成立的文學社團。主要成員有以新詩和歷史劇而聞名的郭沫若，有寫象徵小說和文學批評的成仿吾，有寫愛情小說的張資平，有寫現代話劇的田漢和以寫浪漫主義小說的郁達夫等五位主將。他們的創作豐富多彩，多姿多樣。除郭沫若外，成就最高，影響也大，個性最鮮明的，當數郁達夫。尤其需要提及的是其小說作品充滿浪漫色彩而獨樹一幟，開創了我國現代小說中的浪漫抒情流派。

郁達夫（1896-1945）出生於浙江富陽，家境殷實，從小受中國古典詩文的薰陶。他寫的《自述詩十八首》的自注可視為他的自傳，「予以十一月三日生。先父常曰『予育汝輩，猶王公之植三槐也』」，「家住富春江上，西去桐廬則嚴先生垂釣處也」，「三歲父歿時予正病，青燈雨夜，二兄坐靈幃前吟哦光景，猶歷歷予目也」，「九歲作韻語，阿母撫予肩曰『此兒早慧，恐非大器』」，「十三歲始學西歐文字」，「十五歲冬去小學，獎得吳梅村詩集讀之，是予平生專心研求韻律之始，前此唯愛讀兩漢書耳」，「十六歲春欲入杭州中學，赴杭州。初到三日，即醉倒於江干酒肆，同人傳為笑柄」，「十七歲春，仍欲入杭州中學，赴杭州寄寓保安橋數月。九月入之江大學豫（預）科，住江干者半載。十八歲春去之江大學，入蕙蘭學校學英文，住石牌樓者三月。秋八月家兄奉命來日本，予亦隨之東來，住東京小石川者一年。十九歲夏入第一高等學校豫（預）科，而是歲夏轉至名古屋第八高等學校，二十一歲秋由醫科改入法科。二十二歲夏還鄉，秋病作，入病院二月。二十三歲冬，疾始療」。

寫於二十三歲夏五月的《自述詩十八首》不僅記錄了郁達夫的經歷，從中也可窺見其秉性及聰慧。

一九一三年隨長兄東渡日本，五年後進東京帝國大學經濟部讀經濟學，而他的興趣則在文學方面。十年的日本生活，飽嘗歧視屈辱，激發了他的愛國熱忱，並養成他憤世嫉俗又傷感憂鬱的思想。這段人生經歷和思想狀態，在後來的文學作品中得到了鮮明的反映。一九二一年，郁達夫和郭沫若、成仿吾創立了創造社，成為創造社的「圓鼎三足」。

郁達夫是民國十一年（一九二二年）歸國的，除積極參加創造社的文學活動，編輯創造社刊物外，接著又先後到安徽、北京、武昌、廣州等地大學任教，但主要精力用於文學創作。

郁達夫在一九二一年出版了自己的第一部小說集《沉淪》。《沉淪》雖然晚於魯迅一九一八年的《狂人日記》，卻應該說是新文化運動以來我國的第一部短篇小說集，收入了《沉淪》、《銀灰色的死》、《南遷》三個短篇小說，其中《沉淪》最為精彩，為其最具代表性的小說。

內容描寫了一個有憂鬱症的中國留日學生，渴望得到友誼和愛情，但在異國他鄉的日本，遭遇的卻是冷落和屈辱，最終絕望地走向沉淪。《沉淪》中的主人公在重重壓迫下產生的難以排遣的憂傷苦悶，藝術地概括了有所覺悟而又不知如何變革現狀的青年人共同的生存狀態和心理狀態，具有相當鮮明的時代氣息。

一九二二年，郁達夫寫了《茫茫夜》及其續篇《秋柳》，還有《空虛》（在《創造》一九二二年二期發表時題名為《風鈴》），接著又發表《血淚》等短篇小說，同時還在十一月二十日創作了歷史題材的短篇小說《採石磯》。

郁達夫的小說一度在青年當中產生了比魯迅的《狂人日記》還要大的影響。《狂人日記》揭露了「禮教吃人」的罪惡，從思想上看，在文學史上或具有劃時代的意義，但郁達夫的《沉淪》從揭示當時青年知識分子的精神面貌、心理狀態和時代病方面，更具有文學的典型性。不用曲筆，淋漓痛快，情感真摯，形象鮮明。

郭沫若在《論郁達夫》（《沫若文集》十二卷）中評價：「他的清新筆調，在中國的枯槁的社會裡面好像吹來了一股春風，立刻吹醒了當時的無數青年的心。他那大膽的自我暴露，對於深藏在千年萬年的背甲裡面的士大夫的虛偽，完全是一種暴風雨式的閃擊，把一些假道學、假才子們震驚得至於狂怒了。為什麼？就因為有這樣露骨的直率，使他們感受著作假的困難。」

郁達夫贊同法國作家法朗士關於「文學作品，都是作家的自敘傳」的文學主張，使他的小說往往以「我」為主人公。用濃郁的抒情筆調，做大膽的自我解剖和表白，以達到如鄭伯奇在《〈中國新文學大系・小說三集〉導言》中所說：「在重壓下的呻吟之中寄語著反抗」。這與魯迅小說以「我」為主人公的現實主義手法有所不同，魯迅是以「我」深入其境描述人物和事件，是兩種完全不同的小說文本。

郁達夫的小說往往赤裸裸地描寫「性變態心理」，把性愛放到小說的重要地位，在張揚浪漫主義的同時，又充斥著感傷，乃至頹廢色彩，削弱了小說積極的社會意義。當時以此批評郁達夫的，不僅僅是胡適。

創造社是以清一色留日學生為班底的文學社團，初期主張「為藝術而藝術」，推崇文學上的自由主義，同時又強調文學要表現「時代的使命」，對舊社會要「不惜加以猛烈的炮火」。所以，創造社甫一創立，就文學概念含混且充滿矛盾。他們推崇的歐洲浪漫主義或二十世紀初的新浪漫主義使他們的創作面貌一新，他們在精神和行為上，也追求自由、浪漫的氣息。

或許與新文化運動的先驅們思想和文學觀念存在差異，創造社與陳獨秀、李大釗、胡適、魯迅等人的關係並不密切。胡適曾寫文批評郭沫若、郁達夫的英譯作品存在錯訛，郭、郁二人便心存芥蒂。郁達夫在一九二二年寫的歷史小說《採石磯》裡，寫了清代詩人黃仲則的多疑孤傲、憤世嫉俗，又寫了偽儒戴東原排斥異己的卑劣。郁達夫以黃仲則自況，將戴東原隱指胡適。

胡適對此，似並未計較，在次年的五月十五日，寫信給郭沫若、郁達夫表示，對「兩位的文學上的成績，雖然也常有不能完全表同情之點，卻只有敬意，而毫無惡感」。希望自己對郭、郁兩位英譯錯訛的批評不致引起誤會，「盼望那一點小小的筆墨官司不至於完全損害我們舊有的或新得的友誼」（《胡適來往書信選》上冊）。

創造社不獨批評胡適。二〇年代後期，郭沫若們還集中火力批評魯迅。魯迅在《三閒集．序言》裡說：「我到了上海，卻遇見文豪們筆尖的圍剿」。太陽社、創造社「都說我不好，連並不標榜文派的現在多升為作家或教授的先生們，那時文字裡，也得時常暗暗地奚落我幾句，以表示他們的高明。我當初還不過是『有閒即是有錢』、『封建餘孽』或『沒落者』，後來竟被判為主張殺青年的棒喝主義者了」。

魯迅還講了一個小故事：有一個從廣東到上海魯迅家避難的廖姓青年，住了一段時間，終於憤憤地對他說「我的朋友都看不起我，不再和我交往了，說我竟然和魯迅這樣的人住在一處」。

郭沫若乾脆寫《文藝戰線上的封建餘孽》一文，以一革命戰士的口氣給魯迅定性：

魯迅先生的時代性和階級性，就完全決定了他是資本主義以前的一個封建餘孽。資本主義對於社會主義是二重的反革命，魯迅是二重的反革命的人物。以前說魯迅是新舊過渡期的游移分子，說他是人道主義者，這是完全錯的，他是一位不得志的Fascist（法西斯）！

創造社的另一活躍作家是張資平。張資平是該社創作小說最多的作家，一九二〇年以小說《約檀河之水》嶄露頭角。一九二二年二月，他創作和出版的長篇小說《衝擊期化石》（原名《他的生涯》），是中國新文學第一部長篇小說。小說揭露教會的虛偽、教育界的弊端以及民國初期改革的不徹底，具有較高的認識價值，但結構鬆散，議論過多，內容蕪雜，藝術水準較弱。

張資平早期創作的反映在日本生活的小說，如《她悵望著祖國的天野》、《木馬》等有人道主義傾向；歸國後的創作則表現知識分子在黑暗社會的艱辛困苦，如《雪的除夕》。他寫的愛情小說數量多，影響也大，與郁達夫不同，在藝術風格上多用寫實手法，客觀描寫故事和刻畫人物。他很會講故事，語言也流暢，但作品流於卑俗，格調不高。他的小說也犯郁達夫式的熱衷色情、肉體描寫，缺乏審美價值，品味不高。

一九二二年，創造社的另一成員鄭伯奇，創作了小說《最初之課》，藉一個留日學生在第一堂課上的變遷和感受，揭露了日本軍國主義教育的侵略性質，較早地提出反帝主題，頗為可貴。

後來，創造社發生重大變化，郭沫若等轉向革命，提倡無產階級革命文學，郁達夫與之意見不合，張資平、王獨清等退出創造社，張墮落為漢奸文人。

7

一九二二年歲尾，鵝毛大雪在塞外的寒風中，打著旋兒地飄落。

胡適與丁文江冒雪在大街上躬身而行，不久，蹩進一座法國式的花園洋房，這是代總理王寵惠的住宅。「好人內閣」之教育總長湯爾和、外交總長顧維鈞早已心事重重地在客廳端坐。主人王寵惠見胡適和丁文江趕到，忙讓座沙發。接著，披著雪花的蔡元培也推門進屋。

王寵惠沉痛而憤慨地將財政總長羅文幹被捕的經過轉告給諸位。

事情發生在十一月十八日深夜，眾議院議長吳景濂與副議長張伯烈突然闖進東廠胡同的黎元洪官邸，向黎控告羅文幹在簽訂奧國供款展期合同時有貪汙受賄的行為。為使黎不疑，還出示了他們私自蓋章的眾議院公函，以證明罪行確鑿，脅迫黎當場下令逮捕羅文幹，當夜送交地方檢察廳拘押。

消息傳出，次日國務院不少閣員紛紛趕到總統府，指責黎元洪不經閣員副署，直接下令逮捕閣員，是違法行為。在這之前不久，親信閣員已向黎進言，總統不能非法直接下令逮捕閣員。黎元洪已感到昨夜過於唐突，今晨又見閣員追究此事，只好表示願親帶眾閣員去檢察廳接回羅文幹。

孰料，黎元洪到監獄去接羅文榦時，大法官出身的羅文榦卻不買帳，表示非要弄個是非究竟，否則絕不出獄。眾閣員多是書生，也不願就這麼隨便了結此案，當場要求大總統下令由法庭出具命令，釋放無罪的羅文榦。正在此時，吳景濂和張伯烈也率二十多議員衝將進來，吵吵鬧鬧地阻止總統釋放羅文榦，沒有權威的黎大總統的命令只能作罷。

第二天，眾議院先下手，開會通過了查辦羅文榦一案，並正式請求總統取消奧款展期合同。有恩於黎大總統的吳佩孚得此消息大怒，當天即通電指責黎元洪違法，然而黎反唇相譏，並不改變主意。

王寵惠講罷羅文榦入獄後的種種情況，焦急地欲聽聽諸公的意見。胡適從美歸國，於政法界並無相交甚深且有實權的朋友，只能眼巴巴地望著在他眼中神通廣大、人脈雄厚的蔡元培。

蔡元培沉默良久，最後表示，只能發動梁啟超、熊希齡、林覺民諸位社會名流公開請願了。

王寵惠對此卻憂心忡忡。他知道，羅文榦只是曹錕與吳佩孚鬥法的犧牲品，如果再鬧請願、示威遊行、學潮，正中曹錕的下懷，「好人內閣」會提前下臺。這一點，吳佩孚早有交代，萬萬不可授柄於敵。

前清翰林當今北大校長聽罷，霍地站起，「既然政治清明無望，我們乾脆一起辭職，免遭國人指責，免受同流合汙之嫌。」

那神態、那口氣，洋溢出一股浩然正氣，直讓胡適、顧維鈞敬重地連連點頭，以示支援。

王寵惠宅第裡的小會無結果地悄然散會，眾人也消失在茫茫大雪中。

三天後，《晨報》刊登了曹錕的強硬通電，公開攻擊羅文榦喪權誤國，要求組成特別法庭，查辦羅文榦。那在洛陽的吳佩孚見狀，也變了卦，為保護自己，只好犧牲「好人內閣」。到此，僅僅支撐了兩個月的「好人內閣」倒臺。

胡適、蔡元培見狀，傷心得借酒澆愁，喝得酩酊大醉。胡適仰天長嘯：「文學革命無望，思想革命無望，政治改良無望，難道只能走孫文造反之路嗎？」

蔡元培為老友羅文榦鳴不平——那是有著一顆正直而高貴靈魂的文人，卻讓汙濁的政治吞沒。

胡適真的傷心了，十二月十七日，向北京大學請假一年，離校養病。

我們似乎已看到，以胡適個人為典型代表的政治妊娠至流產悲劇的端倪。

同一天，北京大學歌謠研究會主辦的《歌謠週刊》創刊，周作人出任主編。

第七章

民國十二年

1923

民國十二年（一九二三年）的第一天，孫中山發表《中國國民黨宣言》，發國民黨改組之先聲。二十六天後，蘇俄表示傾力支持孫中山。孫中山與蘇俄代表聯合會發表聲明表示：共產組織及蘇維埃制度均不能引用於中國，雙方認為，「中國最要最急之問題，乃在民國的統一之成功，與完全國家的獨立之獲得」。

六月十二日，在中共第三次代表大會上，中共決定與國民黨合作。十月二十八日，孫中山任命廖仲愷、李大釗、汪精衛、張繼、戴季陶五人為國民黨改組委員，著手籌備改組國民黨。

北洋政府的反動統治更加黑暗且風雨飄搖，通過「取締新思想」議案，控制輿論。二月七日，吳佩孚武力鎮壓京漢鐵路工人大罷工，殺害共產黨人施洋等五十餘人，製造了血腥的二七慘案。慘案發生第二天，吳佩孚就以「鼓動罷工，擾亂社會秩序」罪名，查封了漢口《真報》。二月十六日，中共的《嚮導》遭查封。四月因林白水在《社會日報》揭露曹錕賄選總統醜聞，該報被封，林被監禁三個月。八月二十七日，天津的《京津泰晤士報》也因反對曹錕賄選，被禁止在租界外發行。十月，上海的《時報》因發表反對直系軍閥的新聞被禁郵……

一九二三年，知識分子與當局的「不合作宣言」，成了主旋律。

1

民國十二年（一九二三年），一月七日，胡適住在醫院裡。病房的窗臺上，擺著一束北京冬天少見的鮮花，與窗外烏雲密布的灰色天空形成極大的反差（查魯迅當日的日記，「七日曇」即陰天），卻沒影響他的好心情。

胡適前幾天很鬱悶，自打北洋軍閥政府通過「取締新思想」議案後，不知怎麼，坊間便盛傳他聞訊即跑到天津的租界裡。今天好了，《努力週刊》發表了他寫的《胡適先生到底怎樣》一文，算是對謠言的一個反擊：

> 我是不跑的。生平不知趨附時髦，生平也不知躲避危險。封報館，坐監獄，在負責任的輿論家的眼裡，算不得危險。然而「跑」，尤其「跑」到租界裡去唱高調，那是恥辱！那是我絕不幹的。

又過了兩天，他在給高一涵、陶孟和的信中說：

> 我想，我們今後的事業，在於擴充《努力》，使它直接《新青年》三年前未竟的使命，再下二十年不絕的努力，在思想文藝上給中國政治建築一個可靠的基礎。

二月初，因一則消息觸犯當局，北京亞洲通訊社社長林超然以侮辱罪被逮捕入獄。五日，眾議員錢崇愷等提出《質問政府違法逮捕新聞記者書》；六日，五十多家通訊社代表到國務院質問張紹曾總理以國務院函令員警廳捕人，是根據何項法律？如何保證今後不再發生這類違法行為？張紹曾置之不理。此舉再度引起公憤，先是外國駐京記者開會聲援中國通訊社，八日，北京學生聯合會通電國務院，聲討非法逮捕林超然。

但當局對言論的控制和迫害並未有絲毫收斂，當然，文化界和新聞界為爭言論自由的努力也一浪高過一浪。

大約就在一月中旬，蔡元培為李四光主持了婚禮，高朋滿座，甚是熱鬧。就在此時，胡適接到了《京報》主筆邵飄萍的電話，讓他吃了一驚。邵飄萍告訴胡適：羅文榦一案，又起軒然大波！

第二天，由邵飄萍作東，在東華飯店請胡適、蔡元培、蔣夢麟等熟人吃飯。

事情是這樣的：羅文榦一案經過一個多月的偵查，地方檢察廳認為羅文榦受賄證據不足，罪名不能成立，決定不予起訴，於一月十一日宣布釋放。但這一決定立即遭到曹錕直系五省督軍通電攻擊，要求推翻釋放羅文榦之決定，重新審理。吳景濂、張伯烈也以閣員同意案要脅新任總理張紹曾重再逮捕羅文榦送交法院。但國務會議討論時，又找不到有罪之依據，遂陷入僵局。

此時，一個文人跳將出來，出了個由國務院代表公訴人申請地方檢察廳對羅文榦再行偵查的主意，給張紹曾解圍，於是由他指示代理司法總長程克給地方檢察廳下令，將剛剛回家的羅文榦再度逮捕。

為政客們獻計獻策者，便是剛剛上任不久的教育總長彭允彝。

彭允彝，湖南湘潭人，早年留學日本，辛亥革命後加入國民黨，曾任眾議員。其在湖南謀官不得，後由趙恒惕推薦給黎元洪。黎為爭取湖南的支持，就保舉他當了教育總長。

蔡元培和蔣夢麟對彭允彝與國會、直系和政府沆瀣一氣，不惜蹂躪人權，破壞司法獨立的行徑極為憤慨。一個文人，怎麼能幹這麼下作的勾當呢！

胡適也急火攻心，咳嗽不止。早在幾天前，在一次宴會上，他曾提醒過蔡元培、蔣夢麟諸人，別看宴會上曹錕的人對教育界的人如何謙恭敬佩，甚至顯得禮賢下士，想結交蔡、蔣等這樣的社會名流，實際上，他們是在拉攏諸位，擴充他們的實力呢！胡適邊說邊咳，醫生曾告誡他，肺裡有毛病了，到南方休息一下吧。

幾杯老酒落肚，蔡元培無限惆悵地表示，只有先離開北京了。胡適等也表示願隨蔡先生共進退，也離開北大，不過蔡為了兩千多莘莘學子，勸他們留下來。最後，蔡決定請邵飄萍代筆，起草一份辭呈。

他們分手時，已冷月高懸，寒風刺骨。蔡又拉胡適乘包車回自己府上，那份辭呈似要修潤。到家不久，他又電話邀湯爾和過來，共謀辭呈。湯爾和乃一謀士，智慧過人，當場議出，辭呈由蔡一人簽名，不必邀各校校長共簽了，唯如此，才能造成政府的被動。胡適原打算再勸蔡公留校看看再作決定，但在湯爾和的謀劃下，只能作罷。

第二天，當蔡元培悄然離開北京，祕密抵達天津時，北京各大報紙紛紛刊出蔡元培辭去北京大學校長職務，以抗議彭允彝干涉司法獨立的消息。此消息一出，北京學界和北大師生立即掀起了一場「驅彭挽蔡」的運動，形成了類似「五四」時聲勢浩大的學潮。但是，軍閥政府卻比那時冷靜強大多了。

一月十九日下午，是眾議員選舉閣員的投票時間。早已聞訊而來的數千抗議的學生，高舉「驅逐教育界敗類彭允彝」等小旗和「警告國會」四個大字的橫幅，圍在象坊橋眾議院前。見此狀，彭允彝卻命令員警毒打赤手空拳的學生，致二百餘人受傷。學生被驅散後，多數議員居然投票支持彭允彝。

象坊橋眾議院前的流血事件，經報界披露，頓時全國學界齊聲聲討。二十四日是參議院投票之日，北京大學等四十二校再次組織五千餘名學生，先在天安門前隆重集會，後又往參議院請願示威，要求參議院否決眾議院對彭允彝的同意案。誰料參議院對此置若罔聞，竟當場通過了同意案。

彭有軍閥政府的庇護，甚至公開挑釁：「我乃經國會通過，總統任命，安能為一校長反對，而隨便離去呢？」接著，他上任伊始，就簽署了整頓學風，嚴禁學生參加學潮的命令。

這對蔡元培和胡適等人來說，是始料不及的，反動勢力以這樣強勢的態度蔑視民意，也是他們所不能接受的。蔡元培率先拍案而起，遂有名震一時的《蔡元培之不合作宣言》在《晨報》上發表，開整個進步知識界與政府不合作宣言大潮流之先河。

陳獨秀與李大釗正在上海與孫中山會談。李大釗作為中共代表陪蘇俄代表越飛與孫中山談得很不錯，已進行到了起草宣言的步驟，如一切順利，《孫文越飛聯合宣言》將不久發表。

李大釗與陳獨秀愉快地到租界西餐館吃飯，要了一瓶洋酒，喜氣洋洋地祝賀會議有了突破。陳獨秀是剛從蘇俄參加共產國際會議後回到北京，再來上海的。在北京短暫停留時，那裡腐敗的政治氣息讓他喘不過氣來。蔡元培、胡適等策劃的北大校長辭職之舉，陳獨秀也心知肚明，但他沒有像蔡、胡一貫幫助他那樣出手聲援這兩位老友，而是默然地做了旁觀者。

陳獨秀與李大釗的把酒言歡，實際上是不可能繞過蔡公辭職和發表不合作宣言這一話題的。老實的李大釗率先談到此事。陳獨秀聽後，把一肚子不滿說了出來：蔡翰林的這套辭職老辦法用了多次，收效甚微。至於他的不合作宣言，過於天真，依靠幾位清流的消極拆臺辦法，就能打倒黑暗政府？癡人說夢罷了。革命的事業必須依靠民眾，把眼光只盯著少數精英而忽視廣大民眾運動，是老蔡們的通病。

陳獨秀說罷，從皮包裡取出一份文稿說：「我準備在《嚮導》週刊發表這篇評論，你先看看。」

李大釗看完題為「評蔡校長宣言」的評論，心裡有些不悅。陳獨秀雖說思想深刻、言辭犀利，但總是簡單粗暴地對待朋友。他在此文中言辭過火，攻擊一生為民主自由而戰的進步文人蔡元培，這無異於為黑暗政治幫忙。他在文中還呼籲人們要像防禦鼠疫霍亂一樣，日夜防禦蔡校長之消極的不合作主義侵入思想界。

李大釗臉上終於露出了為蔡元培不平之氣和對陳獨秀偏激的憤怒，這讓陳獨秀很吃驚。

李大釗語氣很沉重地告訴陳獨秀：「作為一位憤世憂世、疾惡如仇的知識分子蔡校長，他一身不降志、不辱身的品格，一生對腐敗政治的不懈攻擊，始終代表著中國知識界的道義和良知。你誇大了蔡校長不合作主張的消極作用。勞工階級的罷工，就是一種不合作的表現，難道連罷工你也不贊成嗎？請你不要忘記，北大馬克思主義研究會能公開活動，沒有蔡校長的支持，是不可能的。」李大釗甚至想說，沒有蔡、胡的鼎力相救，陳獨秀能走出監獄，從事革命活動嗎？不過怕這番言辭太過刺激，還是忍住不講了。

李大釗最後說，正是依靠蔡校長的人格力量，他才能祕密組織張國燾到京漢鐵路發動大罷工，與學潮和罷工運動結合，拉開與反動政府搏殺的大幕。

不過陳獨秀個性爭強好勝、永不服輸，對李大釗的勸誡不置可否，還是發表了《評蔡校長宣言》。胡適看到陳獨秀這篇評論，憤然站出來，在《努力週刊》上發文，點名嘲諷陳獨秀：「蔡先生的抗議在積極方面能使一個病廢的胡適出來努力，而在消極方面，絕不會使一個奮鬥的陳獨秀退向怯懦的路上去。」

不久，「二七慘案」發生，曹錕、張作霖賄選醜聞迭出。

蔡元培在清明後的冰涼海風吹拂下，率子女乘「新銘」號海輪，向大洋遠處的歐洲駛去。

2

早在一九一九年底，胡適就在《新思潮的意義》一文中高調提出「研究問題，輸入學理，整理國故，再造文明」的口號。中國學術文化界逐漸形成具有相當規模的「整理國故」的熱潮，「研究國故的人整日搖旗吶喊，金鼓震天」（陳西瀅語），形象地反映了「整理國故」的態勢。

「整理國故」的口號，由首舉義旗、鼓吹新文化運動號角的領袖胡適提出，看上去似乎是一種悖論，但歷史證明，正是胡適賦予了五四新文化運動的文化任務，和力圖正確處理破與立、繼承與發展的辯證關係。

北京大學的《新潮》社，在一九一九年上半年就提出過整理國故的任務。其成員毛子水曾在《新潮》著文，《國故和科學精神》主編傅斯年寫了「附識」，反對腐朽觀念的「保存國粹」，提出用「科學精神」、「科學的主義與方法」整理國故。對此，作為導師與顧問的胡適甚為讚賞。當然，他也批評了他們文中的「功利觀念」，並告誡弟子「真理無所謂大小，學問是平等的」。他特意寫了兩篇文章《論國故學——答毛子水》和《整理國故與打鬼》，再論「整理國故」的科學性與文化意義：

用精密的方法，考出古文化的真相；用明白曉暢的文字報告出來，教有眼的都可以看見、有腦筋的都可以明白。這是化黑暗為光明，化神奇為臭腐，化玄妙為平常，化神聖為凡庸，這才是「重新估定一切價值」。它的功用可以解救人心，可以保護人們不受鬼怪迷惑。

一九二二年三月十六日，北大出版委員會決定出四種季刊：《國學季刊》、《文藝季刊》、《自然科學季刊》和《社會科學季刊》。

胡適為《國學季刊》的邀集人。在他的組織下，五天後成立《國學季刊》編輯部，由他任主任編輯，大家推舉他撰寫「發刊宣言」。編輯有胡適、錢玄同、周作人、沈兼士、馬幼漁、李大釗等十一人。一九二三年一月，胡適撰寫的《國學季刊》發刊宣言作為卷首文章，在《國學季刊》創刊號上刊出。胡適在此開宗明義地宣稱：古學不會淪亡，古學經過科學地「整理」與「甄選」，必將有「更好無數倍」的成就。

《國故季刊》為學界吹來一股清新之風，不僅是內容，在形式上也是一場實在的革命——在版式上率先採用由左向右橫排，文章使用新的標點符號，對當時的出版、印刷界影響甚大。

順便再次提一下本書第一章關於胡適與李大釗所謂「多研究問題，少談主義」之爭的真相。「整理國故」，即為「研究問題」的具體內容。李大釗不僅一直積極參與而且從未再與胡適探討關於「問題與主義」的問題。

胡適提出的科學「整理國故」的主張，對於中國二十世紀二〇年代後的文化思想史產生了富有建設性的重要影響。時至今日，這種根本性的影響，更為突顯。

同時，胡適率先實踐了自己提出的主張，親自掛帥從宏觀和微觀開展「整理國故」的研究，並取得重大突破和卓著成就。

胡適以《〈紅樓夢〉考證》敲響了舊紅學的喪鐘，同時，也宣告了新紅學的日出。他對《水滸傳》、《詩經》、《楚辭》的研究，對墨學、老子的研究，對詩的歷史沿革與風格流派的研究，都具有開創性的功績。

有胡適的號召和開拓，自然少不了響應和追隨者。他的北大學生俞平伯、顧頡剛是有幸的，他們研究《紅樓夢》的熱情緣自胡適的引發，而且一開始就步入胡適開創的正確之路。胡適與俞平伯、顧頡剛關於研究《紅樓夢》有四十四封通信，俞與顧又有二十七封相互的通信，先被趙肖甫輯成《考證〈紅樓夢〉三家書簡》，後又有顧的學生王煦華繕清刊於一九八一年第三輯《紅樓夢學刊》。俞平伯還為此寫了題詞：「此一九二一年我與顧頡剛兄討論《石頭記》之往還書劄，今經整理繕寫，將付《紅樓夢學刊》發表。忽忽六十年，故人殂謝，追念昔遊，感慨系之。」

從胡適與俞平伯、顧頡剛的通信，和俞、顧間的通信中，可以看到他們師生間、學友間在新紅學開創時，努力開拓、通力合作的動人情節。值得注意的是，胡適與俞、顧的合作並非是師唱生隨，而是都堅持科學的態度。比如俞、顧經研究考證，同意胡適關於高鶚補後四十回的經典意見，但在評價高之續補時，俞平伯貶得多，而顧頡剛則理解高鶚之補「難度很大，極不自由」，應「原諒高鶚」。

還值得提及的，是俞平伯在舊書攤上購得一部《紅樓復夢》，其「凡例」有「前書八十回後立意甚謬」之語，且認為「洵可為高君補書作一旁證也」，支持了胡適關於高鶚續《紅樓夢》後四十回之推斷。顧頡剛潛心於史學，後對紅學有些疏淡。而一直耽迷於紅學的俞平伯，成為紅學大家，他的《〈紅樓夢〉辨》，讓他名震海內外。而俞平伯研究紅學的成功，再次證明胡適科學「整理國故」的正確性。

胡適宣導「整理國故」和自己的身體力行，對中國民族文化遺產的繼承和發展具有積極深遠的影響。歷史證明，否定胡適的科學「整理國故」，往往就是全盤否定中國文化傳統的民族虛無主義思潮氾濫的時候。

3

在周氏兄弟的北京生活中，有一位外國友人不能不提，此人就是俄國盲詩人愛羅先珂。

周氏兄弟與愛羅先珂早就熟識，但彼此的見面，是由鄭振鐸和耿濟之引薦的。去年的二月二十四日，北京風沙瀰漫，鄭、耿兩位年輕人把愛羅先珂帶到周氏兄弟的寓所。那天，周作人的日記中，也有這樣的記載：「鄭、耿二君引愛羅先珂來暫住東屋。」從此，愛羅先珂與周氏兄弟成了朋友。

愛羅先珂是俄國盲詩人，他的經歷頗具傳奇性。一九一四年，他隻身一人到印度、日本、泰國、緬甸等多國流浪。因有無政府主義傾向，被英國人驅出印度，至日本又因宣傳危險思想再次被逐出，後歷盡千辛萬苦踏上歸國之路，卻未被准許入境，這才轉而來到中國四處漂泊。

詩人將迷惘痛苦的心情寫進詩裡，引起魯迅的關注，並致信周作人：「盲詩人之著作已到，今呈閱。雖略露骨，但似尚佳，我尚未及細看也。如此著作，我亦不覺其危險之至，何至於興師動眾而驅逐之乎。我或將來譯之，亦未可定。」

不久，周氏兄弟收到了日本朋友的信，請求他們轉託胡愈之照顧愛羅先珂。蔡元培得知此事，特聘愛羅先珂到北京大學教授世界語，還親自找到周兄弟，將俄國盲詩人安排住在他們家裡，這才有周作人日記中「愛羅先珂君暫住東屋」之語。

愛羅先珂在周家住下後，除在北大授課，還常到各校用世界語演說，為他當翻譯的是周作人。周作人在西山養病期間，自學世界語，並開始翻譯用世界語寫就的作品。他在後來寫的《知堂回想錄》中說：「世界語這東西是一種理想的產物……人們大抵有種浪漫的思想，夢想世界大同，或者不如說消極地反對民族的隔離，所以有這樣的要求。」

魯迅也開始動手翻譯愛羅先珂的詩作《池邊》、《春夜的夢》、《愛羅先珂童話集》，有時也陪愛羅先珂到北京參觀，兼作翻譯。

從周作人寫的《澤瀉集．愛羅先珂君之二》一文看，周氏兄弟與愛羅先珂相處得很愉快和諧，「愛羅君寄住在我們家裡，兩方面都很是隨便，覺得沒什麼窒礙的地方。我們既不把他作賓客看待，他也很自然地和我們相處。過了幾時，不知怎的學會侄兒們的稱呼，差不多自居於小孩子的輩分了。」

但愛羅先珂在北京生活得並不舒心，先是他不時到女子師範去演講、到孔德學校報告、到北大三院演說、到政治學校與師生交流，可時間一久，人們聽膩了，沒有新鮮感了，學世界語的熱情就迅速衰退，也就很少有學校再請這位盲詩人了。

最讓愛羅先珂痛心的是，最初在北京大學開世界語課時，北大最大的講堂往往擠滿學生和教師，不久聽者漸少，改到小課堂，再往後，聽者寥寥，有時只有兩位。於是他關於俄劇《饑餓王》的講座，僅講了個開頭，因聽眾太少而不得已終止了。盲詩人對此深感痛苦，在周氏兄弟家的院落裡，就常見他彈著六弦琴，唱著「寂寞，沙漠似的寂寞呀」的歌。這清寂的飄在夜空裡的歌聲，深深地打動了周氏兄弟的心靈，從而引起他們的共鳴，魯迅感到詩人的寂寞竟與《狂人日記》中狂人的生命狀態如出一轍。

魯迅在一九二二年發表在上海《婦女雜誌》上的《鴨的喜劇》中說：「這應該是真實的，但在我卻未曾感得；我住得久了，『入芝蘭之室，久而不聞其香』，只以為很是嚷嚷罷了。然而我之所謂嚷嚷，或者也就是他之所謂寂寞吧。」

魯迅懂得了流浪詩人，又在《熱風・為「俄國歌劇團」》中學著愛羅先珂唱道：

是的，沙漠在這裡。

沒有花，沒有詩，沒有光，沒有熱。沒有藝術，而且沒有趣味，而且至於沒有好奇心。

沉重的沙……

我是怎麼一個怯弱的人啊。

這時我想：假使我是一個歌人，我的聲音怕要消沉了吧……

魯迅的靈魂其實也正在與「寂寞」抗爭，與中國「沙漠式的枯寂」搏殺。他「站在沙漠上，看看飛沙走石，樂則大笑，悲則大叫，憤則大罵」（《華蓋集・題記》），一個荷戟獨徬徨的武士躍然紙上。

寂寞並未讓生活完全失色，有一天，愛羅先珂從街上買回十幾隻蝌蚪，放進了周作人在院裡挖掘的荷花池裡。那荷花池長三尺，寬二尺，從未長出過荷花，卻是蛤蟆的樂園。愛羅先珂常到池前造訪成群結隊在池中游泳的蝌蚪，有時孩子告訴他，蝌蚪生腳了，他很高興。人往往就是這樣，寂寞和快樂是可同時存在於精神裡的。

一九二二年七月，思念家鄉的愛羅先珂在赴芬蘭參加第十四次萬國世界語大會之後，回到了故鄉。一個世界主義者，卻始終眷戀自己的家鄉，這是種悖論。周作人說，這雖然「似乎是矛盾，卻很能使我們感到深厚的人間味」（《愛羅先珂君（一）》）。

在周氏兄弟的思念中，愛羅先珂於一九二二年底重回周家大院，不久即發生了所謂「劇評事件」。北大與燕京女校學生聯合演了一齣話劇，愛羅先珂熱心地去觀看了演出，還率直地寫下劇評：「在中國，沒有好的喜劇……沒有喜劇的國度是怎樣寂寞的國度哇。」

這份發表在《晨報副刊》上的劇評，目的或許是批判當時中國社會人的生存狀態和生命狀態的惡劣，但對學生的演出求全，責備是顯而易見的。於是遭到年輕氣盛的學生的反感，他們嘗試戲劇的熱情容不得褻瀆。

北京大學學生魏建功讀了魯迅翻譯的愛羅先珂《觀北京大學學生演劇和燕京女校學生演劇的記》一文（載於一九二三年一月六日《晨報副刊》）後，有感而發寫了篇《不敢盲從》，也發表在幾天後的《晨報副刊》上。文章對愛羅先珂在評價學生演劇的某些批評和觀念提出反批評，特別對愛氏所云「竭力學優伶」、「並不想表現出劇中人來」、「似乎以為只要在舞臺上，見得像優伶，動得像優伶，用了優伶似的聲音，來講優伶似的話，這便是真的藝術的理想」等，表示不能苟同，而且指出對愛氏並沒有認真看過整齣戲就發議論不能接受，此外並無放肆的文辭。

當然，既然是文藝批評，難免有思想和見識的交鋒，這很正常。但魯迅卻拍案而起，在一月十七日《晨報副刊》以一篇《看了魏建功君的〈不敢盲從〉以後的幾句聲明》「斥魏建功」（魯迅日記）。該文「特地負責地申明：我敢將唾沫吐在生長在舊的道德和新的道德裡，借了新藝術的名而發揮其本來的舊的、不道德的少年的臉上」。

面對一位一九〇一年出生的年輕學生魏建功的文藝批評，比魏建功大二十歲，已是社會名流又是大學老師的魯迅，用如此極端的言語攻擊晚輩，不僅令當時的讀者莫名，便是今天來看，也未免讓人百思不得其解。須知，被魯迅吐了一臉唾沫的並無劣跡的年輕學生魏建功，一九八〇年卒，江蘇如皋人，為著名的語言學家。

有意思的是，同一天的《晨報副刊》上，還載有周作人的一篇《愛羅先珂君的失明》。與魯迅的吐唾沫相比，周作人的文章有正人君子之風，善意地規勸，頗具親和力。他諄諄告誡年輕的學子：「我希望大家對於愛羅先珂，一方面不要崇拜他為超人的英雄，一方面也不要加以人身攻擊，即便當作敵人也未嘗不可，但必須把他當作人看，而且不可失了人間對待殘疾人的禮儀。」

兩天後的二十日，魯迅日記載：「晚愛羅先珂君與二弟招飲今村、井上、清水、丸山四君及我，省三亦來。」省三者，就是因帶頭反對北大收講義費，對蔡校長不恭，被校方開除的學生馮省三。該生是世界語的擁護者和宣傳者。魯迅認為蔡元培抓住小事大做文章未免不公，憤然寫了《即小見大》支持了馮省三。後來馮成了八道灣的常客，魯迅的日記中無數次提到這個名字。魏建功就沒有這種待遇了。

「愛羅先珂君與二弟招飲」，語焉不詳，不知究竟誰作的東，但周氏兄弟為愛羅先珂抱打不平，愛羅先珂以示答謝，是毋庸置疑的。

周氏兄弟都面對一群年輕人的隔膜，悲哀自然難免，但把無知、偏激、輕狂的年輕人也當成敵人，未免更是一種悲哀。

帶著悲哀，詩人離開了北京，繼續去各地漂泊，到了巴黎。周作人在是年四月二十一日《晨報副刊》上以《再送愛羅先珂君》為其送行。一年後在《苦雨》一文中，周作人又寫蛤蟆在雨後的院中出現的情景。

關於周作人家的蛤蟆，還有一段小插曲：錢玄同與周作人交好，一日到周宅做客，酒後留夜苦雨齋。是夜入室的蛤蟆弄醒錢玄同，膽小的他竟害怕地高呼救命。周作人見狀，寫詩取笑曰「相看兩不厭，玄同與蛤蟆」。自此始，錢玄同又多了一個「蛤蟆」的綽號，博文苑一笑。

到一九二四年六月二十一日，周作人收到曾把愛羅先珂引到周家的胡愈之的來信，信中說，愛羅先珂君從巴黎屢有來信，如今窮困潦倒，連三四十個法郎都沒有。信中還說，愛羅先珂曾託周作人向北京大學求援，不知辦得如何？

胡愈之告訴周作人，「上星期我已買了一千二百法郎匯票寄給他」。沒有資料證明周氏兄弟也曾伸出援手接濟過他們視為友人的盲詩人，而那時住在八道灣大宅院的周氏兄弟，是有能力幫助愛羅先珂的。

另從周氏兄弟的文章中看，愛羅先珂住在八道灣大院裡，與周氏兄弟關係一直融洽，那為什麼愛羅先珂遇到困難時，不向周氏兄弟求援，甚至分手後連一封書信也沒有呢？

4

前文已講過，胡適與郭沫若、郁達夫的關係並不密切。郭沫若、郁達夫少年氣盛，容不得別人的批評。胡適對他們二位在新詩、小說方面的成就是十分讚賞的，當然也曾好心地指出其某些不足，比如曾批評過他們的翻譯有待提高。郭、郁二人對此扞格不入。郭沫若著文反擊，郁達夫寫小說《採石磯》，以清代詩人黃仲則暗喻胡適。

一九二三年五月十五日，胡適致信郭、郁說：「我是最愛惜少年天才的人，對於新興的少年同志，真如愛花的人望著鮮花怒放，心裡只有歡欣，絕無絲毫『忌刻』之念。但因為我愛惜他們，我希望永遠能做他們的諍友，而不至於僅做他們的盲徒。」

胡適愛朋友，愛人以德、以才，有所謂「君子立論，宜存心忠厚」之風度。他的一生十分看重自己的清名，從不說空話，更不說假話，凸顯其道德面貌與心靈境界。

一九二一年九月，社會上曾瘋傳（有些人後來竟寫成文章）說，胡適恪守文人道德，犧牲個人幸福，為遵母命，也為一個無辜成為他妻子的村姑江冬秀，不離不棄地與其相守。陳獨秀勸胡適離婚，他不聽，氣得陳獨秀大動肝火，拍了桌子，大罵胡適。

胡適忙對這一以訛傳訛的謠言予以澄清：

最可怪的，人家竟傳說獨秀曾力勸我離婚，甚至拍桌子罵我，而我終不肯。此真厚誣陳獨秀而過譽胡適之了！大概人情愛抑彼揚此，他們欲罵獨秀，故不知不覺地造此大誑（一九二一年九月一日日記）。

或許被新文化運動的領袖胡適的大度真誠打動，三天後，郭沫若覆信胡適說：「種種釋明和教訓兩都敬悉」。郁達夫同日也致信胡適，表示胡適「感人以德」，「服人以理」，「你若能誠懇地規勸我們，我們對你只有敬意」，表示願意與胡適修好。

到此，郭沫若、郁達夫對胡適的怨隙暫時冰釋。

幾個月後，郭沫若主動邀胡適吃飯。那天，席上很熱鬧，作陪的有創造社的田漢、成仿吾，還有詩人徐志摩。席間，郭沫若對胡適「勸酒甚殷勤」，二人杯酒言歡，胡適心情大悅，據一九二三年十月十三日胡適日記載：「喝得不少，幾乎醉了。」

酒興所致，胡適不知怎麼就提及曾有為郭沫若的《女神》詩集寫評的打算，說「曾取《女神》讀了五日」。

誰也不曾料到，郭沫若聞此，激動異常，跳將起來，奔到胡適座席抱起胡適，竟親吻起來。酒宴上的友人先怔了一下，然後鼓掌助之。胡適在當日日記中簡記曰：「沫若大喜，竟抱住我，和我接吻。」

胡適作為新詩的「老祖宗」，曾為很多新詩集寫過評論或作序，如俞平伯的《冬夜》、康白情的《草兒》、汪靜之的《蕙的風》及陳夢家的詩集等，卻唯獨沒有評論過後來被一些文學史稱為「最能體現五四時代的時代精神和民族解放要求」，「一部充滿革命激情和浪漫氣質的詩集」的《女神》。在胡適的眼中，《女神》「還有不少不能完全表同情之點」。

《女神》於一九二一年八月由上海泰東圖書局出版，除《序詩》外，共收錄五十三首詩、三個詩劇，由三輯組成，皆寫於一九一六年至一九二一年，是郭沫若一九一四年赴日留學，到五四運動前後的作品。一九二一年二月二十五日，上海《民鐸》雜誌稱其為從十月社會主義革命勝利中感受到「新生的太陽」的「新的光明和新的熱力」。

《女神》發表時，遠沒有一九二〇年出版的第一部新詩集胡適的《嘗試集》影響巨大，畢竟《嘗試集》是中國現代詩歌的第一聲春雷。別的不說，只要看看魯迅、俞平伯、周作人等當時著名的文壇名人都為《嘗試集》刪過詩這一點，就可以表明當時文學界對這本詩集的重視和支持。當然，從另一方面講，《嘗試集》的確有不成熟之處。

《嘗試集》之後是俞平伯的新詩集《冬夜》、《西還》、《憶》的出版，接著是一九二二年康白情的《草兒》詩集的出版，他們都被寫進朱自清的《〈中國新文學大系．詩集〉導言》予以好評。

《女神》出版後，只有創造社的郁達夫著文《〈女神〉之生日》，高調評價說《女神》始，新詩才「完全脫離舊詩的羈絆」。剩下有關《女神》的評論，多是郭沫若自己寫的，如一九二二年八月四日發表在《時事新報．學燈》題為《論國內的詩壇及我對創作上的態度》一文，他說《女神》充滿自我崇拜、自我讚美的激情和自我改造的思索，而且極力想通過「小我」反映「大我」，通過「個人的苦悶」，反射出「社會的苦悶」和「全人類的苦悶來」。這或許是當年郭沫若的個人創作體驗，其間或確有極具價值的東西，但文壇反映的清寂，不能不讓郭沫若心懷忐忑。

在這種忐忑中，突然聽到新文學大師胡適要評論自己的《女神》，郭沫若怎能不大喜過望。以郭沫若的性情，馬上忘情地去擁吻胡適，是最自然的舉動了。更值得注意的是，郭沫若這一吻，也非常清楚地表明，胡適在當時文壇上的地位無人可比肩、無人可撼動。

胡適與郭沫若各自在文化歷史裡的真實顯像，本來已十分清晰，但多少年了，特別是一九四九年之後，從《嘗試集》與《女神》長短的評議，到胡適與郭沫若在中國詩歌發展史上的地位爭論，卻被顛倒，甚至延續到當下。

郭沫若在一九五二年寫的《〈金文叢考〉弁言》一文中，公開自己學術研究的目的，就是要推翻胡適在中國學術坫壇的盟主與宗師地位。但他在英文上的欠缺而鬧了笑話，想不到胡適早年間批評郭、郁那句「不通英文」的話竟成讖語，讓郭沫若又一次丟了醜。

一九五四年，因意識形態的需要，國內掀起一場波及全國的批判胡適思想的政治運動，與一九三六年毛澤東跟斯諾在延安談話的精神大相徑庭。當時毛澤東說：「我非常欽佩胡適和陳獨秀的文章，他們代替了已經被我拋棄的梁啟超和康有為，一時成了我的楷模。」

郭沫若被委以批判胡適的最高指揮官。但郭沫若畢竟是個學富五車、才華橫溢的學者，他內心太知道胡適在中國文化史上的傑出貢獻和影響了，推倒胡適談何容易。所以在批胡適的浪潮裡，他不由自主地說出胡適是「當今孔子」和「聖人」這類的評價，當然這稱謂也有譏諷的意味，可自他給胡適那一吻起，胡適的地位早已深深地鐫刻在他心底。郭沫若對胡適幾次挑起論難，又在批胡運動中用不大中用的長槍短炮進行攻擊，絕不是「一個好意的諍友無意中說得太過火了」（胡適致郭沫若、郁達夫信）。

當然，在特定的意識形態高壓下，郭沫若批判胡適，或許是一種不得已的姿態。

5

生命形態和感情世界真是美妙而多姿。一九二三年遠離紅塵、鰥居兩年的蔡元培，在經歷奔波和追尋後，第三次走入婚姻的殿堂，而周作人、胡適、汪靜之、徐志摩也都陷入了感情的漩渦。正是「吟到夕陽山外山，古今誰免餘情繞」。

蔡元培第二任妻子黃仲玉，不幸於一九二一年一月二日病逝於北京法國醫院。在瑞士日內瓦公幹的蔡元培得唁電，悲慟欲絕，伏案含淚寫下一篇祭文：

嗚呼仲玉，竟捨我而先逝耶！自汝與我結婚以來，才二十年，累汝以女兒，累汝以家計，累汝以國內、國外之奔走，累汝以貧困，累汝以憂患，使汝善書、善畫、善為美術之天才，竟不能無限之發展，而且積勞成疾，以不得盡汝之天年。嗚呼，我之負汝何如耶！

此篇《祭亡妻黃仲玉》的電文一經發出，便在北京教育界廣為流傳，被編進不少教科書。北京大學和黃仲玉創辦的孔德學校全體師生還隆重地舉行了追悼大會，《京報》特為黃仲玉闢了特別增刊。

黃仲玉的葬禮與二十年前蔡元培登報徵婚一樣轟動於北京。

一九〇〇年夏，蔡元培的原配夫人王昭因病亡故。蔡元培與王昭的婚姻是在他中了舉人又點了翰林時，奉父母之命完成的，夫妻相濡以沫，甚是恩愛。王昭離世時，住在北京東堂子胡同的蔡元培三十三歲，為他提親者踏破門檻。已接受新思想的蔡元培，對紛紛而來的媒人寫下了一張徵婚啟事，貼在書房醒目處，上面寫著五個徵婚條件：

（一）天足者。
（二）識字者。
（三）男子不得娶妾。
（四）夫婦意見不合時，可以解約。
（五）夫死後，妻可以再嫁。

此徵婚啟事，在晚清舊禮教猖獗之時，因由一個堂堂大清翰林提出而轟動朝野。

一次，蔡元培在余杭借宿於友人家，由這位葉姓朋友介紹，認識了靠賣畫養活一家老小的女子黃仲玉，很快結為秦晉之好。這一男女平等成就的新式婚姻，當時傳為佳話，名揚士林。

到了一九二三年，孤獨鰥居的蔡元培來到上海。幾個月前，經友人再三介紹，他認識了當年黃仲玉辦愛國女校時的學生周養浩。周姑娘祖籍南京，長於杭州，性格賢淑文靜，擅長詩畫，已是三十一歲的老姑娘。說起來，蔡元培應該記得周姑娘，幾年前，仰慕蔡元培的她，曾專程到京到府上拜望過他和夫人黃仲玉，當時蔡元培還在周姑娘畫的工筆仕女圖上揮筆題過詩呢。

蔡元培再次喪偶後，曾又提出擇偶的三個條件：一是原有相當的認識，二是年齡略大，三是熟諳英文。周養浩完全符合蔡元培的擇偶條件。在友人的極力撮合下，蔡、周二人走入婚姻殿堂。

兩年的顛沛流離，疲憊不堪的老書生蔡元培，如今又擁得美豔如玉、沉靜如水的名門閨秀，他為又走進新的生活而慶幸，以詩記之：

> 忘年新結閨中契，勸學將為海外遊。
> 鰈泳鶼飛常互助，相期各自有千秋。

新婚後的十天，蔡元培攜周養浩離滬赴歐，老夫少妻開始了一段平靜而優雅的生活。

6

是年三月，已經結婚生子的周作人，在八道灣他親手植下的楊樹吐出毛毛蟲時，突然沉湎於對初戀的思念，那澎湃於心間，對初戀的純潔、真誠、甜美記憶，化成了一篇散文《初戀》。看著楊樹的滿枝綠葉，周作人對初戀的記憶更為清晰。他在《過去的生命．她們》中寫道：「我有過三個戀人……」

其實周作人的初戀只是單相思，從未對三個女人表白過，她們「都不知道」，但正是這純潔、無瑕之戀，才給他終生難忘的回憶，讓他細細地品味著「這苦甜的杯」。他一生都在默默地「感謝」她們，讓他痛苦的靈魂有了可棲息的角落。

第一個闖進他心裡的，是杭州城裡的楊家少女，是楊家三朵姊妹花中的老三。那時周作人客居楊家，他在堂屋裡研墨習字時，三姑娘有時會抱著花貓下樓去花園玩耍，有時也會停下腳步微笑著觀賞他伏案寫字。每當三姑娘抱著貓看他寫字時，總讓他「感著一種無所希求的、迷濛的喜樂」。後來三姑娘患病，終於不治而歿，這位「未嫁而死」的姑娘，給他的初戀帶來了無名的傷痛和惆悵。

周作人第二個暗戀的姑娘，是紹興二姨父酈拜卿家的姑娘，他應該叫她平表姐。這位二姨父與周作人的父親周鳳儀曾是「考友」，每次科舉會考，二人都一同進出考場。

周作人與平表姐同庚，周作人稱平表姐為姐，而平表姐則叫周作人為兄。周作人的母親魯瑞很喜歡平閨女，甚至想收其為乾女兒，代替早年夭亡的端妹。對此，周作人既高興，又有些遺憾，他更盼望母親能收她為兒媳婦。但這只是非分之想而已，因為他知道平表姐自幼就許配給車姓家的公子車耕南了，他只能偷偷地在心裡埋著一腔戀意。

舅父家的表哥娶親時，親友聚在一起，周作人和平表姐也在其中。他們一夥少年人偷偷跑到親友平表姐住的房舍裡，周作人拿起平表姐的一件衣服穿在身上跳鬧，平表姐的弟弟也跟著鬧，誰都沒有看出周作人的心意。

平表姐嫁出去後，與丈夫並不和睦，後公公家財被盜，其子被搶而瘋，平表姐因流產失血過多又拒不就醫而去世。周作人為平表姐的遭遇難過，卻無力相助。他聽說平表姐家尚存其遺照，想去看看，可始終沒有勇氣，只好在朦朧的記憶中，想像著她的一顰一笑。

「三個戀人」中，只有叫乾榮子的還在世，但在什麼地方，卻杳無音信。更令周作人懊喪的是，她的容顏已變得模糊。

在《過去的生命．她們》中，周作人說，越是朦朧的面貌和姿態，越不能忘記，於是他寫了《高樓》一詩：

那高樓上的半年，
她給我的多少煩惱。
只如無心的春風，
吹過一棵青青的小草。
她飄然地過去了，
卻吹開了我的花朵。
我不怨她的無情——
長懷抱她那神秘的癡笑。

在一九二三年四月九日《晨報副刊》發表《高樓》時，周作人特意做了個「附記」，聲稱「我平常很贊成青年人做情詩，但是自己做（情詩）還是初次。我不怕道學家批評我有不道德嫌疑——雖然略略地怕被上海的市儈選入他們的情詩集裡去」。

這年，早已遠逝的初戀記憶，一直讓周作人心蕩神搖，不由自主地沉湎於甜蜜的回憶之中。十月，他又寫了一首情詩《花》：

我愛這百合花，
她的香氣薰得使人醉了。
我願兩手捧住了她，

便在這裡睡了。
我愛這薔薇花，
愛她那釃酒似的滋味，
我便埋頭在她中間，
但我就此死罷。

三十八歲的周作人，願做花下鬼，死在瀰漫著「釃酒滋味」的薔薇花裡。那不是年少男人的衝動，而是一個成熟男人對愛的大悲大喜的生命體驗。

7

一九二三年夏，去年剛出版了愛情詩集《蕙的風》的年輕詩人汪靜之，也深深地墜入了愛情漩渦。這位還在杭州讀書的矮個子詩人，愛上了他的同學曹珮聲。

汪靜之和曹珮聲都是一九〇二年生，還是同鄉，兩人從小青梅竹馬。汪靜之出生在一個殷實的大戶人家，有六個姐妹，他是家中唯一的獨子，甚受寵愛。他十二歲就能寫詩作對，徜徉於古典愛情詩中，自己也成了情種。見到曹珮聲漸漸出落得亭亭玉立，便寫了一首七絕向她示愛。儘管曹珮聲也喜歡汪靜之，但她可是他的姑姑啊，況且，雙方從小早已由家長作主，都各自訂了婚。曹珮聲聲明，她不能接受汪靜之的愛。

一九一八年，曹珮聲長到嫵媚俊俏的十六歲時，就由父母作主與胡冠英成婚。婚後第二年，為躲避汪靜之的繼續糾纏，她一人去杭州，考入杭州女子師範學校。汪靜之便說通胡冠英也結伴到杭州，二人都考入浙江第一師範學校讀書。

同在西子湖畔讀書，多情的汪靜之在良辰美景間，對曹珮聲更多了幾分癡情。曹珮聲不能接受汪靜之的感情，就為他介紹自己的同學，但先後有八位姑娘在曹珮聲的牽線下與汪靜之會面，她們都沒有相中這位其貌不揚的詩人。幾乎在曹珮聲感到絕望時，汪靜之終於在她牽的紅線下，愛上了杭州女子師範第二個大美人符綠漪。個子矮小又貌不驚人的汪靜之，以纏綿多情的詩，打動了符綠漪，最終抱得美人歸，結成一對幸福的伴侶。

令胡冠英氣憤的是，汪靜之已擁美人入懷，卻仍未割斷與曹珮聲的情緣。一次汪靜之有事外出，與他同住一室的胡冠英撬開了他總是上鎖的抽屜，見有曹珮聲給汪靜之的書信、照片，怒不可遏地撕毀，見到汪靜之便惡語作罵。

汪靜之與曹珮聲一直是柏拉圖式的愛情，被人誤解，甚是痛心。正在此時，胡冠英的母親以結婚四年未為胡家續上香火為由，又為兒子娶了妾，曹珮聲憤怒地與胡冠英離婚。

一九二三年春節，汪靜之與曹珮聲應同鄉之邀去吃飯，曹珮聲借酒消愁，喝得酩酊大醉。汪靜之將她攙扶到自己的住處。他的妻子已回家鄉過年，他伺候曹珮聲嘔吐、漱口、擦臉，忙了整整一夜。當曹珮聲醒來，見和衣坐在床邊疲倦不堪的汪靜之，大為感動。一個為了愛妻綠漪的海誓山盟，一個為了對摯友綠漪的忠誠，他們只能是清清白白的朋友，那一刻，這對無緣的情侶無奈地相擁而泣。

當時，這位曹珮聲女士與胡適還有些緋聞，傳得沸沸揚揚。曹珮聲和胡適有親戚關係，是胡適同父異母嫂子的妹妹，當年胡適與江冬秀大婚時，曹珮聲還是個有幾分嬌羞的小伴娘。

就在一九二三年胡適在杭州養病時，曹珮聲致信給他，請他為在杭州的安徽鄉友會作報告。胡適同意後，曹珮聲與汪靜之便陪胡適暢遊了西子湖。正是因胡適為《蕙的風》作序，汪靜之才名滿詩壇，汪靜之一定要陪陪老師的。

胡適特意寫了首詩送曹珮聲：

十七年夢想的西湖，
不能醫我的病，
反使我病得更厲害了！
然而西湖畢竟可愛。
輕霧籠著，月光照著，
我的心也跟著湖光微蕩了。

五月下旬，身在上海的胡適收到小表妹曹珮聲的照片。查胡適日記，可見他把八張關於西湖的照片黏在日記上，其中就有小表妹的。

六月八日，胡適來到西湖畔，住進新新飯店。不久，蔡元培到杭州小住，胡適陪他和高夢旦同遊西湖山水，接著就有胡適與曹珮聲在景色宜人的煙霞洞同居的傳聞。

然而，真正使胡曹之戀傳到外面，與徐志摩有關。當時徐志摩苦追林徽因，正與妻子張幼儀鬧離婚。一次，徐志摩邀胡適乘船到他的家鄉海寧觀潮，胡適攜曹珮聲如約赴海寧。巧得很，在船上見到了徐志摩、馬君武、汪精衛及任鴻雋夫婦，祕密自此公開。

江冬秀聞之，與胡適大鬧一場。胡適只能在詩裡排遣對戀人的思念：

山風吹亂了窗紙上的松痕，
吹不散我心頭的人影。

從此，曹珮聲孑然一身，孤獨地在綿綿的回憶中度此一生。

徐志摩依然苦苦追戀被美國學者費正清稱為「就像一團帶電的雲，裹挾著空氣的電流，放射著耀眼的火花」的林徽因。

也是這一年，從燕京大學畢業後，得到美國威爾斯科女子大學獎金的冰心在駛往美國的「約克遜」號遊輪上，寫了《紙船——寄母親》、《鄉愁》，同時與一位儀表堂堂、文質彬彬的年輕學者相遇，兩人一見鍾情。他就是與之相親相愛共度一生、後成為名教授的吳文藻。

8

魯迅的母親曾對許欽文四妹許羨蘇說過：「龍師父給魯迅取了個法名——長庚，原是星名。紹興叫『黃昏肖』。周作人叫啟明，也是星名，叫『五更肖』，兩星永遠不相見」（陳漱渝《東有啟明，西有長庚——魯迅與周作人失和前後》）。

不料，龍師父的話竟成了讖語，自一九二三年七月始，周氏兄弟突然反目，從此真的「永遠不相見」了。

周氏兄弟的失和，並無徵兆。從魯迅日記看，五月十日載「晚與二弟小治餚酒共飲三弟，並邀伏園」。十三日「午後與二弟應春光社約談話」。二十六日「晚二弟治酒邀客，到者……及我輩共八人」。六月二十六日「往蒓米倉訪鳳舉……二弟已先到，同飯，談至傍晚始出」。二十九日「往大學新潮社，旋與……孫伏園及二弟往第二院食堂午餐」。七月三日「與二弟至東安市場，又至東交民巷書店，又至山本照相館」。此外，六月三日《北京週報》發表以周氏二兄弟談話為依據的《「門子」和「門錢」》一文，署名「兩周氏談」。在這個月，兩兄弟合譯的《現代日本小說集》出版，署名周作人。

到了七月十四日，魯迅在日記中寫道：「午後得三弟信。作大學文藝季刊稿一篇成。晚伏園來即去。是夜始改在自室吃飯，自具一餚，此可記也。」

自此，兄弟失和已見端倪。但從魯迅仍能為大學文藝撰稿看，心態似尚平靜。不過「伏園來即去」，卻也透出兄弟失和讓友人已感尷尬的局面。

周作人對此並無記載，只是在十七日的日記中有這樣的話：「陰，上午池上來診。下午寄喬風稿件，焦菊隱、王懋廷二君函。」

其實根據周作人後來寫的《知堂回想錄》可知，這則日記中原來寫了兄弟矛盾的內容，後被周作人自己「用剪刀剪去了」。從日記「池上來診」四字中，人們也能推斷出兄弟失和，家裡當有動靜。據俞芳在其《我所知道的芳子》中介紹，周作人的日本夫人羽太信子有怪病，情緒不好時會發作，「先是大哭，接著就昏厥過去」。請日本池上醫生來診，可見羽太信子情緒不好，或可也印證了兄弟失和的徵兆。

魯迅七月十九日日記中記有「上午啟孟自持信來，後邀欲問之，不至。下午雨」。

周作人的信全文如下：

魯迅先生：我昨日才知道——但過去的事不必再說了。我不是基督徒，卻幸而尚能擔受得起，也不想責難——大家都是可憐的人間，我以前的薔薇的夢原來都是虛幻，現在所見的或者才是真的人生。我想訂正我的思想，重新入新的生活。以後請不要再到後邊院子裡來，沒有別的話。願你安心，自重。七月十八日，作人。

認真讀這封信，周作人是失望的，是悵然的，是委屈的，是痛苦的。因「我昨日才知道」一句，隱去了兄弟失和的真相，而魯迅也無意挑明是非曲直。這在我們企圖瞭解兄弟失和的真相時，閘了一道鐵幕，也如同那夜的黑，掩蓋了兄弟二人心中的狂風暴雨，讓一切都變得朦朧。

接下來，魯迅就只能搬出八道灣。八月二日，魯迅日記：「雨，午後霽。下午攜婦遷居磚塔胡同六十一號。」

周作人當天的日記也有：「下午，L（魯迅）夫婦移住磚塔胡同。」兄弟二人的分手，很平靜。可到了一九二四年六月十一日，在平靜和沉默中度過了十個月後，兄弟間的矛盾終於激化。

那天魯迅在日記中寫道：「下午往八道灣宅取書及什器，比進西廂，啟孟及其妻突出，罵詈毆打，又以電話招重久及張鳳舉、徐耀辰來。其妻向之述我罪狀，多穢語，凡捏造未圓處，則啟孟救正之，然終取書、器而出。」

據說，羽太信子數落魯迅「罪狀」之時，周作人突然拿起獅狀銅香爐向其兄頭上砸去，幸在場有人接住，魯迅才免遭血光之災。

試想，兩個皆為人師表且早已聞名於世的學者，竟然「罵詈毆打」，恐怕難以讓人置信。但可以肯定，這場衝突絕非一般的家庭糾紛所致。鑒於周氏兄弟對此至死諱莫如深，其真相也隨之湮滅，人們只能靠推理猜測其間的真相了。

魯迅還沒有被推上神壇之前，見證過「罵詈毆打」現場的張鳳舉，應最有發言權，因為他聽到了羽太信子向他們「述」魯迅的「罪狀」。與魯迅交好的郁達夫曾在他寫的《回憶魯迅》一文中透露：

> 據鳳舉他們的判斷，以為他們弟兄間的不睦，完全是兩人的誤解，周作人的那位日本夫人，甚至說魯迅對她有失敬之處。但有時候魯迅對我說：「我對啟明，總老規勸他的，教他用錢應該節省一點，我們不得不想將來。但他對於經濟，總是進一個花一個，尤其是他那位夫人。」從這些地方，會合起來，對他反目的真因，也可以猜度到一二成了。

郁達夫援引張鳳舉的判斷，周氏兄弟反目有兩個原因，一是「兩人的誤解」，二是魯迅對羽太信子

「有失敬之處」。魯迅和郁達夫解釋了「兩人的誤解」緣由，是「我對啟明，總老規勸他的，教他用錢應該節省一點」，但對信子「有失敬之處」卻語焉不詳。

周氏兄弟反目後，學界皆云，周作人和魯迅一生都對此失和保持緘默。其實這是不符合歷史真實的，真正對此三緘其口的是周作人，而魯迅卻一直在為自己辯解。上面郁達夫的《回憶魯迅》一文中，魯迅分明「有時候」還是對郁達夫說兄弟失和的原因的。

在魯迅被推上神壇之後，許廣平在她的《魯迅回憶錄·所謂兄弟》中，再次引用了魯迅與她的一段談話。魯迅說：「我總以為不計較自己，總該家庭和睦了吧。在八道灣的時候，我的薪水，全行交給二太太，連周作人的在內，每月約有六百元。然而大小病都要請日本醫生來，過日子又不節約，所以總是不夠用，要四處向朋友借。有時借到手，連忙持回家，就看見醫生的汽車從家裡開出來了。我就想，『我用黃包車運來，怎敵得過用汽車帶走的呢？』」

查魯迅日記，一九二三年一月至六月，魯迅僅個人用於購買書畫碑帖，就用去一百三十五塊半大洋，並無借債記錄。許廣平轉述魯迅之語，豈有說服力？

又查魯迅日記，僅一九二三年九月，即有魯迅及母親四次入日本人山本開的醫院就診，而十月，有魯迅個人五次至山本醫院治病的記錄。迷信日人醫院，非獨周作人夫婦。

在許廣平另一篇文章《略談魯迅先生的筆名》中說，魯迅輯成《俟堂專文雜集》，署名「宴之敖」，後《鑄劍》也用此名。許廣平回憶，魯迅對「宴之敖」筆名這樣解釋：「先生說：『宴』從門（家），從日，從女；敖從出，從放（《說文》做……遊也，從出從放）；我是被家裡的日本女人逐出的。」

周作人的「不辯解」，暗示兄弟失和的一些隱密，倘說出來，雙方都將陷入尷尬而被動，故他一生對此不置一詞。

一九四九年後，在諸多文人回憶魯迅的文章中，每提及周氏兄弟反目一事，往往一邊倒地站在已成為偉大的革命家、偉大的文學家、偉大的思想家的魯迅這邊。於是周作人在他的《知堂回想錄・不辯解說》中，說了下面意味深長的話：

> 大凡要說明我的不錯，勢必先說對方的錯，不然也總要舉出些隱密的事情來作材料，這都是不容易說得好，或者不大想說的。那麼即使辯解有效，但是說了這些寒磣話，也就夠好笑，豈不是前門驅虎而後門進了狼嗎？

不少學者認為，周氏兄弟反目，至今仍蒙著一層神秘的色彩。而筆者以為那「隱密的事情」僅僅是一層窗戶紙，是禁不起認真一戳的。

9

一九二三年，王國維與胡適幾乎是前後腳走進紫禁城面見遜帝溥儀的，只不過胡適是應溥儀之邀，拜訪一下他而已。而另一大學者王國維，則是在蒙古貴族、大學士升允的舉薦下，與羅振玉、楊宗羲、袁勵准等應召成為溥儀的「南書房行走」，作為老師進宮為官，享五品俸祿的。

王國維是中國近代後期文學理論的奠基人之一，他引進西方美學，融會中國古典文論與西方藝術理論而自鑄體系，區別於梁啟超的文學界革命論，也不同於代表國粹主義文學論的章太炎。

王國維一八七七年出生於浙江海寧，十六歲中秀才，十七歲入杭州崇文書院。中日甲午海戰，清軍大敗，使王國維的思想受到刺激，始尋救國之道，後解除新學，傾慕西方文化。他於光緒二十四年（一八九八年）赴上海，任《時務報》校對，並在羅振玉創辦的東文學社習日語，後又在羅的資助下赴日留學，翌年患病歸國，教學之餘，研讀西方哲學邏輯學。光緒三十二年（一九〇六年）王國維入京任學部總務司行走等職，開始對中國戲曲史及詞學進行研究。辛亥革命後，他攜家眷隨羅振玉再赴日本，居日五年間，研究古文字及古器物，尤致力於甲骨文、金文和漢晉簡牘考釋。回上海後，為哈同編《學術叢刊》，後任明智大學教授。

王國維素與羅振玉交好，後來王國維之子王潛明娶羅振玉之女羅素純為妻，王、羅兩家結為親家。

羅振玉比王國維大十一歲，字舒言，號雪堂，浙江上虞人，近代學者。一八九八年在上海創辦《農學報》，反對戊戌變法，後又創辦東文學社，從事教育事業。歷任湖北農務學堂、江蘇師範學堂和京師大學堂（北京大學前身）農科等校監督。一九二四年應清廢帝溥儀之召，與王國維等入值南書房。

羅振玉最為不恥的勾當，是助溥儀逃入日本使館，後又同溥儀一起經天津逃到東北投靠日本，建立偽滿洲國，任偽監察院院長，當了漢奸。他長期從事甲骨文的收集與研究，經理清廷內閣大庫檔案和器物。著有《殷虛書契前編》、《後編》、《殷虛書契菁華》、《殷虛書契考釋》和《流沙墜簡考釋》等書。

溥儀在《我的前半生》中說，王國維曾與羅振玉合夥做生意，王蝕本欠了羅不少債。後內務大臣紹英委託王國維代售宮中字畫，羅振玉知曉，以代賣為名從王手中取走字畫，作為王所欠債務的抵押。此說並無根據。

又有文章披露，王潛明曾與羅振玉在天津合開書店，後經營不善，王潛明欠下羅家不少債。一九二六年王潛明病死於上海，羅振玉將女兒羅素純接回家中，並每年向王國維索兩千大洋生活費。此說被郭沫若之《歷史人物．魯迅與王國維》推翻，屬無稽之談。事實是，王潛明在滬病故後，王國維即去上海，整理其遺物時，見尚有遺款數千，王國維悉數寄往天津羅宅，為兒媳羅素純所有。在信中還說：「維負債無幾，今年與明春夏間當可全楚也。」

王國維與羅振玉之交，是「同好相留」的君子之交。王國維死後，羅振玉勾結日本人當了漢奸，是羅的人格墮落所致。所謂羅、王曾交惡，羅逼王還債，造成王為此而自沉於昆明湖，是沒有根據的。

王國維對哲學、史學、文學、美學、金文考古等諸領域均有精深研究，取得了創造性的成就。一九〇四年，王國維發表長篇論文《〈紅樓夢〉評論》，把西方美學觀引進中國文學批評，是中國文學批評史上第一篇採用邏輯的論辯方式，站在哲學和美學高度對《紅樓夢》的倫理精神和審美價值作出總體評價的評論文章。可惜的是，後來的學者並未予以熱情關注。

此外，王國維又挑戰正統文學觀，學術思想較為激進，他最早提出「人是目的」，而非「手段」，呼喚人性的覺醒。王國維著有《人間詞話》、《宋元戲曲史》等名著。梁啟超稱之「不獨為中國所有而為全世界之所有之學人」；顧頡剛說「中國學術界唯一的重鎮」。

王國維這位「中國近三百年學術的結束人，最近八十年來中國新學術的開創者」（周傳儒語），得到已躍上文化壇坫盟主的胡適重視。胡適在其一九二三年八月二十八日的日記中曾說：「現今的中國學術界真凋敝零落極了。舊氏學者只剩王國維、羅振玉、葉得輝、章炳麟四人，其次則半新半舊的過渡學者，也只有梁啟超和我們幾個人（包括錢玄同、顧頡剛等）。內中章炳麟是在學術上已半僵了，羅與葉沒有條理系統，只有王國維最有希望。」

儘管胡適將王國維清楚地歸入「舊氏學者」，但充分肯定他認真研究過西方哲學、美學，並且第一個用尼采、叔本華的哲學美學理論來評論《紅樓夢》。當然，胡適清醒地認識到王國維仍未跳出中國舊學窠臼，因此在對王國維深為欽仰和讚賞的同時，對其學術研究上的錯誤與缺陷仍不忘批評指正。

比如，一九二三年二月十日，胡適在《讀王國維先生的〈曲錄〉》一文中指出：

> 《曲錄》於此類總集，也有小錯誤。如《誠齋樂府》不當在「小令套數部」；如重要選本《綴白裘》，竟不曾收入；又如《曲譜》中既收那些有曲無白的譜，而反遺去曲白俱全之《六一曲譜》等，都是短處。此書出版於宣統元年，已近十四年了，這十四年中，戲曲新材料加添了不少。我們希望王先生

能將此書修改一遍，於每一目下注明「存」、「佚」，那就更有用了。

又後來，在《水經注》問題上，胡適也不客氣地批評其錯誤觀點。

如果我們研究胡適與王國維的關係，不難發現，在二十世紀二〇年代初，王國維視胡適為學術上可以討論切磋的同道，又有些權威的味道。王國維曾經常向胡適請教，比如他曾求教胡適，《薛家將》裡薛丁山殺父，樊梨花也殺父，其間「有沒有特別意義」？及戴東原（震）的哲學「及身而學」、西洋的文化問題等。

一九二三年十二月十六日，胡適在日記中記載了王國維向他請教，西洋人太提倡慾望，過了一定的限度，會不會導致「破壞毀滅」？胡適認為，此事不必太過悲觀，「西洋人今日大患不在慾望的發展，而在理智的進步不曾趕上物質文明的進步」。他深信西洋文明自身有調整與制約能力。胡適告訴王國維：「即使悲觀，我們在今日勢不能不跟著西洋人向這條路走去。」

這則日記中，還記述了胡適與王國維討論美國好萊塢電影的問題，頗為新鮮前衛。

王國維問，美國好萊塢電影公司為拍一部電影，動輒費金幾百萬美元，用地也千餘畝，這種奢靡的做法有何道理？能維持多久？

胡適答，美國拍一部電影，耗去這麼多資本、人力、物力、時間，正如他們考據一個字花去幾個月的精力、時間、工夫，翻尋無數典籍一樣，「同是一種做事必求完備盡善的精神」，而這種精神「正無可厚非也」。

王國維對胡適的回答，深以為然，對胡適顯露出的一種精神文化指導者的深謀遠慮與師表氣象，深為折服。當時，章太炎、王國維、陳寅恪、劉師培、黃侃等國學家，在學術學料上研究成績有不少超過胡適的，但在精神資源的利用與發揮上，無人能與他比肩；在思想精神領域的指導與指引，把握一個時代學術文化潮流的趨向，以及好為人師、善為人師、學人仰之彌高而心悅誠服一點上看，胡適的領袖盟主地位更是無可爭辯的了（胡明語）。

據藍文徵《清華大學國學研究院始末》記載，一九二四年十月，清華學校將改為大學，曹雲祥校長特請胡適為清華大學設計清華「國學研究院」的建制藍圖。胡適應允後，參照中國兩宋書院和英美大學院的建制來了個中西合璧，遂定學制規模，設專題科目，選專家導師、購置圖書等，後將規劃草案交曹雲祥參考。

曹當即懇請胡適擔當該院的研究導師。胡適忙推辭，對他說：「非第一流學者，不配做研究院導師。」隨後便建議曹「請梁任公、王靜安、章太炎三位大師，方能把研究院辦好」，並力薦王國維擔任院長一職。後來，又推薦剛回國的陳寅恪、趙元任入清華研究院。

一九二五年，王國維與北京大學不歡而散後，到清華大學任教，就與梁啟超、趙元任、陳寅恪、李濟被稱為「五星聚奎」的清華五大導師。其中王國維、梁啟超、陳寅恪被譽為中國史學三泰斗，名噪學界。王國維培養和影響下的弟子門生，如桃李遍及中國史學界。

一九二六年，北伐軍節節勝利。一九二七年初，康有為客死青島不久，馮玉祥之國民軍開駐河南鄭州，閻錫山晉綏軍易幟後，與張作霖奉軍交戰，河北一帶草木皆兵。

北京的清華園不再是世外桃源，各種消息紛紛傳播掩蓋了往日琅琅書聲。此刻的王國維貌似平靜如水，仍如平日「雍容」、「淡雅」地與人相處，但面對動亂時局，他「內向苦悶，無人可商可告，獨自躊躇」。

不久，羅振玉攜家眷買舟東渡日本，梁啟超也以養病為由躲進天津義租界的飲冰室。在京與王國維往來的人就更少了，獨與研究院主任吳宓多有接觸。

吳宓，陝西涇陽人，留美時，與湯用彤、陳寅恪因學問超群被稱為「哈佛三傑」，一九二五年任清華國學研究院籌委會主任。那年，正是他拿著校長曹雲祥的聘書去請王國維的。

進到王家，身為主任的吳宓竟恭敬地給王國維深深鞠了三個躬，然後才說明來意，王被他的誠意感動。王國維到校就任後，曾經對吳宓說：「我本不願意到清華任教，但見你執禮甚恭，大受感動，所以才受聘。」

六月二日晨，王國維找到吳宓，說有事外出，須借用大洋五元，拿到錢後，王國維即出校門，在校門口雇了一輛人力車，西向頤和園而去。直到下午，其家人遍尋不得，找到吳宓時，吳只知其借錢而不知所去。吳急忙找人四處尋覓，從一車夫處得知，他早晨曾拉一位長衫長者去頤和園。眾人趕忙去頤和園，細心尋找，仍未找到。幸在長廊處找到一管理員，告曰：一長者在排雲殿西魚藻軒字走廊徘徊多時，後也不知所蹤。

眾人到軒字走廊，只見菸蒂一地，卻不見了人影。眾人又雇船下水尋找，果然在附近水域發現了王國維的屍體。眾人見狀，大慟。

次日，全國各大報紙都報導了王國維投湖自沉的悲劇。

王國維死後，家人發現了他投湖前一日寫下的遺書，是留給兒子王貞明的。

> 五十之年，只欠一死，經此世變，義無再辱。我死後，當草草棺殮，即行槁葬於清華塋地。汝等不能南歸，亦可暫於城內居住。汝兄亦不必奔喪，因道路不通，渠又不曾出門故也。書籍可託陳吳二先生處理。家人自有人料理，必不至不能南歸。我雖無財產分文遺汝等，然苟謹慎勤儉，亦必不至餓死也。五月初二父字。

遺書中的陳、吳，指好友陳寅恪、吳宓。

後讀此遺書，對其死因有種種揣忖和不同解釋。至今宿草經荒，墓木成拱，眾人猜測或推論，各持一隅。八十七年過後，王國維的死仍是一個謎。

陳寅恪在好友去世後，寫過《王靜安先生遺書序》，云：「寅恪以為古今中外志士仁人，往往憔悴憂傷，繼之以死，其所傷之事，所死之故，不只侷於一事件、一地域而已，蓋別有超越事件地域之理性存焉……然則先生之志事，多為世人所不解，因而有是非之論者，又何足怪耶？」此論雖有些超然，但又最為接近真相。兩位大師，陳之於王，風誼平生師友間，彼此都太瞭解。

陳寅恪以挽聯高度評價了王國維：

> 十七年家國久魂銷，猶餘剩水殘山，留與累臣供一死；
> 五千卷牙籤新手觸，待檢玄文奇字，謬承遺命倍傷神。

後來，郭沫若在其《歷史人物》一文中說，王國維的「影響會永垂不朽」，又說王國維的全集與《魯迅全集》，「真是『雖與日月爭光可也』的一對現代文化上的金字塔」。

然而，多少年來，孤軍奮戰、充滿矛盾的王國維一直受到冷落，因為，我們不能透澈地理解他的學問和大師的靈魂。

第八章

民國十三年
1924

民國十三年（一九二四年），大小軍閥為繼續分割山河而使得烽煙四起——齊盧之戰，直奉火拚……百姓飽受戰亂之苦。民國的締造者孫中山，經歷了漫長痛苦的奮鬥和摸索之後，局勢出現了新的轉機。他在蘇俄和中國共產黨的幫助下，終於改組了國民黨，確定了「新三民主義」和聯俄、聯共、扶助農工的三大政策，並在年初順利地召開國民黨的一大，咄咄逼人地在南方崛起。

是年的民國清流，除共產黨人陳獨秀、李大釗、瞿秋白等有明確政治理想外，更多人也懷著希冀，以文學為武器，繼續尋求各自的改造社會之路，他們沒有忘記自己的理性良知和社會責任。可悲的是，因為各有不同的精神追求和不同的價值選擇，陷入了無休止的混戰。

1

國民黨的一大，在一九二四年一月二十日上午召開。當略顯憔悴卻仍然神采飛揚的孫中山走上大會主席臺時，雷鳴般的掌聲在會場響起，不少代表，包括李大釗等共產黨人禁不住流下了眼淚。

會議共開十天，其中為列寧的逝世休會三天。通過《中國國民黨第一次全國代表大會宣言》後，孫中山與共產國際首席顧問鮑羅廷熱烈擁抱，場面極為感人。

四十歲的鮑羅廷帶領一批蘇俄軍事顧問，在三個月前抵達廣州。那時孫中山正陷入軍事和經濟雙重危機，鮑羅廷帶來的二百萬盧布援助讓孫中山給了他巨大的信任和權力，並且請他擔任國民黨首席顧問、負責起草新黨綱和黨章，兼顧籌備一大。

孫中山對鮑羅廷的信任和任命，引起黨內一開始就反對國共合作的極右派的反對。其中廣東省黨部有十一位有聲望的元老，在去年底就聯名祕密上書孫中山，揭發陳獨秀實際上是黨內文件起草的幕後操縱者，抨擊孫中山宣導的國共合作是共產國際和陳獨秀的陰謀，斷言陳獨秀已把共產黨人派遣入國民黨內，用不了五年，他就會被選為國民黨的領袖，取而代之。

孫中山憤慨地在告密信上批示道：「黨章和黨綱草案，為我請鮑羅廷起草，本人親自審定。原為英文，後由廖仲愷譯為漢文，陳獨秀並未與聞此事，怎能如此疑神疑鬼？」

針對黨內的保守派，孫中山給予了嚴厲的回擊。他叫來反對改組的國民黨元老馮自由，當面訓斥道，若不贊成改組，可以退出國民黨！並在一大召開前，將國民黨元老張繼開除出黨，令全黨震驚。

在國民黨第一屆二十五名中央執行委員，十七名候補中央執委裡，共產黨的譚平山、李大釗、張國燾、毛澤東、瞿秋白、林伯渠、沈定一等共占十位。其中，林伯渠擔任農民部長，譚平山任組織部長，譚平山還和廖仲愷、戴季陶成為三個常務委員，責任黨的日常工作。孫中山也沒忘記在海外客居的蔡元培，由他親自提名蔡元培為候補中央監察委員，交大會表決通過。

以孫中山的謀略和智慧，他應該知道，蘇俄派鮑羅廷到中國來支援他，其背後是有所圖的。蘇俄一個重要戰略目標，是要重新獲得對中東鐵路的控制權，另一個便是想扶植蒙古政權成為自己的領地。

在南方大地升騰起一派新氣象的時候，北方依然是軍閥的王道樂土。被「五四」滌蕩過的舊文化，全方位復舊。

一月，英專全體教職員宣言中，給學生加上「綱常絕滅，禮義淪亡」的罪名。

二月，東大教授柳翼謀，發表了《什麼是中國文化》的講演，鼓吹「三綱五常」，梁啟超寫文章為之助陣。

三月，王士珍等二十八人，致函參議院，請當局「明令通國尊經，變通學制，除去師範大中小學校讀經講經禁例」。東南大學國學院，發表整理國學計劃書，鼓吹「樂天主義」、「成仁主義」，要以此「衡量現代之作品」。

四月，上海澄衷中學國文會考出策論題，楊賢江撰文批評後，該校校長曹慕管跳出來，攻擊楊賢江「語無倫次，不得要領」。

對社會上的「沉渣泛起」，陳獨秀即奮起反擊。一九二四年二月一日，他在《前鋒》上寫了著名的文章《精神生活東方文化》，在駁斥西洋文明是物質的，東方文明是精神的陳詞濫調的同時，再次指出，梁啟超等人「把這不進化的老古董當作特別優異的文化保守起來」，並尖銳地批判梁啟超等守舊派的言論，是「禍國殃民、亡國滅種之談」，是「要拉國人向幽谷走，其禍害遠過吳佩孚、曹錕之流」。

面對保守思想界、文化界的「老少人妖」的復舊勢態，胡適毫不含糊地採取鮮明的態度，予以還擊。翌年發表《老章又反叛了！》一文，反擊章士釗對新文學運動的汙蔑和攻擊，後又到武昌大學講演《新文學運動之意義》（載於《晨報副刊》），在上海大夏大學講演《怎麼樣思想》（載於《時事新報．學燈》副刊），反擊復舊派。而胡適在後來的《我們對於西洋近代文明的態度》（載於《現代評論》），實際上是一篇向思想界舊勢力挑戰的公開的總答覆，在此深刻闡述了進步的思想界應該具有的清醒認識和應該採取的鮮明態度。

胡適另一篇「未刊手稿」《從思想上看中國問題》一文中，提出跟陳獨秀類似的與中國傳統舊文化舊思想背反的八條。說明以東方傳統文化與西洋文明為目的的現代社會生活的極端不適應。批評中國舊文化，正統思想「崇拜自然無為」，「無為而治，以不守禮法為高尚」，「服從自然，聽天由命」，「以不爭不辯為最高」，「要人不識不知，順帝之則」，「處處知足，隨遇苟安」，「委任自然，不肯用思想、不肯用氣力」，「教人夢想、教人背書、教人作鸚鵡式的學舌」。

周作人從去年與魯迅失和始，沉湎於懷舊情思之中。於尋找自己的歷史哲學、人生哲學與藝術時，終於在中國「幾千年的舊文明」裡找到了心靈歸宿，寫作也從凌厲的雜文轉向清冷簡潔的散文。《北京的茶食》、《故鄉的野菜》、《苦雨》等小品文，以敘事、抒情為主，形成了周作人獨特的藝術個性。

但是，作為「五四」的老戰士，周作人在領略閒情逸致時，並未放棄其社會責任。一九二四年二月二十四日，周作人以荊生為筆名，在《晨報副刊》發表《復舊傾向之加甚》一文，提醒人們，警惕復舊傾向正在社會各方面蔓延。接著一連在《晨報副刊》發表《予欲無言》、《詩人的文化觀》、《學校的綱常》、《國學院之不通》、《論荒謬思想並不加多》等犀利的批評文章。

值得注意的是，周作人在《予欲無言》一文中，大聲責問：「孔教的氣勢日盛亦盛了，反對的方面怎樣？《新青年》的老英雄哪裡去啦？非宗教同盟的英雄哪裡去啦……我在寒假裡，寫了十二篇的雜感，『臣力盡矣』！而奇怪事層出不窮，真令人應接不暇……」

文字間，有一種英雄獨擋逆流的自豪，又有對過去戰友臨陣脫逃的責問。周作人的英雄主義，有他個人的色彩。

魯迅沒有直接投入這場反復舊的鬥爭中。他寫的小說《祝福》把人物放在更複雜的社會關係裡，為農民的命運提出控訴；他創作的小說《在酒樓上》呈現的是辛亥革命後知識分子的徬徨、頹敗及頹廢的生存狀態。而散文集《野草》，有些曲折隱晦之處，較多地流露出空虛和寂寞的情緒，魯迅將之比喻為「廢弛的地獄邊沿的慘白色的小花」（《二心集．〈野草〉英文譯本序》）。準確地說，這正是魯迅處於反抗絕望的心靈煉獄裡的藝術結晶。

2

還應提及的是，自梁啟超的《歐遊心影錄》出版後，其對歐洲大戰後的評述，讓國內的文化保守派學者更加對西洋近代科學文明產生懷疑和厭倦。梁啟超、張君勱、章士釗、梁漱溟等集體吹捧東方文明之風，迷惑了不少人。再加上國外一些有名的學者，如英國哲學家羅素也加入崇拜東方文明的鼓噪合唱，鼓吹東方文明即中國的舊文化才是正宗。特別是印度作家、詩人泰戈爾訪華時到處演說，吹捧「東洋文明，最為健全」，公然批評新文化運動，指責「亞洲一部分青年」抹殺、拋棄「亞洲古來之文明」。

據一九二四年四月十日《申報》發表的「泰戈爾與中國新聞社記者談話」記載，泰戈爾甫一到中國，開口便說：「余此次來華……大旨在提倡東洋思想亞西亞固有文化之復活。」又說「太西方化單趨於物質，而於心靈一方缺陷殊多」云云，大肆宣揚西洋文化隨歐戰而破產，其論調與梁啟超異曲同工。

泰戈爾訪華期間，正逢梁啟超六十四歲生日，北京共同學社特意為他舉辦了祝壽活動，由胡適主持。祝壽中還安排一個別開生面的節目：由壽星梁啟超贈泰戈爾一個中國名字——「震旦」。梁啟超稱泰戈爾的名字「羅賓德羅納特」，即有「太陽」、「雷」之意，又可引申為「如日之長」、「有雷之震」，用中文譯為「震旦」。

梁啟超又說，中國稱古印度為「天竺」，古印度稱中國曰「震旦」。「按中國習慣，姓名的稱謂是前姓後名，那麼若以國名為姓氏，以本名為名，泰戈爾的中國姓名不就是『竺震旦』嗎？」全場為梁啟超的博學而鼓掌。

泰戈爾聽了中國戊戌變法主將之一的梁啟超的精彩解釋，感受到中國文人待客的熱情和優雅，高興地接受了「震旦」這個中國名字，且收下祝壽會贈予的刻有「竺震旦」的中國印。當然，不久他更領略到中國進步文人對捍衛新文化運動的決心和力量。

泰戈爾是應徐志摩、梁啟超和張君勱以講學社的名義邀請於四月十二日來華演講的。早就崇拜泰戈爾、相信愛的非凡力量、相信那種虛幻的田園詩般浮泛說教的徐志摩，在泰戈爾訪華前，與一群包括瞿秋白在內的文友遊覽了常州城外的天寧寺。梵剎的鐘聲、磬聲、鼓聲、佛號聲，匯集成一道寧靜的聖靈之光，徐志摩聽見了詩哲的召喚，詩情湧動，當晚寫成了一首磅礴的讚美詩，作為泰戈爾訪華的前奏：

> 我聽見了天寧寺的禮懺聲！
> 這是哪裡來的神明？人間再沒有這樣的境界！
> 這鼓一聲，鐘一聲，磬一聲，木魚一聲，佛號一聲……樂音在大殿裡，迂緩、漫長地迴盪著，無數衝突的波流諧合了，無數相反的色彩淨化了，無數現世的高低消滅了……

在隨後的幾個月裡，徐志摩陪同泰戈爾一路講演並擔任口譯，受到了不少學生的歡迎和尊敬。就在郭沫若帶著兒子阿和在月光下吟誦泰戈爾的詩，渴望人類能在皓皓月華下重回到純真童年時，泰戈爾一行到達了上海。

年輕的茅盾卻在這之前，於報上發表文章，正告那些湧向碼頭的泰戈爾崇拜者，不要被他的「東方文化」和「靈魂的樂園」等說教迷惑：

我們以為中國當此內憂外患之際，處在帝國主義和軍閥專制的雙重壓迫下，唯一的出路是中華民族的國民革命。而要達到這一目的，唯像吳稚暉先生所說的「人家用機槍打來，我們也趕鑄了機關槍打回去」。高談東方文化，實際上等於「誦五經退賊兵」！而且東方文化這個詞是否能成立，我們還懷疑得很呢！

比起茅盾，「老英雄」陳獨秀對泰戈爾就不那麼客氣了，他的文章題目「泰戈爾是什麼東西」就態度鮮明，言辭尖利，鋒芒畢露，直截了當批判起泰戈爾來。他稱這夥人所做的，無非是想讓中國回到木版印刷、獨木舟和獨輪車的時代，並諷刺泰戈爾是頭看似最大、自視過高，而又最屈從、最麻木的森林叢中的大象。接著，正在全力發動工農運動的陳獨秀又在一九二四年四月一日《中國青年》第二十七期上，發表《泰戈爾與東方文化》，奉勸他「請不必多放莠言亂我思想界，泰戈爾！謝謝你吧，中國老少人妖已經多得不得了啊」！

郭沫若似從夢中驚醒，也寫文章抨擊、諷刺泰戈爾的思想不過是有錢有閒階級的嗎啡和椰子酒。年輕的學生們，授受了這些思想後，當泰戈爾和徐志摩再到一個地方，迎接他們的不復是崇拜、鮮花和歡呼聲，而是發傳單四處抗議。

泰戈爾終於憤怒了，他決定取消在北京的活動，提前結束對中國的訪問。可以想見，老人用蒼涼的目光最後掃視這片狂熱而愚昧的國土時，心裡一定為未能拯救這裡的麻木靈魂而哭泣。

徐志摩感到悲哀，骯髒的政治與這位一九一三年獲諾貝爾文學獎並獲封英國爵士的詩人何干？他寫了一首長詩，讚美這位東方的和平之神：

他的博大的溫柔的靈魂我敢說是人類記憶裡的一次靈跡。
他的無邊際的想像與遼闊的同情使我們想起惠特曼；
他的博愛的福音與宣傳的熱心使我們記起托爾斯泰；
他的堅韌的意志與藝術的天才使我們想像當年的蘇格拉底與老聃！
他的人格的和諧與優美使我們想念暮年的歌德；
他的慈祥的純愛的撫摩，
他的為人道不厭的努力，
他的磅礴的大聲，
有時竟使我們喚起救世主的心像；
他的光彩，他的音樂，他的雄偉，
使我們想念奧林匹斯山頂大鐘。
他是不可侵凌的，不可逾越的，
他是自然界的一個神秘的現象。

該詩發表後，震驚了中國文壇。

徐志摩於一八九七年出生於浙江省寧海縣一個富商之家，早在杭州讀中學時，就開始接觸「新學」，後又到上海、天津、北京等地幾所大學就讀。一九一八年赴美國留學，獲哥倫比亞大學碩士學位，又於一九二〇年由美轉英國，翌年入劍橋大學學經濟專業，開始寫詩。一九二二年秋歸國，從事譯著活動，創作詩歌、散文，偶爾也寫小說，其作品多發表在《晨報副刊》、《新月》等報刊。又在新月、中華、大東等書店做過編輯工作，並在北京、上海、南京等多所大學執教。

徐志摩的詩歌真正被人重視，始自一九二四年五月寫的《沙揚娜拉》，此詩以甜美憂愁的筆調詠唱愛情，與一九二八年十一月創作的《再別康橋》相映生輝。他的第一部詩集《志摩的詩》，於一九二五年自費在中華書局出版，收錄他一九二三年至一九二四年創作的詩歌。帶著在國外曾被五四運動激發起的愛國熱情，又懷有資產階級民主理想的徐志摩，他的詩情是積極的，是與時代共脈搏的。《志摩的詩》不只是對青春的讚美和對愛情的詠歎，還有對現實生活的不滿和改變的渴望。

這位二十世紀二〇年代最為走紅的詩人，他身邊總會有一群年輕文人陪伴。在杭州，他的出現已使當地乃至全國炙手可熱的詩人汪靜之黯然無光。在杭州和常州名勝景區，總能見到徐志摩與文友郊遊和飲宴，瞿秋白也會不時從上海趕到杭州，參加這群年輕文人的聚會。瞿秋白與徐志摩相識，是因為瞿秋白的叔叔瞿菊農早已是徐志摩的摯友。瞿秋白與徐志摩的思想觀念並不相同，是文學搭建的橋樑讓他們友好相識。

一九二三年十月，深秋西子湖畔，桂花盛開，暗香襲人，在杭州休養的胡適寫信邀徐志摩到他客居的煙霞洞賞月。正窮追林徽因而與結髮妻鬧離婚的徐志摩從上海趕到杭州，賞月之後，他又拉胡適去自己家鄉海寧觀潮。

徐志摩再返杭州後，友人請他在西子湖畔吃午飯，飯後詩友們熱烈地討論起斐德《詩論》，瞿秋白靜靜地傾聽諸人的議論。那張蒼白病態的臉龐引起徐志摩的關注，他知道這位年輕的革命者艱苦地從事著自己的工作。而瞿秋白也凝視這群小布爾喬亞，他們沉浸在充滿虛幻的詩境裡，或迷醉於凱薩琳．曼斯費爾德的小說的傷感中而脫離現實生活，他們把西湖美景當成殘酷生活的真相了。

3

因泰戈爾訪華而鬧得火星四濺的一九二四年，也是北洋政府取締新思想、大興「文字獄」頗為倡狂的歲月。創造社的成仿吾在《創造週報》最後一期發表《一年回顧》中說：「環顧我們的國事，是非的論爭鬧得天昏地暗，此亦一是非，彼亦一是非……」概括得很是恰切。

五月三十日，開書店印書賣書的老闆常春霖寫信給胡適：「刻下先生之傑作《文存》，前次收禁之三部，並陳文存七部，迄今警廳未派人送回，即本區員警仍然探訪此書，言此書不准售賣。」常春霖此信，透露出北洋政府已不聲不響地暗裡查禁了胡適的《胡適文存》和《獨秀文存》，作為取締新思想的一部分。

六月十七日，得到內部消息的錢玄同，在《晨報副刊》第一三八號的《雜感》欄裡，發表了三則《零碎事情》。其中第一則說：

> 《天風堂集》與《一目齋文鈔》忽於昌英之妐之日被ㄐㄧㄣㄓ了……

一般人讀之，當然會莫名其妙，不知所云，然而明眼人一看就能讀出其中含義。錢玄同擅用曲筆，玩文字遊戲，此則消息中暗藏四條謎語。

「天風」者為胡適在《每週評論》、《努力週刊》上發表文章時常用的筆名。《天風堂集》暗指《胡適文存》。陳獨秀在《每週評論》、《努力週刊》發表文章時多署「隻眼」之名，「隻眼」又為「一目」，故《一目齋文鈔》暗指《獨秀文存》。ㄐㄧㄣㄓ為注音字母，即「禁止」之音。「妐」（音同鐘），據《康熙字典》注釋為夫之父、夫之娣、夫之兄之間。「昌英」，即在北京女子高等師範執教的袁昌英女士，當時有些文名。她的丈夫楊端六是著名會計學家，時就職於商務印書館，在《東方雜誌》發表過很多文章。袁昌英的丈夫即名為「端六」，那「端六」之兄，就是端午。

解讀完再回頭看一遍，原來錢玄同繞了幾個大彎，是要告訴讀者，那年端午，北洋政府查禁了《胡適文存》、《獨秀文存》。可見，錢玄同的消息與常春霖的信是一致的。而劉半農更是直截了當地署名夏，於六月十七日和二十三日在《晨報副刊》發表了《〈胡適文存〉究竟禁止否？》等文。

七月六日，胡適勇敢地站出來抗爭，在《晨報副刊》發表了三天前他寫給國務總理張國淦的信，公開質疑並抗議北洋政府的禁書行徑。當局不敢正面回應，但禁書行動卻一直在祕密進行，後來連周作人《自己的園地》也成了禁書。

中國知識分子，自發動新文化運動那一刻起，就面臨著雙重威脅：一方面是掌握了政權的軍閥反動當局的鎮壓，一方面是尚未覺醒的民眾實行的「愚民的專制」。同時還要面對雙重痛苦：手無寸鐵、沒有權勢的文化，既沒有言論出版自由，又遭愚民輿論的多數力量的限制自由。

對投入到新文化運動的胡適、陳獨秀、周作人等人來說，這些不僅僅是現實的憂慮，也包含著對將來的隱憂。這兩方面「都涉及對五四新文化運動啟蒙特質的歷史估價」（錢理群）。思想啟蒙，首先要有言論和出版的自由，捨此，何談啟蒙？

周作人在《談虎集．重來》一文中，明確表達了啟蒙對象不覺醒的憂慮。又從六月二十五日《晨報副刊》上，見到胡適與錢玄同的通信，其中透露除了禁書之外，北洋政府還要「定期焚書」。

周作人感到秦始皇焚書坑儒的陰影再次漸漸逼近，一個月後，寫了《問星處的預言》一文，肯定自己的書「將被列入『黑表』」，同時強調：「取締思想」的不僅僅是當局「袞袞諸公為然，便是青年也是如此，但看那種嚴厲地對付太（泰）戈爾的情形就可知道，倘有實權在手，大約太（泰）翁縱不驅逐出境，《吉檀伽利》恐不免於沒收禁止的吧」。他還預言，「中國國民暫時要這樣地昏憒糊塗下去」。

周作人認為啟蒙的對象根本不可能覺醒，「祖先的壞思想、壞行為必然在子孫身上再現出來，好像是僵屍的再現」（《談虎集．重來》）。

他在《不討好的思想革命》一文裡悲觀地說，他們「是個孤獨的行人」：

在荒野上叫喊，不是白叫，便是驚動了沉睡的人們，吃一陣臭打……因為中國現在政治不統一，而思想道德卻是統一的，你想去動他一動，便要預備被那些老老小小，男男女女，南南北北的人齊起作對，變成名教罪人……

這些悲觀的話，從新文化運動的一員叱吒風雲的驍將筆下流出，讓我們看到周作人在反動政府的高壓和「沉睡的人們」的堅壁前，充滿孤獨和無助。在陳獨秀、胡適、李大釗的文章裡，我們見到的更多的是他們將投槍對準反動的軍閥當局和封建的遺老遺少們，將悲憫的情懷給予飽受苦難的大眾。周作人對啟蒙對象不覺醒的清醒認識，讓我們看到新文化運動的複雜性。

在周作人對五四新文化運動進行深刻和痛的反思時，發生了這樣一件事：北京大學一位姓楊的教授愛戀其女學生，寫了一封示愛的書信，投送給這位女大學生。孰料該女大學生竟將求愛信公之於眾，一時間北大校園乃至社會引起「公憤」，掀起一場不大不小的風浪，給乏味的生活注入些生氣。有人「在便所裡寫啟事」，有人「張貼黃榜，發檄文」，熱熱鬧鬧地把這一純屬私人之事渲染成社會醜聞，成為「全校之不幸，全國女子之不幸」。甚至一些文化人居然將正當、正常的求愛舉動，「稱楊先生的信是教授式的強盜行為，威嚇欺騙漁獵女士的手段，大有滅此朝食，與眾共棄之之概」。

周作人由此記起兩年前他與陳獨秀等人關於《非基督教同盟宣言書》那場激烈的爭論，錢玄同在給自己的信中，也曾說《非基督教同盟宣言書》「中間措辭，大有滅此朝食，食肉寢皮……的氣概」。歷史的重演，讓他更覺得「社會制裁」的流弊、頑固。

周作人無奈地環顧沒有了「薔薇色」的現實，他要「訂正我的思想，重新入新的生活」，「在不完全的現世享樂一點美與和諧」，邁向逃避現實，享受人生的道路，慢慢地卸下五四時期披掛起來的戰士戰袍和盔甲。

在周作人逃避現實生活的同時，九月三日，京師員警堂而皇之、強硬地發出布告宣稱：「輿論界對於各省軍政事項，均應持以鎮靜態度，不得任意登載」！正是九月，軍閥孫傳芳從福建揮師長驅進入浙江，首先一網打盡《浙江晨報》、《三江日報》、《新浙江報》、《浙江民報》、《杭州報》等十幾家報紙，不僅查封了浙江報刊，連上海設有杭州分館的《申報》、《新聞報》、《商報》等也都無一倖免。焚書、封報館，反動軍閥的醜行，成為這一年言論史上真實而殘酷的一幕。但在「萬惡貫盈的北京」（郁達夫語），卻有《語絲》和《現代評論》兩種不同風格的期刊從黑暗中破土而出。

據唐弢主編的《中國現代文學史簡編》記載，「語絲社以一九二四年十一月的《語絲》週刊而得名，主要成員和撰稿者有魯迅、周作人、錢玄同、孫伏園、川島、馮文炳、許欽文、林語堂等人」。其實，《語絲》的主要成員並沒有魯迅，魯迅只是撰稿人之一。周氏兄弟一九二三年失和後，素無來往，由周作人擔任寫發刊詞的《語絲》，怎麼會有魯迅參與其事？查魯迅的書信、日記，也沒有魯迅加入語絲社的記載。

語絲社不像文學研究會、創造社等有明確且獨樹一幟的文學主張，周作人為《語絲》撰寫的發刊詞，已表明這一點：

> 我們並沒有什麼主義要宣傳，對於政治、經濟問題也沒有什麼興趣，我們所想做的只是衝破一點中國的生活和思想界混濁停滯的空氣。我們個人的思想盡自不同，但對於一切專斷與卑劣之反抗則沒有差異。我們這個週刊的主張是提倡自由思想，獨立判斷，和美的生活……除了政黨的政論以外，大家要說什麼都是隨意，唯一的條件是大膽與誠懇……我們有這樣的精神，便有自由言論之資格；辦一個小小週刊，不用別人的錢，不說別人的話。

《語絲》主要成員林語堂又補充，「所以我們主張《語絲》絕對不要來做『主持公論』這種無聊的事體，《語絲》的朋友只好用此做充分表示其『私論』、『私見』的……凡有獨立思想，有誠意私見的人都免不了多少要涉及罵人」（《卷地潮聲——〈語絲〉散文隨筆選萃》）。

《語絲》的發刊詞充滿了周作人的個人色彩。在《語絲》上，他寫了大量文章，甚或說《語絲》是他的輿論陣地，這年年底周作人與胡適的論戰，有分量的文章盡在《語絲》上。

如果說《語絲》的成員是以北京女子師範大學的教授為班底的話，一九二四年十二月二十三日創刊的《現代評論》，其主要撰稿人則是北京大學的教授，如胡適、高一涵、陳源、王世傑等人。

《現代評論》最早是由創造社與太平洋社合辦的。其創刊號的啟事極簡短：

本刊的精神是獨立的，不主附合；本刊的態度是研究的，不尚攻訐；本刊的言論趨重實際問題，不尚空談。

《語絲》、《現代評論》是在北洋政府絞殺言論自由的恐怖中誕生的，兩刊的發刊詞，都有《新青年》餘韻流風。

曹聚仁在其《文壇五十年》一書中，將《語絲》和《現代評論》作了比較，他認為《現代評論》比《語絲》「更富文學意味，更有紳士的氣度，也更有自由主義的氣氛。他們這兩種週刊有時是互相敵對的，但在新文學運動的繼承工作上，卻又是十分協調的……《現代評論》所發表的政論，也是第一流的好文字，那是《語絲》社所不寫的」。唐弢等人在追述這段歷史時故意貶低《現代評論》，耐人尋味。

經過文學史家多年的追根溯源之後，曹聚仁的意見更接近真實。《語絲》、《現代評論》聚集了兩個不同的知識分子群體（他們彼此又有所交叉），代表了五四新文化運動之後的兩條不同的精神追求和不同的價值選擇。但他們個人之間，並無什麼利害衝突，有的甚至是好朋友。

比如胡適與林語堂之間的君子之交。林語堂在清華學校教書期間，得到領取獎學金去美國留學的機會，但四十美元獎學金無法支撐他與妻子廖翠鳳在美的生活。胡適愛才心切，與林語堂達成一君子協定——若林語堂留美回國到北京大學執教，北大每月資助其四十美元。林語堂在美留學時，妻子再次住醫院做手術，無法支付高額費用的他打電報向胡適求助。胡適馬上以北大名義給林語堂匯去兩千元，以解其燃眉之急。

一九二三年九月，林語堂學成回國，立刻到北大見胡適。因胡適在杭州養病，他找到北大代校長蔣夢麟深表謝意，說若不是北大每月資助，學業難成；若不是北大雪中送炭，妻子病危矣。蔣夢麟乍聽，感到莫名，經追問，方知有胡適給他寄錢之事。蔣夢麟如實相告，錢都是胡適個人出的，北大未掏一分。待胡適由杭州返校，林語堂忙去向胡適致謝，將錢奉還，按原來的約定，愉快地到北京大學英文系執教。林語堂後來說，「這件事已深藏在我和我太太心中四十多年」，「我們永遠記得胡先生對朋友的這份無聲援助」。

胡適逝世後，林語堂在《我最難忘的人——胡適博士》中，將此事公諸於世，並強調，胡適從來未提起過自己掏腰包資助他的事。林語堂感慨地說：「這就是他的典型作風。」

其實，得到胡適無私經濟援助的，不僅僅有林語堂。江澤涵、羅爾綱、沈從文、吳健雄、吳晗，特別是汪靜之，都得到過胡適的經濟幫助。

一九二三年四月二十三日，汪靜之在給胡適的信中說：「我既無錢買書，又有人討債，既工作之不暇，又有鼻病之無醫藥費，貧病交逼，奈之何哉……世間不許窮人住，如何是好？向來承先生培植，感激莫名，願你再借助數十元，濟我緊急的正用。如果你肯答應，請快快寄下，切勿久延。」

胡適收到信後，立即寄錢給汪靜之。

又如一九二六年，赴法國留學六年的許德珩（一九四九年後成為國家領導人）要回國，苦無盤纏，只好向母校北京大學求助。胡適設法代籌寄去，許德珩方暫紓困厄，得以回國。

這一年，報界達人邵飄萍繼續堅守他獨立創辦的《京報》，寫了近百篇宏文縱論時政，批評時弊，貶斥政客。也是這年十二月，孫伏園主編的《京報副刊》強勢問世，成為批判黑暗社會的一個陣地。《語絲》、《現代評論》、《京報》、《京報副刊》，代表文學界、言論界進步知識分子的聲音，在軍閥用槍桿維護自身樂土的年頭，知識分子用筆戳破黑暗的天幕，投給苦難民族微弱的自由之光。

4

是年十月九日，近代古文家、翻譯家林紓在北京病逝。

這位清光緒時舉人曾執教北京大學前身京師大學堂，不懂外語，卻依據他人口譯，用漂亮的桐城文體譯述歐美文學作品凡一百七十餘種，其中以《巴黎茶花女遺事》、《撒克遜劫後英雄略》最為有名，風靡一時，對文學界影響甚大。他先傾向變法維新，漸轉保守，辛亥革命爆發後，激烈反對新文化運動，以小說攻擊陳獨秀、胡適等新文化運動的主將，成為守舊派的代表人物。

四年以後，人們對林紓反對新文化運動，惡毒攻擊胡適、陳獨秀、蔡元培，甚至想要借助北洋軍閥的武力來剷除這些新文化集團的骨幹等行徑，仍耿耿於懷。有人寫了一篇類似林紓《荊生》之類影射小說《園丁》攻擊林紓，投給《京報》的編輯主任，主任又將《園丁》轉給胡適。

胡適看後說：「林琴南並不曾有在路上拾起紅女鞋的事。我們可以不贊成林先生的思想，但不當誣衊他的人格。」

在「不當誣衊」敵人的「人格」的語言裡，我們看到了「人格」，與在「狺狺攻擊」自己的同類，將唾沫「吐在」大學生的「臉上」的語言裡，他們也看到了「人格」。

林紓病故第二天，沒來得及再犀利地罵幾句林琴南乃「大清朝最後冊封的文科進士」，身穿簇新藍馬褂、拖著長辮子的大學者辜鴻銘已乘船抵達日本，開始東方文化優越論的講演，一講就是整整三年。

這位連俄國大文豪列夫．托爾斯泰都與之通信，英國作家毛姆小心登門拜訪，在柏林獲博士學位，其作品進入德國大學教材的世界名流辜鴻銘，在日本進行了五場重要的演說，其標題分別是「何為文化教養」、「中國文明史的進化」、「日本的將來」、「東西文明異同論」與「關於政治和經濟的真諦」。

辜鴻銘訪日期間，以其在歐洲治學多年，深諳西方文化之大學者身分，全力抨擊、鄙夷西方文化的同時，還特別闡述了中日文化的淵源和親密，並口出奇言地解釋中日之間的敵視，實際上是「同胞兄弟正在為爭奪父母的遺產而爭吵」。

前面講的是發生在十月有關文人的小花絮，實際上一九二四年十月的民國，正是第二次直奉戰爭最激烈的時候。

是張作霖挑起了這場戰爭。自第一次直奉戰爭被打敗後，他就一直在關外厲兵秣馬，妄圖問鼎中原。九月十五日，他親率六路大軍，以支持皖系軍閥盧永祥為由，直撲山海關和熱河。曹錕急電召吳佩孚進京，並發布討伐張作霖的命令。

吳佩孚連夜乘火車呼嘯馳京，下令對盧永祥、張作霖分頭出擊，開始了二十世紀第一場大規模的內戰。奉軍有二十五萬虎狼之師，與玉帥吳佩孚率領的二十萬雄兵交戰，又各投入海軍空軍，殺得天昏地暗，其背後自然有外國列強勢力支持。

誰都沒料到，雙方酣戰之際，一直對直系把持政局、排斥異己不滿的直軍第三軍總司令馮玉祥，按照和奉軍的祕密約定，突然回師北京，於十月二十二日發動了再次讓全國震驚的「北京政變」。是年二月十五日傍晚，時任陸軍檢閱使的馮玉祥毆打外國巡警之舉，已讓沉悶的古城北京震驚了一陣子。那晚，馮玉祥應邀到美國大使館赴宴，車隊行至東交民巷，被外國巡警攔截，他們指責馮玉祥的座車車燈開得太亮，車左右又擁以衛隊，有違該區警規。馮玉祥被外警傲慢的態度激怒，遂下車親自動手打了外警，又令衛隊痛毆之，待外警逃去，馮玉祥泰然登車赴宴。到了十九日，在外國公使團對此向北京政府提出抗議之時，馮玉祥竟在北京南苑舉行盛大婚禮，熱熱鬧鬧地迎娶了原配夫人去世後的第二位新娘李德全。李德全於一九四九年前後成為中國第一任衛生部部長兼中國紅十字會會長。

九月直奉戰爭爆發，馮玉祥被任命為前線第三總司令，離開北京，開赴前線。此次再度開進北京，馮玉祥自有別樣的豪情：宣布成立「國民軍」，包圍總統府，囚曹錕於中南海延慶樓。

吳佩孚得知此訊之時，大勢已去。一接到曹錕宣布停止戰爭和免去他職務的電令，即刻逃到天津，調集軍隊，討伐馮玉祥。可這般臨時拼湊起來的軍隊不堪一擊，他只好退回天津。不久，馮玉祥處死財政部長，解散「豬仔議會」，推黃郛代行國務問題，組成攝政內閣。

十月的戰火硝煙尚未散盡，一場關於清廷問題與善後會議的爭議又攪得北京紛紛擾擾。

按照馮玉祥的旨意，攝政內閣十一月五日通過修正袁世凱關於清遜帝位後優待之條件為：永遠廢除皇帝尊號，每年補助皇室五十萬元並支持二百萬元開辦北京貧民工廠，收容旗籍貧民，清室即日移出宮禁自由選擇住居，皇宮一切公產歸國民政府所有。

當天攝政內閣派鹿鐘麟等進宮宣布：廢除帝號，沒收清宮，立即逐溥儀小朝廷出紫禁城。

溥儀馬上召集最後御前會議，決定遣散太監宮女，自己攜后妃移居溥儀生父載灃的醇王府。隨後馮玉祥派吳稚暉等組織「保管委員會」，全面接收皇宮公產。

據馮玉祥自傳《我的生活》記載：

（我）在商得攝政內閣的同意後，便令鹿瑞伯（鐘麟）去執行。他帶了幾個衛士進宮，問溥儀道：「你到底願意做平民、願意做皇帝？若願做平民，我們有對待平民的辦法；若是要做皇帝，我們也有對待皇帝的手段！」

溥儀趕忙答：「我自然應該做平民，無奈許多人跟著我，他們迫著我在這裡，要不然我早走了。」

瑞伯說：「既是如此，就請你立刻遷出宮去，從此做一個良善平民。」

當日溥儀就帶著他的嬪妃和需要的東西，分乘五輛汽車遷出宮去了。

馮玉祥驅逐溥儀出紫禁城，全面接收皇宮之舉，在社會上引起軒然大波。胡適在當晚得到消息後，立即給攝政內閣外長王正廷寫信：

先生知道我是一個愛說公道話的人，今天我要向先生們組織的政府提出幾句抗議的話……我是不贊成清室保存帝號的，但清室的優待乃是一種國際的信義，條約的關係。條約可以修正，可以廢止，但堂堂的民國，欺人之弱，乘人之喪，以強暴行之，這真是民國史上一件最不名譽的事。今清帝已出宮，清宮既已歸馮軍把守，我很盼望先生們組織的政府對於下列的幾項事能有較滿人意的辦法：

（一）清帝及其眷屬的安全。

（二）清故宮物應由民國正式接受，仿日本保存古物的辦法，由國家宣告為「國寶」，永遠保存，切不可任軍人、政客趁火打劫。

（三）民國對於此項寶物及其清室財產，應公平估價，給與代價。指定的款，分年付與，以為清室瞻養之資——我對於此次政變，還不曾說過話，今天感於一時的衝動，不敢不說幾句不中聽的話。

胡適這封信在九日的《晨報》發表後，反響很大，一時中外媒體競相刊載。莊士敦極為讚賞，寫信道：「我要為此向你祝賀。你正是說出了這樣一件正確的事情，並且用正確的方式說了出來。」《天津時報》同樣贊成胡適的意見，也稱馮玉祥的行為是「中華民國史上令人厭嫌的一頁」。《華北先驅報》刊登唐紹儀（曾參加當年皇帝退位和草擬條例的談判）的訪談錄。唐氏說：「馮將軍也許不再意識到中華民族的倫理原則……這不是政治問題，而是道德問題。這不是中國的政體問題，而是這個國家是否有禮貌觀念的問題。」

但胡適周圍的朋友和北大同事，幾乎沒有人支持他，連他的好朋友周作人都旗幟鮮明地站出來提出反對，於是有了兩個自由主義知識分子之間的紛爭。

周作人當即致信胡適，「以經過二十年拖辮子的痛苦生活，受過革命及復辟的恐怖經驗的個人的眼光來看」，驅逐清帝「這乃是極自然、極正當的事」。周作人告誡胡適，「帝國主義的外國人都不是民國之友，是復辟的贊成人，中國人若聽了他們的話，便是上了他們的老當」。

胡適回信給周作人表示，他與周作人等朋友別無其他異議，唯一不同之處就在於——採取紳士的行為，還是採取強暴的行為。

胡、周爭論之時，北大的李書華、李宗侗也明確表態，反對胡適的觀點。他們聯名寫信給胡適說：「你的學問、文章及思想，我們素來很欽佩，但是你對清室問題的意見，我們以為你是根本錯誤了……若出於『清室臣僕變為民國官吏』的一般人，或其他『與清室有關係』的一般人之口中，當然不足為怪，但是一個新文化領袖，新思想的代表，竟然發表這樣論調，真是出乎我們意料之外。」他們指出，問題的關鍵是清室帝號與中華民國招牌取捨的大是大非，而不在手段強暴、欺人之弱。

在自由主義知識分子爭論的時候，日本的《順天時報》也藉機散布「中國『民心』反對廢清帝號」的謬論。

經過各派軍閥內部政治妥協與實力較量，一九二四年十一月二十二日、二十三日，段祺瑞、張作霖先後進入北京，黃郛攝政內閣隨之瓦解。段祺瑞當上北京政府的總執政，主持中央實際工作。段氏曾認為馮玉祥驅溥儀之舉「有些欠妥」。胡適與周作人、李書華、李宗侗等人的爭論，也漸漸偃旗息鼓。

歷史有必要重新審視胡適致函攝政內閣王正廷，並為此與周作人發生爭論的是非問題。我們應該注意到，胡適既不是民國官吏，也不是「與清室有關係」的人，他只是代表個人對發生的事情說話。這裡有局外人的言論公道層面的價值，即為局外人，他的言論才有可能不持成見，避免偏狹，才有可能讓社會聽取和思考的必要，而這也正是一個新文化運動領袖應具備的素質和文化姿態。

事實是，那時的「民國」是不容忍持不同政見者言論自由的，一群看不慣異己者說心裡話、說真話、說理性話的文人，在文化上是有缺陷的。二者合起來，將成為言論自由的障礙。

胡適在是年的三月二十七日，又進宮見過一次溥儀，可惜各方面的材料均不載其詳情。我們只能在莊士敦著的《紫禁城的黃昏》裡，看到這樣幾句：「兩年之後的一九二四年三月二十七日，胡博士又被召進紫禁城同皇帝見面，為時甚短。」

成為溥儀的「南書房行走」的王國維、羅振玉、楊宗羲、袁勵，也沒有留下這方面的文字。王國維是隨溥儀一起離開宮闈的，他對馮玉祥的舉措，只能選擇辭去北京大學研究所國學門通訊導師一職，以示抗議。若不是家人多有防範，王國維的自沉昆明湖的悲劇，恐怕會提前發生。

此番溥儀被趕出紫禁城後，三十二歲的胡適即趕到後海德勝橋的北府（醇王府）去看望了他那十九歲的落魄而寂寞的朋友溥儀，以表示慰問，並力勸溥儀出國留學。

馮玉祥被迫通電下野後，由羅振玉與日使館書記官池部政次暗中安排，在日本人保護下，溥儀於翌年二月二十三日祕密逃入天津，二十五日住進張園。日本使館即派員通知中國外交部，段祺瑞知而不防，難辭其咎。二月二十六日，反對優待清室大同盟致電段祺瑞，要求北京臨時政府向日使館交涉，以引渡溥儀，對其依法懲辦。

一九二四年十二月八日，《語絲》第四期發表了周作人《致溥儀君書》。信中說：「所可惜者中國國民內太多外國人耳……應該覺悟只有自己可靠」，以勸勉溥儀自重，莫投靠外國人。

此信引起了劉半農的共鳴，從巴黎致信表示支持。此信以《巴黎通信》為題，於一九二五年三月三十日在《語絲》第二十期發表。

第九章

民國十四年

1925

一九二四年十二月三十一日，孫中山扶病入京，受到包括李大釗在內的北京十萬各界群眾的熱烈歡迎。其入京後發表《入京宣言》，稱「乃為救國」，但並沒給段祺瑞控制下的北京帶來變化，遭到國民黨反對的「善後會議」如期舉行。

三月十二日孫中山逝世，國民黨成立治喪委員會，李大釗擔任秘書股中文主稿。

巨星隕落，舉國哀慟。反動軍閥依然我行我素。四月，京師警廳發布新制定的《管理新聞營業規則》控制言論，遭到胡適、陳西瀅、錢玄同等十八位知識分子抵制。他們聯名致函司法總長章士釗，提出閣議撤銷這一規則，以維護言論出版自由。

是年五月三十日，爆發五卅慘案，激發了洶湧澎湃的民族浪潮。六月三日，鄭振鐸、茅盾、葉聖陶、胡愈之等創辦《公理日報》。瞿秋白主編的《熱血日報》面世，邵飄萍也從六月起在《京報》推出清華學子王造時主編的《京報副刊》，連續報導了五卅慘案，進行反帝宣傳。

知識分子反專制，爭自由，仍是該年思想文化戰線的主流。而五月十一日發生的北京女師大驅逐校長楊蔭榆出校運動，和該年底十一月二十九日，「認定改造人心——思想革命，是急務中的急務」的《晨報》被暴徒縱火焚毀疑案，讓知識界變得更加撲朔迷離。

當我們悵望民國十四年那紛亂的文化星空，會悲哀地發現，透過曾經同是新文化的主將，陳獨秀、胡適、周作人等人圍繞著上述兩案的紛爭，及其關於政治、思想、文化的紛爭，深刻地反映出知識分子內部分裂已越來越嚴重。

1

去年年底孫中山扶病入京，北京大學負責迎接孫先生的儀仗隊和警衛工作，比北京政府出動的衛隊多。北大學生戎裝整齊，軍帽上鑲「北大」校徽，肩上扛教練槍，在獵獵軍旗下，個個英姿雄發。這支數以百計的學生軍由北大教官白雄遠指揮。

孫中山下車後，見學生軍威風凜凜地舉槍向他致敬，高呼口號，精神為之一振。儘管病體難支，還是在發表書面談話後，興奮地對汪精衛說，北大的學生軍真是一支威武之師呀！

孫中山臨時下榻顧維鈞宅第鐵獅子胡同，離北大不遠。北大學生軍原意擔任警衛，可孫先生怕耽誤學生的學業，才說服北大校長蔣夢麟，撤離了學生軍。

這時候，北大的李大釗也正四處奔波，夜以繼日地起草檔。在他們的主持下，國民會議促成全國代表大會在京隆重召開。

孫中山對胡適是有情緒的，一九二四年八月一日，國民黨辦的《民國日報》刊載了孫中山的《民教主義》，但同一版的右上角《響影錄》專欄，同時刊登一篇《少談主義》的短文。

孫中山見此，勃然大怒，批道：「編者與記者之常識，一至於此！殊屬可歎！汝下段明明大登特登我之民權主義，而上面乃有此《響影錄》，其意何居？且引胡適之之言，豈不知胡即為辯護陳炯明之人耶？故謂陳之變亂為革命。著中央執行委員會將此記者革出，以為改良本報之一事。文批。」

自由主義者胡適，豈能容忍在全國知識分子與反動軍閥限制言論自由進行抗爭之時，竟然見到因編發一篇文章而將「記者革出」的反潮流之舉？

胡適與孫中山的關係著實複雜，胡適既熱情讚揚過孫中山，也嚴肅地批評過孫中山。

孫中山扶病入京後，胡適摒棄前嫌，多次拜望過病中的孫中山，還主動為他延請了上海名醫陸仲安侍候左右，延長了偉人的生命。

與孫中山進京同時，執政後的段祺瑞拒絕了國民黨召開「國民會議」的建議，宣布籌備召開「善後會議」。

一九二五年一月，段祺瑞與安徽省長許世英分別致電胡適，特邀他參加「善後會議」。胡適知道，「善後會議」的代表大都是各省官吏以及少數各界「有特殊資望學術經驗者」，胡適決定「試他一試」。他在覆信給家鄉的父母官許世英時說：「我是兩年來主張開和平會議的一個人，至今還相信，會議式的研究時局解決法總比武裝對打好一點，所以我這回對於善後會議雖然有許多懷疑之點，卻也願意試他一試。」

許世英見函，大喜過望，即刻回電給胡適：「尚望移其許多懷疑之點，預備充分貢獻之案，國家前途，實利賴之。」

三個月前，胡適寫信給「北京政變」後的黃郛「攝政內閣」，反對驅逐溥儀出宮的風波尚未平息，旋又自願參加「善後會議」，無疑又站到了風口浪尖之上。

果然，他將參加「善後會議」的消息一經傳出，社會輿論頓時聚集胡適身上。胡適的好朋友邵飄萍，將他任主筆的《京報》收到的兩篇批評胡適的文章選寄給他，意在胡適從容應對，也示對其勸誡。其中一篇《敬告胡適之先生》，署名袁伯諧。此文開宗明義，對「善後會議」表示「吾人雖欲樂觀其成，恐亦不可幸得矣」。文章指出胡適參加「善後會議」，如同對牛彈琴，不會有收穫，最後自討沒趣，「免不了懊喪，免不了出會，免不了『不合作』，是在胡先生自身而言，亦不經濟矣」。最後規勸胡適：「與其無把握的而『圖終』，反不如有把握的而『慎始』也。」

另一篇題為「致胡適先生的一封信」，作者是胡適熟悉的，即在《努力》週刊上與他討論「好人政府」的董秋芳。比起袁伯諧文的善意，董秋芳文則明顯帶有冷嘲熱諷。文章說，對軍閥政客的分贓行徑，「先生竟也興高采烈地預備大踏步前往參加了」，「這種關係中國民眾利害的分贓會議，實在不值一試……已經從百尺竿頭掉下來的胡先生啊！如果你再願意犧牲『新文化運動的權威』的頭銜，去參加這少數人宰割全體民眾的善後會議，恐怕一試之後，便不容你再試了……以為先生痛惡惡勢力之為禍中國，其程序和我們並無絲毫之差，始終承認先生是打破惡勢力的急先鋒。萬不料如梭的時光，竟會使先生落伍到如此地步」，「胡適之三個字上，已沾滿了灰色的光點」。

胡適對上述二信，未置一詞。不過在答覆邵飄萍的信中卻作了這樣的表達：

青年界對我的議論，乃是意中的事。生平不學時髦，不能跟人亂說亂跑，萬不能諂事青年人，所以常遭人罵。但八年的挨罵已使我成了一個不怕罵的人，有時見人罵我，反使我感覺還保留了一點招罵的骨氣在自己人格裡，我不算老朽。

一月十七日，胡適收到了老友湯爾和的一封信，說現在到京參加「善後會議」的代表「誰不是牛頭馬面？會議如果開成，必有一批護兵馬弁，左攜鴉片煙具，右挾姘頭而上會場。以兄之翩翩，如何能與此輩並坐……浮俗詆毀，固不值一哂，但吾輩舉止似應審量」。

湯爾和代表許多知識分子向他進言忠告，正如胡適自己在日記中所說：「此信全是愛惜羽毛之意。」並說，此次參會，與他自己素來的主張接近；不願學時髦談「國民會議」，看不過一般人的輕薄論調。

當然，也有不少朋友支持胡適出席「善後會議」，但都勸他參加時謹慎為要，如陶行知、任叔永、汪孟鄒等。其中汪孟鄒致胡適的信最具代表性：「此事關係吾兄前途的確極為重大。他們恐屬有意地利用吾兄，切勿無意地受他們利用。出席之日，務望獨立發揮自由言論，千萬謹慎。」

據汪孟鄒說，隨此信尚附有陳獨秀的一封信，可惜至今尚未能證明確有此信。

「善後會議」於是年二月一日，大雪之後的一個星期天，在新華門內的中南海召開。開幕式在囚禁光緒帝的瀛台對面的一個大殿裡舉行。趙爾巽任主席，段祺瑞、龔心湛分別代表執政府和內閣致頌詞。與會者八十六人，梁啟超等人拒絕到會，比原定出席人數少了一半，不足法定人數，故正式會議推遲到十日才舉行。

胡適還認真為會議準備了《國民會議組織法》提案，與孫中山的國民黨正在籌備的「國民會議促成會」遙相呼應。但會上未予認真討論。

二月下旬，馮玉祥、孫岳等在河南又開戰，江浙局面也有一觸即發之勢。但「善後會議」並無調解的威權。

失望的胡適於二月二十四日起草了給趙爾巽的一封信，與會議代表馬君武聯名具簽。信中說：「若本會議不能作局軍人爭執的仲裁機關，更有何面目高談全國的軍事善後？」表示「我們只好不出席了」。三月四日，胡適直接給段祺瑞致函，聲明辭去善後會議會員身分。三月六日，《晨報》登出此消息，胡適參會的風波終於平息。

在胡適參會期間，國民黨的「國民會議促成會」正式通知胡適，該會已推選他為「國民會議組織法研究委員會」委員。和參加「善後會議」一樣，大凡以和平手段解決政治問題的會議，他都不妨咬牙跳進去，為國家、民生大局盡一點兒知識分子的理性和良知。但那時特定的文化和意識形態模式與行為思維，常常把這樣的人視為另類和異己加以無情撻伐，胡適便是其中最不幸者之一。

溥儀被逐出紫禁城後，第二年由易培基主持著手組織了「故宮博物院」。不知怎麼，在整理皇宮文物時，發現了一張胡適給溥儀的名片，上面有胡適的筆跡：「我今天上午有課，不能進宮，乞恕。」不久，在七月三十一日，又在養心殿發現了一份清廷內閣大臣金梁謀劃復辟的奏摺，奏摺上勸溥儀注意延攬社會人才，並為溥儀推薦了一些「賢才」，其中就有胡適的大名。

接著，易培基做了兩件事：一是把胡適寫給溥儀的名片鑲在鏡框裡，掛在故宮展覽，以示胡適與溥儀相互勾搭的劣跡；二是在發現金梁密謀復辟的奏摺後，即刻將此材料以故宮博物院籌備委員會的名義透露給新聞界。於是胡適再次成為新聞熱點，以「上海學生聯合會」、「反清大同盟」署名的不少社會團體，再次公開攻擊他。溫和點兒的，要胡適痛改前非、懸崖勒馬；激烈點兒的，聲稱要將胡適也驅逐出北京。

當我們今天抖落了歷史塵埃，看清真相後，只能付之一笑。

孫中山是三月十二日上午九點三十分逝世的，國民黨組成治喪處，李大釗任秘書股中文主稿。十九日，由協和醫院做防腐手術後，入水晶棺在中央公園拜殿公祭。舉行盛大國葬後，靈柩運到南京，又在中山陵舉行奉安大典。

與我們久違的章太炎專程來到南京弔唁。身為國民黨革命元勛，官方自然為他接風洗塵。席間有人讓他題詩作賦，他信手一揮，寫出一副對聯：

> 諸君鼠竊狗跳，斯君痛哭；
> 此地龍盤虎踞，古之虛言。

眾人見章太炎這般嘲諷革命黨人的腐化變質，面面相覷。

五月七日，北京學生舉行國恥紀念遊行大會，並赴教育總長章士釗住宅抗議。警局出面干涉，毆傷、拘捕學生多人。

五月九日，北京學生四千餘人罷課遊行，赴執政府請願，要求免去章士釗教育總長職務，廢止出版法，釋放被捕學生。

五月十一日，據魯迅日記載，這一日天氣晴朗。由鹿鐘麟出面調停北京學潮，釋放了被捕學生。章士釗憤然辭職去上海。

也是在今天，女子師範大學學生召開了全體緊急會議，決定將校長楊蔭榆驅逐出校，並出版了《驅楊運動特刊》，女師大風潮越演越烈。

有個事實，不得不說，女師大風潮推波助瀾者，是魯迅。一九二五年六月三日北京女子師範學生自治會編輯出版的《驅楊運動特刊》，裡頭發表的《學生自治會教育部呈文》就是魯迅的手筆。其文有：

> 呈為校長溺職濫罰，全校冤憤，懇請迅速撤換，以安學校事。竊楊蔭榆到校一載，毫無設施，本屬尸位素餐，貽害學子……自擁虛號，專戀脩金，校務遂越形敗壞，其無恥之行為，為生等久所不齒……不料「五七」國恥在校內講演時，忽又覥然臨席，生等婉勸退去，即老羞成怒，大呼員警，幸經教員阻止，始免流血之慘……

魯迅為學生代筆，被陳西瀅視為「女師大風潮……有某籍某系的人在暗中鼓動」（《現代評論》）的證據。是否妥當且不論，其呈文對校長楊蔭榆所陳罪狀，卻在四十多年後，與已成為魯迅遺孀的許廣平所寫的有關楊蔭榆的回憶大相徑庭。許廣平說：「關於她的德政零碎聽來，就是辦事認真、樸實，至於學識方面，並未聽到過分的推許或攻擊，論資格，總算夠當校長的了。」

過去，我們只能從周氏兄弟的筆下瞭解楊蔭榆，即是學潮的雙方，卻未見楊蔭榆的辯詞。但即便從魯迅寫的《流言和謊言》（刊於一九二五年八月七日《莽原》）中，所能窺見楊被魯迅篩汰後所剩不多的辯詞裡，仍依稀看到一些耐人尋味的東西。

文中有楊蔭榆關於被開除六位學生在生活「不便」的解釋：「本校原望該生等及早覺悟，自動出校，並不願其在校受生活上種種之不便也。」

又有「警士進校」的說明：「蔭榆於八月一日到校……暴劣學生肆行滋擾……故不能不請求警署撥派巡警保護」，「不料該生等非特不肯遵命，竟敢任情謾罵，極端侮辱……幸先經內右二區派撥警士在校防護」。楊蔭榆表示自己「始終以培植人才、恪盡職守為素志……服務情形為國人共鑒」，「所以勉力維持至於今日者，非貪戀個人之地位，為徹底整飭學風計也」。

楊蔭榆的自辯，曾得到陳西瀅等人的聲援，與許廣平的評價也互為印證。

抹去歷史塵埃，一個真實的楊蔭榆越來越清晰。楊蔭榆（1884-1938），江蘇無錫人，曾留學日本和美國。年輕時，她勇敢地掙脫了父母包辦的荒唐婚姻，走上一條留學、從事教育之路。一九一三年以優異的成績從日本東京女高師畢業後，歸國執教，次年北上，任國立女子高等師範學校的學兼講習科主任，成為中國第一位女大學校長，並得到同學的擁戴。

當然，受過西方教育的楊蔭榆，沒有衝破舊教育的窠臼，對女學生參加政治活動多有干涉。一九二五年，因眾所周知的原因離開女師大後，南下蘇州，繼續從事教學工作，任東吳大學教授等職。一九三七年，日寇侵佔蘇州後，楊蔭榆多次到日本軍官那裡，責備日軍姦淫搶掠，要求退還搶掠的財物，她還在自家隱藏年輕女子，免遭日軍蹂躪。一月一日，日兵將楊蔭榆哄到橋上，先擊一槍，再推入河中，見其尚可游動，又補射幾槍，直到河水泛紅……

一個可親可敬的知識女性，呼之欲出。

女師大風潮最早見於一九二五年二月二十八日周作人的日記：「女師舊生田、羅二女生來訪，為女師大事也。」

其實，一九二四年二月自楊蔭榆出任女師大校長後，因管理嚴格就引起學生不滿。十一月，楊蔭榆勒令三名思想激進的學生退學，更激發了學生的憤慨，女師大風潮由此引起。

一九二五年一月十八日，學生自治會總幹事許廣平召開全體學生會議，不承認楊蔭榆為校長。二十四日，四名學生代表至教育部，要求撤換校長楊蔭榆，接著學生自治會又在《京報》接連發表兩篇《驅楊宣言》。四月，新上任教育總長的章士釗以「整頓學風」為名表態支持楊蔭榆。四月九日，楊蔭榆宣布校「評議會」決定，將許廣平、劉和珍等六名學生自治會負責人開除學籍，並封閉了學生自治會。本日全體學生也決定驅逐楊蔭榆出校，以示抗議。二十七日，魯迅、沈尹默、錢玄同等七名教授、講師聯名在《京報》發表宣言，支持女師大學生。

五月十日，魯迅寫《忽然想到・七》（連載於《京報副刊》五月十二、十八、十九日），表示對該校學生的同情和支持。十三日，又寫《忽然想到・八》，嘲諷章士釗在一九二五年五月七日，北京學生因紀念「五七國恥」而與巡警發生衝突後的態度。

魯迅批判的，正是他曾經的老朋友。

生於一八八一年，與魯迅同庚的章士釗，是一位傳奇人物。晚清時，他就與革命黨人鼓吹革命。一九〇三年轟動一時的「蘇報案」，涉案三人中，章太炎被捕入獄，鄒容也死於牢中，唯章士釗僥倖脫逃。後在數十年中國現代歷史風雲中，總能看到他或高大或猥瑣的身影。

一九一四年，他在日本創辦《甲寅週刊》，議論時政，抨擊時弊，為世人矚目。一九一九年，一直反對新文化運動的他在上海竟慷慨解囊，資助毛澤東幾萬大洋用於一批學生赴法勤工儉學之需。再往後，他出任段祺瑞政府教育總長，捲入一九二五年北平學潮。三〇年代，他以大律師的身分出現在上海灘，與杜月笙等聞人交往甚密。一九三二年，在國民黨控訴陳獨秀犯「危害民國罪」的案件中，章士釗挺身而出，主動擔任前共產黨領袖的辯護律師。一九四九年三月，以國民黨代表之名，與邵力子、張治中三人赴北京，與共產黨舉行「國共和談」，被譽為「和平老人」。一九四九年之後，因章士釗與毛澤東的特殊關係，亦官亦士、亦主亦客、無黨無派，在大陸成了特別人物。

章士釗一生作為社會賢達的名聲太重，掩蓋了他作為一個有才華的學人的一面。他的奇書《柳文指要》，在毛澤東的支持下，出版於文化界萬馬齊喑的「文革」間，衝破黑暗的文化禁錮，實在是一件驚世駭俗之舉。《柳文指要》是章士釗以六七十年的積累，在晚年寫出的研究柳宗元的古典文學學術巨著，具有相當大的學術價值和文化積累價值。

後來，章士釗在一九七一年出版的《柳文指要》中，回憶這段歷史時說：「一九二五年，吾掌教育部，以政策遭世誹謗，曾引柳子厚《車說》，與人論難，時賢亦多反駁。今請略去事蹟，申述理論，以附於本編，凡以明柳志云。」並附錄了一九二五年他在《甲寅週刊》上所寫的《說車軍》等文。他並不認可周氏兄弟的「誹謗」。

作為女師大講師的魯迅在三月三十日致信許廣平時，曾對女師大風潮有冷靜理性的分析，他說：「近來的事件，內容大抵複雜，實不以學校為然。據我看來，女學生還算好的，大約因為和外面的社會不大接觸之故吧，所以還不過談衣飾宴會之類。至於別的地方，怪狀更是層出不窮，東南大學事件就是其一。」

從此信可以看出，魯迅對女師大的封閉管理並無強烈的反感，且他對學生的極端行為並不贊成。所謂「東南大學事件」，指的是一九二五年一月，也就是在許廣平帶頭驅楊的同時，東南大學新校長就職典禮上被學生打傷並送出學校的非理性悲劇性事件。

周作人對女師大風潮，起初也是抱「平息」立場。因為兩個來訪的女師大學生，自稱是風潮的中立派，說只要換校長，風潮即可停止，特請在年輕人心中很有影響的周作人代為斡旋。周作人果真當即找到教育部次長馬敘倫，轉告此事。後因教育部由章士釗主政，調解之事只能作罷。

當女師大開除了六位學生，周作人雖表示不滿，但他於一九二五年八月三日在《京報副刊》上著文

《女師大改革論》，勸告被開除的六位學生，說學校當局固然可惡，而「同學的義憤也不可久持」，不如「決然捨去」，何苦「做了群眾運動的犧牲」。

周作人寫此文的時候，並未料到八月一日楊蔭榆帶領軍警進校驅逐鬧風潮的學生。鑒此，他放棄「平息」立場，把批判的鋒芒指向章士釗和楊蔭榆。魯迅後來變得金剛怒目或許也因此。

周作人八月五日在《京報副刊》上文發表了《續女師大改革論》，從罵楊蔭榆「喪心病狂，可謂至矣盡矣」等語中，可以嗅到濃重的火藥味。

周作人捲入學潮，並不表示他僅僅支持學潮。他在《與友人論章楊書》一文中，曾明確地說：「並不全由於對學生的同情，乃是出於對章楊的反感。」周作人既反感楊蔭榆讓軍警驅趕學生「手段惡劣」，又反感章士釗反對新文化運動。周氏兄弟素與章士釗交惡，其間的是是非非，糾纏不清。一九二五年八月十三日，在教育部與章士釗的交鋒，讓周作人極為憤慨。

十三日，魯迅日記載，「曇」，即雲彩密布也。周作人參加了教育部召開的學生家長會，他是作為女師大學生張靜淑的保證人來參會的。教育總長章士釗在會上宣布解散女師大，改之為女子大學，並要求與會家長「約束學生，服從命令」云云。見與會的家長多默默無語，周作人首先發言，表示反對教育總長章士釗宣布的關於解散女師大的決定。一時會場氣氛緊張。章士釗不睬冤家對頭。第二天，周作人便與他哥哥魯迅一樣，也為女師大學生自治會「代寫呈文」，助推了學潮。

而周作人真正要做的是「想對於思想的專制」的殘酷「加以反抗」，儘管「明知這未必有效，更不足以救中國之亡，亦不過行其心之所安而已」。這種表述可見八月二十一日他在《京報副刊》發表的《答張岱年先生書》中。

周作人受學潮裹挾，身不由己，其間亦可見他試圖保持自己的個人獨立性的努力。

胡適等北大教授學者，見女師大學潮越演越烈，周氏兄弟捲入其中，推波助瀾，即聯名發表宣言，倡議和平解決，且對章士釗、楊蔭榆多些寬容和忠厚，不要釀成東南大學傷及校長的悲劇。胡適政治上的自由主義立場，使他再次以超然的目光，不倚傍任何政治集團、群眾組織的自由而獨立的主張來「平息」女師大學潮，因而在社會上產生了相當大的輿論影響。

周作人以《忠厚的胡博士》（一九二五年八月十八日載於《京報副刊》）回敬了胡適：「以忠厚待人可，以忠厚待害人之物則不可……寬容、寬容，幾多罪惡假汝之名以行！提倡寬容之『流弊』亦大矣，可不戒歟？」

是年年底，段祺瑞下臺，章士釗躲進天津租界，女（師）大學潮才漸平息。周作人見樹倒猢猻散，便提出「不打落水狗」的主張，林語堂甚為支持。魯迅卻著《論「費厄潑賴」應該緩行》，主張「痛打落水狗」。

章士釗一夥在北京成立「女大公理維持會」，周作人、魯迅等人與章士釗再次交火，成為民國十四年女師大風潮的最後一道風景。

2

一九二五年的五卅運動，再度掀起中國民族主義的革命熱潮。

五月十五日，上海日本人開的一家棉紗廠裡，日商悍然開槍射殺了領導該廠罷工的共產黨人顧正紅，並打傷工人十名。慘案發生後，激起上海各界的激憤，由共產黨發動，於三十日下午在租界舉行反帝大遊行。英國老闆巡捕房先拘留百餘人學生，後在近萬人聚集巡捕房前，要求釋放被拘學生時，英巡捕開槍打死十三人，打傷數十人，拘捕五十三人。六月一日起，上海十八萬工人罷工，抗議這項暴行。五卅運動迅速由滬蔓延到全國二十多座大城市，紛紛舉行「三罷」運動，聲援上海罷工工人。

與全國洶湧澎湃的民族反帝浪潮相反，黃浦江一側，身處租界的上海各大報紙，卻一度保持了可恥的沉默。愛國的年輕知識分子們被激怒了。

六月三日，在商務印書館工作的茅盾、鄭振鐸、葉聖陶、胡愈之等人，直面帝國主義的暴行和血腥，以上海學術團體對外聯合會的名義，創辦了申張公理的《公理日報》，揭露、聲討日本人和英國人槍殺無辜中國公民的罪惡。讀者爭相購閱，日發行量達兩萬份，直到出版了二十二期，方宣布停刊。

茅盾是一九一六年從北大預科畢業後，因家境窘迫，進商務印書館當編輯，一九二〇年十月由李漢俊介紹加入上海共產主義小組。這段時間，茅盾還在共產黨創辦的平民女學、上海大學任教，學生中有蔣冰之（丁玲）。期間，他與上海大學教務長瞿秋白結識。葉聖陶經朱經農介紹於一九二三年春入商務印書館當編輯，與茅盾同室工作。一九二二年葉聖陶就在商務印書館出版了自己的小說集《隔膜》，是繼郁達夫《沉淪》之後，全國第二部短篇小說集。鄭振鐸是文學史家，與茅盾同為文學研究會會員，曾為該會期刊《小說月刊》主編，也與茅盾、葉聖陶同事。他們在五卅運動中集體出手，怒斥帝國主義強盜暴行，謳歌愛國主義鬥爭，自己也經受了鬥爭洗禮，給歷史留下可貴的足跡。

六月四日，年輕的共產黨人瞿秋白創辦了中共出版的第一份報紙《熱血日報》，旗幟鮮明地向帝國主義劊子手們宣戰。

六月十日，楊杏佛獨自創辦的《民族日報》，也以犀利的筆墨刺向帝國主義，共堅持了十六天才鳴金收兵。

六月十一日，由上海總工會創辦的《上海總工會日報》橫空出世，聲討帝國主義犯下的罪行。堅持到九月，被軍閥查封。

在六月烈日炎炎的北京，邵飄萍在他創辦的《京報》上，推出了清華學子王造時主編的《京報副刊．上海慘劇特刊》連出十二期，聲援上海工人反帝鬥爭。

七月初，黃浦江籠罩在悶熱中，一向謹慎的《東方雜誌》竟一反常態，出版了《五卅運動臨時增刊》，裡面有王雲五寫的《五卅事件之責任與善後》等文。

早已被批得體無完膚的租界裡的帝國主義爪牙，自然如芒刺在背，正俟機反撲。於是在九月十一日，上海公共租界總巡捕房就《東方雜誌》之《五卅事件臨時增刊》，向會審公廨起訴王雲五等人。北京那邊廂，《京報》針鋒相對，於九月二十日發表《上海商務印書館〈五卅增刊〉》評論，向勇敢發行《五卅增刊》的商務印書館表示敬意，並聲援被總巡捕房控訴的同人。

十月二十四日，租界的會審公廨宣布判令王雲五等罰款二百元，一年不得再發行這類書籍。有諷刺意味的是，洋人並未宣布罪狀，也無審判依據，就草草收場。今天人們再回顧這一五卅運動的小插曲，於沉重中又添加了些許的荒誕。

後來學者兼出版達人王雲五說：「五四運動給我們打下了一個做人的基礎，五卅運動又使我們認識了自己的國家。民族的熱血曾鼓舞著我的青年的心。」

王雲五是胡適推薦到商務印書館當編譯所所長的，為商務印書館和中國出版業的發展，做出了傑出的貢獻。

五卅運動掀起的民族主義革命浪潮，讓所有有良知的中國作家都不可避免地捲進時代的漩渦之中。

魯迅在五卅運動爆發後的那天，寫了《並非閒話》（刊於六月一日《京報副刊》），還糾纏於「女子師範大學的風潮」，與陳西瀅較勁。六月五日在《莽原》上發表《我的「籍」和「系」》同樣是與「流言」戰鬥。在包括英國作家蕭伯納在內，由各國無黨派勞動者組成的國際工人後援會，為五卅慘案發表《致中國國民宣言》十天後的六月十一日和十八日，魯迅終於出手祭出了《忽然想到．十．十一》和七月八日的《補白．三》兩篇檄文，表述了他對五卅慘案的立場，痛斥帝國主義以赤化為藉口，屠殺愛國中國人的罪行，戳穿「公道與武力合為一體的文明」。同時，他又讓人警惕破壞五卅運動的三樣危機：

「一是日夜偏注於表面的宣傳，鄙棄他事；二是對同類太操切，稍有不合，便呼之為國賊、為洋奴；三是有許多巧人，反利用機會，來獵取自己目前的利益。」

想來，自五卅運動爆發至魯迅寫此文，足足半個月的時間，魯迅經其敏銳的觀察、深刻的思考之後，以如椽大筆寫出了議論周匝、文字老辣的戰鬥文章，令輿論震動。特別是魯迅提出的「三樣危機」論，讓人警醒。

周作人也被殺害中國人的槍聲驚醒。我們在一九二五年六月二十日的《京報副刊》上，讀到了他寫的《對於上海事件之感言》，表達其對「上海英國人的行兇事件」十分憤慨，「希望國人力爭，當與英國斷絕經濟關係（沒有別的法子），至達到平等待遇的目的之日為止」。這證明周作人也已站到愛國運動之中。他始終沒有盲目的排外情緒，而充滿理性精神地提出切不可「由打倒英日帝國主義一轉而為打倒英日，再轉而打倒英日人，三轉而打倒一切外國人」（《演講傳習所》載於一九二五年六月二十日《京報副刊》）。

在五卅運動高潮中，共同投身於反帝愛國運動中的中國作家們，在如何將對外反帝與對內反封建統一起來這一問題上，發生了爭論。

俞平伯與鄭振鐸之間，關於「雪恥與禦侮」的論爭，便是一例。

俞平伯在一九二五年的《語絲》上發表《雪恥與禦侮》等文，提出「欲禦外侮，必先自雪其恥」。鄭振鐸在《文學週刊》一八〇期，發表《雜譚》、《答平伯君》等文，則主張中國的當務之急是「喚醒群眾」，一致對外。並批評俞平伯的「必先自雪其恥」，必將引起「國內的殘殺，以減輕英人對於這次大殘殺的責任」。

周作人等人顯然支持俞平伯「自雪其恥」的觀點，他們也認為，自己不悔改，就絕不能抵抗過別人。誠如周作人所說：「單是口號、遊行，不能打倒帝國主義。」魯迅與周作人的觀點一致，他引用當時一家報紙的社論：「民力論者，專重國民實力」，國家終亦將強。

儘管周氏兄弟失和，也不影響他們站在同一戰壕裡。

如果說俞平伯與鄭振鐸的爭論是在政治層面，那麼幾個月前劉半農與錢玄同開展的「國粹」與「歐化」的爭論，則是「五四」以來關於東西方文化選擇的深入和發展。

劉半農與錢玄同的爭論，是在一九二五年三月因周作人之《致溥儀君書》引起。周作人再次在此文中強調「復興千年前的舊文明」的主張，身在巴黎的劉半農立即寫信表示贊同。劉半農的來信以「巴黎通信」為題，載於《語絲》一九二五年三月三十日出版的第二十期上。

錢玄同持不同意見，主張既對帝國主義的壓迫要反抗，又要「排斥國故」。幾年前，魯迅曾主張「要少——或者竟不——看中國書」。又據錢玄同回憶，在張勛復辟後一年，魯迅在補樹書屋對他說，中國最好改用一種外國文字如德文，若辦不到，則仍寫漢文並多羼入外國文的字句（《論錢玄同先生關於語文問題的談話》，轉自《錢玄同年譜》）。

錢玄同回憶的詳略，已無從考實，但基本上符合那時魯迅「反復古」的精神。那裡「復古」的呼聲與張勛復辟甚囂塵上，幫錢玄同在《中國今後之文字問題》一文中說了「欲使中國不亡，欲使中國民族為二十世紀文明之民族，必以廢孔學、滅道教為根本之解決，而廢記載孔門學說及道教妖言之漢文，尤為根本解決之根本解決」這類過激之論。如今錢劉的「國粹」與「歐化」之爭，應視為是那時「復古」和「反復古」爭論的繼續。

錢玄同反對「國粹」，重申他愛的中國是「歐化的中國」。錢玄同在《語絲》二十三期上寫的《回語堂的信》中，進一步詮釋了這項主張：「所謂歐化，便是全世界之現代文化，非歐洲人私有。」

劉半農與錢玄同的爭論，涉及對東西方文化的態度，雖無勝負，但對以後的爭論，開了一個好頭。

到了一九二五年十二月，周作人一篇發表在《京報副刊》的文章，抓住「語言」問題，反思新文學革命，引起很大的反響。這篇文章叫《國語文學談》。

「五四」文學革命，是以文學語言的變革為開端。周作人認為「古文與白話文」，「他們的差異大部分是文體的，文字與文法只是小部分」。「五四」文學語言的變革中，以白話文代替文言文，主要是文體的改變，在文字、語彙及方法上並沒發生根本改變，更談不上重建一個新的語言體系。

這當然可視作周作人對「五四」文學語言變革的獨具匠心的一種解讀和總結。是耶，非耶？直到現在，仍在討論。

3

悵望民國十四年的文化星空，在激昂的論辯聲中，我們看到清流的靈魂在夜空中爭相輝映，或流星般一閃而過。

讓我們把目光轉向已成明日黃花的康有為。

康有為（1858-1927），原名祖詒，字廣廈，號長素，又號更生、西樵人，廣東南海人，資產階級改良派領袖，又是保皇派首領，光緒二十年進士，官工部主事。他自一八八八年起先後七次上書光緒，建議變法圖強。甲午戰爭次年，他聯合赴京會試舉人一千餘人，發動「公車上書」，要求拒簽和約，遷都抗戰，維新變法。戊戌變法（一八九八年）失敗後，他亡命國外，組織「保皇會」，反對民主革命，曾參與張勛復辟，七十歲客死於青島。其詩想像奇特，文辭瑰麗，富有浪漫主義色彩；其文直抒己見，一掃傳統古文程序。梁啟超高度評價其「今文學運動之中心，曰：南海康有為」。主要著作有《康南海先生詩集》、《大同書》、《新學偽經考》、《孔子改制考》。

其滄海浮槎也好，其推求救國也罷，甚或守望仁愛等，皆已成為過去，時光已至民國十四年（一九二五年），即乙丑年，康有為六十八歲。據《南海康先生年譜續編》記，這年自青島「返滬不久，五卅慘案發生」。

五卅慘案發生地南京路老閘巡捕房前，離康有為愚園路一百七十二號住宅遊存廬很近。康有為聽到了槍聲和呼號，他的《京師強學會序》之「海水沸騰，耳中夢中，炮聲隆隆」句，表明他的內心已預感到革命風暴臨近。

保守的康有為一向懷疑孫中山，不喜歡國民黨的手段和目標，他始終仇視辛亥革命。雖為了給軍閥混戰的中國尋找新的政治秩序，與各派軍閥頻於聯絡交流，但其愛國之心未泯。

六月，康有為離開反帝鬥爭激烈的上海，攜家帶口赴青島避暑。

康有為有個大家庭，有五個年齡不同的妻妾，六個閨中待嫁的女兒，兩個小兒子，十個女傭和奶媽外加三十個男僕。為了維持這個大家庭，他只好販賣自己的墨蹟，偶爾也售些古書和字畫，有時不得不典賣杭州、上海、青島的房產，或賣掉江西農村的私田。總之，這些足夠他過當時算得上奢華的日子。

六月到青島後，「家人相聚，娛侍承歡，誠有樂敘天倫之感」。享樂之餘，自然不會忘記社會時局。六月十日，康有為在《與吳佩孚書》中，有「而今北風變幻，滬亂伊始，粵亂如麻，川陝沸騰。坐視中國至危，生民更苦，顛連呻吟之聲騰天遍地」語。十二月十一日在《致吳佩孚電》中稱「南蔣、北馮皆俄將」，「俄人以赤化戕其民數千萬，奪民之產為赤軍所有，飾曰共產，遂欲推行於全球」。「今外蒙庫倫、唐努山、烏梁海與吾粵，已歸俄聯屬矣」。康有為還提出「凡中國人唯有結大同盟以反奪產，名曰『保華拒赤會』」。

康有為的「流涕以道，泣血而陳」，反對蘇俄侵我國土，有愛國主義的赤誠。在英日人殺中國人的五卅慘案中，康有為對蘇俄侵土掠地的警懼，很合乎邏輯。

康有為晚年，對政事已近絕望，而樂於「日事出遊」，流連於青山綠水間，並常在絕佳風景處買地造屋。而造屋必造園，所建別墅，皆有亭有徑，有木有花，有湖有樹。大凡新屋新園建好，必呼舊朋，宴文友，時為當時文壇一人文景觀。

一九一八年，康有為在杭州購得山地三十畝，四年後的一九二一年底，入住新居，名曰人天廬，後又名一天園。臨西湖而居與山水為伴，有詩云：

三面湖波亦半島，百株桃樹又魚舟。
蓬萊婀娜宜忘世，湖水漣漪渺隔洲。
夾路荷塘白煙影，小亭篁竹綠雲秋。
花開花落春何意，避地避人天與遊。
（《一天園詩十章》）

江南文人紛紛來訪，飲酒、吟詩、作畫，一時名滿西湖。

一九二一年，康有為在上海愚園路的新宅落成，取名「補讀樓」。有詩記之：

居滬初來補讀樓，靜觀亭下若忘憂。
買書漸擴百城富，席地原無一物留。
柳下長橋納風月，廊前奇石俯波流。
追思弓月披襟坐，荷葉荷花夏復秋。

由詩可見，上海新居「補讀樓」也是一處蘇州園林般的庭院。

是年盛夏，上海「天馬會」畫展，康有為到會，在劉海粟的油畫《雷峰夕照》、《回光》等參展作品前注目多時，不肯離去。友人將劉海粟介紹給康有為。劉海粟初見大名鼎鼎的康有為，大喜過望。一銀眉揚起、氣度軒昂的老者，一朝氣蓬勃、才華橫溢的青年，初次見面，他們從黃公望、石濤，談到達文西、林布蘭，相談甚歡。康有為毫不掩飾對這位畫壇翹楚的喜歡之情，朗聲道：「明天來我家詳談！」

第二天一早，劉海粟到愚園路遊存廬拜訪康有為時，老人早已在廬前竹籬外迎候。進花園，穿梅林，過小溪，遊曲廊，劉海粟感受到撲面而來的中國文化神韻和中國文人的風雅。

從兩人後來寫的關於此次見面的回憶文章，可知他們論畫、談史，妙語連珠，「精深華妙」。康有為大喜，留劉海粟午餐。席間，康有為主動提出自己弟子多以文顯示世，唯少一通繪畫弟子，說「就是你了」。

劉海粟從未敢想自己將與梁啟超、林旭、譚嗣同等大人物同列門牆，聽大師主動收自己為門生，真是如在夢中。這一年，他才二十二歲。

後來劉海粟在《齊魯談藝錄》中記曰：

> 幾天之後，康先生大宴賓客。據他本人說，為收弟子而舉行這樣的宴會還是破題兒第一次。到康宅赴宴的有詞人況夔生、朱古微，書法家沈寐叟，書畫鑒定收藏家甘翰臣等。老人的朋友們紛紛舉杯道賀，康先生也欣然連乾幾盅，氣氛歡愉，但不失嚴肅。

拜師會上，康有為送劉海粟《書鏡》，是他客居北京南海會館時的得意之作。書成時，曾吟詩曰：

> 上書驚闕下，閉戶隱城南。
> 洗石為僮課，攤碑與客談。
> 著書銷日月，憂國自江潭。
> 日步迴廊曲，應從面壁參。

劉海粟拜師後，康有為弟子梁啟超到上海，劉海粟在家裡為其接風。席間，劉海粟將拜師康有為一事告訴梁啟超，並表示，自己與名滿天下的梁先生同列門牆，慚愧而不安。

梁啟超先賀劉海粟，卻也感慨良多。戊戌變法之時，康梁並稱，剛逃亡日本時，二人情誼也深。戊戌變法之後，梁啟超在日本「日倡革命排滿共和之論」，而康有為「屢責備之，繼以婉勸，兩年間函箚數萬言」。在學術思想上，二人也有分歧。康有為在海外力倡保教，設保教會，「定國教，祀天配，孔諸義」時，「國中附和不乏」。而梁啟超大不以為然，並「屢起而駁之」。特別是康有為支持張勛復辟，二人已成陌路。如今雖事過境遷，師徒二人仍冷眼相對。

劉海粟想為二位世紀名人撮合，提議由自己作東，以梁啟超訪滬為藉口，請老師康有為吃飯，杯酒言和，談笑間釋懷一笑，當有可能。在劉海粟的斡旋，與康有為主動力邀之下，失和並久違的康梁，終於在愚園路康家相聚「和好如初」（劉海粟語）。

是年，胡適也曾訪康有為，二人有深交。

一九二六年春，劉海粟陪徐志摩到杭州西湖一天園訪康有為。據劉海粟在《齊魯談藝錄》所記，那天徐志摩著藍色長衫，乘小舟到一天園。康有為博聞強記，讀書之多，讓年輕詩人驚歎。在紫藤下飲龍井茶，談泰戈爾時，康有為說，此老襟懷沖淡，有我中國古陶淵明、孟浩然之風。其伸張人道，歌頌和平、母愛與晉唐田園詩又不相同。泰翁精研佛典，對瑜伽各派哲理均能貫通，是以哲學力作《生之現實》獲諾貝爾獎。然後話鋒一轉，評價徐志摩詩曰：「志摩作詩，情思飄逸，詞彩斐然，唯沉厚不足。」志摩恭聽，深以為然。對康有為身居一隅，卻因一生手不釋卷，博覽群書，知世界風雲和文化，連激進的《新青年》這類期刊都認真閱讀，極為讚佩，愧歎不如。

胡適也是在劉海粟的帶領下，拜見康有為的。胡適到上海，對劉海粟說：「我想見康先生。」劉海粟告知老師，老師很高興，準備設宴，請天下人人皆知的胡適博士。

那天，劉海粟陪同胡適到愚園路康宅。一前清重臣，因「公車上書」名滿中國；一留美博士，以《文學改良芻議》，聞名天下。兩個歷史重要人物，在此第一次相見。

康有為在迎胡適進客廳時，言道：「你是胡適先生嗎？」

胡適忙道：「不敢，久仰久仰！」

主賓落座後，康有為說：「久仰你大名，對青年後學要負責任哪。」

胡適真誠地說：「適之是晚輩，學識淺陋，老先生要多多指教。」

此次見面後，兩位歷史名人彼此惺惺相惜，也是常理。

康有為如此評價胡適：「他成名早，不浮躁，能做成大學問」，「還是大才」。

胡適則這樣讚揚老前輩：「『出言驚四座，胸中壘塊高』，此老博學，平生少見。」

衡言徵人，從他們的話語中我們見到兩位新舊文人間的相互尊重。伏爾泰說過，我不同意你的話，但我誓死捍衛你說這些話的權利。

其實，胡適訪康有為時，康有為告之：「你對打倒孔家店很起勁，這家店很難打倒哇！」證明老人對舊傳統文化的堅守之心，並未動搖。

錢鍾書的父親錢基博在一九三三年出版的《現代中國文學史》，對康、胡諸人的評價頗有見解：

論今文學之流別，有開通俗之文言者，曰康有為，曰梁啟超；有創邏輯之古文者，曰嚴復、章士釗；有倡白話之詩人者，曰胡適。五人之中，康有為輩行最先，名亦極高。三十年來，國內政治學術之劇變，罔不以有為為前驅，而文章之革新，亦自有為啟其機括焉。

錢基博的論斷，獨具慧眼，說得極是。簡單粗暴地否定康有為對中國文學的貢獻，無異於否定一段中國的文學史。

4

在北京西三條一間叫作「老虎尾巴」的書房裡，微昂著清冷的臉，默默地吸菸，暗淡的油燈下，擺著教育部的免職文書。透過大玻璃窗，有兩株棗樹直刺悶熱的夜星。在青煙嫋嫋中，曾被許廣平稱為「師爺」的魯迅，正在心頭醞釀與章士釗打官司的機杼。

查魯迅八月十三日日記，見記有：「曇，午赴中央公園今雨軒之猛進社午餐。午後赴維持會。」猛進社，是年三月創辦於北京的文藝社團，主要成員有許炳昶等，出版過《猛進週刊》。在女師大的學潮中，他們與魯迅站在一起。

維持會，全稱為女子師範大學維持會。八月一日，該校校長鑒於女師大風潮越演越烈，在教育總長章士釗的支持下，宣布解散女師大，另立女子大學。八月五日，已搬到宗帽胡同的原女師大學生自治會，在周氏兄弟支持下，召開大會，決議敦請本校教師和社會名流與學生一起組建校務維持會。魯迅被推選為該會委員。

魯迅八月七日記載：「晴，下午赴女子師範大學維持會。」八月八日日記又載：「曇，午雨，下午赴女師大維持會。」八月十日其日記仍有：「曇……午後往女師大維持會。」接下來的十一日、十二日，都在魯迅日記中分別見有「下午赴女師大維持會」、「下午往維持會」的記載。

到了八月十四日，魯迅日記曰：「晴，我之免職令發表。」

同是這一天，章士釗擬具章程八條，呈請成立國立編譯館。是巧合還是有意為之？但讓世人瞭解了這位教育總長並不是只阻止學潮的庸碌之輩。

從七日至十三日，魯迅除參加社會活動，「同壽山、季市往公園」，「往留黎廠」，去北大取工資之外，幾乎每天都參加維持會活動。

章士釗豈肯放過這位已能呼風喚雨、與自己對著幹的老相識？八月十二日，教育總長章士釗呈請段祺瑞政府罷免自己部下魯迅的教育部僉事之職。

八月二十日，魯迅寫《答KS君》，發在他主編的《莽原》週刊上。KS君何人不詳。《莽原》是於一九二五年十月創刊的週刊，由莽原文學社主辦，由魯迅編輯。魯迅早在一九二五年四月二十一日，親擬廣告，發表於《京報》廣告欄，曰：「率性而言，憑心立論，忠於現在，望彼將來。」

《莽原》比《語絲》更激烈，與青年學生運動有密切聯繫。《答KS君》說章士釗免我職，「我倒並沒有你似的覺得詫異，他那對於學校的手段，我也並沒有你似的覺得詫異」。表明被免職，魯迅是早有思想準備的。他讓人們不要「無端地迷信，將章士釗當作學者或智識階級的領袖看」。文章不僅攻擊章士釗「蒙著公正的皮的醜惡」，還說其「不過熟讀了幾十篇唐宋八大家文，所以模仿吞剝」，「尤其害事的是他似乎後來又念了幾篇駢文，沒有融化，而急於撏扯（剽竊），所以弄得文字龐雜，有如泥礫一樣」。並舉出章士釗在《停辦北京女子師範大學呈文》中云「釗念兒女乃家家所有良用痛心為政而從悅之亦無是理」一句，「陋弱可哂」。

談到章士釗辦的《甲寅週刊》提倡的復古運動，魯迅認為「文言白話之爭」，「該是爭的終點，而非爭的開頭，因為《甲寅》不足稱為敵手，也無所謂戰鬥」。看得出來，在人品、學識上，魯迅是極看不起章士釗的，魯迅與章士釗的爭論也遠遠超越了對學潮的分歧，乃是政治思想與文化的深刻矛盾。

魯迅與羅素和泰戈爾不同，他一直在揭露古老的中國人骨子裡的那種同類相殘的吃人本性。魯迅認為羅素太容易上當，比如羅素在西湖畔看到轎夫含笑，便大加讚美起中國人來。不過他也不贊同梁漱溟那樣頑固而虔誠地守望著東方文化。

魯迅表示此番要與章士釗打官司，並不是為奪回僉事一職。他早就厭倦了這個官身，本該早被免職了的，「但就法律方面講，自然非控訴不可」。魯迅覺得自己在為捍衛正義公正而訴諸法律，也是為自己的尊嚴而戰，所以「在平政院投了訴了」。

魯迅八月三十一日的日記上說：「晴，上午赴平政院納訴訟費三十元，控章士釗。」平政院，民國時政府處理行政訴訟的機構。魯迅是八月二十二日向平政院起訴章士釗非法免去其教育部僉事一職的。

十月十三日，章士釗答辯書副本，由平政院送魯迅。最終，魯迅打贏了這場官司。章士釗雖深諳法律，但他在八月十二日呈報段祺瑞的呈文，所羅列魯迅的罪狀出了漏洞。比如說魯迅在教育部下令停辦女師大後，又糾集同夥倡設校務維持會。魯迅在訴狀中指出，他是在八月十三日才當選為校務維持會委員的，章士釗何以會在事情發生之前就預知自己的罪名呢？章士釗的輕敵和犯的低級錯誤，導致罷魯迅官的失算，栽在紹興「師爺」手裡。

魯迅在八月十四日被免職後的第二天，仍在一場大雨後，「赴女師大維持會」，十七、十八、十九日連續三天都「赴維持會」。訴訟之後的二十五、二十七、三十日也都出席了「維持會」。魯迅如此從容不迫地應對罷官，除了他的政治智慧，便是強大心理支撐的自信和勇氣。

十一月三十日，被改為國立女子大學的學生，倡議已搬到宗帽胡同仍稱女師大的四十餘名學生返回原石附馬大街校址上課。那天下午，魯迅陪學生返校。十二月一日，女師大召開各界聯合會，發表取消女子大學恢復女師大的宣言。那天，魯迅在其日記上云：「午後往女師大開會，後同赴石附馬大街女師大校各界聯合會，其校之教務長蕭純錦嗾無賴來擊。」

魯迅還在十二月一日，與二十四名返校學生合影留念，並在照片上題有「詩云：『修我甲兵，與子偕行』……既復校，因攝影，以資紀念」等語。有堅強之決心，有勝利之喜悅。

不支援魯迅的一方，自然會有反擊。十二月十四日，北大教授陳西瀅、王世傑等人成立「教育界公理維持會」，旨在繼續聲援章士釗及所創辦的女子大學，反對女師大復校。第二日，該會又改名「國立女子大學後援會」。

十九日，陳西瀅又在《現代評論》上發表《閒話》說：「女大有三百五十名學生，女師大有四十餘名學生，無論分立或合併，學生人數多過八倍的女大斷沒有把較大的校舍讓給女師大的道理。」

十二月二十四日，《晨報》發表《女大學生二次宣言》，反對女大與女師大合併。

女師大風潮，斷斷續續，時起時伏，忽冷忽熱地折騰了近一年，後來或許雙方都感到厭倦了，最終沒分出勝負地淡出歷史。但魯迅與章士釗、陳西瀅等人的論戰還在繼續，而且越鬥越激烈。

歷史與章士釗開了個小玩笑。魯迅為學潮推波助瀾，被罷了官，又復了官，繼續雄視文壇江湖，十八般武藝，見誰滅誰。章士釗身為教育總長，整頓校紀，罷別人的官，卻偏偏丟了自己的官，再當再丟，且經濟損失嚴重。

有文字載：一九二五年五月七日，因紀念「五七國恥」的遊行受阻，一些學生闖入章士釗家中質詢，雙方發生衝突，章士釗家中的部分物品及藏書遭到破壞。十一月二十八日，在北京民眾反對段祺瑞政府的示威遊行中，章士釗的住宅再次遭到衝擊。如果對照章士釗自己寫的《寒家再毀記》一文，會發現上述文字，是被精心輕描淡寫了的。陳西瀅寫的《做學問的工具》曾記載，章士釗從德國帶回的大量藏書被毀。

魯迅卻在《雜論管閒事．做學問．灰色等》（刊於一九二六年一月十八日《語絲》週刊）一文中，興災樂禍於「孤桐先生」（章士釗）之珍貴圖書被毀的同時，還以周氏的幽默和鷙狠嘲諷了陳西瀅、胡適、徐志摩、李四光、丁西林、陶孟和、陳翰笙、王品青等同類。

這些後來證明都是文化精英的名流們跟著章士釗一起吃掛累，或可會付之一笑，那裡論戰只有是非之爭，並無敵友之分。比如，在魯迅寫的《「碰壁」之餘》一文裡，有這樣的文字：「至於李仲揆先生其人也者，我在《女師風潮紀事》（刊於八月十九日、二十六日《婦女週刊》）上才識得大名，是八月一日擁楊蔭榆女士攻入學校的三勇士之一，到現在，卻又知道他還是一位達人了，庸人以為學潮的，到他眼裡就等於『觀劇』，這是何等逍遙自在。」

李仲揆（1889-1971），即地質學家李四光，對經濟建設做出很大的貢獻。當時魯迅視李仲揆為楊蔭榆的打手，極盡嘲諷。對耶？錯耶？

重要的是，作為親臨現場參與「女師大風潮」的李仲揆等，為我們真實解讀該事件提供了與魯迅不同的歷史證詞。

5

十一月二十九日，《晨報》迎來創報七週年前夕，突然被一夥暴徒縱火，部分房屋被焚毀，庫存紙張也化為灰燼。幾經偵查，皆無頭緒，「認定改造人心——思想革命，是急務中的急務」之大名鼎鼎的《晨報》被焚案，竟成為撲朔迷離的疑案。

有一情況或許與此案相關。十一月十九日《晨報》披露了一個驚人的內幕：北洋軍閥參政院、軍事善後委員會等六個部門聯合以「宣傳費」的名義，給全國一百五十五家報館、通訊社發津貼。津貼分四等，據說林白水的《社會日報》和邵飄萍的《京報》津貼最少每月二百元，成舍我的《世界日報》每月也可得二百元。在民國初，民間報刊難以保持經濟獨立，接受津貼可以理解，但林白水、邵飄萍、成舍我辦的這些獨立的、有影響力，且發行量不小的報紙也去領津貼，真乃民國言論史上的奇恥大辱，也是應具獨立批判責任的報人的莫大悲哀。

儘管這「內幕」至今無法被證實，但可以肯定，這「內幕」後面一定還有內幕。《晨報》被焚另一說，是北京憤怒的群眾因抗議段祺瑞政府，遷怒為段氏執政府說話的《晨報》，放火燒了報館，是同行恨其洩漏領津貼醜聞而施以報復，還是民眾因其替政府說話出於義憤，似都可成為放火焚報館的理由。但政府彈壓新聞自由燒《晨報》，殺一儆百，其可能性更大。

正是因焚燒《晨報》的背景複雜，故從一開始，即在知識分子中引起激烈的爭論。陳獨秀和胡適當時都在上海，得知此消息，就產生了針鋒相對的觀點。

陳獨秀認為「該燒」。他見到胡適時，咄咄逼人地問：「你以為《晨報》不該燒嗎？」

一貫視自由勝過生命的自由主義知識分子胡適，在對陳獨秀的問題思索了幾天後，寫了一封長信，給昔日的《新青年》的親密同伴：

《晨報》近年的主張，無論在你我眼裡為是為非，絕沒有「該」被命名為爭自由的民眾燒毀的罪狀。因為爭自由的唯一原理是「異乎我者未必即非，而同乎我者未必即是；今日眾人之所以未必即是，而眾人所非未必真非」。爭自由的唯一理由，換句話說，就是期望大家能容忍異己的意見與信仰。凡不承認異己者的自由人，就不配爭自由，就不配談自由。

這是胡適給老朋友陳獨秀的最後一封信。信中流露出深深的感慨和沉重的悲歎：

我們兩個老朋友，政治主張上儘管不同，事業上儘管不同，所以仍不失其為老朋友者，正因為你我腦子背後多少總還有一點容忍異己的態度。至少我可以說，我的根本信仰是承認別人有嘗試的自由。如果連這一點最低限度的相同點都掃除了，我們不但不能做朋友，簡直要做仇敵了，你說是嗎……不容忍空氣充滿了中國。並不是舊勢力的容忍，他們早已沒有摧殘異己的能力了。最不容忍的乃是一班自命為最新人物的人。我個人這幾年就身受了不少的攻擊和汙蔑。我這回出京兩個月，一路飽讀你的同黨少年醜詆我的言論，真開了不少的眼界。我是不會懼怕這種詆罵的，但我實在有點悲觀。我怕的是這種不容忍的風氣造成後，這個社會要變成一個更殘忍、更殘酷的社會，我們愛自由、爭自由的人怕沒有立足容身之地了（《胡適文集》（七），人民文學出版社一九九八年第一版）。

從這封信中，我們再清楚不過地看出陳獨秀與胡適在思想輿論上，已經發生相當激烈的衝突。其實，一九二四年八月，胡適對陳獨秀關於義和團經濟的渾濁思想進行過批評。

六年前，陳獨秀著文《克林德碑》痛罵義和團，六年後又寫《我們對於義和團兩個錯誤的觀念》一文，一變過去痛罵而為熱情歌頌。胡適對此，在《晨報》不點名地批判陳獨秀：「今日政治方面需要一個獨立正直的輿論機關那是不消說的了，即從思想方面看來，一邊是復古的混沌思想，一邊是頌揚拳匪的混濁思想，都有徹底批評的必要……六年前作《克林德碑》那篇痛罵拳匪的大文作者，現在亦大出力頌揚拳匪了……今日那班處處畏資本家的陰謀的人，同時又往往為拳匪曲說巧辯——這真是翻手為雲，覆手為雨，我們只好叫他訟棍的行為！」

陳獨秀有時思想渾濁，批評無妨，但胡適對義和團這類農民運動的深惡痛絕，可證其與中國共產黨在思想意識形態上已有嚴重的分歧。

社會、歷史常有許多難解之謎，比如就在胡適和陳獨秀的思想哲學與中國共產黨的政綱、宣言發生眾所周知的論爭時，李大釗、毛澤東始終沒有參與進來。

毛澤東倒是在一九二三年四月，於《新時代》發表的《外力革命與軍閥》裡評價過胡適。文中，毛澤東把當時的政治派別分為三種：一、革命的民主派；二、非革命的民主派；三、反動派。他把胡適歸為不主張革命暴力手段達到建設民主主義新中國的「非革命的民主派」，認為胡適是對中國政治輿論極有影響的那類人，而非像陳獨秀所說，是「難以挽救」的人。

生活和人性充滿悖論，政治上一直堅持自由主義立場，一貫不依傍任何政治集團、群眾組織，堅持自由獨立的言論的胡適，卻與早期共產主義者李大釗、陳獨秀都保持著終生的友誼。

胡適與陳獨秀之間，爭論歸爭論，友誼歸友誼。比如一九二三年，陳獨秀在《嚮導》週刊發表重要政論《對於現在中國政治問題的我見》，對當時各派政治力量的輿論代表爭論最熱烈的「聯省自治」明確表態說：「建設在武人割據的慾望上面之聯省論，與其說是解決時局，不如說是增長亂源」，主張「建立民主政治的全國統一政府」。

胡適則在《努力》上發表《聯省自治與軍閥割據（答陳獨秀）》，對陳獨秀的「我見」進行批駁：「用集權形式的政治組織，勉強施行這最不適於集權政治的中國，是中國今日軍閥割據的一個大原因。我們還可以進一步說，根據於省自治的聯邦制，是今日打倒軍閥割據的一個重要武器。」

不久，胡適又發表《國際的中國》，專門對中國共產黨的「反抗國際帝國主義侵略」的政治目標提出質疑，自稱「很誠摯地奉勸」朋友們，「努力向民主主義的一個簡單目標上做去，不必在這個時候牽扯到什麼國際帝國主義問題。政治的改造是抵抗帝國主義侵略的先決問題」。

此論理所當然地受到陳獨秀辦的《嚮導》週刊的激烈反駁。

即便胡適、陳獨秀在政治上發生如此嚴重的分歧和對立，甚至陳獨秀對胡適曾做了這樣的評價：「胡適這個人實在難測，在《新青年》上有大膽狂妄的勇氣，也寫過一些號角式的文章。新文化運動，也是有貢獻的。但他前進一步，就要停步觀察一下，後來他走了一步就倒退兩步，這就難以挽救了。當初，我曾寄希望於他，同他談馬克思主義，有時他興奮起來，也說馬克思是一個大思想家，有獨到的見解。但考慮良久又退回到杜威那裡去了。如是者幾次，都不能把他拉到革命人民這方面來。」

但是，他們的友誼似並未動搖。

如一九二三年四月七日，陳獨秀還覆信給胡適，託他將瞿秋白的《赤都心史》推薦給商務印書館出版。同時要求胡適，「《努力》出版，望每期賜贈一份。」

一九二四年四月九日，陳獨秀又寫信給胡適，要他給共產黨主辦的《中國青年》的「反對泰戈爾」特號寫文章。陳獨秀在信中還說：「我以為此段事（泰戈爾訪華）頗與青年的思想有關。」這表明陳獨秀仍視胡適為黨的文化宣傳上的同盟軍或戰友。

一九二五年底，胡適與陳獨秀，因《晨報》被燒一案政治上又一次發生嚴重衝突，致使胡適從此不再給陳獨秀寫信，甚至形同陌路般很少往來，但是在幾年後的一九三二年十月十五日，陳獨秀在上海被捕，胡適立即設法營救。三十日在北大講演《陳獨秀與文學革命》，重申陳獨秀對新文化運動的貢獻。一九三三年六月十三日，胡適趕到南京看望獄中的陳獨秀。

一九三四年一月二日，胡適趕到北京西山，憑弔李大釗。李大釗上年安葬，不久夫人也歿，合葬時無碑碣，胡適擬請蔣夢麟補立一碑。又於二月十日，再千里迢迢赴南京獄中看望陳獨秀。陳獨秀想在獄中寫自傳，正在設法聯繫疏通出版。胡適勸老朋友「放手寫去，不必先求早出版。若此時即為出版計，寫得必不得不委曲求全，消除鉅齒相。不如不作出版計，放手寫去，為後人留一真跡」。陳獨秀極為贊同他的意見。

第十章

民國十五年

1926

民國十五年（一九二六年）依然是北洋軍閥橫行肆虐、充滿肅殺之氣的一年，慘案繼續不斷發生。三月十八日，段祺瑞悍然槍殺四十七名、傷二百多名和平請願的學生和民眾。

「三一八慘案」發生後，邵飄萍、成舍我主辦的《京報》、《世界日報》等紛紛報導事件真相，嚴厲譴責這場殺戮。朱自清、魯迅、周作人、林語堂等作家也紛紛發表文章抨擊反動政權；王世傑、高一涵、許士康、陳翰生等在《現代評論》週刊發出抗議聲討之聲；上海的葉聖陶、鄭振鐸等以文學形式發出怒吼。

張作霖、張宗昌等在段祺瑞垮臺後，殺氣騰騰入京，先後殺死民初新聞史上熠熠閃光的邵飄萍和林白水，《京報》、《社會日報》隨之被查封，魯迅、蔣夢麟、李大釗等都上了黑名單。共產黨人李大釗面對黑暗和殺戮，勇敢地率領民眾衝鋒陷陣，無私無畏。知識分子站在民眾一邊，表達道義立場。梁啟超、胡適、徐志摩、陳寅恪等於春秋更替，風雨晨昏中，繼續追逐新文化之夢……

1

一九二六年一月五日，梁啟超寫信給兒子梁思成，談到好友林長民遇難之事及辦理善後的情況。林長民即林徽因之父，一九一九年為國民外交協會的領導人之一，力主在巴黎和會上收回山東主權。在北洋政府企圖向日本屈服之際，林長民發表的《山東亡矣！》，使他成為民族英雄。

《山東亡矣！》說：

膠東亡矣！國不國矣！此噩耗前兩日僕即聞之，今得梁任公電報證實。聞前次四國會議時，本已決定德人在遠東所得權益，交由五國交還我國。不知如何形勢遽變，更聞日本力爭之理他，但執一九一五年之「二十一條約」及一九一八年之膠濟換文、清鐵路草約為口實。

「嗚呼！」

「二十一條約」出於脅迫，膠濟換文以續約確定為前提，不得徑為應屬日本之據。濟順、高徐條約僅屬草約，正式合同並未成立，此皆國民所不能承認者也！國亡無日，願四萬萬民眾，誓死圖之（《我所知道的「五四運動」》載於臺灣《傳記文學》八卷）。

由梁啟超從巴黎拍回的電報，促成的林長民《山東亡矣！》五月二日在《晨報》發表。第二天，北京大學在校長蔡元培的支持下，即貼出北京十三所高校學生代表召集緊急會議的通知。當晚的集會上，決定五月四日舉行示威遊行，遂有五四運動爆發。

林長民被反動當局殺害後，梁啟超極為悲痛。自此，梁啟超臉色越加蒼白，精神萎靡，渾身乏力，又見便血，急入東交民巷一家德國醫院診治。經化驗，德國醫生懷疑他的腎或膀胱出了毛病。

其實早在一九二四年，梁啟超潛心撰寫《中國近三百年學術史》時，已耗盡精力。不久，印度詩人泰戈爾抵滬，四月下旬又到北京訪問。梁啟超和蔣百里等在北海靜心齋設宴歡迎泰戈爾，胡適等名流四十餘人作陪。歡迎會上，梁啟超還談了中印文化交流，後又陪泰戈爾到大學講演。

早在一九二四年九月，夫人李蕙仙的辭世給了梁啟超致命一擊。一直相濡以沫的恩愛妻子突然離去，使他陷入長久的悲痛之中。他為夫人守靈之後，即寫道：

風雪蔽天，生人道盡，泱然獨坐，幾不知人間何世。哎，哀樂之戚，凡存有情，其誰能免？平日意態興會淋漓的我，這也嗒然氣盡了。

當晚，夜色茫茫，長夜無眠，提筆又作《祭梁夫人文》：

我德有闕，君實匡之；我生多難，君扶將之；我有疑事，君榷君商；我有賞心，君寫君藏；我有幽憂，君噢使康；我勞於外，君煦使忘；我唱君和，我揄君揚；今我失君，只影徬徨。

後人讀之，莫不感動，莫不泫然。正是梁公這刻骨的深情，讓他的身體每況愈下。

一九二五年，孫中山在京逝世，梁啟超親往弔唁。

一九二五年春天，清華學校籌建國學研究院時，要聘請導師。梁啟超找到校長曹雲祥，向他力薦陳寅恪。曹雲祥也是博學多才者，竟不知陳寅恪是何方神聖，便問梁啟超：「此公為哪一國博士？」

梁啟超這才告訴曹雲祥，陳寅恪乃是當今留學生中「最有希望的讀書種子」，眼下正在德國讀書，不是博士，而是學士。

曹雲祥又問：「可有著作？」

梁啟超如實相告，暫時沒有著作。

曹雲祥聽罷，無奈地聳聳肩，「不是博士，又無著作，怎能進國學研究院呢？」

梁啟超一笑，「我梁某沒博士頭銜，不照樣著作等身。但這數百萬字的著作怕抵不上陳寅恪的寥寥數百字呢！」並表示，若不要這一人才，就讓陳寅恪留在海外吧。

在梁啟超執著地推薦陳寅恪的同時，德國柏林大學，法國巴黎大學幾位著名教授對陳寅恪高度推譽的材料也送抵清華。最終，曹雲祥決定聽從梁啟超的意見，同意尚在國外的陳寅恪來清華國學研究院任導師，而陳寅恪也不負所望，到清華後，與王國維、梁啟超、趙元任合稱「四大導師」。

其實陳寅恪到清華前還有一插曲。一九二五年，正在美國哈佛大學任教的趙元任，欣然接受清華讓他到國學研究院當導師的邀請。他去向校方辭職時，系主任見挽留不得，就請趙元任推薦一位高水準的教授來接替他的工作，並暗示他，能否找陳寅恪？趙元任當然知道，在中國留學生中，水準最高者，確屬陳寅恪，於是他寫了一封信寄往德國，徵求陳寅恪的意見。

陳寅恪接到信後，當即回信說，哈佛乃世界一流大學，只是自己在哈佛大學讀書時，沒有太多的好感，當然，波士頓中國餐館醉香樓的龍蝦是他最留戀的，幽默委婉地謝絕了趙元任的盛情。不久，二人在清華國學研究院成了同事，而且陳寅恪就住在趙元任家裡，吃喝也由趙元任夫婦侍候。

趙元任夫人楊步偉見陳寅恪總不成家，便勸他找個妻子，「你這樣下去總不是事兒啊！」

陳寅恪回答：「現在這樣挺快活嘛。」

趙元任笑了，「你總不能讓我太太伺候你一輩子嘛。」

梁啟超欣賞陳寅恪的才學，陳寅恪也仰慕梁啟超的博學和成就。一九二六年他到清華後，一次給學生授課時，獨出心裁地在黑板上寫下了一副對聯：

南海聖人再傳弟子

大清皇帝同學少年

「南海」，是康有為；「再傳弟子」，指康有為弟子梁啟超；「大清皇帝」，說的是溥儀；「同學少年」是曾給溥儀皇帝當過南書房行走的王國維。康、梁、王同為清華國學研究院導師。小康有為三十二歲，小梁啟超十七歲，小王國維十七歲的陳寅恪沒有在對聯中提到自己。他說，研究院的學生都是康有為的「再傳弟子」，大清皇帝的「少年同學」。同學聽罷，不由得大笑。

「文人相輕自古而然」，曹丕說得並不錯。只是，文人相重又何嘗不是「自古而然」呢？上述梁陳之間的友誼，便是佐證。

五卅慘案發生，梁啟超極為憤慨，與朱啟鈐、李士偉、顧維鈞發表共同宣言，抗議暴行。九月他主持清華國學研究院，日夜操勞，十二月就任京師圖書館館長，事必躬親。

直到一九二六年二月，梁啟超住進了北京協和醫院，經檢查確認右腎長一腫瘤，三月十六日手術，割去右腎一枚。他出院後，又請名醫唐天如診治，幾劑中藥，尿血止。緊接著，便又投身忙於寫《先秦學術年表》，並繼續在清華國學研究院當導師。

多年以後，出現一些傳聞，說梁啟超在協和醫院手術時，值班護士用碘酒在梁氏的肚皮上標錯了位置，執刀的著名外科教授劉博士動手術前，又沒有核對掛在手術臺旁的X光照片，結果割去了一只好腎。此事當時即發現，但由於梁啟超的知名度與協和的名聲，此錯誤一直封存起來。

割錯腎，梁啟超本人是知道的，一九二六年九月十四日，他在給孩子的信中這樣寫道：

> 伍連德到津，拿小便給他看，他說「這病絕對不能不理會」，他入京當向協和及克禮等詳細探索實情云云。五日前在京會著他，他已探聽明白了……他已證明手術是協和孟浪錯誤了，割掉的右腎，已經看過，並沒有絲毫病態，他很責備協和粗忽，不是外科……據連德的診斷，也不是所謂「無理由出血」，

乃是一種輕微腎炎……他對於手術善後問題，向我下很嚴重的警告。他說割掉一個腎，情節很重大，必須俟左腎慢慢生長，長到大能完全兼代右腎的權能，才算復原……我屢次探協和確實消息，他們為護短起見，總說右腎是有病（部分腐壞），現在連德才證明他們說謊話了（《給孩子們書》）。

此公案直到今天，仍模糊不清。筆者曾有一篇《魯迅之死與梁啟超殞命》刊發在《今晚報》，談及真相，此處不贅。

是年八月底，秋風初吹，秋雨乍來。梁啟超的四妹病逝。梁啟超思妹悲痛，竟又便血，請名醫伍連德診治，開藥煎服，囑之靜養。然感生命之短暫，歲月之倥傯，思慮過度，再次尿血。不久，梁啟超好友曾習經因患肺癌去世，梁啟超在陪侍中，親見友人痛苦之狀，一任老淚縱橫。

秋意漸濃，清華已開學。梁啟超抱病給學生講《中國文化史．社會組織篇》時，病已漸入肌理，生命已接近盡頭。

2

民國歷史上最為黑暗的一天，在本年三月十八日的腥風血雨中降臨。

一九二六年初春，吳佩孚結束「討奉」戰爭，與昔日仇敵張作霖突然聯手進攻國民軍。他先擊敗河南嶽維峻部，又沿親漢路攻下石家莊和保定。馮玉祥再次通電下野，將軍權交張之江和鹿鐘麟後，到蘇聯考察去了。

三月十二日，日本以艦隊掩護奉軍進攻天津大沽口炮臺，岸上國民軍遭炮火轟擊。鹿鐘麟下令抵抗，硝煙瀰漫。日本藉此糾集《辛丑合約》的幾個締結國，向北京政府發出三月十八日前拆除大沽炮臺，清除海面水雷的通牒，否則將直搗北京。

北京學生、市民得知列強無視中國主權的囂張氣焰後，於三月十六、十七日，紛紛舉行抗議活動。三月十八日清晨，陰雲低垂，五千多名學生陸續聚集到天安門金水橋畔，舉行反對八國通牒的示威大會。大會主席李大釗和徐謙相繼站在高臺上，慷慨激昂地發表演說。李大釗號召大家以「五四」精神、「五卅」熱血，不分階級地聯合起來，反對軍閥的賣國醜行，抗議帝國主義再次侵略我國的罪行。年輕的學生中，後來成為中華人民共和國外交部長的陳毅，目睹了李大釗的戰士風采，聆聽了共產黨領袖的激動人心的演說。這大概也是李大釗最後一次站在臺上公開亮相了。

被激發起來的民眾，在下午舉行了聲勢浩大的示威遊行，旗幟招展，口號震天。當兩千多群眾向執政府進發時，早已下了鎮壓命令的段執政，正躲在自家的吉兆胡同公館裡悠閒地與人對弈呢。學生為首的隊伍一到鐵獅子胡同，就發現執政府三座紅漆大門緊閉，門前刀槍林立，戒備森嚴。李大釗見狀，命令學生停下來，公推了代表，與十層荷槍實彈的衛隊軍官交涉，要求放遊行隊伍進院，並請段祺瑞和國務總理出來見面。該官員喝令代表退出大門，大聲命令學生立即解散。學生被激怒了，高喊：「到吉兆胡同段祺瑞公館去。」

還未等示威隊伍撤出，一聲尖厲的哨音響過，就聽槍聲大作。

李大釗見狀忙揮手高呼：「快散開！」扛大旗的王一飛立即撲倒在地，這位黃埔軍校畢業生才倖免一死。而振臂高呼口號的學生江禹烈則被子彈擊中前胸，鮮血飛濺地倒在血泊中。

驚慌的人群潮水般湧向西轅門，殺紅了眼的軍警們以槍彈和大刀輪番殺戮，頓時橫屍當場。北師大的學生劉和珍中彈後倒地，尚存一息，向外爬行，一軍警追趕過來，掄起木棒向其頭上猛擊，劉和珍再不動彈，吐血氣絕。

血腥屠殺後，活著的僥倖逃脫；死去的，在軍警清理汙血橫流的現場時，竟被掠走錢物、剝光身上的衣物。女師大的楊德群、劉和珍，燕京大學的女生魏士毅等女學生赤裸身體，暴屍鐵獅子廣場，「身上蓋著一層落雪」……（周作人三月十八日日記）

在吉兆胡同段公館下圍棋的段祺瑞，得到代警衛司令李鳴鐘的稟報後，沉思片刻，將手上的一枚棋子落下，對與其對弈的日本顧問狡黠一笑，「你讓我進退兩難啦。」

這場慘絕人寰的殺戮，共殺死四十七名和平請願的學生和民眾，致傷殘者多達二百人。

慘案發生後，輿論譁然，萬人憤慨。邵飄萍、成舍我等主辦的《京報》、《世界日報》紛紛報導慘案真相，譴責段祺瑞政府犯下的滔天罪行。《晨報》公布死難者名單和部分照片。《國民新報》連續發表《段祺瑞之大屠殺》、《段祺瑞應受人民審判》等措辭尖銳的社論。

魯迅、林語堂、周作人、朱自清等人，也紛紛在《語絲》週刊、《京報副刊》、《國民新報副刊》發表文章，譴責反動政權。魯迅後來寫的《紀念劉和珍君》成為這類文章的經典。

王世傑、陳翰笙、高一涵、許士廉等同時在《現代評論》週刊，發出強烈抗議殺人政權，特別強調法律追究，提出「元首犯罪」與「庶民百姓犯罪」一樣須受制裁的正義聲音。

《語絲》派與《現代評論》派兩軍對壘，殺得昏天黑地，魯迅與陳西瀅二人的纏鬥也如火如荼。他們之間是非難定，勝負也難料，但他們對反動政權殺戮百姓的罪行卻同仇敵愾，站在同一戰壕裡。想來《語絲》派與《現代評論》派之爭、魯迅與陳西瀅之鬥，怕不是敵我矛盾，更多的是文人意氣使然的是是非非的爭鬥。

作家楊振聲、凌叔華還以文學為武器，創作並發表了以「三一八慘案」為背景的小說《阿蘭的母親》、《等》。上海商務印書館的葉聖陶、鄭振鐸等作家，也積極參與揭露和抗議反動當局槍殺百姓的暴行。

詩人徐志摩在《詩鐫》紀念「三一八」專號上，寫詩歌《梅雪爭春》。在《自剖》一文中，他憤怒地譴責「空前血案」：「殺死的不僅是青澀的生命，我自己的思想也彷彿著了致命一擊……」

周作人是「三一八」下午，去燕京大學上課才知道學生參加集會而停課。正想回家，恰巧見一燕京大學學生受傷逃回，聽學生報告段祺瑞槍殺學生暴行，方知慘案發生，這之後，他陸陸續續得到不少有關「三一八」的消息。得知他所熟悉，曾為之擔保的張靜淑因救助同學，身上連中四槍。棺殮那天，周作人去了，見到死去學生的臉上被蒙一層薄紗。他的心情異常沉重。

在「三一八」殉難者全體追悼會上，周作人默默地送上一副挽聯，那是他在燈下，用清俊的筆墨書寫的，其辭曰：

赤化赤化，有些學界名流和新聞記者，還在那裡誣陷；
白死白死，所謂革命政府與帝國主義，原是一樣東西。

從此挽聯，我們可以看出，那時的周作人與時代的先驅者是同步的。

正在杭州演講的蔡元培，是從北京專程至杭州訪他的老友湯爾和口中得知慘案消息的。湯爾和還從書包摸出一張《京報》，上面有一條《三一八慘案內幕種種》消息。該報上，還有一份五十人的黑名單，中俄大學校長徐謙，還有李大釗、李石增、易培基、顧孟余、許壽裳、魯迅、周作人和孫伏園，都在段祺瑞的通緝之列。

在桃紅柳綠的西湖，聽到這陰森森的消息，蔡元培不寒而慄。

湯爾和還告訴他：「我們國立八校的校長，也開始躲避了。」

蔡元培聽罷，臉色蒼白，默默不語。本來，他還曾高興過一陣子。當年將溥儀趕出皇宮的國民軍參謀長鹿鐘麟，突然出人意料地又派兵包圍了執政府，下令逮捕段祺瑞。但老奸巨猾的段祺瑞竟然得到消息，提前二十分鐘躲進了東交民巷法國銀行裡。誰知過了幾天，奉直聯軍又將鹿鐘麟擠出北京，段祺瑞又回到吉兆胡同，通電復職。吳佩孚、張作霖都不願幫這一喪家之犬，於是段祺瑞在四月二十日發表「退休」通令，狼狽下臺。自此，這位昔日不可一世的北洋之虎，隱居天津租界裡，結束了漫長的軍閥生涯。

正當蔡元培準備重回北京大學時，張作霖於四月二十六日，祕密槍殺民初新聞史上光焰萬丈的邵飄萍，查封了他創辦的《京報》。蔡元培在上海寓所得知噩耗，悲慟欲絕，淚流滿面，回想起他與邵飄萍共創北大新聞學會的友誼，更是仰天長嘯。

其實，在張作霖查封《京報》前，得知消息的邵飄萍就躲進給梁啟超等名流看病的德國醫院，後又住進六國飯店。幾天後他見再沒動靜，以為無事了，就於四月二十四日下午返回《京報》，結果被早就埋伏多日的偵探抓獲。北京新聞界即刻集合，推選代表，請張學良通融放人，被張學良以宣傳共產為名拒絕，便又請民國元老王士珍出面說情，可少帥仍不買帳。最終，邵飄萍於二十六日凌晨提審並判處死刑，四點半拉到天橋槍決。

目擊者稱，邵飄萍身穿夾襖、馬褂，面對劊子手大笑數聲，昂首赴刑場。行刑者從其身後用馬槍射擊後腦，砰然一聲，一代報界巨擘，為正義和良知而血濺京華。

張作霖槍殺邵飄萍後，又派人逮捕女共產黨員劉清揚，並派大批軍警衝進北京大學等高校，搜捕進步人士，查禁進步書刊，肅殺之氣籠罩校園。

北大代理校長蔣夢麟得知自己上了黑名單，躲進東交民巷的六國飯店。李大釗也率領已暴露身分的共產黨員，藏進蘇聯駐華使館。

不久，魯迅告別生活十五年的北京，避到南國廈門大學任教，那是應當時好友後成仇敵的林語堂之邀，動身南行的。

是年八月六日，另一言論犀利，敢於直言的報界達人林白水，也慘遭殺害，他創辦的《社會日報》停刊。其被殺地點，正是邵飄萍英勇就義、血跡未乾的天橋。

這接連不斷的血案，都是如今被史學家和文學家寄予無限同情，以致捧成反蔣鬥士的張學良所為。歷史的臧否、忠奸、善惡，是不容顛倒的。作家吳稼祥說過：「一個人、一個派別陳述的歷史，是不可靠的，多一個人、一個派別的陳述，歷史就多一分真實。」但是，即使更多人參與陳述，有時，也未必能看清歷史真相。有時，歷史原本很清晰，卻被陳述者故意歪曲了。

3

五月二十四日，胡適從天津裕中飯店，發了一封給魯迅、周作人、陳源三位朋友的信，即文學史上頗有名的《致魯迅、周作人、陳源》（《胡適來往書信選》上冊）。

胡適寫此信的緣起，用他的話說是：「三位這八九個月的深仇也似的筆戰」。

在胡適看來，「三位都自信這回打的是一場正義之戰」，而讓人惋惜的是，「當日各本良心的爭論之中，不免都夾雜著一點對於對方動機上的猜疑；由這一點動機上的猜疑，發生了不少筆鋒上的情感；由這些筆鋒上的情感，更引起了層層的猜疑，層層猜疑，層層誤解。猜疑越深，誤解更甚」。結果是友誼破裂，論爭變成了對罵。

尤其讓人莫名的是，論戰離題越來越遠，「連我這個老北京也往往看不懂你們用的『典』，打的什麼官司了」。「我深深地感覺你們的筆戰裡，雙方都含有一點不容忍的態度，所以不知不覺地影響了不少的少年朋友，暗示他們朝著冷酷、不容忍的方向走」。

最後，胡適在信中援引魯迅《熱風》中的一段話：「這便是海，在它這裡，能容下你們的大侮蔑。」

縱令不過是一窪淺水，也可以學學大海；橫豎都是水，可以相通。幾粒石子，任他們擲來；幾滴穢水，任他們從背後潑來就是了。

胡適勸大家「學學大海」，「都向上走，都朝前走」，不要回頭睬那傷不了人的小石子，更不要回頭來自相踐踏。

身處歷史現場的胡適，對周氏兄弟與陳源那場論戰的是非曲直的分析，應當是真實客觀，甚或是精闢的；對筆戰進行調解，呼喚消誤解、冷酷與不忍，放開胸懷朝前走，是善意的，更是積極的。可惜在慣有認知的影響下，後來不在現場的不少文學史家故意歪曲了他的善意。

周氏兄弟與陳源的論爭乃至反目，其背景比較複雜，並不好表述。不少文章將這三個人的論爭視為周氏兄弟與現代評論派的鬥爭。

周作人在《知堂回想錄．一四六，女師大與東吉祥（二）》中是這樣說的：「我以前因張鳳舉的拉攏，與東吉祥諸君子謬托知己的有些來往，但是我的心裡是有『兩個鬼』潛伏著的，即所謂紳士鬼與流氓鬼。我曾經說過，『以開店而論，我這店是兩個鬼開的，而其股份與生意的分配，究竟紳士鬼還只居其小部分』，所以去和道地的紳士們周旋，也仍舊是合不來的。有時流氓鬼要露出來，結果終於翻臉以致破口大罵。這雖是時勢的必然，但使我由南轉北，幾年做了一百八十度的大迴旋，脫卻紳士的『沙龍』，加入從前那麼想逃避的女校，終於成了代表，與女師大共存亡。我說命運之不可測，就是如此。」

《知堂回想錄》是周作人晚年寫的。在講階級鬥爭的年代，淪為漢奸而又被寬大處理的他，為了苟活，只能寫些廟堂愛聽的東西，順應和諂媚才是他心中真正的鬼。

《知堂回想錄．一四六，女師大與東吉祥》中的那些話是不可靠的。比如，他說「張鳳舉的拉攏」才與「東吉祥諸君子謬托知己的有些來往」，就沒說實話。

張鳳舉也算是當時的名流，也是周作人「駱駝群」的骨幹，與周氏兄弟往來甚密。在魯迅的日記中，張鳳舉出現的次數，當屬頗為頻繁的一位。僅舉三例。一九二三年二月十七日：「下午二弟邀郁達夫、張鳳舉、徐耀辰、沈士遠、尹默、臤士飯，馬幼漁、朱逷先亦至。談至下午。」

周氏兄弟分居後的一九二五年，十一月三日，「晚訪張鳳舉，見贈造像題記殘字拓片一枚，云出大同雲岡石窟之露天佛以西第八窟中。」

過了兩天的五日，又「訪張鳳舉」。其時，正是周氏兄弟與陳源筆戰最激烈的時候。

以已成為當時著名新文化運動的領袖之一周作人的身分和影響力，居然被張鳳舉「拉攏」才接近吉祥胡同的諸君子，未免過於牽強。從魯迅對張鳳舉的態度看，也不認同「拉攏」說，不然緣何在三天內主動造訪人家兩次，還接受禮物呢？

查周作人自己的日記，一九二三年十一月三日，有「耀辰、鳳舉來，晚共宴張欣海、林語堂、丁燮林、陳源、郁達夫及士遠、尹默等十人，九時散去」。一九二四年六月二十四日，有「徑公園，赴現代評論社晚宴」。一九二五年一月三十日，有「赴現代評論社約餐」。二月，周作人又與張鳳舉、陳源、丁西林一起遊冬季的香山，漫步於殘雪未消的山路，飲茗在可觀山景的茶舍，關係當屬親密無間了。

一九四九年後，現代文學史神化魯迅，妖化自由主義作家，周作人竭力撇開與現代評論派的關係，故有張鳳舉「拉攏」之說，是可以理解的。

周氏兄弟與陳源真正化友為敵，刀筆相見的原因，怕與陳源在《現代評論》上發表的一篇文章有關。陳源在文中，有「女師大風潮，有北京教育界占最大勢力的某籍某系的人在暗中鼓動」這樣的話，明眼人一看便知是指周氏兄弟。

按理說，陳源的話並非捏造。魯迅於一九二五年五月，女師大風潮乍起時，親自撰寫《學生自治會上教育部呈文》、《為女師大學生擬呈教育部文》、《對於北京女子師範大學風潮宣言》三篇極具宣傳鼓動的文章；周作人不僅簽名魯迅《對於北京女子師範大學風潮宣言》，還為女師大學生自治會代作呈文。周氏兄弟「顯然成為學生風潮的推動者」，而不僅僅是陳源說的「暗中鼓動」。推動進步學生的學潮，為進步正義之舉，是周氏兄弟人生中光輝的一筆。但周作人卻立即寫《京兆人》予以反駁：「沒有凡某籍人不能說校長不對的道理，所以我犯了法也還不明白其所以然，造這種先發制人的流言者之卑劣心理實在可憐極了。」

魯迅見陳源，更是極為惱怒，遂寫了《我的「籍」和「系」》作答，對陳源的「流言」，極盡挖苦諷刺。

一九二六年一月，徐志摩在他主持的《晨報副刊》上，發表了一篇名為《「閒話」引出來的「閒話」》，對比陳源與周作人的論戰文字，顯然不滿意周作人動輒「卑劣」地罵人。比較之下，陳源「分明私淑法朗士」有紳士風度。

不料，周氏兄弟又與徐志摩翻臉。先是周作人寫《閒話的閒話之閒話》回擊，將此文投給徐志摩主持的《晨報副刊》，徐志摩慨然照發。周作人在文中揭露所謂紳士們有「叫局」的醜行，並罵道：「許多所謂紳士壓根兒就沒有一點人氣，還虧他們恬然自居正人之列。」

此文一出，文苑譁然，那些從歐美留學回來的紳士們，竟然無恥到招妓。在那個崇尚西方文化的年代，這種羞辱斯文的勾當，自然引起軒然大波。

陳源依然閒庭信步地連夜寫信給昔日好友周作人，斷然否定「叫局」之說，要求公開澄清事實：「先生兄弟兩位捏造的事實，傳布的『流言』，本來已經說不勝說，多一個少一個也不要緊。」

文學史稱「閒話」事件。此事件，「有與奪焉，有褒貶焉，有諷刺焉」，卻非敵與友焉。

周氏兄弟在「閒話」事件中，因周作人之《閒話的閒話之閒話》中，所謂「叫局」之事，純屬道聽塗說，並無證據，而處於被動尷尬的位置。

據周作人說，他從張鳳舉那裡得知，陳源等人曾在私人的閒話中，說過「現在的女學生都可以叫局」等放蕩之言，於是就寫到文章中，廣告天下。但與周氏兄弟曾經來往密切的張鳳舉矢口否認，斷然不肯作證，無異於證明周作人造謠。「閒話」事件中，周作人何等狼狽被動。

從這樣可笑甚至荒唐的「閒話」事件，可以看出，知識分子從來都是平凡的，在當事人的眼中甚至是暗淡而充滿矛盾的。（《周作人傳》）

胡適的眼睛是銳利的，心胸是「寬容」的，「『我們』自家人的一點小誤解，一點小小猜疑」，有什麼理由大動干戈呢？但雙方都聽不進去。

審視周氏兄弟，特別是魯迅屢屢與其他清流發生矛盾，時過境遷，單純進行是非判斷，已經無法充分開掘這些事件的歷史意義，因為雙方的「交鋒」在實際上並未基於同一邏輯，而是兩種不同知識與觀念譜系中的話語博弈。研究者發現，雙方在具體發言的背後，更有整體性的關懷。誰對？誰錯？誰是？誰非？批判哪一方？歌頌哪一方？嗚呼，難矣！逝者未必然，我們未必然。

文壇有些事件，不全關係於社會政治風雲的變幻，更多反映著那個時代的一種思想文化性格所陷入的困境。

4

是年七月，火車飛馳在遼闊的東北大平原上。胡適在軟臥車廂，望著一派廣袤的綠色原野，悠閒地叼著菸斗。此次出行，走東北出境，取道西伯利亞，經莫斯科，去英國參加庚款諮詢委員會的會議。

一九二五年五月，胡適受聘為「中英庚款顧問委員會」的中方委員。這個委員會受命處理英國退還庚子之戰中國賠款在中國如何使用。主要成員以英方為主，中國只有三人，即胡適、丁文江、王兆熙。

一九二六年五月「中英庚款董事會」，全權管理英國退回的庚子賠款。八月，將在英國倫敦舉行「中英庚款委員會」全體會議。遂有了胡適赴歐之行，這也是他於一九一七年七月歸國後的重出國門。

三天的緩慢行駛，火車於二十日抵達哈爾濱。他短暫地遊覽了市容，對該市內「東西方文明的界線」頗多感慨，然後又開始了漫長之旅。車窗外一望無際的大豆高粱漸漸變成茫茫的山巒、森林和藍色的湖泊。胡適在途中寫了《介紹幾部新出的史學書》，又給寫信「寄頡剛《論封神傳》、寄玄同《論惡姻緣》」（見胡適日記）。

二十九日，火車到赤都莫斯科時，胡適停下逗留了三天。作為自由主義者，他感受到紅色之城的新鮮。他參觀了「國際文化關係會」、革命博物館、第一監獄等，大受感動，尤其對蘇俄的新教育，表示「頂禮佩服」，對其新「政治實驗」，也極感興趣，多有稱讚之詞。他在莫斯科迫不及待地將這份感動寫信給他的朋友、政治制度與政治理論專家張慰慈，信中說：

> 此間的人正是我前日信中所說有理想與理想主義的政治家。他們的理想也許是我們愛自由的人不能完全贊同的，但他們意志的專篤（seriousness of purpose），卻是我們不能不十分頂禮佩服的。他們在此做一個空前的偉大政治新試驗；他們有理想、有計劃、有絕對的信心，只此三項就足使我們愧死。我們這個醉生夢死的民族怎麼配批評蘇俄……我是一個實驗主義者，對於蘇俄大規模的政治試驗，不能不表示佩服……在世界政治史上，從不曾有過這麼大規模的「烏托邦」計劃，甚至有實地試驗的機會……我們的朋友們，尤其是研究政治思想與制度的朋友們，至少應承認蘇俄有做這種政治實驗的權利……這是最低限度的實驗主義的態度。至於這個大試驗的成績如何，這個問題須有事實上的答案，絕不隨便信任感情與成見……將來回國之後，很想組成一個俄國考察團，邀一班政治經濟學者及教育家同來做一個較長期考察。

在給張慰慈的信中，他還說：

去年許多朋友要我加入「反赤化」的討論，我所以遲疑甚久，始終不加入者，根本上只因我的實驗主義不容我否認這種政治試驗的正當，更不容我以耳代目，附和傳統的見解與狹窄的成見……許多少年人的「盲從」固然不好，然而許多學者們的「武斷」也是不好的。

胡適還在給徐志摩的信中，明確表達了對蘇俄社會建設成就和教育改革持欣賞與同情的態度。他說，他在莫斯科三天，被蘇俄人民奮發向上的氣象所感動，準備發奮振作一番，鼓起一點精神來擔當大事，回國積極工作。

胡適讚美蘇俄的聲音，經徐志摩等友人的傳播，特別是《晨報》編選摘登後，在北京各界引起了不小的反響。有人贊同，有人反對，甚至有人說胡適「赤化」云云。

胡適的老朋友李大釗，對胡適訪蘇的觀感甚為高興，他對朋友說：「我們應該寫信給適之，勸他仍舊從俄國回來，不要讓他往西打美國回來。」可惜，此時胡適已到美國。

朋友錢端升也表示贊同胡適的觀感，他在當年的十一月四日致信胡適說：「你走後的行止，你走後的感觸，我常在《晨報》及其他諸位友人處聽見一二。有人說你很表同情於共產，此真『士三日不見，當刮目以待』了，真令吾儕欲行不得的人，望洋興嘆。」

也有的朋友像任叔永一樣表示反對。他在十二月八日給胡適的信中說：「你寄給志摩的信，說國人的毛病，一個是迷信『狄克推多』，一個是把責任推在外國人身上。這兩句話我以為都對。但依我的觀察，迷信『狄克推多』是由不信『德謨克拉西』來的，而現在俄國式的勞農專制，正與美國式『德謨克拉西』決勝於世界的政治舞臺。我們若要排除『狄克推多』的迷信，恐怕要從提倡『德謨克拉西』入手，你說對嗎？國內的朋友對於你贊成蘇俄的論調發生疑問，也就在這一點。」

徐志摩則對胡適的觀點大不以為然，而且與之辯論，甚至諷刺胡適：「你的相片瘦了，倒像一個飽雪微兒（布爾什維克）。」他不贊同胡適的訪蘇觀感，並向胡適提出疑問。

十月四日，胡適從歐洲給徐志摩寫了一封著名的長信，具體回答了徐志摩們的疑問和詰難，算是在蘇俄幾天實地觀察的心得，也可視為對這些問題理性思考後的結論。此信收於《胡適文集》。

看到這裡，讀者自會對文學史上關於一九一九年的所謂「問題與主義」論戰中，對胡適的誣陷，產生懷疑。

八月三日，胡適乘火車離開莫斯科，整日在德國境內行駛。厭倦了窗外景物，胡適在日記上寫道：

> 今日回想前日與和森的談話及自己的觀察，頗有作政黨組織的意思。我想，我應該出來做政治活動，以改革內政為主旨。可組一政黨，名為「自由黨」，充分地承認社會主義的主張，但不以階級鬥爭為手段……不以歷史的「必然論」為哲學，而以「進化論」為哲學。資本主義之流弊，可以人力的制裁管理之……

我們可以視此為二十世紀二〇年代胡適社會政治設計的一段認真思考。包括上面所陳胡適給張慰慈、徐志摩的信。一九四九年後批判胡適時，這些內容都被封鎖起來，群眾只看到胡適的半個面孔。

八月上旬，胡適終於到了英國倫敦，參與中英庚款委員會的會議，此文不詳敘了。在此期間，胡適到倫敦大英博物館和巴黎國家圖書館，查閱被盜到那裡的敦煌卷子，獲得了神會和尚「語錄」三種，《楞伽師資記》兩種，《顯宗論》一卷，還有一些重要的禪宗史料等。後來正是這些重要材料，讓胡適出版了《神會和尚遺集》。這本書的代序《菏澤大師神會傳》，是他依據上述資料寫出的重大研究成果。

到了十一月，胡適應邀到英國各所大學做學術講演，其講題頗為豐富，有「過去一千年來中國停滯不前了嗎?」、「中國與傳教士」、「中英文化的增進」等，讓許多英國人瞭解了中國和東方文化。

到了這年的十二月三十一日，結束了中英庚款委員會漫長的會議的胡適，又登上海輪，由英國渡大西洋赴美國，十二天後，抵達了闊別九年的紐約。

舊地重遊，讓胡適感慨良多。美國物質文明的迅猛發展，有力地推動了整個美國社會向「社會化」、「協作化」方向發展。汽車潮水般在城市和鄉下奔湧，社會財富迅速增值，人的創造力和認識智慧充分發揮與釋放，不斷地轉化成巨大的生產力和科技文明。胡適在一九二八年三月六日給吳雅暉的信中說：「我重到美國，略觀十年中的進步，更堅信物質文明尚有無窮的進步。」

李大釗曾說：「不要讓他（胡適）往西去打美國回來」，擔心胡適到了美國，會把對蘇俄的好感和興奮淡化和忘卻，但還是發生了。

胡適到了美國，把美國與蘇俄做理性的比較與觀察後，在蘇美兩塊政治樣板之間，理性地選擇了「自由的社會主義」的政治改造方法。

胡適在《漫遊的感想》（《現代評論》第六卷）一文中說：在美國「人人都可以做有產階級，故階級戰爭的煽動不發生效力」。認為美國的「社會化」趨勢實際上否定了馬克思派經濟學說中關於資本越集中則財產所有權也越集中，資本高度壟斷，無產階級的極端貧困化的理論。

胡適在《漫遊的感想》中，寫了題為「一個勞工代表」一章，說在紐約的一個民眾自發的「兩週討論會」上，一個勞工代表就「我們這個時代應該叫什麼時代」的議題發言。「他先說科學的進步，尤其注重醫學的發明，次說工業的進步，次說美術的新貢獻，特別注重今年新音樂與新建築。最後他敘述社會進步，列舉了資本制裁的成績、勞工待遇的改善、教育的普及、幸福的增加。」這位勞工的發言令胡適震驚不已，他說，我聽了這番演說，忍不住對自己道，這才是真正的社會革命。

當胡適從西雅圖乘輪船，經由日本並短暫遊覽之後返回上海。他的東望蘇俄、西遊美國的興奮，連同自己選擇的政治方略，被落後而黑暗的中國現實一下子淹沒了。

5

魯迅是否上了黑名單或被通緝，至今尚無可靠證據。但魯迅八月二十六日經由天津、上海，於九月四日下午一時抵廈門，確是事實。他是應林語堂之邀，到廈門大學任教的。

此次離京，魯迅結束了自一九一二年至一九二六年長達十四年的官場生涯。他在北洋政府教育部任僉事，成為北洋軍閥政權機器中的一員，俸祿頗豐，故能在北京買地置屋，使役用人，這是事實，誰都無法否認。若不入仕，憑他自己的能力，完全可以安然度日。

魯迅一直是一邊當官一邊到大學授課。女師大風潮時，一邊支持學潮，一邊呈文教育部罷免楊蔭榆，被罷免後不服，又與章士釗打官司。原以為爭到尊嚴後，瀟灑辭官而去，以表示不再與教育部合作。豈料，僉事照當，「奉泉」照收。魯迅日記一九二六年二月十二日記「夜收教育部奉泉二百三十一元」。直到魯迅離京赴廈門前，還親自到教育部取「奉泉九十九元」。

魯迅的官場生涯不僅遭到陳源等人詬病，直到現在，有些研究魯迅的學者都刻意避諱。

二十六日那天，下午三時到前門火車站為魯迅送行的有季市、有麟、淑卿、子佩、欽文等十四人，陪同魯迅前往的是已確立戀愛關係的許廣平。他當夜在天津中國旅館下榻，次日離津，二十八日抵浦口，即「渡江寓招商旅館」，二十九日晨抵上海，先「寓滬寧旅館，湫小不可居」，與三弟周建人見面後，「移孟淵旅社。午後大雨，晚廣平移寓其旅（族）人家，持行李俱去」。

三十日那天，上海黃浦江上的燈火，在濃霧的夜中明滅，偶爾有小火輪的汽笛鳴響。魯迅應鄭振鐸之邀，到江畔的「消閒別墅夜飯」。上海的文化名流劉大白、夏丏尊、陳望道、沈雁冰、鄭振鐸、胡愈之、朱自清、葉聖陶、王伯祥、章雪村等悉數到場。席間，談五卅運動、「三一八慘案」，談北京文人學者都紛紛南下。散席之後，冒著濛濛細雨，劉大白、夏丏尊、陳望道、章雪村陪魯迅回到孟淵旅社，繼續交談。

送走諸友人，魯迅吸根菸，靜靜思索，然後伏案疾書，寫了《上海通訊》（載於十月二日《語絲》週刊九十九期），此文詳盡地介紹了他由天津至上海旅途中發生的故事。有兩件事值得一提，一件是講茶房訛詐的，幾筆即勾勒出茶房那可憎可悲的靈魂：

> 從天津向浦口，我坐的是特別快車……現在似乎男女分坐了，間壁的一室中本是一男三女的一家，這回卻將男的逐出，另外請進一個女的去。將近浦口……因為那四口的一家給茶房的茶資太少了，一個長壯偉大的茶房便到我們這裡來演說，「使之聞之」。其略曰：錢是自然要的。一個人不為錢，為什麼？然而自己只做茶房圖幾文茶資，是因為良心還在中間，沒有到這邊（指腋下介）去！自己也還能賣田地去買槍，招集了土匪，做個頭目，好好地一玩，就可以升官、發財了。然而良心還在這裡（指胸骨介），所以甘心做茶房，賺點小錢，給兒女念念書，將來好好過活……但，如果太給自己下不去了，什麼不是人做的事也會做出來……聽說後來是添了一塊錢完事。

一件是講車上軍警檢查的：

> 三四個兵背著槍……其中一個說要看我的行李。問他先看哪一個呢？他指定一個麻布套的皮箱。給他解了繩，開了鎖，揭開蓋，他才蹲下去在衣服中間摸索。摸索了一會兒，似乎便灰心了，站起來將手一擺，一群兵便都「向後轉」，往外走出去了。那指揮的臨走時還對我點點頭，非常客氣。

「非常客氣」顯然有諷刺意味。軍警無理搜查，自然與政局緊張有關，證明魯迅選擇南下是形勢所迫。讓人弄不懂的是，「上了黑名單」的魯迅，並沒有絲毫的緊張，不僅從容應付軍警的突然檢查，還在三十一日夜間，「同三弟閱市，在舊書坊買《宋元舊書經眼錄》一部一本，《蘿藦亭箚記》一部四本」。

兄弟二人，在繁華的上海夜市閒庭信步，魯迅的心情一定不錯，這或許與許廣平一路陪同有關。

魯迅告別了許廣平，於九月一日夜登「新寧」輪船，四日下午抵廈門，入中和旅館小憩。不久，林語堂、沈兼士、孫伏園到寓所來接，雇船移入「背山面海，風景佳絕」的廈門大學。

廈門大學於九月二十日舉行開學典禮。學生四百人，分預科及本科七個系，每系分三級，則每級人數之寥寥，亦可想而知。因學校交通不便，招考極嚴，大都住校。魯迅的薪水四百元「不可謂不多」，而且八月沒上課，就拿到四百元。而「教科是五至六小時」。其中兩小時是小說史，無須備課；兩小時專門研究，要備課；兩小時中國文學史，須編講義。工作量「也可以算很少」。

魯迅剛剛到廈門十幾天，在寫給許廣平的信中寫道：「在國學院裡，顧頡剛是胡適之的信徒，另外還有兩三個，好像都是顧推薦的，和他大同小異，而更淺薄……我真想不到天下何其淺薄者之多。他們面目倒漂亮的，而語言無味，夜間還要玩留聲機，什麼梅蘭芳之類……從前在女師大做辦事員的白果是一個職員兼玉堂的秘書，一樣浮而不實，將來也許會興風作浪」（九月二十日《致許廣平》）。

九月三十日，他又在給許廣平的信中說：「平凡得很，正如伏園之人不足多論也……此地所請的教授，我和兼士之外，還有朱山根（顧頡剛）。這人是陳源之流，我是早知道的，現在一調查，則他所安排的羽翼，竟有七人之多，先前所謂不問外事，專一看書的輿論，乃是全部為其所騙。他已在開始排斥我，說我是『名士派』，可笑。」

十月十日，魯迅在給許廣平的信中，對學校也表達了不滿，「這裡的學校當局，雖出重資聘請教員，而未免視教員如變把戲者，要他空拳赤手，顯出本領來」。又說「有幾個很歡迎我的人，是要我首先開口攻擊此地的社會等等，他們好跟著來開槍」，意為讓他當出頭之鳥。

魯迅一生結怨太多，與動不動就懷疑別人存心不良的心態有關。以在魯迅剛到廈大，就來贈他宗濂《諸子辯》一書的顧頡剛為例。算起來，魯迅比顧頡剛整整大十二歲，顧頡剛一九一六年入北京大學哲學系學習，一九二〇年畢業，留北大任助教，兩年後到上海商務印書館，又一年回北大研究所。從一九二一年孫伏園創刊《晨報副刊》始，魯迅與顧頡剛都是其主要撰稿人。一九二四年十一月二日，周作人、錢玄同、顧頡剛等人，擬訂《語絲》創刊事宜，魯迅也是「傾力」加盟的。應該說，魯迅與顧頡剛就是盟友了。

一九二六年秋，顧頡剛與魯迅同到廈門大學任教授後，魯迅就翻臉了。世事白雲蒼狗，本來就是常態，可魯迅的臉之陰晴圓缺也未免變化太快。作為著名歷史學家，「古史辨」派的主要代表人物，顧頡剛在民間文學、民俗學領域也有精深研究，著有《古史辨》等，後成為第四、五屆全國人大代表。一九二〇年，經胡適介紹，顧頡剛在北大圖書館任職，胡適勸他標點姚際恒的《古今偽書考》。本來一本薄薄的書，一兩天即可完工，顧頡剛卻花了近兩個月的工夫亦未完成。顧一生追求完美，做附注時想將此書中所徵引的書都能注明卷帙、版本，所徵引的人都能注明生卒、地域，故查了許多書，自己的書不夠用，再到北大圖書館查，後來乾脆天天埋進國子監的天天上京圖書館去查。最後，他建議胡適，《古今偽書考》不必出了，編一部疑古叢書《辨偽叢刊》吧，胡適欣然允之。

顧頡剛在商務印書館時，將用一年所寫的古史見解，寫長信給錢玄同。不料很長時間，不見錢玄同回音。顧頡剛就抄了自己給錢玄同信中的一部分，加上按語，以《與錢玄同先生論古史書》，刊於《讀書雜誌》。不久，錢玄同寫了封長信給顧頡剛，也發在《讀書雜誌》上，造成了一股辨偽的空氣，在史學界引起軒然大波。

一個書癡般的顧頡剛，並沒有介入魯迅與他人的爭鬥，僅因與胡適、陳源關係不錯，魯迅就心生懷疑，連人家「夜間還要玩留聲機，什麼梅蘭芳之類」的業餘愛好都看不慣，硬說梅蘭芳唱腔「像粗糙而鈍的針尖一般，刺得我耳膜很不舒服」，而加以無端的嘲諷。對不斷給予他真誠幫助的孫伏園這樣的老實人，也以「不足多論」而論，魯迅有時心胸過於狹窄。

人性是複雜的，當魯迅把周圍的人視為潛在對手而充滿懷疑和猜忌的時候，竟也同時表現出孩子般的溫順和頑皮。他在九月三十日寫信給許廣平的信中，有這樣幾句話：

聽講的學生倒多起來了，大概有許多是別科的。女生共五人。我決定目不斜視，而且將來永遠如此，直到離開了廈門。

魯迅不斷在信中抱怨同人的同時，對生活也不滿意，因為在「一同吃飯，聽些無聊話」就很不舒服。於是他雇「廚子包做」飯，「又自雇了一個當差的，每月連飯錢十二元」。

生活舒適了，魯迅寫了《從百草園到三味書屋》、《藤野先生》等散文名篇，以親切動人的筆墨，記錄了生活溫馨的一面，與他自己所述的廈門大學同人間的敵意和仇視，形成鮮明的對照。

一九二七年一月，蔡元培到福州，正巧顧頡剛在福州購書，聞訊後即拜見恩師，並請蔡元培到廈門小住幾天。廈大也鬧學潮，校長林文慶忙趕去新加坡向林嘉庚告急。蔡元培到廈門大學後，一些北大畢業生紛紛趕來看望。在校方舉行的宴請蔡元培的會上，顧頡剛也應邀作陪。當日下午，蔡元培又應邀去浙江同鄉會演講。

值得注意的是，魯迅一直沒去看望曾給過他那麼多幫助的蔡元培，連日記裡也不提一句。蔡元培一直沒有解開這個謎。

蔡元培和魯迅都是浙江紹興人，蔡元培盡其所能地幫助魯迅，盡人皆知。一九一二年臨時政府命蔡元培任教育總長，經由許壽裳推薦，蔡元培請魯迅任社會教育司第二科科長，主管圖書館、博物館等工作，魯迅在此位一幹就十四年，雖未見其成績，但一九一七年蔡元培任北京大學校長時，立即把魯迅聘到北大任兼職講師。即便此次廈門之行，魯迅不去拜會，但一九二七年，蔡元培任南京國民政府大學院院長時，又聘魯迅為特約撰述員。後來，蔡元培與宋慶齡等社會賢達在上海發起組織中國民權保障同盟，蔡先生也沒忘記邀魯迅參加，並被選舉為執行委員。

一九三六年十月十九日，魯迅在上海逝世，蔡元培毅然與宋慶齡等名流組成治喪委員會，精心而周到地料理葬禮事宜。正是因為有蔡、宋等社會有影響的人物積極參與，魯迅的葬禮才辦得規模浩大，影響深遠。

蔡元培獻給比他小十三歲的晚輩魯迅的挽聯是：

著作最謹嚴，豈唯《中國小說史》；
遺言太沉痛，「莫作空頭文學家」。

已六十八歲的老人蔡元培在弔唁死者時湧出兩行熱淚，他心中對魯迅充滿深深的懷念之情。而魯迅對蔡元培等不少故交則有些寡情，這自然與其性格及在判斷上產生誤識有關。當然，魯迅的思想行為及其話語實踐，存在言思不一乃至背離的情形，掩蓋不了他身上至高的德行和崇高的靈魂，只能讓我們認識一個複雜而完整的魯迅。

6

十月三日，燕京古城籠罩在秋天的蕭索之中，天氣有些晦暗。詩人徐志摩和名媛陸小曼，在北海公園舉行盛大的婚禮。賓客如雲般湧來，給這對新人道喜，一片喜氣洋洋。

婚宴大廳，布置華麗。眾人都是笑容滿面，唯獨梁啟超一臉嚴肅地坐在證婚人席上。胡適因已出國，未能出席，不過他以介紹人的身分寄來了新婚賀辭。胡適乃謙謙君子，好成人之美，自然樂意充當好友徐志摩的媒人，但梁啟超對做證婚人角色就有些勉強為之了。幾年之前，關於徐志摩與林徽因的婚外戀，社會上已傳得沸沸揚揚。徐志摩寧願拋妻棄子也要苦苦追求的林徽因，那時已與自己的兒子梁思成戀愛。

徐志摩在一九二〇年九月二十四日，與劉叔和一同從紐約乘船到英國留學，途經法國巴黎時，在巴黎小住，巧遇妻張幼儀之兄梁啟超之弟子張君勱，後搭乘火車到倫敦，入倫敦大學經濟學院，與在那裡修博士的陳源（西瀅）相識。一次在倫敦「國際聯盟協會」會議席上，徐志摩見到林長民在會上做演說。一九二一年一月在林長民倫敦寓所，遇到林長民之女林徽因，她是先徐志摩五個月與父親到倫敦的。徐志摩與林徽因於這次偶然相遇，碰撞出愛情火花，陷入熱戀。

不久，情火焚心的徐志摩即給林徽因寫了封長信示愛。林長民見信，回信拒絕徐對自己女兒之愛。他在信中明白地說：「長函敬悉，足下用情之烈，令人感悚，徽亦惶恐，並無絲豪（毫）mockery，想足下誤解耳……」並約他來家面談。

就在徐志摩終日苦追林徽因而無心學習之時，他的妻子張幼儀已乘法輪「巴勒介」號，從上海啟程。據《徐志摩年譜》記：「冬，夫人張幼儀隨劉子楷（鍇之誤）出國至倫敦。」

據劉子鍇之妻講，張幼儀是一位中國舊家庭的少奶奶，富於辦事能力，很講實際的女子，與帶有詩意天性的徐志摩怕合不來。

三月六日，「巴勒介」號油輪抵達了馬賽。徐志摩接上妻子，乘一天火車到巴黎觀光購物，他與張君勱長談，告之已愛上林徽因，然後乘飛機攜妻回倫敦，在沙士頓住下。

羅家倫在《憶志摩》一文中，提到徐志摩與妻子張幼儀鬧離婚之事，說徐志摩託從前《時事新報》主筆郭虞裳和俞頌華去求張君勱。那時，徐志摩已知張幼儀有身孕，但仍不辭而別，將她一個人扔在沙士頓。她只好單身前往巴黎找二哥張君勱求救。但這樁婚姻最終還是破裂了。

到了一九二二年十月，徐志摩由倫敦回上海，先隨祖母往普陀山焚香，再與父親往南京聽佛學大師歐陽竟無講經，並拜會老師梁啟超，同時會見張君勱。十一月，徐志摩到北京。林長民、林徽因得知，立即於十二月一日去函，邀約徐志摩餐敘，徐、林終得重溫英倫之夢。

直到一九二四年五月七日，林徽因告訴徐志摩，她將於六月與梁思成一起去美國。徐志摩黯然無語，只能將對林徽因的愛戀失落地寫進詩裡：

在雲外，在天外，
又是一片暗淡
不見了鮮紅彩——
希望，不曾站穩，又毀了……

無論如何，徐志摩也未料到，他與林徽因就這樣分手。他清晰地記得，在泰戈爾訪華期間，他與林徽因伴在泰翁的左右，形影不離，以致有的報紙上發表這樣的文章：

林小姐人豔如花，和老詩人扶臂而行，加上長袍白面、郊寒島瘦的徐志摩，有如蒼松竹梅一幅三友圖……

泰戈爾六十四歲生日，北京各界在協和大禮堂為其舉行了盛大的祝壽會，梁啟超致祝壽詞並贈泰戈爾中文名：竺震旦。

會上演出了泰戈爾的名劇《齊德拉》。劇中由徐志摩、林徽因飾男女主角。大幕開啟之後，連袂主演的林、徐，操英語對白。徐志摩風度翩翩，一口純正流暢的倫敦英語，令台下胡適、梁啟超等觀眾驚歎。婀娜娜的林徽因，清麗的面容，哀怨的神情和流盼的眼神，讓全場傾倒，報以熱烈的掌聲。

泰戈爾見狀，說中國的金童玉女，非他倆莫屬。

兩年後，胡適和張彭春先後來到清華園拜訪染病的老朋友梁啟超，特意告訴他，徐志摩與陸小曼準備結婚，徐志摩會有事來求梁先生。

不久，從歐洲歸國的徐志摩登門看望有忘年之交的梁啟超，先談旅歐見聞，又談歐洲文學的現狀，尤其詳談了歐洲詩歌的發展與當下中國詩歌的異同。徐志摩橫溢的才學和獨特的見識，讓素來欣賞他的梁啟超，聽得興趣盎然。

談著談著，徐志摩自然會談到戀愛和婚姻。他知道，梁先生對他豐富而浪漫的感情世界多有微詞。是的，在梁啟超看來，已婚的徐志摩不顧一切地追求林徽因，已是違背道德之舉，後來又去愛一個朋友的妻子陸小曼，簡直是傷風敗俗，侮辱斯文。

梁啟超很欣賞徐志摩的才華，知道徐志摩也把自己視為師友。終於有一天，他問徐志摩：為什麼不控制自己的感情呢？

徐志摩低下頭，說：「先生，我努力過，但做不到。」

梁啟超望著這位才俊，歎了口氣——他知道，徐志摩講的是真話。

胡適再次來到清華園，對梁啟超說，徐志摩請他做證婚人，梁啟超搖頭不允。胡適替徐志摩求情，告訴他徐志摩的老父親徐申如對兒子為追求林徽因而與妻子張幼儀離婚之事甚為惱怒，以不予經濟支持來懲罰兒子，後又知兒子去追求有夫之婦陸小曼，更視為大逆不道。經兒子苦苦哀求，徐申如動了惻隱之心，可提出條件，需梁啟超出任證婚人、胡適做介紹人，方允與陸小曼結婚，但「結婚費用自理」。

「看在徐老先生的面上，您還是成全這對年輕人吧。」胡適說道。

梁啟超在胡適的苦苦說服下，同意了。胡適輕鬆一笑，回去告訴焦慮等待的徐志摩。詩人搓搓手，懸著的心總算放下了，婚禮方順利舉行。

那天，梁實秋也應邀參加了婚禮。他與徐志摩第一次謀面，是在一九二二年秋，那時梁實秋正在清華大學讀書，他以清華文學社的名義，請求梁思成代請徐志摩來演講。梁思成果然請來徐志摩，演講「藝術與人生」。但讓莘莘學子失望的是，徐志摩拿出幾頁稿紙，照本宣科地用英語讀了一遍，這種牛津大學演講方式，讓他們很不適應。

但梁實秋卻被徐志摩的風采所打動。在他看來，徐志摩骨子裡有六朝文人的瀟灑，而無其怪異。一九二七年之後，胡適與徐志摩辦起了新月書店，梁實秋做了編輯，與徐志摩接觸多了，被其風度折服。一件小事，梁實秋記了一輩子：一次徐志摩到上海霞飛路看他，對弈時，他看得出徐志摩高自己一籌，令自己窮於應付，下至中盤，大勢已去，徐志摩卻藉故離席……這一細節，給他留下深刻印象。

接前文，梁啟超應邀參加徐志摩和陸小曼的結婚宴會。

梁實秋與梁啟超等名流鞠躬握手之後，坐在酒席一側。不久，婚禮開始了。主持人微笑著朗讀了胡適發來的幾句十分美好的祝願之後，就輪到證婚人梁啟超發言了。他在賓客崇敬的目光下，走上講席，發表了令主賓瞠目結舌的訓詞：「徐志摩，你這個人性情浮躁，所以在學問方面沒有成就。你這個人用情不專，以致離婚再娶……你們兩人都是過來人，離過婚又重新結婚，都是用情不專。以後要痛自悔悟，重新做人。願你們這是最後一次結婚。」

梁啟超講畢，回到座位，留下死般的沉靜和人們良久的錯愕。但人們知道，這才是梁任公的秉性。

梁實秋看到徐志摩、陸小曼羞愧難當，花容失色。

又據梁實秋講，他事後從別人處得知，梁啟超在徐陸婚禮上那段別出心裁的講話，在婚禮前便徵得胡適和徐志摩的同意。看似梁啟超的話在那種場合太不合時宜，口氣也過於不近人情，但理解為梁先生對弟子的一種變相保護，也未嘗說不過去。

徐志摩聽罷先生的教誨，在別人的默然中，他對梁啟超說：「我多次聆聽先生的演講和講話，唯這番教訓最讓我刻骨銘心。」

次日，徐志摩攜陸小曼坐車到清華園梁府拜訪老師，感謝老師的一片苦心。梁啟超那天一反前一日的嚴肅，臉上一直洋溢著笑容，讓徐志摩和陸小曼感到溫暖和慈祥。

不過，那只是不願讓兩位年輕人燕爾新婚感到壓力，其實，他心裡並未原諒他們的失德。徐、陸走後，梁啟超提筆給遠在大洋彼岸的梁思成、林徽因寫信，便是證明：

> 我昨天做了一件極不願意做之事——去替徐志摩證婚。他的新婦是王受慶夫人，與志摩愛上了，才和受慶離婚，實在是不道德至極。我屢次告誡志摩無效。胡適之、張彭春苦苦為他說情，到底以姑息志摩之故，卒徇其情。我在禮堂演說一篇訓詞，大大教訓一番，新人及滿堂賓客，無一不失色，此恐是中外古今未聞之婚禮矣！今訓詞稿子寄給你們一看……老朋友對他這番舉動，無不深惡痛絕，我想他若從此見擯於社會，固然自作自受，無可怨恨，但覺得這個人太可惜了，或者竟弄到自殺……

信發出去後，梁啟超走在秋色漸濃的清華園，看到蒼茫的湖水，不禁傷感起來。他忽然憶起兩年前，他陪侍夫人於病榻旁。「決然獨坐，幾不知人間何世。」便翻讀汲古閣印的《宋六十家詞》聊以解憂，每讀有佳句，順手寫下，集句作對，竟集成兩百多副。後他將這些對子，分別贈與好友，像陳師曾、胡適、蹇季常諸人，而「我所集的最得意的一聯，是贈給徐志摩的」。其聯曰：

> 臨流可奈清臞，第四橋邊，呼棹過碧環；
> 此意平生飛動，海棠影下，吹笛到天明。

此聯生動形象現出徐志摩的形象性格，記錄徐志摩陪泰戈爾遊杭州西湖，「在海棠花下作詩個通宵」

故事。

梁啟超愛惜才華出眾的徐志摩，不滿放縱情感行為放蕩的徐志摩。梁啟超少年英華，才思敏捷，頗有雛鳳清聲之致，與徐志摩嚮往性情的奔放、表達的自由、格調清新通脫的才情息息相通，對其愛與恨自然難以釐清。

與陸小曼結婚之後，徐志摩一直是新月社和「新月派」的骨幹力量。作為一個詩人的崛起和失落，徐志摩也都與新月社、「新月派」的興衰密切聯繫在一起。

第十一章

民國十六年
1927

一九二七年，從北京到南方，中華大地瀰漫著血腥猙獰和死亡的氣息。義士喋血，大師殞命。

在軍閥張作霖統治下的北京，共產黨人李大釗被推上絞刑架，英勇就義；白髮書生王國維，自沉昆明湖，國之魂消；戊戌變法首領康有為病死青島。三位文人精魂美魄，如火如炬。

空前屠殺，鮮血成河。

北伐軍席捲江南。「四一二」，上海寶山路再次被鮮血染紅。國民黨軍隊悍然向徒手民眾開槍，「傷斃至百餘人」。鄭振鐸、胡愈之、章錫琛等人，聯名致信國民黨元老蔡元培、吳稚暉等，發出抗議之聲，並於四月十五日在《商報》發表。

廣州的共產黨人蕭楚女四月被殺獄中，趙世炎、陳延年被殺於上海，共產黨人李漢俊、《大江報》創始者詹大悲遇難於武漢。

作家郭沫若、郁達夫、成舍我、章乃器、周作人都以筆為武器，批評時政，激濁揚清。

四月二十六日，商務印書館的高夢旦寫信給胡適：「時局混亂已極，國共與北方鼎足而三，兵禍黨禍，幾成恐怖世界，言論尤不能自由。」

是年，中國政局發生巨變，「北伐」成功已成定局，國共兩黨分裂也成事實，國民黨通過軍事手段建立了一黨專政的南京政府。而文化界卻依然是紛紛亂象，創造社、太陽社與魯迅的論戰，魯迅與其他學者、作家的爭鬥也從未停止。

1

三月三十一日，被梁啟超譽為「戊戌以後之新中國，唯先生實手辟之」的康有為，突然在青島病逝，離他度過七十大壽僅僅過了二十三天，先喜後悲，命也。

他的女兒康同璧記曰：「時因南北戰事方酣，過壽日後，即去青島。當先君壽日，身體已覺不適，至二月二十八日（農曆）午前五時三十分，逝世於青島福山路寄廬，遺體葬於青島李村象耳山下。」後有人說「象耳山」，乃棗兒山之誤。

據康同璧說，康老先生過壽之後，已有預感，所以在離開上海故居時，對寓所的一草一木，一亭一榭，都深情相撫，眼中已有訣別之情。特別是臨走如康同璧所云「以其相片分贈之友，以作紀念，若預知永別者焉」。

對親友，他的離去過於突然；對他自己，即將歸去，早已料到。

讓世人料不到的是，世上無人不識君的康有為，身後竟落拓到沒錢入殮的地步。若不是梁啟超出手相助恩師，說不定會被棄屍荒野，成為孤魂野鬼。

四月十七日，細雨紛紛，一派悲愴的哀樂聲中，北京各界，在梁啟超的組織下，在宣武門先哲祠為康有為舉行追悼會。比起青島葬禮的蕭條，這裡充滿了隆重肅穆之氣。

梁啟超的挽聯，在殿內最為醒目：

祝宗祈死，老眼久枯，翻幸生也有涯，卒免睹全國陸沉魚爛之慘；
西狩獲麟，微言遽絕，正恐天之將喪，不催動共產黨山頹木壞之悲。

梁氏挽聯，有頌揚，有歎惋，有思考，有企盼，讀之，其內涵殊非言語所能道斷。正如歲月漫掩季度劫痕，一縷餘情不了。

六月二日，王國維自沉昆明湖。那天碧空如洗，聞王國維死訊後，整個清華園卻籠罩了濃濃的哀傷陰雲，教授學子們，無不問天無語，滿臉哀容。

昨日，王國維參加完衛聚賢等畢業典禮和師生敘別會之後，回家一如既往，燈下伏案批閱學生試卷，一一登記、碼好，然後站在窗前，仰望雲中之月片刻，即研墨潤筆，草擬遺書，藏於懷中。

他的平靜自沉，其原因，眾說紛紜。一種說法是，北伐大軍將抵北京，清華園中就有一雜誌以漫畫抵詆「研究系」，於是主持研究院的梁啟超便告假躲進天津的「飲冰室」，另一些研究院的人，則避入東交民巷，或乾脆出國。又有傳言，說王國維仍留辮子，北伐軍定不能容云云。「老實得像火腿」（魯迅語）的王國維，書生氣十足，竟問計於學生。衛聚賢獻策，讓王國維暫到山西，閻錫山善於變通，愛惜人才，並告訴王國維他正準備與人在太原晉祠開辦「興賢大學」，先生可去授課，「暫委屈先生只月俸百元，但每月來校上課一次即可」。王國維聞之，只說「山西無書」，便無下文。此說姑妄聽之。後衛聚賢到了臺灣輔仁大學任教，將他所知王國維死因，告訴了其子王東明。

嗚呼，王國維祖上王稟於北宋抗金時，在保衛太原之役捐軀「盡忠」了；今王國維自沉頤和園，莫非說是為中國文化「殉道」？

王國維一生未曾入仕，治學為其本色，只在三十五歲後成了溥儀遜帝的教書先生。他的死雖眾說紛紜，各執一隅，難以定奪，但總與一九二四年十一月馮玉祥部發動逼宮之變不無關係。「經此世變，義無再辱」，給他的精神造成了侮辱而死？殊未必。

六月一日，沉湖之前他給溥儀上了遺折。遺折是他遵清朝舊制上的，用綿紙墨書，共四扣，每扣長約二十二釐米，寬九釐米。遺折曰：

> 臣王國維跪奏，為報國有心，回天無力，敬陳將死之言……經甲子之變，不能建一謀，劃一策，以紓皇上之憂危，虛生至今，可恥可醜。邇者赤化將成，神州荒翳。當蒼生倒懸之日，正撥亂反正之機，而自揣才力庸愚，斷不能有所醫佐。而二十年來，士氣消沉，歷更事變，竟無一死節之人，臣所深痛，一灑此恥，此則臣之所能，謹於本日自湛（沉）清池……

請注意「邇者赤化將成」句。邇，近來之意，即近來赤化將要成功，這裡，有王國維對赤化的恐懼，對時局的擔憂，對不能力挽狂瀾的羞赧。他的保守不只在政治上，也在人格上，在世人趨新若鶩之潮流中，唯他不忘持守清者的人格。

清華的同事陳寅恪，在清華園舉行的備極哀榮的王國維葬禮上，不僅淚灑衣襟，還送一挽聯：

> 十七年家國久魂銷，猶餘剩水殘山，留與累臣供一死；
> 五千卷牙籤新觸手，待檢玄文奇字，謬承遺命倍傷神。

同為清華四大導師之陳寅恪、王國維風誼平生師友間，陳寅恪對王國維死因的看法較為超脫，他曾在《王靜安先生遺書序》中說：「古今中外志士仁人，往往憔悴憂傷，繼之以死，其所傷之事，所死之故，不止侷於一時間、一地域而已；蓋別有超越時間地域之理性存焉……然則先生之志事，多為世人所不解，因而有是非之論者，又何是怪耶？」

陳寅恪之說，算是一家之言，歷史留下的依然是「闡釋空缺」。

康有為病死青島，王國維自沉昆明湖，大師逝去，文化巨星隕落，國人歎惋。而新文化運動的先驅者，中國共產黨的締造者之一李大釗的殉難，則是驚天地、泣鬼神的義士喋血，舉國哀痛。

去年的「三一八慘案」發生後，李大釗率國共兩黨的北方領導機關，轉入東交民巷蘇聯大使館西院的兵營中。

今年四月六日，張作霖得到列強駐華使館的默許，命令二百五十名憲兵和員警，不顧外交慣例，突然開進東交民巷，包圍並搜查了蘇聯大使館，逮捕李大釗、鄧文輝等國共領導人及黨員六十餘人。同時捕去蘇聯使館人員十多人及李大釗的妻子和女兒。

事發後，北京大學等九校代表，積極活動營救李大釗等人。國立和私立二十五所學校要求當局，將案件移交法庭審理。

張作霖等人認為「巨魁不除，北京終之危險」，不顧輿論，拼湊軍事特別法庭，給李大釗加以「實系赤黨宣傳共產，妄圖擾害公安，顛覆政府」罪名。

四月二十八日，李大釗等被押往西交民巷看守所，處以絞刑，同時遇難的還有十九位國共兩黨的十九名骨幹。蘇聯大使館人員和李大釗妻女獲釋。

關於李大釗如何赴刑場，說法不一，最常見的說法是，李大釗被殺前，張作霖派心腹親自勸降，李大釗堅拒。張作霖又徵求團長以上軍官的意見，包括張學良在內，一致贊成殺李大釗。又有消息說，蔣介石有密電致張學良，力勸其殺所捕所有共產黨人。又有資料說，李大釗自己提出願赴絞刑。張作霖從國外購絞刑架行刑，然後從西單同順木場購一薄棺將其裝殮，停靈於下斜街長椿寺。

第二天一早，梁漱溟從西郊趕到李大釗家，看望一病不起的趙紉蘭，留下十元大洋，又趕到長椿寺。見棺材如此單薄，即打電話給章士釗夫人吳若男，如實相告。因李大釗曾任章家兒女的家庭教師，素與章士釗交好。現存李大釗墨蹟「鐵肩擔道義，妙手著文章」條幅，就是李大釗於一九二四年應吳若男之請，手書給她的。此聯，李大釗把明朝忠臣楊繼盛的名句改了一個字。據悉，李大釗此墨寶，已由章士釗後人獻出，現陳列於革命博物館。此聯最早見於一九二四年《晨鐘報》第六期上。

吳若男等友人陸續到後，章士釗出資一百四十大洋，購一極好的柏木棺。一九三三年四月李大釗入葬。直至五十年後，李大釗陵園建成，移靈時發現其棺木竟完好如初。

梁漱溟乃一有學問又有操守的耿介文人。在血雨腥風、人們噤若寒蟬之際，他卻義氣凜然地義葬李大釗，讓人感念萬端。章士釗多變，卻不忘故人，出手資助，也令人感佩。

李大釗殉難不久，蔣介石在上海發動「四一二」政變，大肆捕殺共產黨人，廣州反共勢力，也隨蔣實行「清黨」，共產黨人血流成河。

周作人的日記，有關於李大釗就義的記載：「四月六日，植樹節，駱群同人至海甸旅行，在士遠處午餐，下午回程。次日知守常被逮，四月二十六日與張挹蘭等被執行死刑。」

當時，周作人要為犧牲的老友做點兒什麼，可行的是保護守常的遺孤。他先把李大釗的兒子李葆華接到自家住下，然後又設法將其送到日本留學。當李葆華後來成為共和國部長的時候，周作人早已淪為漢奸，苟活於北京，那是後話。

李大釗就義之後，有日本人背景的《順天時報》別有用心地說：李大釗「如果自甘淡泊，不作非分之想，以此文章和思想來教導一般後進，至少可以得一部分人的信仰和崇拜……如今卻做了主義的犧牲……有何值得」。

對此，周作人以《偶感》、《日本人的好意》回擊《順天時報》的卑鄙煽動和詆毀，為李大釗「志士不忘在溝壑，勇士不忘喪其元」的崇高精神正名。

局勢險惡，危機四伏。紅胡（張作霖）的兵勇四處捕人。北新書局關門，《語絲》停刊，情急之下，劉半農與周作人暫避於菜廠胡同一位日本友人家中。主人為他們提供了三間廂房，中為小客廳兼飯堂，右為書房，左為臥室。臥室乃日式榻榻米，席地而臥。書房簡單，僅一桌，桌上僅一硯。二人枯坐，只可低頭共硯寫文而已，故二人稱硯為硯兄。後來劉半農將此寫入《雙鳳凰磚齋小品文．四十五，論硯兄之稱》（載於《人間世》十期）。為安全計，主人不允許太多友人來視，周、劉妻子除外，還有徐耀辰可每日三四次來傳遞外界消息。

周作人在《知堂回想錄》中記曰：「所云菜廠，在北河沿之東，是土肥原的舊居，居停主人（友人）即土肥原之後任某少佐也。」

李大釗遇難前三天，胡適遊歷完歐美，回國途中到了日本橫濱，逗留了三週。高夢旦四月二十六日寫信給他，告知國內形勢，並勸曰：「吾兄性好發表意見，處此時勢甚易招忌。如在日本有講授機會或可研究哲學史材料，少住幾月，實為最好之事，尚望三思。」

四月二十八日，胡適的學生顧頡剛也致信給胡適：「萬勿回北京去……希望先生的事業完全放在學術方面發展，政治方面就此截斷了吧……天下人的成見最不易消融的，加以許多仇讎日在伺隙覓釁之中，橫逆之來必有不能逆料者。」

胡適確實如高夢旦所說，「性好發表意見」，他通過與美國哈佛大學法學院教授 M.O.Hudson 談話的機會表達了自己的政見：「我看最近的政變……蔣介石將軍清黨反共的舉動能得到一班元老的支持……這個新政府能得到這一班元老的支持，是站得住的。」這與胡適過去公開表態，認為國民黨的「北伐」是中國政治的一大轉機，要中國現代化，就必須打倒軍閥割據，是一致的。

胡適於五月十七日由日本的神戶乘船，二十日抵上海，卜居滬西極司菲爾路四十九號甲，與蔡元培為鄰，開始撰寫《神會和尚傳》。

一九三〇年《胡適文存》出版，胡適在扉頁「紀念四位最近失掉的朋友」的獻辭中，李大釗列為首位。後胡適參加劉半農的葬禮時，記著留下「守常慘死」的挽聯。李大釗死後，其遺孀趙紉蘭的撫恤事宜，皆由胡適一手操辦，直到一九三二年，胡適還為李大釗家屬爭得增加和延長撫恤金的權益。

一九三三年四月，北京各界為李大釗舉行公葬，四月二十三日，由宣武門外下斜街移柩赴香山萬安公墓。途經西四牌樓時，國民黨軍警特務以「妨礙治安」為名，禁止群眾送葬，並開槍射擊，多人受傷，四十人被捕。

一九三四年一月二日，胡適冒著彌天大雪，到西山憑弔李大釗。李大釗上年安葬，不久夫人也悲痛辭世，合葬。胡適見墓前俱無碑碣，悲痛欲絕，後請蔣夢麟補立一碑。

一九三三年五月二十九日，魯迅曾寫《〈守常全集〉題記》，發表在那年九月的《濤聲》第三十一期上。李大釗文稿經李樂光整理，交上海群眾圖書公司出版，題為「守常全集」，並約請魯迅為之作序，故有此文。但最後由北新書局以「社會科學研究社」名義印出初版，時在一九三九年四月。

蔡元培是在杭州得知李大釗遇難的。那天，西湖上正飄著細雨，他邀馬敘倫和蔣夢麟到煙霞洞賞桃花。偶然見到有李大釗遇難消息的《晨報》，頓時悲從中來，走出寺廟，仰天長嘯，任春雨與淚水交融。許久，他又返屋內，要寺裡備一桌素席，添了一壺燙熱的紹興老酒。三位北大名流，悲愴地斟滿酒，然後灑向閣外草地，遙祭亡友的冤魂一路走好……

2

一九二七年，文人之爭，文化團體之爭，仍鬧得文壇沸沸揚揚。

《太陽月刊》一月號，發表了蔣光慈的論文《現代文學與現代生活》，觸發了太陽社和創造社之間的一場激烈爭論。

兩社成員，口誅筆伐，紛紛發表對無產階級文學理論的意見。蔣光慈批判魯迅的小說《阿Q正傳》，魯迅也以辛辣的筆觸予以回擊。這場原本是自家人殺自家人的爭戰，竟持續了兩年多。

這次聲勢不小的爭論，擴大了革命文學運動的影響，引起文化界對革命文學問題的關注。但參與者馬列主義文藝思想水準不高，口號又叫得震天響，帽子滿天飛，不能將討論引向深處。另外，創造社、太陽社大多數成員，以革命文學家自居，又有嚴重的主觀主義和宗派主義的傾向，對魯迅做了不十分準確的分析，甚至採取對其進行人身攻擊的錯誤態度。而魯迅當時也還並不深諳馬列主義文藝思想，又犯了意氣用事、不講理、反唇相譏的老毛病，使爭論陷入一場可笑的混戰，致使革命文學的形象受到嚴重的損害。

創造社，是新文學運動中的著名文學團體，一九二〇年至一九二一年間由郭沫若、郁達夫、成仿吾等創立。初期具有浪漫主義，帶有反封反帝的色彩。一九二七年，該社宣導無產階級革命文學運動，魯迅成為他們批評的對象，自然也受到魯迅的反駁。該社創辦了《創造》季刊、《創造週報》、《創造日》等文學期刊。

太陽社，一九二七年下半年在上海成立的文學團體，主要成員有蔣光慈、錢杏邨、孟超諸人，提倡革命文學。

崇尚政治性與意識形態的文學史家們，常常機械地把創造社、太陽社視為革命文學團體，與自由主義知識分子胡適、徐志摩、梁實秋等，文學社團如新月社、現代評論派相對立，革命與反動，可謂涇渭分明。

但從一九二七年始，魯迅卻遭到了創造社、太陽社的猛烈批判，同時也受到新月社的旁敲側擊。創造社、太陽社的火力最猛，而新月社更多的是隔岸觀火。

魯迅一生包打天下，無所畏懼，但面對四面楚歌，也頗感慨：「遇到文豪們的筆尖的圍剿了，創造社、太陽社、『正人君子』們的新月社中人，都說我不好，連並不標榜文派的現在多升為作家或教授的先生們，那文字裡，也得時常暗暗地奚落我幾句」（《三閒集》序）。

創造社的馮乃超在他發表於《文化批判》創刊號上的《藝術與社會生活》中說：「魯迅這位元老先生——若許我們用文字的表現——常從幽暗的酒家的樓頭，醉眼陶然地眺望窗外人生。世人稱許他的好處，只是圓熟的手法一點。然而，他不常追懷過去的昔日，追悼沒落的封建情緒，結局他反映的只是社會變革中的落伍者的悲哀，無聊地跟他弟弟說幾句人道主義的美麗的話。隱遁主義！好在他不效L.Tolstoy變作卑劣的說教人。」

這與一九二六年高長虹在《狂飆》發的文章《一九二五年北京出版界形勢指掌圖》中，罵魯迅為「世故老人」，又嘲諷他「入於心身交病之狀況矣」，有點異曲同工的味道。

《創造月刊》還發表了《畢竟是「醉眼陶然」罷了》，其中說：「我們抱了絕大的好奇心在等待拜見那勇敢的來將的花臉，我們想像最先跳出來的如不是帝國主義國家學什麼鳥文學的教授與名人，必定是在這一類人的影響下少年老成的末將。看呀，啊呀，這卻有點奇怪！這位鬍子先生倒是我們中國的Don Quixote（唐吉軻德）——唐魯迅！」

創造社另一成員錢杏邨在《死去了的阿Q時代》一文中，也批評魯迅作品「沒有超越時代」。他說：「無論從哪一國的文字去看，真正的時代作家，他的著作沒有不顧及時代的，沒有不代表時代的。」否定了魯迅作品的意義。

更有甚者，《戈壁》第二期還刊有葉靈鳳的一幅模仿西歐立體派的諷刺魯迅的漫畫，並附有說明：「魯迅先生，陰陽臉的老人，掛著他以往的成績，躲在酒缸的後面，揮著他『藝術的武器』，在抵禦著紛然而來的外侮。」

魯迅遂在《文藝與革命》、《我的態度氣量和年紀》、《文壇的掌故》等文還以顏色，自然也少不了挖苦諷刺。

魯迅以為創造社、太陽社諸人畢竟太浪漫亦太浮泛，他在《文藝與革命》中說：「他們對於目前的暴力和黑暗不敢正視」，光憑一股熱情，在紙上寫下「打打殺殺」，那只不過是「空嚷」。對他們不注重作品「內容的充實和技巧的上達」，只忙於給自己掛革命文學的「招牌」的做法，大不以為然。他在《「醉眼」中的朦朧》中，直言不諱地批評革命文學的宣導者們，嚴重脫離中國社會實際，唯我獨尊，空喊口號，叫囂「不革命便是反革命」。對他們將文學視同於政治宣傳工具的說法，更是斷然不予苟同。

如果我們認真審視創造社、太陽社與魯迅這段激烈交火的歷史，對日後左聯成立之後產生的周揚等四條漢子與魯迅關於文學領導權的鬥爭，就不會感到驚訝了。說白了，創造社、太陽社及周揚等四條漢子這些以革命者自詡的袞袞諸公，都將文學等同政治工具，故在文學領域造成太多的混亂和冤獄。

當時，魯迅、茅盾比他們清醒得多。茅盾認真讀了不少被「革命文學」宣導者斥為舊作家和資產階級作家的作品，寫了關於魯迅、冰心、徐志摩等人的「作家論」，肯定了他們對文學的貢獻。當然，茅盾關於文學的理性聲音，過於微弱，不久就被政治與意識形態的大潮淹沒。

這一年註定是魯迅忙碌的一年，與創作社、太陽社戰鬥正酣，他一直看不上眼的孫伏園又為他惹了大禍，遭遇了一場訴訟。

是年五月十一日，漢口《中央日報》發表編者孫伏園的《魯迅先生脫離廣東中大》一文，其中引用魯迅在廈門大學的學生謝玉生和魯迅給編者的兩封信。

魯迅給孫伏園的信說：「我真想不到，在廈門那麼反對民黨，使兼士憤憤的顧頡剛，竟到這裡來做教授了，那麼，這裡的情形，難免要變成廈大，硬直者逐，改革者開除。而且據我看來，或者比不上廈大，這是我所得的感覺。我已於上星期四辭去一切職務，脫離中大了。」

謝玉生信中說：「迅師此次辭職之原因，就是因顧頡剛忽然本月十八日由廈來中大擔任教授的緣故。顧來迅師所以要去職者，即是表示與顧不合作的意思。原顧去歲在廈大造作謠言，汙蔑迅師，迄廈大風潮發生之後，顧又背叛林語堂先生，甘為林文慶之謀臣，夥同張星烺、張頤、黃開宗等主張開除學生，以致此項學生，至今流離失所，這是迅師極傷心的事。」

魯迅的信已很無聊。依然憑猜度，散布對顧頡剛的非議，這倒罷了，那句「反對民黨」，又無異於向國民黨告密。那時，國民黨發動「四一二」反革命政變後，正在殺戮共產黨人和進步群眾，確有「反對民黨」之實，可能要遭到殺身之禍。魯迅此舉，委實不夠厚道。

至於魯迅信中說：「使兼士憤憤的顧頡剛」句中的兼士，也值得一提。兼士即沈尹默、沈士遠的兄弟沈兼士。三沈在北京大學借助浙江派的勢力，頗威風八面的。沈尹默在一篇回憶文章中就曾說，校長蔡元培「到北大初期受我們（周氏兄弟、錢玄同、三沈兄弟、馬幼漁、叔平兄弟等）包圍」。顧頡剛在《自傳》中說：「胡先生寫了文章交給我，我在研究所的刊物登了出來，沈（兼士）先生就發怒道『他不是研究所的人，為什麼他的文章要登載研究所的刊物上』。其實胡先生明明是研究所的委員，而且是研究生的導師。」

如沈尹默所說，早年是沈兼士和周家兄弟在北大拉幫結派，狐假虎威。在廈門大學沈兼士「憤憤」於顧頡剛，倒也合乎邏輯。況且這原本是一筆糊塗帳，誰人又能說得清，道得白？但用此攻擊於人，就有失文人的德行。

從魯迅發表在一九二七年五月五日的《國民新聞》副刊《新出路》的文章《慶祝滬寧克復的那一邊》看，儘管發生了「四一二」事件，魯迅還是擁護國民黨政府的。文中他說：「在廣州，我覺得紀念和慶祝的盛典似乎特別多。這是當革命的進行和勝利中，一定要有的現象，滬寧的克復，我已經一個人私自高興過兩回了。」他還告誡世人，「慶祝、謳歌、陶醉著革命的人們多，好自然是好的，但有時也會使革命精神轉成浮滑。」

一九二七年，在對待國民政府的態度上，胡適的「這個新政府能得到這一班元老的支持，是站得住的」（《胡適傳論》四十一章）態度，與魯迅上述態度是一致的。兩位大師的心是相通的。

謝玉生的信，無非是想討好「迅師」，挑撥離間文人關係而已，並不足論。但從其信中，似可以嗅出廈門大學學潮，與他的「迅師」有扯不清的關係。中大要注意了。

孫伏園發表《魯迅先生脫離廣東中大》一文，並引用魯迅、謝玉生給他個人的信的舉動，還真是證明魯迅對他認識是很對的，平庸而糊塗。此舉再一次向世人證明，魯迅在私下裡，常常搬弄是非，鐵證如山，授柄於對手。

顧頡剛是四月由廈門大學轉到廣州中山大學，擔任歷史系教授兼主任、圖書館中文部主任、代理語言歷史研究所主任，並主編《中山大學語言歷史研究所週刊》等。剛落腳便有漢口《中央日報》的《魯迅先生脫離廣州中大》事件發生。

晚成堂主人、史學家顧頡剛，當時已是名人。他在古史辨時期已確立「層累地造成的中國古史」的考證工作，實際上已使中國史學界產生革命性的震盪。發展前人，牖啟後來，他的貢獻在於第一個有系統地體現了現代史學的觀念，在史學尤其是史料學領域佔有重要位置。

若論其一生的學術成就，無論是他開拓的領域之廣，啟發的思辨之深，還是他身後的著作之豐，都令人高山仰止，難以望其項背。

他一生多有善舉，在燕京大學，提攜後進譚其驤，與陳寅恪一起幫錢偉長進物理系成就了後來的中國核專家。他一生愛讀書，其藏書多達七萬冊，搬家時整整裝滿兩火車廂。

這樣一位大學者無端受到另一位大作家的詆誣，豈能善罷甘休。但他不準備學魯迅，僅憑揣測，就亂發議論，而是理性地選擇訴訟，以討公道。於是致信魯迅：

魯迅先生：

頡剛不知以何事開罪先生，使先生對於頡剛竟作如此強烈之攻擊，未即承教，良用耿耿。前日見漢口《中央日報》副刊上，先生及謝玉生先生通信，始悉先生等所以反對頡剛者，蓋欲伸黨國大義，而頡剛所作之罪惡直為天地所不容，無任惶駭。誠恐此種是非，非筆墨口舌所可明瞭，擬於九月中回粵後提起訴訟，聽候法律解決。如頡剛確有反革命之事實，雖受死刑，亦所甘心。否則先生等自負發言之責任。務請先生及謝先生暫勿離粵，以候開審，不勝感盼。

敬請大安，謝先生處並候。

中華民國十六年七月二十四日

魯迅收到顧頡剛的信後，據說即覆了信，但此覆信一直未見諸報端，直到一九三三年九月由上海北新書局出版的《三閒集》初版上，才見沒有回信時間之回信。這在魯迅，是極為罕見的，魯迅幾乎所有的文字都見報刊，然後結集，唯此信結集前，不公之於世。認真讀五年之後公開的覆信，其無理矯情之語，不禁讓人莞爾，於是想起聖人先哲的話——無癖不可以為人。

我們無妨再往遠說點，無缺點也不可以為人，有缺點顯得更真、更親切。我們一直把魯迅供奉在塔頂，頂禮膜拜。忽然微風吹過，塔鈴叮噹搖曳之際，依稀見魯迅衝我們狡黠一笑，我們便有一種與大師親近並交流的衝動。

3

該說說我們久違的錢玄同和黃侃君了。章門多狂狷之士，錢、黃稟性如其師，恃才傲物，任性而為。中國文人有放誕傳統，民國時尤多尤烈。民國為中國歷史上繼春秋後最為自由開放時期，文化最為燦爛之時，文人可充分表現自己的個性；民國又是最為黑暗的歷史，文人放誕，又可視為在專制制度之下的裝瘋賣傻。

章太炎將袁世凱所贈勛章作為扇墜，辜鴻銘拖著長辮招搖於北大校園，劉師培當面損蔣介石，黃侃針對陳獨秀之「毀孔子廟罷祭祀」對以「八部書外皆狗屁」……凡此種種，既能見其自由之態，又顯率性之真。

先從胡適在一九二七年八月十一日寫給錢玄同的一封信說起：

玄同：

生離死別，忽忽一年，際此成仁週年大典，豈可無詩！援筆陳詞，笑不可仰：

亡友玄同先生成仁週年紀念歌

該死的錢玄同，怎會至今未死！
一生專殺古人，去年輪著自己。
可惜刀子不快，又嫌投水可恥。
這樣那樣遲疑，過了九月十二。
可惜我不在場，不能來監斬你！
今年忽然來信，要做「成仁紀念」。
這個倒也不難，請先讀《封神傳》。
回家挖下一坑，好好睡在裡面。
用草蓋在身上，腳前點燈一盞。
草上再撒把米，哀悼承認大典。
年年九月十二，處處念經拜懺。
度你早日升天，免得地獄搗亂。

胡適給錢玄同的信中多是「《醒世姻緣》的序，如旭生與芝生肯做，那就再好沒有的了」，「《封神傳》，我請頡剛作序」，「近日收到一部乾隆甲戌抄本的脂硯齋重評《石頭記》」云云，皆是正經事。而錢玄同明明健在，胡適緣何為他寫《亡友玄同先生成仁週年紀念歌》呢？

錢玄同乃章太炎弟子，《同門錄》載，章太炎及門弟子百餘人，而最有名的弟子有五人：天王黃季剛、東王汪東、西王朱希祖、南王錢玄同、北王吳承仕。此五大門生各承師說一端，自成學派。最親近章太炎者，錢玄同、朱希祖、吳承仕也。周氏兄弟則在思想上受章太炎影響而已，學問上並無繼承，而各走一徑。

就其激烈蔑視舊規的性格及其拚命和窮追學問的精神，錢玄同最像乃師章太炎，而錢玄同積極宣導新文化運動的氣概也不遜於章太炎的反滿革命氣概。

錢玄同性格耿介，心胸坦蕩，但有時過於偏激性急。如錢玄同於一九二三年七月九日《致周作人書》中回憶說，他在周氏住的「紹興會館的某個院子中槐樹底下」談過許多「偏激話」。又根據周作人、錢玄同的有關回憶，「偏激話」的內容有二：一是「應燒毀中國書」，二是「應該廢除漢字」。

錢玄同還語出驚人地在《中國今後之文字問題》中說：「欲使中國不亡，欲使中國民族為二十一世紀文明之民族，必以非孔學，滅道教為根本之解決，而廢記載孔門學說及道教妖言之漢文，尤為根本解決之根本解決。」

此等偏激之論，並非錢玄同獨有。此論，錢玄同所謂是「代朋友之言」者，指的魯迅。到一九二五年，魯迅提出了「至少——或者竟不——看中國書」的主張，錢玄同極表贊同。魯迅的反對中國醫學、反對京劇，批評梅蘭芳等偏激之論，眾人皆知。

一次，與胡適等交談時，錢玄同提出，中年以上的人趨於固執和專制，因此憤言：「人到四十就該死，不死也該槍斃。」

胡適聽罷，就笑曰：「好！等到你到了四十歲，倘未死，我也給你作追悼詩。」

錢玄同或許早就把此論忘得乾乾淨淨，但胡適、劉半農諸人仍念念不忘。到一九二七年九月十二日，是錢玄同四十歲華誕，諸友果真寫訃告，書挽聯，撰悼念詩文，計劃在《語絲》上出一特刊，叫「錢玄同成仁專號」，並撰好專號預告和目錄，擬發在各報刊以示宣傳。豈料此事被錢玄同知曉，到處搗亂，這一精心策劃的戲謔雅舉，最終告吹。有趣的是，外地文人墨客，得知「成仁」消息，卻信以為真，紛紛以電報、信函悼念錢玄同並慰問其家屬，一時成為笑談。

有資料說，魯迅自然也沒忘記錢玄同的生日，於是寫了一首頗有深意的諷刺詩：

> 做法不自斃，悠然過四十。
> 何妨賭肥頭，抵擋辯證法。

筆者查了一九二七年魯迅的文章，沒有找到此詩。信手抄錄，以供參考。

說到錢玄同偏激性急，不能不提比他大一歲，卻比他更桀驁狂妄的師兄天王黃侃。二人同時受業於章太炎門下，但天王素來看不起南王。黃侃戲稱學弟錢玄同為「錢二瘋子」。黃侃反對白話文，專門找機會羞辱和謾罵胡適、沈尹默等人，罵起提倡白話文的同門師弟，則格外放肆。他罵錢玄同說：「我在上海窮一夜之力，發現古音二十八部，而你錢玄同在北大講的文字學，就是我發現的，是我一夜的發現，讓你受用了一輩子！」

一九二六年武昌高等師範改為國立武昌大學，因黃侃有真才實學，出任代理校長，但因他性愛罵人，作風霸悍，難以駕馭學校，教育部只能任命新校長石英到任。在校務會上，剛說到「聽說黃季剛先生治校比較專制……」黃侃便站起來，道「聽說石英的母親偷和尚」，言罷當即辭職，到南京中央大學任教授去了。

一九二七年，黃侃任教於南京中央大學，即得綽號「三不來教授」，即「下雨不來，降雪不來，颳風不來」。無理要求，卻得到校方認可，名師難求也。

中央大學名流雲集，文學院院長汪東，有章門「東王」之稱。教授多西裝革履，汽車送接者不少，黃侃總是身著半舊長衫，夾著包皮裹著的書，大搖大擺地給學生上課。剛來校時，校方門衛見其土裡土氣，不僅不讓進校，還要盤問檢查腋下裹書的包兒。黃侃放下書包就走，從此天子不上朝。系主任三番五次登門拜望，黃都三緘其口，後校長親自登門道歉，仍不行。黃曰：「學校貴在尊師，校役竟敢搜教授之身，成何體統！」

汪東為人謙和，是章門弟子口碑不錯者。黃侃偶聽社會上有「汪黃」之稱，就跑到汪東院長辦公室，大聲責問：「外面稱中大學者必稱『汪黃』，我比你長一歲，為何先汪後黃，置我之上？」

汪一時被問住，只好賠著笑。

旁邊一教授笑曰：「當朝政府裡只有『汪黃』，不是什麼好稱謂。」

黃侃一聽，不再追問，含笑而去。

汪精衛時任南京政府行政院院長，外交部部長黃郛，二人正代表蔣介石與日本密談，時人以「汪黃」為恥。另，黃侃知道南宋朝中，主張對金稱臣者，有汪伯彥、黃潛善二人，歷稱「汪黃」，故黃侃一笑而去。

張狂狷介，不是黃侃全貌，他對學術的虔敬、嚴謹、治學的卓著成就，使他成為不多的國學大師之一。以學術「新」「舊」而論，黃侃與胡適、陳獨秀、周氏兄弟等新文化學人相比，可謂針鋒相對，但在中國文人的內在精神方面，在學術獨立探索方面，提倡仰山鑄銅，煮海為鹽，學無止境等方面，與新文化學人清流有許多相似之處。

即便在政治上，黃侃也愛恨分明。例如，一天他與國民黨元老戴季陶不期而遇，戴隨便問他：「近來有何大作？」

黃侃道：「我正在編《漆黑文選》，你那篇大作已經編進去了。」

黃侃擅長編《昭明文選》，所謂「漆黑」，是昭明的反義詞，其諷刺意味十分清楚。

4

北伐軍席捲大江之南時，國人曾翹首以盼。如上海的年輕人王雲生便云：「曾昕夕計算著北伐軍的行程，也曾憂慮焦急過黨人的糾紛。」

果不其然，「四一二」讓上海血流成河，蔣介石率軍悍然向共產黨人大開殺戒，製造了「空前之屠殺慘劇」。

第二天，親身經歷「滅絕人道之暴行」的上海知識界之鄭振鐸、胡愈之、章錫琛、馮次行、吳覺農、李石岑、周予同等七人，在《商報》上發表致蔡元培、吳稚暉、李石曾等民國元老公開信，表示憤怒和抗議。

不久，以商務印書館為主的鄭振鐸等七位出版界名流，「萬難苟安緘默」，也發出抗議的怒吼：「革命可以不講，主義可以不問，若棄正義人道而不顧，如此次閘北之屠殺慘劇，則凡一切三民主義、共產主義、無政府主義甚或帝國主義之信徒，皆當為之痛心。」

鄭振鐸、胡愈之為公開表達他們對蔣介石的譴責，不得不亡命歐洲數年。當時，他們二人並不是共產黨人。

四月二十六日，在商務印書館工作的高夢旦，從浸在血泊中的上海致信胡適：「時局混亂已極，國共與北方鼎足而三，兵禍黨禍，幾成恐怖世界，言論尤不能自由。」

四月二十九日，對共產主義不信仰的張季鸞，先在天津《大公報》發表社評《黨禍》，「大聲疾呼」，並「極端抗議」血腥暴行，呼籲不許殺戮「全國有志青年」。七月三十日，他又發表《黨治與人權》社評，抨擊國民黨「軍治殺人」，抗議「所犯罪狀，概不宣布，殺者何人，亦秘不宣」的濫殺無辜行徑。

最為精彩的，還屬張季鸞的「三罵」。是年十一月四日，他寫社評《嗚呼領袖欲之罪惡》，大罵汪精衛，「特以『好為人上』之故，可以舉國家利益，地方治安、人民生命財產，以殉其變化無常目標不定之領袖慾，則直罪惡而已」。此論乃揭露汪氏本質之先聲，其時，無人能望其項背，此乃一罵也。十二月二日，張季鸞再發表《蔣介石之人生觀》社評，公開批評蔣氏「不學無術」，「自誤而復誤青年」。此為二罵也。

當時，蔣介石投機依勢而起，是顆雄視華夏，炙手可熱的政治新星，能入木三分地戳穿其醜惡面目，需要怎樣的見識和勇氣。

郁達夫，早張季鸞一天，即四月二十八日，在日本《文藝戰線》刊物上，發表了這樣一段振聾發聵的話：「中華民族，現今在一種新的壓迫之下，其苦悶比前更甚了。現在我們不但集會集社的自由沒有，就是言論的自由也被那些新軍閥剝奪去了……蔣介石頭昏腦亂，封建思想未除」，進而譴責其「高壓政策、虐殺政策」。

國民黨軍警聞之，立刻派員衝進上海創造社出版部，搜查並準備緝拿郁達夫。幸好郁達夫早有準備，躲至杭州，倖免於難。幾個月後，郁達夫返回上海，又在他創辦的旬刊《民眾》的發刊詞中說：「我們不想做官，所以不必阿諛權貴，我們不想執政，所以並沒有黨派……我們是被壓迫者，被絞榨的民眾的一分子。」

敢於發表這樣挑戰新軍閥文章的期刊，自然會遭到絞殺，生存僅僅兩個月的《民眾》在刺刀政治的高壓下被取締了。

其實郁達夫對這種局面，早有預判。早在是年元月七日，他發表的《廣州事情》，就曾直言：「廣州的情形複雜，事實離奇……總之，這一次的革命，仍復是去我們的理想很遠。」

讓人深思的是，郁達夫這種對政治形勢的坦誠而卓有遠見的預判，曾遭到對「革命」充滿幻想的郭沫若、成仿吾等左派知識分子的批評。但過了不久，郭沫若在血腥的事實面前，終於看清蔣介石的廬山真面目，旋即在漢口《中央日報》副刊、《革命生活》月刊發表了一篇為他在共產黨內外贏得榮譽的檄文《請看今日之蔣介石》。以致在抗戰初期，周恩來對另一位共產黨作家夏衍說：「中國知識分子是有勇氣、有骨氣的，『四一二』事件後有兩件事，我一直不會忘記，一是胡愈之、鄭振鐸他們寫的『抗議信』，二是郭沫若寫的《請看今日之蔣介石》，這是中國正直知識分子的大無畏的壯舉。」周恩來說此話的時候，因《請看今日之蔣介石》一文而亡命日本整整十年的郭沫若剛剛回國。

到是年歲尾的十一月，在上海的《中國青年》週刊被國民黨勒令停辦，北京的北新書局和《語絲》也被張作霖查封，有二十多年歷史的《時事新報》也遭查封「改組」命運。在這種政治高壓之下，有一位年輕的知識分子章乃器，依然冒著性命危險獨自創辦了《新評論》半月刊。這是「一個小規模的言論機關」，主旨是批評時政，激濁揚清。從寫稿、編輯、校對、發行，全由章乃器一個人包辦。

章乃器原本在銀行界工作多年，收入豐厚，前途光明。他之所以利用業餘時間，一人承擔了繁重的辦刊工作，而且敢於面對反動統治的白色恐怖、淋漓的鮮血，完全基於年輕知識分子的義憤和道義。他以一人之力，選擇了「文章報國」之路，為時代和民族發聲，竟然苦撐了一年多，直到被查禁取締。

連躲進苦雨齋，構建「自己的園地」的周作人，也被北平五月至十月一連串血腥的屠殺激怒了。李大釗被殺，北大、燕京的學生被殺，作為新文化運動的主將、年輕學生的導師，他不能再沉默。他在

《語絲》連續不斷地發出他的抗議之聲。他的《談虎集》中，有《人力車與斬殺》、《「斬決」共黨》等短文，似乎都提到觸目驚心的殺戮。

周作人說：「無論是滿清的殺革命黨，洪憲的殺民黨，現在的殺共黨，不管是非曲直，總之都是殺得很起勁……卻就把殺人當作目的，借了這個時候盡量地滿足他殘酷貪淫的本性。」在批判聲討反動軍閥的同時，他還旁敲側擊地譴責吳稚暉等幫兇文人，甚至對在上海的蔡元培、胡適對「四一二」「視若無睹」也表示不滿。

前面說過，是年五月胡適歸國。他因蔡元培、胡漢民、吳稚暉等國民黨老名流一度在道義上支持國民黨新政權，也曾對國民黨新政權採取支持和觀望態度。但胡適也心存憂慮和擔心，怕用軍事手段奪取政權之後，會在政治上走向一黨專政，走向獨裁，政治上走向倒退，文化上走向保守。我們可以從胡適的文章《幾個反理學的思想家》一文中，看到他的這種擔憂。該文章推揚讚美了吳稚暉繼承顧炎武、顏元、戴震的理學思想，其目的則是想借他們對當代東方精神文明的攻伐抹殺，來堵住國民黨從思想文化上倒退之路，用心良苦。

十月，胡適拒絕了好友蔡元培力邀任大學院（教育部）大學委員會委員之美意。因為胡適對當時大學委員會的兩項政策：設立勞動大學與推行黨化教育，絕不容忍。他在十月二十四日致信給蔡元培時曰：「所謂『黨化教育』，我自問絕不能附和。若我身在大學院而不爭這種根本問題，豈非『枉尋』而求『直尺』？」

後來，胡適有礙情面，在蔡元培多次力邀下，勉強聽從，委屈就任，於是在大學委員會裡，胡適與眾不能有「圓融和祥之氣象」，而是矛盾衝突不斷。特別是在一九二八年六月十五日，大學委員會開會時，自稱「愛說老實話」的「搗亂分子」，胡適在教育的根本立場上反對國民黨的「黨化教育」和以「訓政」名義實施文化專政的倒行逆施，與吳稚暉之流發生激烈的衝突，以致胡適這位經年老友，大失其態，當場拍桌大罵胡適：「你就是反革命！」

胡適對此無所畏懼，坦然曰：「我雖沒有黨派，卻不能不分是非。」（一九二八年六月十六日胡適信稿）

「天命之謂性，率性之為道」，胡適等人雖不群不黨，卻一定要分清是非，代表民國清流堅持的文化精神，其間我們可以看到他們的良知、道義和靈魂。

一九二七年，中華大地瀰漫著血腥之氣，是民國清流以鮮血和正義向黑暗專制政治抗爭得最激烈的一年，也是隨著黨派鬥爭越演越烈，無黨無派的民國清流漸漸地淡出文化舞臺，背影越來越顯得孤獨的一年。

隨著革命大潮的洶湧澎湃，傳統文化近半個世紀的大動盪，每個有文化良知的清流學人，都經歷了種種文化的苦痛。誠如文化大師陳寅恪所說，在二十世紀前半葉的中國文化史上，「凡一種文化值衰落之時，為此文化所化之人，必感苦痛」。

悲夫！人代冥滅兮，清音獨遠。然而，清流們灑下的那片溫暖的文化情懷，畢生求索中寫下的花樣文章，煌煌巨著所鑄造的鮮活的文化靈魂，卻給後世留下了扣人心扉的絕響……

跋

民國是個亂世，民國又是強權與自由並存的時代。

亂世民國，軍閥忙於混戰，相對寬容的社會，催生了一大批民國清流，幾可與戰國時期諸子百家大行其道的局面相輝映。

清流，舊時常用來稱負有時望、不肯與權貴同流合汙的士大夫。《三國志・魏書・桓二陳徐衛盧傳》有「陳群動仗名義，有清流雅望」之說。

又，士大夫，「士者，事也，任事之稱也」。《論語・泰伯》曰：「士不可以不弘毅，任重而道遠。」皇侃義疏：「士，通謂丈夫也。」

中國的「士」，是官僚政治體制所化之人，「處江湖之遠則憂其君，居廟堂之高則憂其民」。中國的「士」，即中國的知識分子，一貫疏離政治和權威，是以純粹自由人的身分，出現在社會生活中的。他們的價值，在於具有獨立人格。他們一直在社會邊緣作文化漫遊、文化守望，表明他們的文化存在和文化思考的獨立意義。

新文化運動「五四」前後，培育了中國的知識分子意識，但並非如雷吉斯・德布雷所說：「五四運動在中國確實讓傳統文人士大夫的變化，使他們成為西方意義上的知識分子。」

胡適、魯迅、蔡元培等民國清流，所表現的崇尚個性精神、社會批判意識、民主政治、文化理想，完全是中國知識分子的胸懷和境界，也是中國知識分子的一種宿命性的表達。有了他們，民國才有了百花齊放的燦爛思想文化，民國初期也才成為最富個性的時代。

一九二七年之後，隨著國民黨北伐一路披靡，一個新的專制王朝的誕生，整個中國籠罩在國民黨一黨專政獨裁統治之下。「錮閉思想、干涉言論」，民國初年相對自由寬鬆的亂世不再。清流如胡適發出「寧鳴而死，不默而生」的吶喊，魯迅、郁達夫等五十一人發表《中國自由運動大同盟宣言》，也喊出「不自由，毋寧死」的口號，這些該是民國清流的絕唱。

當一個舊的政治制度和一個新的價值系統之間不相容的時候，權力與權威相分離，社會就進入有震盪強度的變革時期，所謂清流便逐漸退出歷史舞臺，絕唱也難有續響，這也是本書收尾於一九二七年歲尾的原因。

早年民國，清流的夸父追日、精衛填海、飛蛾投火式的文化壯舉，寫就了中國「士」的短暫而輝煌、燦爛的人文精神傳奇與文化夢想的挽歌。

民國清流——那些遠去的大師們

作　　者　汪兆騫

發 行 人　林敬彬
主　　編　楊安瑜
編　　輯　盧琬萱
內頁編排　陳語萱
封面設計　陳膺正
編輯協力　陳于雯

出　　版　大旗出版社
發　　行　大都會文化事業有限公司
11051 台北市信義區基隆路一段 432 號 4 樓之 9
讀者服務專線：（02）27235216
讀者服務傳真：（02）27235220
電子郵件信箱：metro@ms21.hinet.net
網　　　址：www.metrobook.com.tw

郵政劃撥　14050529 大都會文化事業有限公司
出版日期　2019 年 01 月初版一刷
定　　價　420 元
I S B N　978-986-96561-7-7
書　　號　History-97

Metropolitan Culture Enterprise Co., Ltd.
4F-9, Double Hero Bldg., 432, Keelung Rd., Sec. 1,
Taipei 11051, Taiwan
Tel:+886-2-2723-5216　Fax:+886-2-2723-5220
E-mail:metro@ms21.hinet.net
Web-site:www.metrobook.com.tw

國家圖書館出版品預行編目（CIP）資料

民國清流：那些遠去的大師們 / 汪兆騫著 . -- 初版 -- 臺北市：
大旗出版：大都會文化發行 ,2019.01
400 面；17×23 公分 . -- (History-97)
ISBN 978-986-96561-7-7(平裝)

1. 民國初年 2. 人物傳記

782.298　　107013866

大都會文化　讀者服務卡

書名：民國清流 ── 那些遠去的大師們

謝謝您選擇了這本書！期待您的支持與建議，讓我們能有更多聯繫與互動的機會。

A. 您在何時購得本書：　　年　　月　　日

B. 您在何處購得本書：　　書店，位於　　（市、縣）

C. 您從哪裡得知本書的消息：

1. □書店 2. □報章雜誌 3. □電臺活動 4. □網路資訊
5. □書籤宣傳品等 6. □親友介紹 7. □書評 8. □其他

D. 您購買本書的動機：（可複選）

1. □對主題或內容感興趣 2. □工作需要 3. □生活需要
4. □自我進修 5. □內容為流行熱門話題 6. □其他

E. 您最喜歡本書的：（可複選）

1. □內容題材 2. □字體大小 3. □翻譯文筆 4. □封面 5. □編排方式 6. □其他

F. 您認為本書的封面：1. □非常出色 2. □普通 3. □毫不起眼 4. □其他

G. 您認為本書的編排：1. □非常出色 2. □普通 3. □毫不起眼 4. □其他

H. 您通常以哪些方式購書：(可複選)

1. □逛書店 2. □書展 3. □劃撥郵購 4. □團體訂購 5. □網路購書 6. □其他

I. 您希望我們出版哪類書籍：（可複選）

1. □旅遊 2. □流行文化 3. □生活休閒 4. □美容保養 5. □散文小品
6. □科學新知 7. □藝術音樂 8. □致富理財 9. □工商企管 10. □科幻推理
11. □史地類 12. □勵志傳記 13. □電影小說 14. □語言學習（____ 語）
15. □幽默諧趣 16. □其他

J. 您對本書(系)的建議：

____

K. 您對本出版社的建議：

____

讀者小檔案

姓名：______________ 性別：□男 □女 生日：____年____月____日

年齡：□20歲以下 □21～30歲 □31～40歲 □41～50歲 □51歲以上

職業：1.□學生 2.□軍公教 3.□大眾傳播 4.□服務業 5.□金融業 6.□製造業
7.□資訊業 8.□自由業 9.□家管 10.□退休 11.□其他

學歷：□國小或以下 □國中 □高中／高職 □大學／大專 □研究所以上

通訊地址：______________________________

電話：(H)______________ (O)______________ 傳真：______________

行動電話：______________ E-Mail：______________

◎謝謝您購買本書，歡迎您上大都會文化網站（www.metrobook.com.tw）登錄會員，或至 Facebook（www.facebook.com/metrobook2）為我們按個讚，您將不定期收到最新的圖書訊息與電子報。

民國清流
——那些遠去的大師們

北區郵政管理局
登記證北臺字第9125號
免貼郵票

大都會文化事業有限公司
讀者服務部 收

11051臺北市信義區基隆路一段432號4樓之9

寄回這張服務卡〔免貼郵票〕
您可以：
◎不定期收到最新出版訊息
◎參加各項回饋優惠活動